旅游城市

每个城市都包括城市解读、旅游片区、旅游资讯三大版块。

旅游片区

每个城市划分为若干旅游片区，全面介绍，同时突出重要旅游点。

旅游景点

每个旅游景点包括介绍、攻略、链接等板块，力求景点收录全面。

旅游资讯

每个城市旅游资讯板块，包括住宿、就餐、购物、娱乐等内容。

如何使用本书

1 多角度呈现 全书从地理、历史、文化等多个角度呈现四川之美，发现不一样的四川。

分色标签 每个城市都有一个特定的检索色，便于翻阅。

2 专题知识 对于认识四川具有重要意义的关键词条，书中特设专题，图文并茂，让读者迅速读懂词条。

3 精华景点 三维立体图更深度引导读者鉴赏那些特别重要的必游的景点。

4 攻略 大部分景点配有位置、交通、门票、链接等丰富的实用攻略。

5 资讯 每个城市都包括交通、美食、住宿、购物、娱乐等资讯。

发现者旅行指南

四川

（第3版）

北京·旅游教育出版社

目录

CONTENTS

地图目录

专题目录

最美四川

峨眉仙山天下秀

在金庸的笔下，出身宗教名山的峨眉山，俨然成了一座女人山，既温婉秀美，又凌厉冷傲，让人不敢接近。“一山有四季，十里不同天”，常年弥漫山间的云雾与细细雨丝成了峨眉婀娜多姿的点缀，令人捉摸不定，却迷人万千。

九寨沟的色彩盛宴

金秋十月，九寨沟终于露出美丽的面孔。五彩斑斓的彩林，如一巨幅艺术气息浓厚的油画：黄栌深橙，桦叶金黄，枫树绛红，野果殷红，所有色彩一同映在了晶莹透亮的湖水里，让人莫名地兴奋。是上帝打翻了颜料瓶，还是这原本就是天堂？

川西佛国的震撼信仰

哪怕你是第五次来到色达五明佛学院，还是会被这里震撼。站在山顶，取景框中密密麻麻的藏红，让人激动不已。云朵飘过起伏的僧舍，印下了影子，却不会惊扰佛堂里的修行者。要问他们什么最幸福，获得最真诚的信仰将是他们唯一的答案。

最美

四川

牛背山的云海胜景

当踏过平坦的温暖来到这里，视野反而开阔起来，匍匐在山下的不只有万里白雪，还有层层云海，山体上稍纵即逝的圣光仿佛就是此生见到的最美色彩。再难征服的记录也变得不再那么令人惧怕。

亚丁圣洁的三神山

有人说，稻城亚丁是“蓝色星球上的最后一片净土”。在香格里拉深处，三座呈“品”字形排列的雪峰屹然耸立，美得令人震撼，秋色尤为惊艳，护法神山圣地的身份则更为这里增添了神秘。

这里是大熊猫的故乡

大熊猫的故乡在四川。熊猫被看作是世界上最可爱的动物之一，胖嘟嘟的样子黑白穿身，憨态可掬，那双好像永远没睡好的“黑眼圈”尤为引人注目。或许隐居竹林深处，才是已在地球生活了800万年的原因。

生活悠闲的四川人

自古川蜀多富饶。热辣的火锅、香喷喷的串串，是夜幕下的四川，你所能尝到的热闹美味。悠闲早已流入了四川人的血脉，成了遗传基因。邀三五好友，或坐于茶馆，说笑品茗；或摆案巷头，打上几圈麻将，都是最普通的川人生活写照。

印象四川

文化符号

大熊猫

大熊猫是世界上最珍贵的动物之一，其体形肥硕似熊，憨态可掬，四川大熊猫栖息地为世界自然遗产。

川剧

川剧是我国重要的地方剧种之一，幽默风趣，表演精湛，动作含蓄隽永，器乐帮腔独具特色，其中“变脸”最为人称道。

彩灯

彩灯是具有极高艺术价值的中国传统工艺品。自贡彩灯久负盛名，题材丰富，精美奇巧。在自贡能赏玩历代奇灯。

五粮液

五粮液产于四川宜宾市，在中国浓香型酒中独树一帜，香气悠久，滋味醇厚，进口甘美，入喉净爽，各味谐调，恰到好处。

蜀锦

蜀锦为我国四大名锦之首，其纹样对称，四方连续，色调鲜艳，对比性强。蜀锦是国家级非物质文化遗产。

川妹子

四川不仅物产丰富，还有如云的美女。四川女孩模样秀丽、皮肤水嫩、性情爽直、待人热情，有吃苦耐劳的精神。

印象 四川

休闲生活

茶馆

四川的茶馆多，且具特色。由于一整天仅收一次茶费，所以茶馆成天热闹，成了人们休息、娱乐、传递信息、进行交易的场所。

掏耳朵

掏耳朵俗称“小舒服”，是一种艺术和技术融为一体的民间手艺。舒耳郎先用长长的耳勺对耳朵进行深层清理。再用一个特殊的工具轻轻敲打，异常舒服。成都许多茶馆以及人民公园、宽窄巷子，都有此特殊服务。

麻将

四川麻将又称“血战麻将”，采用四川地区流行的麻将打法，尤其是成都及周边比较盛行。四川麻将是四川人民主要的娱乐方式之一。

农家乐

四川的农家乐尤其发达，是四川人周末最喜欢的休闲方式之一。人们在农家乐打麻将或者喝茶，也是四川人民懂得享受生活的最好体现。

龙门阵

现今所说的摆龙门阵一般是指聊天、闲谈的意思，为四川省地区方言。坐茶馆，摆龙门阵，是四川人偷得浮生半日闲的生活方式。

苍蝇馆子

成都人喜欢把味道不错，但环境很破的小餐馆叫“苍蝇馆子”。苍蝇馆子大都隐藏在市井小街小巷之中，其小如蚊蝇散落。“苍蝇馆子”是一个爱称，隐含着成都人幽默的自我嘲讽。

印象
四　川

四川味道

四川火锅

火锅是四川的代表美食之一，以麻、辣、鲜、香著称。四川火锅表现了中国烹饪的包容性，营造出一种“同心、同聚、同享、同乐”的文化氛围。

花椒

四川花椒品种繁多，很多地方生产的花椒都是调味佳品。特别是汉源县的清溪和富林乡，有“花椒之乡”的称誉。

冷淡杯

到了夏天，四川市民们喜欢傍晚在院坝里，或街沿边摆张小方桌，端来几碟下酒菜，边乘凉边“打尖”。这种在户外露天院坝，或是店铺街边就餐的饮食形式，被称之为“冷淡杯”。

豌豆尖

豌豆尖茎叶柔嫩，味美可口、营养丰富，是四川人最爱的绿叶菜之一，非常具有四川色彩。在川菜博物馆的担担面、在巴国布衣的臊子面里，它都留下了自己碧绿脆嫩的倩影。

兔头

兔头是四川成都名小吃之一，鲜香味美，口感极佳，是成都人消暑喝啤酒的必点食品。四川的“双流老妈兔头”已成一绝。

豆花

豆腐花亦称豆腐脑，是四川一道著名的传统小吃。豆花是用黄豆制作的，个别的会用豌豆、蚕豆等豆类制作。四川的麻辣豆花，麻辣鲜香，是值得品尝的四川美食之一。

印象
四川

三国遗迹

昭化城

昭化古城兴自三国，位于古蜀道的要冲。古城四面环山，三面临水，山清水秀，古遗址、遗迹众多，民风古朴典雅， 建筑群布局合理，带有明显的军事防御特色。

武侯祠

武侯祠是中国唯一的君臣合祀祠庙，由刘备、诸葛亮蜀汉君臣合祀祠宇及惠陵组成。始于公元223年，是纪念蜀汉丞相诸葛亮的名胜之地。

剑门关

剑门关风景区是由剑门蜀道上剑门关、翠云廊两个相邻的景点组成，它融蜀道文化、三国文化、战争文化、红色文化为一体，有“天下第一雄关”之称。

张飞庙

张飞庙是纪念三国时蜀汉名将张飞的祠庙。现存建筑雄伟，祠内主体建筑均沿中轴线布局，其木雕、石刻的工艺手法堪称一绝。

富乐山

富乐山景区是一个以园林建筑见长、融三国遗迹在内、山水结合的景区。著名景点有豫州园、绵州碑林、富乐阁、富乐堂、宋哲元墓等。

明月峡栈道

明月峡又名朝天峡，两岸石崖壁立，谷深约2千米。明月峡古栈道位于明月峡的峭壁之上，是剑门蜀道的起点，正是在这条先秦古栈道上，众多重大历史事件先后上演。

印象 四川

民族风情

彝族

彝族是四川境内的主要少数民族，凉山是彝族最大的聚居区，具有浓厚的民族风情。如绚丽多姿的民族服饰，热闹非凡的火把节，还有建筑独特的彝族村寨等。

康巴藏族

藏族的三大分支之一，以著名的《康定情歌》和康巴汉子闻名。

嘉绒藏族

主要分布在大小金川之间的峡谷之中，以丹巴碉楼和丹巴美女著称。

白马藏族

绵阳境内的白马藏族是藏族中很有名的分支。白马藏人的剪纸、咂酒、蜂蜜酒工艺均是绵阳的非物质文化遗产，其神秘而罕见的工艺受到热爱和保护。

羌族

羌族主要聚居在四川省阿坝藏族羌族自治州的茂县、汶川县、理县等，绵阳市的北川县、平武县等。汶川大地震使羌族民族文化受到很大损失。农历十月初一为羌族年节。

摩梭人

在美丽的泸沽湖畔，生活着古老而神秘的摩梭人，他们至今还保留着神秘的走婚习俗。

自驾四川

线路 1

九寨沟
大环线之旅

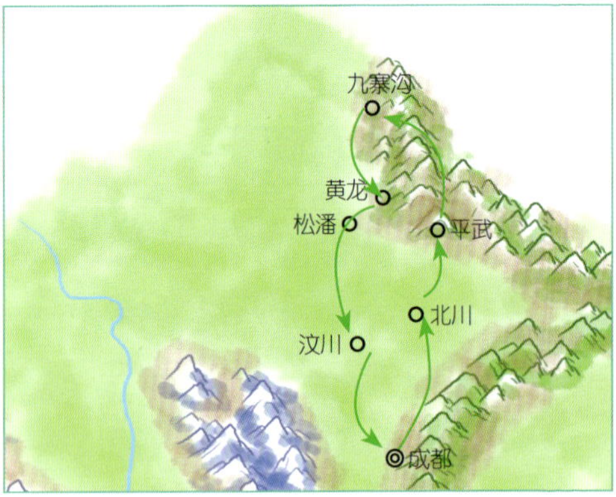

北川 吉娜羌寨

九寨沟大环线是四川自驾游最经典、也是最热门的线路之一。在这条路线上可以感受羌族建筑艺术的精华，游览特殊的钙华地貌，品味百折不挠的民族精神，这将是一段难忘的旅程。

平武 平武报恩寺

第一站 北川。从成都出发一路行驶到达北川永昌镇。进入永昌镇后，沿路行驶至吉娜羌寨，看一看当地浓郁的民族风情。

第二站 平武。从北川出发进入平武境内，先游览平武报恩寺。平武报恩寺是我国现存保存完好的明朝宫殿式佛教寺院建筑。游览完毕后继续前往马头寺、宝塔寺参观，品味历史文化。

九寨沟 九寨沟风景区

第三站 九寨沟风景区。平武的下一站是九寨沟。要尽量早进沟游玩，九寨沟面积宏大，足足需要一整天的时间游玩，景区内提供食物的地方较少，建议自己携带食物进沟。有时间的话可以在九寨沟外留宿一晚，去漳扎镇藏谜大剧院观看大型原生态歌舞音乐《藏谜》。

松潘 黄龙风景区

第四站 黄龙。从九寨沟出发，途经川主寺镇后，暂停游览川主寺，后向西行驶，抵达黄龙风景区，观赏久负盛名的钙华彩池。

汶川 汶川博物馆

第五站 汶川。从黄龙出发到达松潘，游览松潘古城。松潘古城是我国有名的边陲重镇，现在风貌依旧可见当年历史的痕迹，给人时光交错之感。然后沿 G213 行驶，到汶川县，参观汶川地震博物馆后，返回成都市区。

线路 2

郎木寺
大环线之旅

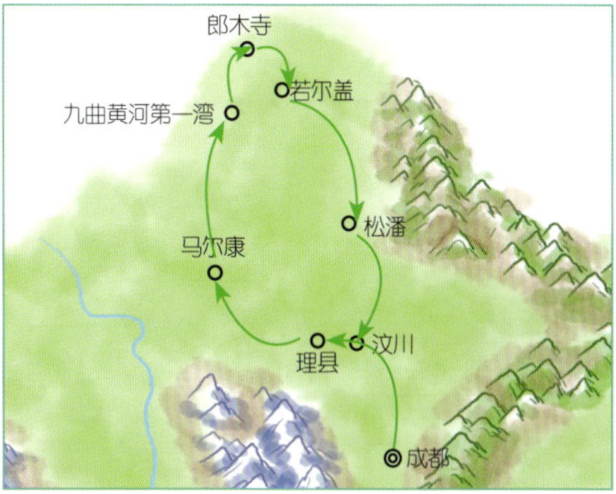

这条线路是一条人文气息浓郁的文化风情之路。在这条线路上可以感受神奇的藏羌少数民族文化，参观电视剧《尘埃落定》的拍摄基地、体验“东方瑞士”风情，还能欣赏“水在树中流，树在水中长”的奇妙风景。

成都 都江堰

理县 桃坪羌寨

马尔康 卓克基土司官寨

若尔盖 黄河九曲第一湾

松潘 黄龙风景区

汶川 汶川震中遗址

第一站 都江堰。从成都出发前往都江堰游览。都江堰是世界上年代最久、唯一留存的宏大水利工程。有伏龙观、宝瓶口、二王庙、安澜桥等众多名胜古迹。

第二站 理县。从成都市区出发到达理县，先去桃坪，桃坪四奇迷宫、碉楼、引水、羊皮鼓引人入胜，被人们称为“神秘的东方古堡”。然后去米亚罗风景区，有时间的话可以在晚上泡泡温泉。

第三站 马尔康。由理县前往马尔康，进入卓克基土司官寨。游览完毕后去阿底嘉绒藏寨，之后去看看藏在深山里的马尔康寺，然后转转直波碉楼群。

第四站 若尔盖。游览完马尔康的景点可继续前往若尔盖，漫步花湖；然后前往黄河九曲第一湾，之后可以游览郎木寺。

第五站 松潘。从若尔盖出发到达松潘。然后可以去游览黄龙风景区。黄龙风景区以彩池、雪山、峡谷、森林“四绝”著称于世，地表钙华是黄龙景观的最大特色，美不胜收。然后去牟尼沟，游览完毕后可以转转松潘古城。

第六站 汶川。游览完松潘继续启程抵达汶川，然后去参观 5.12 汶川地震震中遗址。

自驾四川

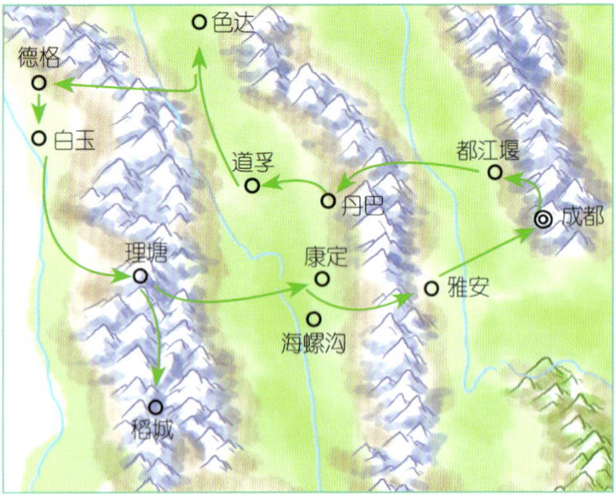

线路 3

川西大环线之旅

青城山 都江堰

甲居藏寨 丹巴

灵雀寺 道孚

五明佛学院 色达

印经院 德格

理塘寺 理塘

亚丁 稻城

木格措 康定

海螺沟 泸定

川西，是自驾游爱好者永远的主题，那里有蓝天白云、雪山草原的自然风光，着实不容错过。

第一站 都江堰。从成都出发前往都江堰，游览青城山—都江堰风景，欣赏自然秀美的川蜀风光。

第二站 丹巴。向西一路行驶到达丹巴，游览梭坡碉楼、甲居藏寨、丹巴美人谷，之后可游览党岭风光。

第三站 道孚。游览其最大的寺庙灵雀寺。

第四站 色达。驾车向北前往色达，参观五明佛学院，品读庄严肃穆的藏传文化。

第五站 德格。沿 G317 向西驶向德格，游览德格印经院，途中路过风光秀美的阿须草原。

第六站 白玉。参观著名的宁玛派寺庙——白玉寺。

第七站 理塘。沿东南方向驶向理塘，这里有康区第一大格鲁派寺庙——理塘寺。

第八站 稻城。前往稻城。欣赏亚丁三神山的神奇壮美以及高山海子的玲珑剔透。

第九站 康定。向东北驶向康定，途经秀美的新都桥，到达康定市内后，可游览康定情歌木格措景区。

第十站 泸定。来到泸定后可以参观大渡河上的泸定桥，在大渡河大桥右转到达磨西镇，游览海螺沟。

第十一站 雅安。游览碧峰峡。返回成都结束行程。

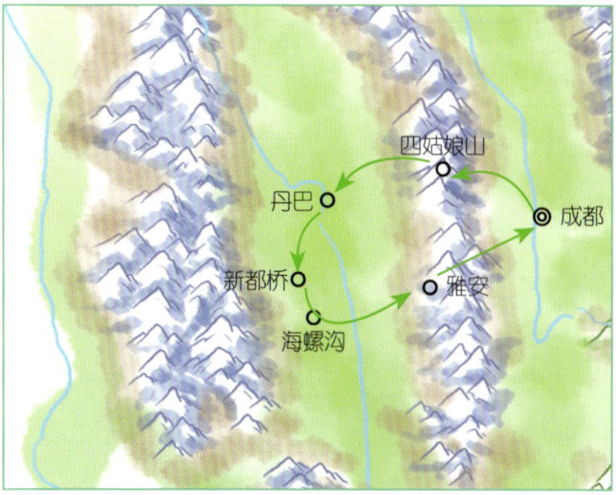

线路 4

川西
小环线之旅

汶川
卧龙

小金
四姑娘山

丹巴
丹巴美人谷

新都桥
塔公草原

康定
木格措

泸定
海螺沟

雅安
碧峰峡

相对于川西大环线来说，小环线更加适合假期时间较短的人群。一路山水美景相伴，还能感受质朴淳厚的藏区文化，心灵和脚步都在路上。

第一站 汶川。从成都出发去往卧龙镇，游览卧龙自然保护区。卧龙自然保护区是地球上仅存的几处大熊猫栖息地之一。保护区内建有大熊猫研究中心及繁殖场，包括大熊猫馆、小熊猫馆、英雄沟等景点。

第二站 小金。从卧龙镇出发到达小金县，游览四姑娘山景区，四姑娘山以雄峻挺拔著名，山体陡峭，直指蓝天，人称“中国的阿尔卑斯”，为各国登山家所瞩目。

第三站 丹巴。从小金出发一路行驶到达丹巴县城，游览梭坡碉楼、甲居藏寨、丹巴美人谷。如果时间充裕可游览党岭风光。

第四站 新都桥。从丹巴县城出发后途经八美、塔公，终到新都桥镇。一路上，无论是八美藏寨还是塔公草原、塔公寺的风光，都会让你不虚此行。

第五站 康定。从新都桥镇出发后东行到达康定市区，可以游览康定情歌木格措景区。

第六站 泸定。从康定市区出发，在大渡河大桥右转到达磨西镇。可以先游览海螺沟，然后游览磨西古镇。

第七站 雅安。从磨西镇出发前往雅安碧峰峡游览。从碧峰峡出发前往上里古镇游览，然后可返回成都。

自驾四川

线路 5

成昆线之旅

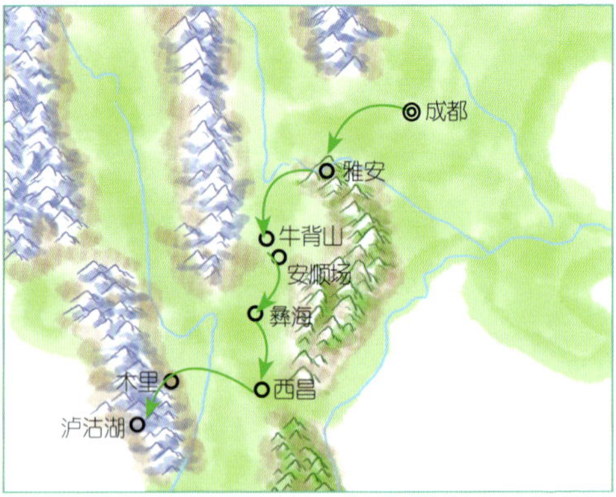

雅安 上里古镇

荥经 牛背山

石棉 大渡河安顺场

冕宁 彝海

西昌 邛海

木里 康坞大寺

盐源 泸沽湖

这一条线路拥有秀丽壮美的自然风光与迷人独特的人文景观。金秋送爽，与亲朋自驾车一路看西昌和泸沽湖的风光风情，站在牛背山顶“一览众山小”，令人久久难忘。

第一站 雅安。从成都出发到达雅安市区，途中可游览碧峰峡，之后驱车前往上里古镇游玩。

第二站 荥经。游览完上里古镇之后，驱车前往下一个目的地——荥经。荥经的牛背山鼎鼎大名，有“全国最大的观景台”之称。

第三站 石棉。游览完牛背山之后可前往石棉，石棉有著名的安顺场渡口，渡口遗址建有“中国工农红军强渡大渡河纪念碑”。

第四站 冕宁。从石棉继续行驶到达冕宁，参观游览彝海，“彝海结盟”的动人故事就是在这里发生的。

第五站 西昌。从冕宁出发，到达西昌市。可以游览西昌古城，然后参观西昌卫星发射中心；后北行游览邛海风景区，之后可以赏玩螺髻山。

第六站 木里。从西昌市出发到达木里县城。木里县城出发前往寸冬海子，然后可以去康坞寺、木里寺等观光游览。

第七站 泸沽湖。木里的下一站是去泸沽湖景区游玩欣赏。有时间的话可以晚上留宿，参加大型篝火晚会。

线路 6

川东南之旅
（蜀南竹海方向）

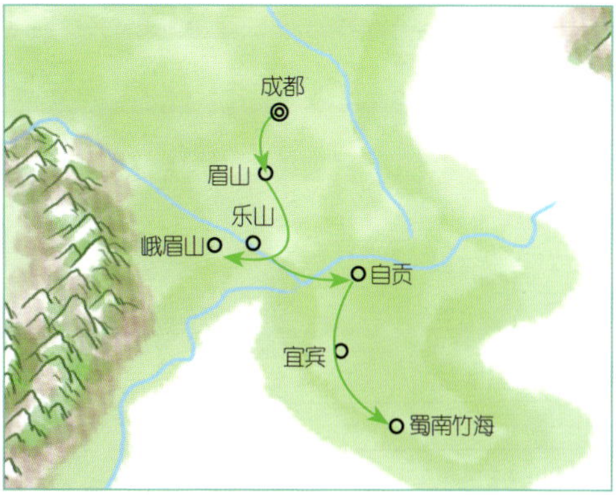

这条线路可以游览四川东南部的自然风光与人文风光。一路前行感受浓郁的文人气息；欣赏秀甲天下的优美风景；游览独特的钙华地貌，这条路线一定让你过目难忘。

眉山 三苏祠

第一站 ▍眉山。从成都出发前往眉山参观游览三苏祠，三苏祠是一座富有四川特色的古典式的园林建筑，楼台亭榭，古朴典雅；匾额对联，也都词意隽永。

乐山 乐山大佛

第二站 ▍乐山。游览完三苏祠后驱车前往乐山，乐山有著名的乐山大佛以及峨眉山，可分别进行游览，感受秀美的自然风光与悠久的历史文化。乐山大佛耸立在滔滔江水前，神圣肃穆；峨眉山上群猴嬉闹，钟灵毓秀，美不胜收。这是一次不容错过的奇妙之旅。

自贡 恐龙博物馆

第三站 ▍自贡。从乐山出发行驶到达自贡市，参观恐龙博物馆和燊海井。自贡恐龙博物馆素有“东方龙宫”之美誉。它是目前世界上收藏和展示侏罗纪恐龙化石最丰富的地方，并以其独具特色的建筑、形象生动的陈列、宏大壮观的遗址、典雅优美的环境而成为中国博物馆百花园中一枝亮丽的奇葩。

宜宾 蜀南竹海

第四站 ▍宜宾。从自贡出发到达李庄古镇，开始游玩，然后从李庄古镇出发到达蜀南竹海。“蜀南竹海天下翠”，蜀南竹海集竹景、山水、溶洞、湖泊、瀑布于一身，兼有历史悠久的人文景观，游客可尽情游玩。游玩完后继续前往夕佳山镇，游览夕佳山民居。游览完毕后朝西行驶，到达石海洞乡。

解读
四川

地 理

丹巴美人谷

面积和区划

四川省简称川或蜀，地处中国西南地区、长江上游，西有青藏高原相扼，东与湖南、湖北相望，北邻青海、甘肃、陕西，南接云南、贵州。四川全省面积约48.6万平方千米，在中国省份中排名第五。

全省现辖成都、自贡、攀枝花、泸州、德阳、绵阳、广元、遂宁、内江、乐山、南充、宜宾、眉山、广安、达州、雅安、巴中、资阳18个地级市，阿坝藏族羌族自治州、甘孜藏族自治州、凉山彝族自治州3个自治州，下设55个市辖区、18个县级市、106个县、4个自治县。省会成都。

人口和民族

截至2022年年末，四川全省常住人口8374万人，在重庆未升为直辖市之前，曾是我国第一人口大省，现仍是人口密度最大的省份之一。

四川是全国唯一的羌族聚居区、第二大藏族聚居区、最大的彝族聚居区，少数民族呈大杂居、小聚居分布，有彝族、藏族、羌族、苗族、回族、蒙古族、土家族、傈僳族、满族、纳西族、布依族、白族、壮族、傣族14个世居少数民族。虽然少数民族人口仅占四川全省总人口的6.8%，但是少数民族的总

桑堆红草滩

人口数达到了568.8万人。人口在万人以上的少数民族有彝族、藏族、羌族、苗族。其中人口最多的彝族主要聚居在凉山彝族自治州。

地形

四川省地形异常复杂多样，地势西高东低，由西北向东南倾斜，全省包含四川盆地、青藏高原、横断山脉、云贵高原、秦岭大巴山山地五大地貌单元。

四川省地形起伏很大，地跨中国地势第一及第二阶梯，分布有多个地震带，因此是地震高发区。全省最高点是川西的大雪山主峰贡嘎山，海拔高达7556米。四川境内以山地为主，占77.1%；丘陵占12.9%；平原和高原占10%。

四川江河众多，水能资源异常丰富，大部分地区属于长江流域。长江是流经四川的最大河流，四川也是除青海外另一个长江和黄河都流经的省份。四川省湖泊以冰蚀湖、溶蚀湖、堰塞湖为主，无特大面积湖泊，集中分布于西部和西北部高山高原地区，全省共有大小湖泊1000多个，著名湖泊有邛海、泸沽湖等。北部的若尔盖地区是中国重要的沼泽湿地区域。

气候

四川大部分地区属亚热带湿润气候，季风气候明显，雨热同期。由于地形的影响，局部气候类型复杂多样，整体气候特点为冬暖、春旱、夏热、秋雨、多云雾、少日照。四川是我国夏季气温最高的地区之一，并且夏季多暴雨。

天府之国——四川盆地

四川盆地又称巴蜀盆地、信封盆地或紫（红）色盆地，是中国四大盆地之一，总面积约26万平方千米。四川盆地由连接的山脉环绕而成，囊括四川中东部和重庆大部，它分为边缘山地和盆地底部两大部分，按方位

成都夜色

折多山日出

则可分为川东、川西、川南、川北和川中五部分。盆地底部按其地理差异，又可分为川西平原、川中丘陵和川东平行岭谷三部分。

四川盆地中的主要城市有成都、重庆、南充和绵阳等，其文化为巴蜀文化。河流纵横的四川盆地，沃野千里，物产丰富，自古就享有“天府之国”的美誉。

四川盆地的动植物资源丰富，是中国动物种类最多、最齐全的地区之一，有除鱼类外的417种动物，另有植物近万种，且多为古老珍稀品种。这里气候温和，土壤肥沃，再加上周围都是崇山峻岭，社会环境稳定，使得四川成为中国历史上农业和手工业都十分发达的地区。现在，四川盆地的第三产业发达，世界各地每年都有很多人慕名而来，一览“天府之国”的美态。可以说，“四塞之国”特殊的地理和气候特点造就了四川人“巴适”、乐活的人生态度。

绝世风景——川西高原

川西高原为青藏高原东南缘和横断山脉的一部分，地面海拔4000~4500米，分为川西北高原和川西山地两部分。川西高原与成都平原的分界线便是今雅安的邛崃山脉，山脉以西便是川西高原。

川西高原地势由西向东倾斜，分为丘状高原和高平原。丘谷相间，谷宽丘圆，排列稀疏，广布沼泽。川西山地西北高、东南低。根据切割深浅可分为高山原和高山峡谷区。川西高原上群山争雄、江河奔流，长江的源头及主要支流在这里孕育了古老与神秘的文明。

川西过去多指成都、绵阳一带，现在多指四川阿坝州、甘孜州等地区，俗称“康”，亦称康巴地区或康区。这里海拔仅次于青藏高原，是长江的源头，还有金沙江、大渡河、雅砻江等大川，它们使这里形成了河谷亚热带、山地寒温带、高山寒带等几种气候垂直分布带，植被和自然景观也随之呈垂直分布。因交通不便，长期避免了外界的纷争和干扰，川西保存了较好的自然原貌和厚重的人文历史气息。

川西地区自然风景优美迷人，九寨沟、黄龙、卧龙自然保护区、四姑娘山、米亚罗红叶风景区、九曲黄河十八弯等风景名胜都位于此，分布在若尔盖、红原与阿坝一带的高原沼泽还是中国南方地区最大的沼泽带。在川西高原，最主要的民族是康巴藏族，特有的民族文化使得高原富有古老而神秘的气氛，还有彝族、羌族等少数民族独特的民风民俗也让众多人对之兴趣甚浓，吸引了世界各地的旅行爱好者前去一探究竟。

巴蜀“四绝”之一——蜀道

蜀道，是古代由长安通往蜀地的道路。蜀道因穿越秦岭和巴山，道路难以行走。因此蜀道常成为难以行走的代名词，唐代诗仙李白曾作《蜀道难》一诗，具言蜀道之艰难。

在漫长的历史时期里，蜀道是历代中央王朝通往西南乃至西南临近国的要道，与连接东西的丝绸古道具有同样重要的意义。秦始皇时兴建驰道、蜀汉时扩建蜀道，一条条

大熊猫

大熊猫属于食肉目、熊科的一种哺乳动物，已经在地球上生存了至少800万年，被誉为“活化石”，它是世界上最可爱的动物之一，也是世界生物多样性保护的旗舰物种。

大熊猫是中国的国宝，主要栖息在中国四川、陕西和甘肃的山区中。截至2024年1月，全国野生种群增至近1900只。大熊猫最初是吃肉的，后经过进化，99%的食物都变为了竹子。

国宝档案

中文学名：大熊猫

别　　称：猫熊、银狗、杜洞尕、执夷、貊、食铁兽

性　　情：温顺

保护级别：国家一级保护动物

命名人及年代：David，1869

国内主要大熊猫保护区

卧龙自然保护区：位于汶川县境内，成立于1963年。
蜂桶寨自然保护区：位于宝兴县境内，成立于1975年。
四姑娘山自然保护区：位于小金县境内，成立于1996年。
喇叭河自然保护区：位于天全县境内，成立于1963年。
黑水河自然保护区：位于芦山县和大邑县境内，成立于1993年。
金汤—孔玉自然保护区：位于康定市境内，成立于1995年。
草坡自然保护区：位于汶川县境内，成立于2000年。

艺术形象

2008年北京奥运会的吉祥物之中，福娃晶晶就是以大熊猫为蓝本设计的。此外大熊猫憨态可掬的形象还经常出现在影视作品中，例如大家熟悉的动画电影《功夫熊猫》。

最长寿大熊猫

2015年7月28日，香港海洋公园为雌性大熊猫“佳佳”过37周岁生日。当天，吉尼斯世界纪录认证官公布，“佳佳”刷新了两项吉尼斯世界纪录荣誉，成为“迄今为止最长寿的圈养大熊猫”及“最长寿的在世圈养大熊猫”。据介绍，大熊猫37岁的年纪相当于人类110岁高龄。

栈道为战事、贸易以及政令通行带来了可能和便利。正是这艰险的蜀道，打通了南北地区的交通网络，使得巴蜀文化得以与中原文化进行良好的互动和交流，留下了宝贵的物质和精神财富。

蜀道南起成都，过广汉、德阳、罗江、绵阳、梓潼，越大小剑山，经广元而出川，在陕西褒城附近向左拐，之后沿褒河过石门，穿越秦岭，出斜谷，直通八百里秦川，全长1000余千米。锦绣天府为人们广为传颂，正是依仗了这天险。剑门古道是古蜀道的咽喉，古时蜀汉政权长期经营此道，再加上从先秦时一直到清末民初，历朝又不断使之完善发展，使其成为中国历史上最为重要、发生历史大事最多且使用最频繁的一条古道。

如今，剑门之险和九寨之奇、峨眉之秀、青城之幽一起被誉为四川“四绝”。从凤州到剑州，55千米的路上原有9万余座桥阁，现在只剩下在遗址上修建的一座城关。蜀道通中原，不仅沟通了道路，更是沟通了历史与文化。古蜀道在今天依旧发挥着重要作用，为人们研究历史和民俗提供了丰富而宝贵的资料。

支流之争——岷江与大渡河

在历史上，人们一般称大渡河是岷江的支流。然而有学者提出不同意见，认为岷江是大渡河的支流。两方都有自己的观点和论据，因此这也变成了学术界又一争论的问题。

在古代，交通并不发达，人们寻找江河的源头往往要通过在崇山峻岭中步行，披荆斩棘，风餐露宿，测量的精准度也有待考证。岷江是四川开发最早的河流，自古就被视为长江的正源。“岷江为舟楫所通”，且在中国农业生产中的地位很重要，自从2000多年前中国修了都江堰，从都江堰流出的岷江之水，灌溉了成都平原几百万亩耕地，使成都平原上的耕地变成了稳产、高产、旱涝保收的宝田。因为这种种原因，古时的人们自然认为偏远的大渡河是实用性较强的岷江的支流。

持反对意见的专家学者也有确凿的证据来证明岷江才是支流，大渡河是干流。“金沙水拍云崖暖，大渡桥横铁索寒。”伴随着毛泽东的诗句，大渡河的名字也广为人知。就径流量而言，大渡河是长江的第一大支流，也是全国第四大河流，其径流量是黄河的近两倍。不论是大渡河的河道长度、水量、流域面积，甚至是大渡河的源头到入长江口的直线距离，都超过了岷江。如今的大渡河是我国有名的水利资源“三江富矿”之一，其上的水电基地更是改变了大渡河的地位。在农业生产、水力发电和经济发展中，大渡河所起的作用越来越大。因此学者认为，大渡河才应该是长江的一级支流；岷江是大渡河的一级支流，是长江的二级支流。

都江堰

峨眉山

九寨沟

历　史

青铜面具

古蜀文化——蚕丛鱼凫

“蚕丛及鱼凫，开国何茫然，尔来四万八千岁，不与秦塞通人烟。”古代的蜀国，曾经有过蚕丛氏、柏灌氏、鱼凫氏、杜宇氏和开明氏的统治时期。

传说蚕丛和鱼凫都是神话中蜀人的祖先。蚕丛是首位在蜀国称王的人，《蜀王本纪》记载：“蜀王之先名蚕丛。”《仙传拾遗》云：“蚕丛氏自立王蜀，教人蚕桑，蚕丛者，实亦蜀古之蚕神。”蚕丛居于岷山下的石穴中，主要的功绩是教民养蚕缫丝。乡民们为了感念他的恩德，建立庙宇祭祀他，称呼蚕丛为“青衣神”，这也是青衣江、青衣县得名的由来。鱼凫氏是古蜀国五代蜀王中继蚕丛、柏灌之后的第三个氏族。鱼凫时代隐含了温江、郫县、金沙、三星堆等古蜀文化的灿烂历史，从结绳记事到象形文字符号的诞生，鱼凫王创造了灿烂的文明。广汉三星堆文物上有关鱼的图案反映了鱼凫氏的图腾崇拜。鱼凫时期的古蜀王国已经完成了由原始氏族公社制向奴隶制的转变，鱼凫统治下的蜀国已是一个奴隶制国家。

古蜀文明崇礼尚武，现已出土大量戈、剑、矛等兵器和礼器。同时，地下有丰富的金、银、玉、铜、铁、铅、锡等矿藏，培养了古蜀人高超的青铜铸造工艺，古蜀人的缫丝、髹漆工艺也堪称一流。在丧葬方面，古蜀文明已经有了体系丰富的丧葬观，而船棺葬是当时巴人和蜀人特有的葬俗。所谓船棺，即将整木先锯去约1/3，然后雕凿成独木舟形，作为葬具，尸体及随葬品均装殓其中。这种船棺一般都是竖穴土坑中单棺或双棺，长5米左右。迄今为止，所发现的最大规模的船棺葬是战国早期蜀王家族的墓葬，墓坑长30.5米，宽20.3米，在同一墓坑内放着30多具用楠木做成的棺木。

历史大事记

远古时期

距今1万至5万年前，在今长江支流沱江西岸的资阳市，曾生活着具有明显蒙古利亚人种特征的晚期智人——“资阳人”。

前4500年至前4000年，以成都平原为中心的川西地区新石器时代文化迅速发展起来，形成了具有本地特色的宝墩文化。宝墩遗址既是这一时期成都平原时代最早的古城址的典型，也是四川即将跨进文明门槛的历史见证。

先秦时期

商朝时期，蜀的祖先沿岷江流域南迁进入四川盆地，被称为“氐族”，并在成都平原建立了自己的奴隶制政权国家。传说中最早称王的是蚕丛和柏灌，以后是鱼凫。以后历经杜宇王朝（西周时期）、开明王朝（春秋战国时期）。

前316年，秦国趁蜀国和巴国发生战争之机，派大将司马错率军南下，一举灭掉了蜀国和巴国，使四川地区统一于中国的版图之内，古代蜀国的历史就此结束。

秦惠王派大将司马错率军攻入四川，兼并当时的诸侯国蜀国和巴国，并在蜀地设蜀郡，巴地设巴郡。开明氏的统治到此结束，这是有证可考的历史。在广汉三星堆文化遗址中，考古人员发现了古蜀人修筑的城墙，还有数千件大型青铜像、黄金、玉石、象牙、海贝器物，这些很有可能就是传说中蚕丛鱼凫时代的遗迹。而蚕丛和鱼凫是否存在，却始终是一个谜。

不管蚕丛和鱼凫是否存在，古蜀文明是不能被忽视和抹杀的。辉煌灿烂的古蜀文明经久不衰，辐射甚广，正是那曾经的文明为天府之国的富庶奠定了基业，也为人类历史的发展书写了光辉的一笔。

四川，中国人的避难所

自古以来，四川因其地理方面的长处和优势，素有易守难攻的特殊战略地位。特有的地理气候条件，肥沃的土壤，与世隔绝般的环境，闭塞的交通，即使战争的烽火也很难殃及此处，给四川的繁荣发展提供了有利条件，因而避免了历史上很多次战争的破坏，得到了一个相对安定的社会环境。

楚汉战争时期，交通闭塞的四川并未卷入战乱中，从而为汉高祖刘邦称帝建立汉朝提供了重要的后勤物质保障。冷兵器时代，

三星堆博物馆

张良、诸葛亮等眼光奇绝的战略家也都把四川当作立国之本，诸葛亮的《隆中对》至今还为世人所称道。前蜀、后蜀前期都采取休养生息政策，由于受中原战乱影响很小，四川一度成为全国最为繁荣的地区。

唐朝中期和晚期，关中发生战乱时，唐玄宗和唐僖宗都是逃到四川成都避乱，在乱世还仍享受着笙歌艳舞。

抗日战争时期，中国沿海沿江的各类工矿企业、高等学校和文化团体也纷纷内迁至四川，四川成为中国的大后方。同时300万川军出川抗战，为抗日战争做出了杰出的贡献。

四川对中国实力的保存所做出的贡献，是不可估量的。

红军长征的输血机——四川

红军长征期间，四川是一个十分重要的

秦汉魏晋

前256年，蜀郡守李冰在前人治水的基础上，依靠当地人民群众，在岷江出山流入平原的灌县，建成了都江堰。成都平原日渐富饶，西汉时四川地区社会、经济、文化迅速发展，成为名副其实的天府之国。

秦汉之际，刘邦受项羽之封为汉中王，统辖汉中和巴蜀，为汉国。

汉景帝年间（前143—前141年），蜀郡太守文翁在成都建立中国首个官办学堂“文翁石室”，从此蜀地学风大盛。

东汉献帝建安年间（196—220年），刘备入西川后在成都称帝，史称“蜀汉”（221—263年），形成魏、蜀、吴三国鼎立的局面。

263年，曹魏大将司马昭命钟会、邓艾及诸葛绪率军伐蜀，蜀汉主将姜维阻敌于剑阁。最后邓艾经阴平直袭涪城，进逼成都，刘禅投降，蜀汉灭亡，史称魏灭蜀之战。

西晋后期，四川爆发震撼全国的流民起义。永兴三年（306年），起义领袖之一、巴氐族首领李雄在成都称帝，国号“大成”，改元晏平。至东晋咸康四年（338年）时，李雄侄李寿又改国号为“汉”。历史上合称为“成汉”。这是秦以后西南地区出现的第一个少数民族封建割据政权，也是十六国中最早建立的国家之一。

省份。在四川，红军停留的时间最长，经过的地域最广阔，所处的环境最艰险，进行的斗争最坚决，做出了很大的牺牲。

长征期间，红一、四方面军和红二、四方面军先后在四川会师，三大主力红军途经四川近70个县，四川有4.5万多名各族青年参加红军，为长征的进行提供了大量的新鲜血液。红军长征在四川停留了19个月，占总时间的4/5。据1936年2月的统计，在征战藏区的16个月中，藏区各族人民支援红军粮食约500万千克，牛、羊、马、猪等各类牲畜总数约20万头。茂县藏、羌各族人民为红军筹集粮食150余万千克，岩盐2000千克，御寒羊皮褂1000余件。各族民众还组织运输队、担架队、修理队、洗浆队等，为红军运送粮食、弹药，协助架桥、修路、造船，给红军当向导、翻译，救护运送和安置红军伤病员。另一方面，红军也帮助少数民族在四川建立了大量的革命政权。其中，甘孜博巴政府，阿坝藏族苏维埃，大凉山地区的彝汉联合政权——冕宁县革命委员会都是珍贵的革命果实。

也正是在四川境内的长征，红军完成了一个又一个不可能完成的任务，征服了雪山草地、大渡河、岷江等天险，团结了部队，凝聚了力量，同时也确立了红军今后的战略方向。

刘备的蜀汉王朝

四川是三国时期蜀国的重要组成部分，“羽扇纶巾，谈笑间，樯橹灰飞烟灭”，是一部波澜壮阔、令华夏子孙豪气顿生的百年战争史，曾产生了一个个智慧人物和英雄豪杰，在中国文化史上可谓千古绝唱，也是古蜀文化的精华。

基本信息

中文名称：蜀汉

存在时间：221—263年

国家领袖：刘备，刘禅

首　　都：成都

主要城市：成都，汉中

政治体制：封建君主制

著名人物：诸葛亮、关羽、张飞、赵云

秦汉魏晋

东晋永和三年（347年），桓温征蜀，四川地区重归晋朝版图。自此至隋开皇元年（581年），隋文帝杨坚遣第四子杨秀镇蜀，在长达230多年的历史岁月中，四川地区先后历经东晋、前秦、樵纵，南朝的宋、齐、梁，北朝的西魏、北周共8个政权的统治，政治动荡，战乱频繁，社会经济基本处于停滞状态。

隋唐时期

隋唐时期，四川地区没有大规模的战争征伐，社会局面相对比较安定，从而使封建经济进入一个极盛时期，有“扬一益二”之说。当时四川（主要指剑南道，后分为东西两川）经济和江南经济同为唐王朝财赋的两大支柱。

唐末五代时，王建和孟知祥先后占据四川称帝，史称“前蜀”和“后蜀”，分别历时18年、31年。前期都采取休养生息政策，发展农桑、肇兴文教，期间没有战乱，遂使四川经济继续发展。

宋元明清

北宋乾德二年（964年）11月至次年1月，宋军西川行营前军兵马都部署王全斌与副都部署刘廷让等分别率军从剑门及三峡两路入川合击后蜀，于965年正月攻灭后蜀。

北宋初期，宋廷在四川实施了一系列的护商政策、轻赋政策及废除禁榷政策，使四川地区商品经济得到了良性发展。

蜀汉大事记

208年
孙刘联军在赤壁一带大败曹军，此后刘备陆续占据荆州五郡，实力强盛。

214年
雒城破，刘璋投降，刘备据蜀川，领益州牧。

218年
刘备率诸将进兵汉中，次年占汉中。

219年
关羽北伐，东吴吕蒙偷袭荆州，最终关羽被擒，荆州为孙权所得。

221年
刘备于成都称帝，年号"章武"，史称蜀汉。

221年
刘备率军对吴国发动战争，孙权命陆逊迎敌。次年，陆逊大破蜀军于猇亭，史称夷陵之战。后刘备病逝于白帝城。

225年
诸葛亮平定南中多郡的叛乱，以怀柔政策降服南中少数民族部落势力，解决蜀汉的后方问题；并于228年，开始北伐曹魏，但始终未获重大成效。

234年
诸葛亮于第五次北伐中病故于五丈原，之后由蒋琬、费祎等接手执掌朝政。

263年
邓艾偷袭成都成功，刘禅举国而降，蜀汉灭亡。

刘备小档案

中 文 名：刘备
别　　名：刘皇叔、刘玄德
出 生 地：河北涿州
出生日期：161年
逝世日期：223年
职　　业：皇帝
主要成就：建立蜀汉

蜀汉遗迹

成都武侯祠
绵竹诸葛瞻墓（诸葛双忠祠）
罗江白马关庞统祠墓
平武南坝蜀汉江油关遗址
青川青溪摩天岭
剑阁翠云廊
剑门关
阆中古城（张飞庙）
绵阳富乐山
西山公园（蒋皖墓）

五虎上将

五虎上将是指汉末三国时期，跟随刘备建立蜀汉政权的五位将军。分别为关羽、张飞、马超、黄忠、赵云。
关羽、张飞是刘备早期举兵时就跟随了刘备，赵云是在刘备依附袁绍时加入，黄忠是刘备收复荆州时加入，马超是在刘备攻打益州刘璋时加入。五人为蜀汉的建立立下了汗马功劳。

宋元明清

南宋时期宋廷实行重税等政策，四川的城镇市场遭到了巨大破坏。伴随着经济的大发展，四川这一时期人口繁盛。
宋真宗天禧五年(1021年)，四川发行了世界上第一张纸币，称为"交子"。交子的出现，便利了商业往来，弥补了现钱的不足，是货币史上的一大进步。但从绍圣元年开始，宋王朝为了筹措军费大量发行交子，交子信用发生了危机，信用市场彻底崩溃。

南宋时期，与金蒙（元）的连年战争，使南宋前期向来称富庶乐土的四川出现了满目荒凉、经济残破、惨不忍睹的景象。
元世祖至元十五年(1278年)四川纳入元朝版图，连年的战争使得四川人口锐减，经济竟是全国11个行中书省之中的倒数第一。直到明清时期，四川才重新恢复活力。

明清时期，四川在政治、经济等多方面都得到了恢复和发展。顺治朝到乾隆朝，陆续进行大规模的移民运动，史称"湖广填四川"。这次历时长达100多年的移民运动，使得一开始人口缺乏的四川获得大批劳动力，经济得到恢复。四川重新变成了经济发达地区。

劳动力资源大省——四川

据统计，近年来，四川有超过1300万城乡剩余劳动力常年外出务工，全国各地都有四川劳务人员的身影。

四川的外出务工人员具有极强的适应能力，随着劳动力的输出，他们也带去了川菜、川茶和四川话。几乎在全国各地，都能吃到正宗的四川风味菜。据统计，四川外出务工人员主要以男性人群、已婚人群为主，年龄大多为25~45岁，多从事管理人员、职员、技术工人、商务服务人员等层次较高的职业。目前，四川全省每年转移和输出农民工所实现劳务收入达1077多亿元，居全国之首。

外出务工人员的大量输出，带来了一系列问题。如：农民工缺乏基本的法律意识和就业保障，拖欠工资的事情时有发生，工伤无人赔付也时有存在。尤其是农民工子弟的学籍和上学问题也是农民工们关注和急需解决的问题。近年来，随着四川省的发展和人民生活水平的提高，近70%四川籍外出务工人员已不愿意外出务工。因为在省内也能找到工作，并且福利待遇并不差。例如2012年在广元，已有万名外出务工人员选择了就近就业，不再出省工作。

建筑工人

近现代

1895年，李鸿章和日本政府代表伊藤博文签订《马关条约》，其中规定增开四川的沿江门户重庆为通商口岸。四川社会自然经济逐步崩溃并且半殖民地化，民族资本主义在四川开始萌芽。
1936年5月9日，重庆市升为中华民国直辖市。

1949年12月27日，中国人民解放军进驻成都。1954年7月，中央直辖市重庆重新并入四川省，改为省辖市。
1964年起，四川省为三线建设重点地区之一，重庆、成都则是其中的核心。国家大力支持四川的政经发展，前后共投入200多万人完成三线建设。

1997年，重庆市与原涪陵市、万县市、黔江地区自四川省建制恢复中央直辖市——重庆市。
2000年，西部大开发开始实施，四川作为开展地区之一，其经济、民生、基础设施建设、特色产业等都得到了快速发展。
2008年5月12日，四川汶川一带发生8.0级大地震，给四川造成了重大人员伤亡和经济损失。

汶川大地震

2008年5月12日14时28分4秒，汶川县发生里氏8.0级大地震。汶川大地震是中华人民共和国成立以来破坏力最大的地震，也是唐山大地震后伤亡最惨重的一次地震。

聚焦汶川

汶川县位于四川盆地西北部边缘，是中国国内四个羌族聚居县之一，是阿坝州的工业基地，有"大禹故里、熊猫家园、羌绣之乡"的美誉。

灾难中的感动

教师谭千秋用生命完成了最后的使命——为了4个学生，他张开了双臂。

母亲用自己的身体为娃娃撑起生命的天空。

人民教师严蓉救下13个学生后殉职，1岁半女儿却成孤儿。

在父母身体下与死神抗争40多个小时的3岁女孩获救。

国内外的关注

新加坡《联合早报》发表了评论《撼山易，撼四川人民难》。

加拿大CBC电视台评论"中国军队的反应速度和人员、装备、物资投放能力均给人留下深刻印象"。

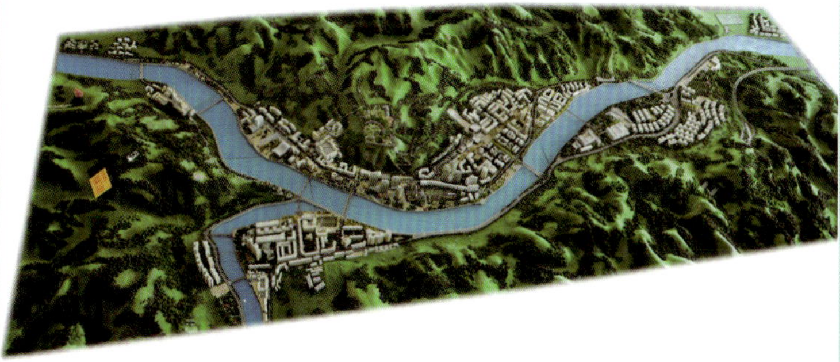

灾后重建

灾后重建工作展开迅速，兄弟省、区、市及社会各界倾力支援，全省人民特别是灾区人民自力更生、艰苦奋斗。如今这片曾经山崩地裂、满目疮痍的土地已旧貌换新颜：受灾群众住进了新房，公共服务设施全面上档升级，重建城镇初展新姿，产业发展优化升级，防灾减灾能力显著提高。灾区展示出在灾难后重生、在重建中跨越的生动图景。

铭记灾难，明天会更好

为纪念"汶川5·12大地震"，汶川兴建地震博物馆，再现了抗震场景。馆内所陈列和展出的物品有地震图文资料、废墟书包、遇难者遗物、志愿者的实物资料标语等，见证和记录了地震中留下的沉痛记忆和灾难中闪光的民族精神。

不管今后的路如何，四川籍外出务工人员在全国各地的辛苦努力都是值得我们尊敬的，要是没有他们的汗水灌溉，就没有广厦千万间，也难在家门口就能吃到地道正宗的香辣川菜了。

四川的历史名人

四川人杰地灵，是著名的文化重地。它地处东西交融、南北过渡的地理位置，多年来既有利于糅合吸收东西民族之长，又是南北文化交流的要冲。长江、黄河两大流域文明的精华，哺育出了巴蜀地区光辉灿烂的文化。在历史的长河中，四川是人才荟萃的地方。众多历史人物或出生于四川，或成长于四川，或在蜀地为官，或游览于蜀地，多有遗址或纪念物留存，并留下了千古佳句与著名诗篇。

李冰（前302—前235）：战国时期的水利家，秦昭襄王末年为蜀郡守，在今四川省都江堰市（原灌县）岷江出山口处主持兴建了中国早期的灌溉工程都江堰，因而使成都平原富庶起来。老百姓怀念他的功绩，建造庙宇加以纪念。北宋以后还流传着李冰之子李二郎协助李冰治水的故事。

司马相如（前179—前127）：字长卿，原名司马长卿，文学家，诗人，辞赋家。其作品

李冰父子像

辞藻富丽，结构宏大，使他成为汉赋的代表作家，后人称之为赋圣，其中最为著名的就是那篇《子虚赋》。他与卓文君的爱情故事也广为流传。

卓文君（前175—前121）：原名文后，西汉临邛（今四川邛崃）人，原籍邯郸冶铁家卓氏，为四川临邛巨商卓王孙之女，姿色娇美，精通音律，善弹琴，其与汉代著名文人司马相如的一段爱情佳话至今被人津津乐道，被称为中国古代四大才女之一。

陈寿（233—297）：字承祚，巴西安汉（今南充）人。因为不肯屈从宦官黄皓，所以屡遭贬黜。入晋以后，历任著作郎、长平太守、治书侍御史等职。280年，晋灭东吴，结束了分裂局面。陈寿当时48岁，开始撰写《三国志》。

武则天（624—705）：利州（今四川省广元市）人，是中国历史上唯一一个正统的女皇帝，也是继位年龄最大的皇帝（67岁即位），又是寿命最长的皇帝之一（终年82岁），也是一位女诗人和政治家。

陈子昂（约661—702）：字伯玉，文学家。陈子昂在政治上曾针对时弊，提过一些改革的建议。在文学方面针对初唐的浮艳诗风，力主恢复汉魏风骨，反对齐、梁以来的形式主义文风，其存诗共100多首，其中最有代表性

陈子昂

的是《感遇》诗38首，《蓟丘览古赠卢居士藏用》7首和《登幽州台歌》。被后人称为诗骨。

欧阳修（1007—1072）：字永叔，号醉翁，又号六一居士，绵州（今四川绵阳市）人。谥号文忠，世称欧阳文忠公。“唐宋八大家”之一。他在政治和文学方面都主张革新，既是范仲淹庆历新政的支持者，也是北宋诗文革新运动的领导者。欧阳修逝于颍州（今安徽阜阳），死后葬于开封新郑（今河南新郑），有《欧阳文忠集》传世。

欧阳修像

苏洵（1009—1066）：字明允，自号老泉，眉州眉山（今属四川眉山）人。北宋文学家，与其子苏轼、苏辙并以文学著称于世，世称“三苏”，均被列入“唐宋八大家”。

苏轼（1037—1101）：字子瞻，又字和仲，号东坡居士。与父苏洵，弟苏辙合称三苏。他在文学艺术方面堪称全才。其文汪洋恣肆，明白畅达，与欧阳修并称欧苏，为唐宋八大家之一；诗文有《东坡七集》等，词有《东坡乐府》。

苏轼

苏辙（1039—1112）：字子由，一字同叔，自号颍滨遗老，汉族，眉州眉山（今属四川）人，北宋文学家、诗人、宰相，唐宋八大家之一。

朱德（1886—1976）：字玉阶，原名朱代珍，四川省仪陇县人，曾用名朱建德，伟大的马克思主义者，无产阶级革命家、政治家和军事家，中国共产党、中国人民解放军和中华人民共和国的主要缔造者和领导人之一。中华人民共和国十大元帅之首。

刘伯承（1892—1986）：曾用名刘伯坚，四川省开县人，是中国人民的伟大战士，中国共产党的优秀党员，中华人民共和国元帅，为中华民族和中国人民的解放事业建立了不朽功勋，为我国的国防建设和社会主义建设事业做出了杰出贡献，对我军向正规化、现代化迈进做出了卓越贡献。

郭沫若(1892—1978)：四川省乐山人，毕业于日本九州帝国大学，1921年，发表第一本新诗集《女神》。1930年，他撰写了《中国古代社会研究》。1949年，郭沫若当选为中华全国文学艺术会主席。是现代文学家、历史学家、新诗奠基人之一。

张大千（1899—1983）：四川内江人，祖籍广东省番禺，中国泼墨画家，书法家。20世纪50年代，张大千游历世界，获得巨大的国际声誉，被西方艺坛赞为“东方之笔”。他与二哥张善子创立“大风堂派”，是20世纪中国画坛最具传奇色彩的泼墨画家。特别在山水画方面卓有成就。因其诗、书、画与齐白石、溥心畬齐名，故又并称为“南张北齐”和“南张北溥”。

陈毅（1901—1972）：名世俊，字仲弘，四川乐至人，中国共产党员。是久经考验的无产阶级革命家、政治家、军事家、外交家、诗人，中国人民解放军的创建者和领导者之一、新四军老战士，中华人民共和国十大元帅之一。

邓小平（1904—1997）：四川广安人，伟大的马克思主义者，无产阶级革命家、政治家、军事家、外交家，同时也是中国人民解放军、中华人民共和国的主要领导人之一。他是中国社会主义改革开放和现代化建设的总设计师，创立了邓小平理论。他所倡导的“改革开放”及“一国两制”政策理念，改变了20世纪后期的中国，也影响了世界。

巴金（1904—2005）：原名李尧棠，笔名佩竿、极乐、黑浪、春风等，字芾甘。四川成都人，祖籍浙江嘉兴。中国作家、翻译家、社会活动家、无党派爱国民主人士。巴金在“文革”后撰写的《随想录》，内容朴实、感情真挚，充满了作者的忏悔和自省，巴金因此被誉为“20世纪中国文学的良心”。

黄继光像

黄继光（1931—1952）：是中国人民志愿军第45师135团9连的通讯员。1952年10月19日在朝鲜上甘岭地区597.9高地牺牲，被中国人民志愿军领导机关追记特等功，并授予“特级英雄”称号。

泸定桥

文 化

卓克基西索民居彩绘

源远流长的巴蜀文化

巴蜀文化就是巴文化和蜀文化的合称，作为中国上古时代的三大文化体系之一，巴蜀文化内涵之丰富，历史之悠久，超乎寻常人的想象。作为中华文化、世界文明的溯源地之一，巴蜀文明吸引了无数考古学家和历史文化爱好者的目光，众所周知的三国蜀汉、三星堆遗址，就是那个文明最繁盛时期的文化切片，从一个侧面向人们展示了巴蜀文化的特征。

三星堆是古蜀早期的都城，在遗址中发现了大量的青铜器具，经证实多为祭祀用具，这一发现为我们揭开了一个神权国家的面纱。古蜀先民的衣着已有复杂的花纹图案，贵族还戴高冠，一系列事实证明三星堆先民的衣食住行已达到相当水平。这个以原始宗教维系的古国，因其人神相通的神仙观念，成为道教思想的重要源头。

在成都近郊发现的金沙遗址，是继三星堆后四川最为重大的考古发现。金沙出土了大量的金器、玉器，还有以吨计的象牙，显示了古蜀文明的璀璨以及加工工艺的精湛。金沙遗址是古蜀国又一个政治、经济、文化中心，其发现不但填补了历史记载中关于蜀文明的空白，也展示了一个与中原文化大有不同的异域文明。

四川之所以有异域色彩，也与巴蜀之地丰富而神秘的多民族文化分不开。正如川剧融合了高腔、昆腔、胡琴腔、弹腔和四川灯戏五种声腔；川菜夹杂了辣椒、花椒、胡椒、豆瓣、姜、葱、蒜等多种味道，各种民族民俗文化的糅杂也形成了独具巴蜀地区特色的民族文化。巴蜀文化涵盖政治、经济、生活、文化等各个领域，它通过蜀道、茶马古道，与中原文化、秦文化、楚文化、西南各族文化都有交流互通，也在极大程度上影响着周边文化的发展。现在在南亚各国的悬棺墓葬、金属制器等方面，都能看出明显的巴蜀遗风。

源远流长的巴蜀文化在李白、苏轼的诗作中，在川茶川酒

四川卷轴

司马相如《子虚赋》：作为汉赋的杰出代表，本篇辞藻富丽，结构宏大，与《上林赋》构成姊妹篇，更是将司马相如推上了“赋圣”和“辞宗”的历史神坛。

李劼人《死水微澜》《暴风雨前》《大波》：这“三部曲”被郭沫若先生称颂为“小说的近代史”。小说勾勒出了一幅寓政治、军事、经济的变动于广阔的巴蜀社会风俗史的画面。

阿来《尘埃落定》：小说以超然物外的审视目光，饱含激情的笔墨，向我们讲述了一个曲折动人的精彩故事，展现出了浓郁的康巴风情和神秘的土司制度。

《星星》诗刊：新中国成立最早的诗刊，是中国现当代文学史上尤其是诗歌史上具有举足轻重的地位和广泛深远的影响的刊物。曾首发流沙河、北岛、顾城、舒婷等当代著名诗人的代表作。

四川三星堆

的醇香中，在天文史学的探索中，在三星金沙的遗址中，不熄不灭，华彩绽放永恒。

经济文化交流的走廊——茶马古道

在我国西南地区，存在着一条以马帮为主要交通工具的民间国际商贸通道，那就是茶马古道。茶马古道源于古代西南边疆和西北边疆的茶马互市，兴于唐宋，盛于明清，“二战”中后期最为兴盛。茶马古道上，驼铃拖着古老的腔调，羌笛悠扬，往来的商人带着他们的货物和期待，从陕西走到甘肃，从四川延伸到印度。

早在秦汉时期，由于民族融合的需要，西南地区就已划入中国版图，三国时蜀国的经营更是使得民族文化的交流融合达到了空前繁盛的地步。中原地区的人们喜欢藏区的马，这种马普遍持久力惊人并且剽悍，最适合做战马；而长期吃肉、糍粑的藏民则发现茶可以去腥除油，对他们的健康很有好处，于是，交易便从此开始。茶和马就是互换的货物，而马则驮着茶叶，稳步于古道之上。

与剑门蜀道一样，茶马古道也是一种联系中原与蜀地的方式。除了栈道，当时行走于西南地区的人们普遍以马帮作为主要的交通形式。唐肃宗至德元年（756年），蒙古的回纥

四川影像

《抓壮丁》（1963年）：讲述了抗战初期，国民党反动派借着抗日的招牌，趁机买卖壮丁、敲诈勒索鱼肉乡里的故事。作为一部讽刺喜剧，本片以四川方言演出，生活气息浓厚、诙谐生动，很受欢迎。

《让子弹飞》（2010年）：姜文导演作品，改编自《夜谭十记》中的章节，电影讲述的是一个发生在北洋军阀时期，土匪和骗子之间的一段传奇故事。电影的川话版本更是让人捧腹开怀。

《观音山》（2011年）：讲述了三个高考落榜的年轻人在失落迷茫之时，与房东在摩擦、交流过程中，最终彼此慰藉与温暖，共同走出困境的故事。

《川军团血战到底》（2011年）：一部描述川军北上以命抗战的悲壮故事的大型史诗剧。这部剧带有揭秘性质，澄清曾经被抹黑的历史，激励人心，感人肺腑。

《魅力四川》（2012年）：是一部涵盖川蜀之地自然、历史、人文、社会等多个方面的纪录片，既展现了四川的旖旎风光和深厚文化底蕴，也记录了四川凤凰涅槃般的发展奇迹。

张大千

1899年5月10日在四川省内江市中区城郊安良里的一个书香门第的家庭里，一个孩子呱呱坠地。这个孩子就是张大千——中国泼墨画家，书法家。

人物档案

中 文 名：张大千

别 名：大千居士、下里港人

出 生 地：四川省内江市郊安良里

出生日期：1899年5月10日

逝世日期：1983年4月2日

职 业：画家

主要成就：国画大师、创立"大风堂画派"

主要作品

《可以横绝峨眉巅》《青城天下幽》《阔浦遥山系列》《摩耶精舍外双溪》、巨幅金笺《金碧泼彩红荷花图》、《人家在仙堂》泼彩山水图、《春云晓霭》《水殿幽香荷花图》《水墨红荷图》等。现今内江有张大千纪念馆。

大风堂画派

20世纪20年代，张善子、张大千在上海西门路西成里客居时，因有缘收藏到明朝画家张大风所画《诸葛武侯出师图》，对此画爱不释手，加之对张大风的画艺十分倾慕，且又同姓张，故在极其得意之余，张善子、张大千昆仲即将西成里居室的厅堂取名为"大风堂"。大风堂画派的画风呈现出百花齐放的景象，是一支生生不息、代代传承的中国画画派。

张大千纪念馆

位于四川省内江市东桐路圆顶山，纪念馆的5个展区，以数百件照片、实物、诗笺、书信、画稿、画集、书籍及书画作品，分别展示了张大千的生平事迹、艺术进程、艺术特色、艺术成就及在世界艺坛的影响和地位，供游客领略一代大师风采。

四川天籁

《康定情歌》：作者李依若为纪念自己的一段无终果的恋情而作，是我国第一首飞向太空的歌曲，被誉为宇宙情歌，是世界十大民歌之一。

《槐花几时开》：是宜宾地区的一首传统山歌，也是四川民歌中的经典之作，只用寥寥数语的歌词，就把一个坠入爱河、伶俐而羞涩的女子形象，展现在了我们眼前。

《黄杨扁担》：是首蜚声海内外的四川民歌，先后为李双江、蒋大为等多位著名歌唱家所演唱，几乎每一本关于中国民歌的书，都会将其收入。

《阿杰鲁》：是一首彝语演唱的民谣，阿杰鲁有不要怕之意，为彝族音乐人莫西子诗所作。歌词质朴感人，旋律也同样动人心弦，反映了彝族人朴实智慧中的坚强。

《走出大凉山》：中国第一支少数民族原创音乐组合——山鹰组合的代表作，悠扬的歌曲中带着少数民族特有的野性，时刻都表现出一种顽强的生命力和内在的情感张力。

川剧变脸

川剧是汉族戏曲剧种之一，流行于四川东中部、重庆及贵州、云南部分地区。川剧脸谱，是川剧表演艺术中重要的组成部分，是历代川剧艺人共同创造并传承下来的艺术瑰宝。相传变脸是古代人类在面对凶猛野兽的时候，为了生存把自己脸部用不同的方式勾画出不同形态，以吓跑入侵的野兽。川剧把变脸搬上舞台，用绝妙的技巧使它成为一门独特的艺术。

人物档案

中文名称：川剧变脸

外文名称：Sichuan opera turns hostile

起　　源：20世纪30年代

相关人物：王道正，谢平安，彭登怀，龙怡策

变脸手法

抹脸

将化妆油彩涂在脸的某一特定部位上，到时用手往脸上一抹，便可变成另外一种脸色。

吹脸

将装有粉末化妆品的盒子摆在舞台地面上，演员做伏地的舞蹈动作，趁机将脸贴近盒子一吹，粉末扑在脸上，立即变成另一种颜色的脸。

扯脸

事先将脸谱画在绸子上，剪好后，将每张脸谱都系上丝线贴在脸上。丝线则系在衣服的腰带上，随着剧情的进展，演员会在舞蹈动作的掩护下，一张一张地将它扯下来。

运气变脸

传说已故川剧名演员彭泗洪，能够运用气功使脸由红变白，再由白转青。

变脸概念

川剧变脸是川剧表演的特技之一，用于揭示剧中人物的内心及思想感情的变化，即把不可见、不可感的抽象的情绪和心理状态变成可见、可感的具体形象——脸谱。川剧变脸是运用在川剧艺术中塑造人物的一种特技。是揭示剧中人物内心思想感情的一种浪漫主义手法。

精彩去处

变脸在川剧中是很绝的一门技艺，已被其他兄弟剧种所借鉴，并且已经流传国外。在成都的蜀风雅韵、锦江剧场等地都可以观赏到地道的川剧变脸表演。

经典剧目

变脸中最具川剧特色的是《白蛇传·金山寺》一场紫金铙钵的扯线变脸。剧中法海的镇妖神器紫金铙钵拟人化为钵童，先后三次出场，开始以绿蓝相间的脸谱亮相，后在与白蛇的打斗中依次变为红脸绿眉、蓝脸金眉、黄脸、白脸黑眼，最后是白脸、笑眼、红颊的本脸，具有十分强烈的视觉冲击力。

地区驱马茶市开创了茶马交易的先河。北宋时期，茶叶取地于川蜀地区，并且在成都、天水设置“榷茶”和“茶马司”；直到清朝雍正十三年（1735年），官营茶马交易制度终止。

茶马古道在中国的主干线主要有三条：滇藏茶马古道、川藏茶马古道和从西宁到西藏的唐蕃古道。川藏茶马古道始于唐代，东起雅州边茶产地雅安，经打箭炉（今康定），西至西藏拉萨，最后通到不丹、尼泊尔和印度，全长4000余米。不同于剑门古道的是，茶马古道不是单个的道路，而是一个庞大的交通网络，由主干道和无数的支路组成。

茶马古道是中国西南民族经济文化交流的走廊，是一条世界上自然风光最壮观，文化最为神秘的旅游绝品线路，它蕴藏着开发不尽的文化遗产，也在新的时期吸引了众多游人新奇探究的目光。

川酒云烟——四川的酒文化

中国是世界上酿酒历史最早的国家。自酒诞生的那天起，便以独特的方式浸润着整个社会，并一直伴随着中国文明的发展。早在6000年前的新石器时代，中国就酿制出了世界上最早的粮食酒。据记载显示僰人酿蒟酱（现在的白酒）达到了成熟期，故有“酿酒三千年，僰人开先河”的美誉，现在四川有家酒企业至今还在推广“僰窖古酒”白酒品牌。

川酒历史悠久，工艺独特，味道香浓，驰名海外。在三星堆出土的大量酒器，将川酒的酿造历史定格在3000年前。在三星堆遗迹中，仅陶器类就有觚、瓮、长颈壶、瓶和鸟头把勺等，从酒的酿造、贮藏到饮用，极具浓厚的巴蜀地方色彩。秦汉时期，酿酒业普及巴蜀各地，酒作为一种消费品已遍及民间。元代四川酒课7590锭20两，占全国酒课的第五位。宋时的一些名酒如郫筒酒、鹅黄酒等在元代仍然享有盛名。明清时期是川酒发展的重要阶段，白酒生产工艺普遍推广，酿酒技术不断改进，川酒中的众多名酒开始崭露头角，著名的泸州老窖就建成于明代中叶。清末泸州“以高粱酿制者曰白烧，以高粱、小麦合酿者曰大曲。白烧糟房六百余家，出口远销永宁及黔边各地；大曲糟房十余家，远销川东北一带及省外”。

所谓水为酒之血，粮为酒之肉。四川是中国水资源最为丰富的地区之一，而且因其靠近青藏高原等中国大多数河流的发源地，有酿酒的绝佳用水。再说粮，四川是天府之国，“土地肥美，有江水沃野、山林竹木、蔬食果实之饶”，成都平原的绵竹糯米、大米，以及川南丘陵赤水河流域的米红粱，都是川酒醇香的奥秘。

四川是全国白酒销售收入、利润和出口量最大的省份。中国17大名酒四川占据6席，占白酒销售总额40%之多。这其中包括蜚声内外的川酒“六朵金花”：以高粱、糯米、大米、小麦和玉米五种粮食为原料的五粮液，窖龄至少在300年以上的泸州老窖，为皇室专享的贡品剑南春，还有舍得、郎酒、水井坊。各个牌子的酒也有不同的分类，例如，光是泸州老窖，就有泸州老窖特曲、大曲、特曲低度酒、泸州老窖二曲和三曲、滋补曲酒、鸡尾酒、白兰地以及被誉为“东方第一瓶”的金爵士超豪华特曲酒等；剑南春则有酒度为60°、52°、38°、28°等多种品种。

现代的酒不止以酒为荣，更是在包装、

川酒

丹巴藏寨

丹巴藏寨指的是居住在丹巴县的居民形成的藏族村落，丹巴的山寨，旧称碉楼寨房。碉楼和寨房，原本是两类不同性质的风格建筑，在时光的流逝中，二者已有机地结合在一起。外形上，丹巴藏寨既有寨房的特征，又有碉楼的形态。碉楼寨房一般为三层，也有四层的，一侧还配有厢房。但不论房屋和厢房如何建造，顶层外缘都环围着黄、黑、白三种色带，形成了嘉绒藏寨的一大特色。

碉楼以泥土和石块建造而成，大多与民居寨楼相依相连，也有单独筑立于平地、山谷之中的。

藏寨壁面光滑平整，不留缝隙，结构坚固，在川西地震多发区亦可耸立数十年而不倒。

寨房由当地专门的砌石匠修建，原料为乱石，用泥土黏合，不吊线，不绘图，全凭经验砌成。

古碉的外形为四角高状方柱体，高度不低于10米。

碉楼形状各异，碉基结实，上窄下宽，碉体用片石砌成，砌艺精湛。

寨房一般分成二层或三层，上层堆放粮食，中层住人，下层圈养牲畜。

寨房一般建于沿河谷高山或半坡有耕地和水源的地方，结合地形，利用有限的平台，纯用石头筑成平顶。

商标、酒瓶、广告等多方面用尽心思，“唐时宫廷酒，今日剑南春”“你能品味的历史，国窖1573”“酱香典范，红花郎”，这些脍炙人口的广告词也足以见得川酒的市场占有率之大。

四川几乎拥有全中国最好的白酒。所谓“蜀之士子，莫不酤酒”，川酒已经变成了人们日常生活中不可或缺的一部分。

幽幽茶香，乐活人生

茶的故乡在中国，因而中国人也就拥有世界上独一无二的茶文化，四川更是中国茶的溯源地和始祖。现在，在世界100多个国家和地区都有茶的身影，茶文化也在世界范围内传播。

广阔的丘陵地带，湿润的气候，丰富的降水，再加上适宜茶叶生长的酸性土壤，得天独厚的条件孕育了四川茶叶的文明。川茶的品类甚多，光是名品就有40多种。在唐代，蜀中有8大名茶，即“雅州之蒙顶，蜀州之味江，邛州之火井，嘉州之中峰，彭州之堋口，汉州之扬村，绵州之善目，利州之罗村”。可见川茶的魅力之盛。峨眉毛峰，蒙顶甘露，青城雪芽，竹叶青，蒙顶黄芽，邛崃文君茶，广安松针，香山贡茶都是其中的优秀代表。

早在公元前1066年，茶就作为巴蜀一带的贡品，受统治阶级的热爱和追捧。根据秦汉年间的记载更能看出，在当时，四川对茶叶的栽种就已非常广泛成熟。单从茶具来看，既有“下里巴人”的盖碗杯，也不乏“阳春白雪”——黑瓷、白瓷的高级茶具，雅俗共赏，全民皆欢。因此川茶是名副其实的茶之始祖。

就中国本土而言，不同的地域，又有各不相同的饮茶观。四川人爱茶的态度跟他们乐活的人生态度息息相关。满街的茶馆，随便选一间进去就可以乐悠悠地坐一下午。喝茶，打牌，聊天，品味人生，有滋有味，四川人称之为“摆龙门阵”。茶馆也很是讲究，老茶馆在用水、备茶、选茶具上毫不含糊，颇具匠心。《茶经》有言：“泉水为上，河水次之，井水为下。”一般茶馆都雇人用胶轮车载上大木扁桶去取河心水，为此，茶馆自然又得备几口沙缸以做过滤之用。而茶馆老板也善于经营，夏有杭菊解暑，冬有沱茶补虚；椅子则以四川盛产的楠竹为佳，其椅脚的高矮、坐垫的软硬、椅背与扶手的角度和宽窄均很有讲究。还有茶馆表演沏茶功夫，岂不乐哉。

幽幽茶香，乐活人生，也只有在四川能

四川盖碗茶

做到吧。

食在中国，味在四川

川菜作为我国八大菜系之一，享誉中外。如今，川菜已无人不知，无人不晓，甚至很多地方菜都打上了川菜的烙印和影响。

川菜的麻辣鲜香极具穿透力，各种佳肴竭尽全力挑逗着你的味蕾，“一菜一味，百菜百味”，香麻中又各有千秋。无论是影响力还是菜馆数量上，川菜均属全国第一位。宫保鸡丁、回锅肉、麻婆豆腐、鱼香肉丝等经典菜式，都是川菜中的传家宝。

巴蜀素来是美食之地。古时巴国“土植五谷，牲具六畜”，并出产鱼盐和茶蜜；蜀国则是“山林泽鱼，园囿瓜果，四代节熟，靡不有焉”。当时巴国和蜀国已有卤水、岩盐、川椒等特别的调味品，青铜器和陶器餐具更是数不胜数，讲究非凡。

早在秦汉之时，百姓的餐桌上就已有川菜的身影，在宋代更是形成流派，影响直达中原。明末清初，辣椒的引入为川菜注入了新的灵魂。清乾隆年间，四川罗江著名文人李调元在其《函海·醒园录》中就系统地搜集了川菜的38种烹调方法。不论官府菜，还是市肆菜，都有许多名菜。川菜的烹调时间短，火候急，像极了四川人的爽快。

川菜讲究用料。花椒、胡椒、辣椒，椒椒有异；葱丝、姜片、蒜末，鲜香不同。川菜爱做鱼香，讲究怪味，酱油、醋等普通调味料远不能满足花式的烹调，郫县豆瓣酱、永川豆豉的使用无疑满足了川菜风格迥异的口味。

川菜

山珍、江鲜、野蔬、畜禽，经炒、滑、熘、爆、煸、炸、煮、煨，再加酱料的烹炒滋润，“七滋八味”让人赞不绝口，甜、酸、麻、辣、苦、香、咸；鱼香、酸辣、椒麻、怪味、麻辣、红油、姜汁、家常，仅仅是最基本的口味，“食在中国，味在四川”不只是说说而已。川菜的复合口味有20多种，远不是“七滋八味”所能概括得全的。

多元民族文化大家庭——四川

四川省是一个多民族的大省，其中，世居民族14个，分别是彝族、藏族、羌族、苗族、回族、蒙古族、土家族、傈僳族、满族、纳西族、布依族、白族、壮族、傣族。据统计，四川有55个少数民族，人口达415万人。除回族外，世居少数民族都使用自己民族的语言。各少数民族的文化相互交流融合，形成了独特的多民族文化。

四川人口数量较多的少数民族有彝族、藏族和羌族。四川省是全国最大的彝族聚居区、全国第二大藏区，以及全国唯一的羌族聚居区。费孝通曾指出横断山区是“藏彝大走廊”，是民族迁移、分化、演变的大通道。

四川的藏、彝两族分支众多，文化群庞大。仅是藏族就有许多分支，有康巴藏族、安多藏族、嘉绒藏族及木雅人、西番人、鱼通人、扎坝人等，虽然都划归藏族，但他们的族源、语言、服饰、歌舞等又各不相同，精彩纷呈。彝族主要聚居在大、小凉山与安宁河流域，盛大的火把节

羌族服饰

世界闻名，象征着这个古老民族旺盛的生命力。羌族被称为“云朵中的民族”，这个古老的民族主要聚居在四川省阿坝藏族羌族自治州东部，绵阳市北川县、平武县等地。羌族地区至今仍保留原始宗教，盛行万物有灵、多种信仰的灵物崇拜。

雪山草地，牧歌悠扬，各民族繁衍不息，能歌善舞，也为四川文化增添了神秘的色彩。

川剧乐器

川剧戏服

行走四川

带什么

徒步

四川由于受地理纬度和地形的影响，气候的地带性和垂直方向变化十分明显，东部和西部的差异很大。为了应对多样化的气候和环境，出行之前要准备相对较为充分的物品，以下这些作为参考。

常规必带

服装

四川的天气较为复杂，各个区域的气候特点有所不同。以成都平原为中心的川东地区向来被誉为“天府之国”，气候温和，只需按季节携带日常穿着衣物即可；像峨眉山、四姑娘山等海拔稍高的景区，需要携带一些反季节较厚的衣物。

背包、鞋袜

在够用的前提下，旅行携带的行李背包应越少越好。一般45升以下的背包就足以应付，如果参与一些野外徒步野营活动，那么一大一小两个背包也就足够。

既然是旅行，首选运动鞋和中低帮登山鞋，在四川东部地区备一双舒适结实的运动鞋即可。袜子方面，选择弹性较好、排汗良好的运动袜即可。

药品、食品

常规旅游准备一些感冒药品、胃肠类药品和一些去热止痛

类药品就可以了，如感冒片剂、感冒冲剂、泻痢停、复方阿司匹林、扑尔敏、抗生素。

四川美食众多，路上简单携带一些喜欢的食品即可，纯净水、红牛等功能饮料视消耗情况，随时补充储量。

洗漱用品

毛巾、牙膏、牙刷、香皂、护肤霜、洗发水、梳子、剃须刀、手纸、湿纸巾等。

特殊选带

服装

川西高原则气候相对恶劣不少，除夏季外，羽绒服和保暖绒衣必不可少，夏季的川西多雨，骑行或自驾游玩，此时的装备应注重防水，需要准备速干排汗长袖衣物、防雨衣裤和冲锋衣等衣物。

背包、鞋袜

背包应越少越好，前往川西地区，携带一个45~60升的背包（最好有防雨罩）即可，可以不带的东西尽量不带。

建议选择符合中量级标准的高帮登山鞋，同时，冬季前往川西高原则要准备厚一点的袜子，其他区域若是能够携带一罐足底清爽喷雾（屈臣氏有售），对足底杀菌除臭很有帮助。

药品、食品

对于完全背包客、徒步、探险之类的自助旅游，要备一些以下药品：

常备药物：牛黄解毒片、黄连素、牙周宁、息斯敏、乘晕宁。

外用药：云南白药、万花油、创可贴、清凉油、风油精、伤湿止痛膏、眼药水以及药棉、纱布、绷带、白胶布。

抗高原反应药：高原红景天（至少提前10天服用）、百服宁（控制高原反应引起的头痛）、西洋参（对缓解极度疲劳很有用）、速效救心丸。

维生素类：金施尔康、善存片、其他维生素片。

食物方面，前往川西高原，首选高热量的食物巧克力、牛肉干等，以及水果糖、榨菜、饼干等。

帐篷、睡袋

前往川西高原地区旅行，一般的帐篷、睡袋难以抵抗那里的高寒，备一套羽绒睡袋和双层防风雨的高山帐篷很有必要。

手套、防晒霜、太阳镜、帽子

川西高原地区紫外线极其强烈，如果不做好防护措施，有晒伤的危险。户外旅行，拥有一双始终保持双手干爽的手套，大大加强了旅行的安全；防晒霜可以削弱紫外线的影响，避免被晒得脱皮；一副好的太阳镜和一顶带有边沿的帽子也起着相同的作用。

旅行水壶、指南针、氧气

在地广人稀的高原地区，经常有上顿没下顿，所以随身带个水壶很有用；万一迷路了，指南针能够给你指引前进的方向；高原反应的基本成因就是缺氧，带上两罐罐装氧气或是一些携氧片就比较保险了。

摄影器材

旅游和摄影向来是不分家的。前往高山名川众多的四川也是如此，相机是一件必不可少的装备。普通地区，手机基本满足需要。若是想拍摄高质量的自然美景和少数民族的风土人情，带上专业相机加一个广角镜头和一个中焦变焦镜头基本满足需要，一个轻便的三脚架也十分有必要。多带几颗电池和几张容量大点的SD卡是明智之选，此外偏振镜、UV镜、清洁套装、防尘防御塑料袋等设备也十分有用。

●其他用品

表、打火机、蜡烛、地图、通信簿、一次性雨衣、一寸及两寸照片、有效身份证件、手机充电器、手电筒（亚丁有时半个月都没电）、小礼物等。

相机

何时去

四川大学

四川境内地形多样，形成了复杂多变的气候特征，不同地区气候差异很大，所以到四川旅游的最佳时间，要视具体地区而定。

总体来说，四川盆地、川西南山地属亚热带半湿润气候，全年都比较温暖湿润，四季都适合旅游；而川西北高山高原高寒气候区冬寒夏凉，建议夏季和冬季游玩，夏季气温相对较温暖，冬季则可欣赏到瑰丽的冰川雪景。

就具体地区而言，成都地区每年7、8两月是雨季，天气炎热，最佳旅游时间是3月至6月、9月至11月；绵阳气候温和，4月至10月都是旅游的好季节；九寨沟景区赏红叶是一大主题，秋天是旅游的好时机。其余地区视具体景点而定，人文景观四季皆宜，森林景观可选在春夏季，冰川景观则尽量选在冬天。

四川旅游月历

月份	节日
1月	西岭雪山南国冰雪节
2月	郎木寺晒佛节 自贡灯会
3月	成都花会
4月	都江堰放水节 金川雪梨节
5月	天彭牡丹会 甘孜、阿坝转山会
6月	新津龙舟会 金刚萨锤法会
7月	甘孜九龙伍须海游海节
8月	甘孜理塘国际赛马节
9月	乐山国际大佛节
10月	四姑娘山登山节 米亚罗红叶温泉节
11月	凉山彝族年
12月	峨眉山冰雪节 嘉绒藏历年

彭州中秋活动

吃什么

川味火锅

四川是美食的聚集地，拥有众多小吃特产。提到四川，自然而然地就会想起以麻辣口味著称的川菜。川菜作为我国四大菜系之一，具有很高的地位。但是川菜虽然口味很好，一定要注意适量品尝。

川味火锅

川味火锅以麻、辣、烫、鲜等特点成就了其在世界美食界独树一帜的地位。四川的火锅呈现出非常多的口味和吃法，强调各种味道的中和，尤其是鸳鸯火锅，一半清汤，一半红汤，适合各种口味的人群。

夫妻肺片

夫妻肺片是四川地区人人皆知的一款风味名菜，名为“肺片”，其实主要用料是牛头皮、牛心、牛舌、牛肚、牛肉，并不用肺。夫妻肺片片大纤薄，粑糯入味，麻辣鲜香，深受当地人和游客的喜爱。

毛血旺

毛血旺是许多川菜菜谱上的常客，以鸭血为主料制作，烹饪方式以煮菜为主，口味属于麻辣味，不能吃辣的人还是要慎重。

麻婆豆腐

麻婆豆腐是川系名菜，色泽淡黄，豆腐软嫩而有光泽，表面盖有一层淡红色的辣油，味道包含了麻、辣、酥、香、嫩、鲜、烫，是取暖解寒的美味佳肴。

麻婆豆腐

担担面

担担面是先用面粉擀制成面条煮熟，然后舀上炒制的猪肉末制作而成，主要作料有红辣椒油、芝麻酱、肉末、川冬菜、芽菜、花椒面、红酱油、蒜末、豌豆尖和葱花等，出锅的面条细薄酥香，口味油香麻辣，香气扑鼻。

龙抄手

龙抄手是成都小吃的佼佼者，用的是特级面粉加少许配料，细搓慢揉擀制而成，其主要特色是皮薄、馅嫩、汤鲜，细嫩滑爽，香醇可口。

钟水饺

钟水饺与北方水饺的主要区别是全用猪肉馅，不加其他鲜菜，上桌时淋上特制的红油及其他调料，微甜中带着咸味，还有辛辣风味。除了加红油，还加特制的酱油、芝麻油、蒜泥汁、盐、味精等多种调料精心调配。

川北凉粉

川北凉粉原为农舍小食，采用优质豌豆去壳，用水浸泡后磨成细浆，然后过滤去渣，沉淀脱水，制成豆粉，再经加热搅拌成糊状制成。主要配料有辣椒、花椒、生姜、葱叶、冰糖等，喜欢吃蒜的人还可以加点蒜泥，具有红辣味醇、鲜香爽口的川味风格。

剑门豆腐

剑门豆腐是剑门蜀道风景名胜区剑门关特产，颜色雪白，细嫩鲜美，有淡淡清香，韧性极强。更为重要的是，剑门豆腐营养丰盛，能强身键体、疗疾美容、延年益寿。

水煮肉片

水煮肉片是四川名菜之一，用的猪肉是没有肥肉、比较嫩的里脊肉，配以白菜、小油菜或豆芽，经过炒、煮等工序，上桌后肉嫩菜鲜，汤红油亮，麻辣味浓，很适合下饭。

担担面

住哪儿

藏族民居

四川地区的旅游资源相当丰盛，但是住宿条件差异较大，像成都、绵阳、乐山等城市，无论是宾馆、客栈，还是星级酒店，都随处可见，十分便利；若是在甘孜、阿坝等地的偏远地区，住宿条件则不太乐观，或许有部分小宾馆可以歇脚，但也有可能需要向当地人家借宿。

星级酒店

成都、绵阳、乐山等地级城市星级酒店资源充足，服务周全、设施完善，交通便捷。与东部城市相比并无差异，游客可根据需求，放心选择入住。

快捷连锁酒店

如家、7天、汉庭等快捷酒店在绝大多数地级市区均有分布，九寨沟、乐山大佛等景区也设有分店，但像甘孜、阿坝这样的高原区域，几乎没有快捷酒店。

普通宾馆及客栈

四川的各大城市及各个县城广有普通宾馆分布，但住宿条件有所不同，成都、乐山等地的普通宾馆及客栈住宿条件较好，川西和川北的藏区及羌族聚居区因自然条件限制，住宿条件一般。

农家乐

随着近年来旅游业的发展，不少藏民家中办起了农家乐，包餐包宿，费用多为每人百元以下。如果没有农家乐，也可向藏民家中借宿。在藏民家食宿，请尊重藏族的风俗习惯，建议您在离开的时候，留下一点小礼物，以示对主人的感谢。

野外露营

在四川野外露营，不可一概而论。川西高原露营，危险较多，需经验十足、装备精良方可，像阿坝、甘孜等地区，冬季晚上室外温度达零下十多度，建议带上能抗零下15° 的羽绒睡袋和双层防风雨的高山帐篷；而在四川东部大部分区域，自然条件要好得多，根据季节状况和日常露营经验合理安排即可。

贡嘎雪山露营

怎么走

铁路

成都为西南交通枢纽，所以前往四川旅行的交通方式非常多样化。

1.航空。四川拥有众多支线机场，可以直飞国内外众多城市。四川的主要客流集中在成都的双流机场和阿坝州的九黄机场。

2.铁路。四川是西南地区的交通枢纽，铁路交通相当便利。

3.公路。四川省公路以成都为中心，干、支线公路呈辐射状分布，东西、南北线路相互交织。四川省的公路交通中，东部比西部便捷很多，乘坐汽车或自驾游都比较便利。由于部分景点交通不便，也可以选择包车前往。

如果打算骑行川藏线，一定要保证自身安全，最好与经验丰富、对地形较为熟悉的人结伴同行。

成都火车站

有用信息

旅游通信

川话10句

四川话	普通话
劳问了、谢咯哈	谢谢
不存在	没关系（别人道歉或感谢时的回答）
几哈些	快点，快些
猪儿	出租车
好多钱，有没得少	多少钱，能不能少点
乡因点嘛	便宜点嘛
害怕你在敲我棒棒哦	害怕你宰我（购物要价很高时使用）
巴适	舒服、好吃、漂亮等意（适合多种场合）
抵拢倒左（右）拐	直走到尽头，左（右）拐弯
耍朋友	谈恋爱

通信

四川省通信信号覆盖面积很大，绝大多数城市内，国内三大主要运营商信号强度都良好，偏远地区因地各异，游客可以根据自身情况，选择较好的通信服务。

银行

.四川中东部地区的银行服务比较发达，大大小小的国内银行在这都设有很多分支机构。不过，现在绝大多数地方皆可通过微信、支付宝支付。

节约技巧

1.出行之前最好理性规划行程，这样可以节约时间，减少一部分交通费用，具体旅游路线以及攻略可参考第一步旅行网等旅行网站。

2.比较大的景区游览观光时间较久，可自带食物，景区内售卖食物价格较贵且味道一般。

3.选择入住的酒店时，可以到团购网站或者酒店官网看看，会有一定的优惠；在客栈或者小型宾馆住宿，可与商家适当议价。

4.旅行中尽量选择公共交通，前往偏远地区旅行时建议拼车，节约人力、财力，也比较安全。

5.可以在当地人开的店铺里或者村民手中购买食物，原汁原味，价格也会比较划算。

风俗禁忌

1.羌族的民俗很有特色，在阿坝藏族羌族自治州的羌寨里，至今仍保留着白石崇拜的习俗，户户羌寨庄房都供奉白石。

2.在甘孜、阿坝等藏区喝青稞酒时，主人会向客人敬“三口一杯”酒：客人应先用右手无名指蘸点酒，向空中、半空、地上各弹一下，然后小喝一口；主人会把杯子倒满，客人再喝一口；主人又会把杯子倒满，这样喝完三次，最后把杯中的酒喝完。

3.在甘孜、阿坝等藏区喝酥油茶时，主人倒茶，客人要待主人双手捧到面前时，才能接过来喝；续杯时，客人需用双手把茶碗向前倾出，以表敬意。

4.行路遇到寺院、玛尼堆、佛塔等宗教设施，必须从左往右绕行。

5.摩梭人有害羞禁忌，绝不能在火塘前或摩梭人面前提及任何跟性有关的词语，甚至连“阿夏”“阿注”“走婚”等摩梭词也不能提。否则会令对方尴尬，也是对老人的不敬。

6.在彝族人家中，切忌往火塘里浇水以及在火塘旁脱鞋，更不能从火塘中央跨过。

7. 在羌族村寨人家里，忌触动铜镜、海螺壳。因为小孩平日多佩戴铜镜，帽上钉海螺壳，用以避邪。若被生人触摸，会冒犯神灵，对小孩不利。

高原反应

四川西部的川西高原是青藏高原东南缘和横断山脉的一部分，地面海拔4000~4500米，九寨沟、黄龙景区、四姑娘山、川藏线等热门景点和线路均在川西的高原地区。游客初次来到海拔如此之高的高原，将面临高原病症状的潜在风险。面对高原反应要做到心中有数，以应对其有可能给您的旅途带来的麻烦。

1.高原反应及主要症状

高原反应：高原反应是人到达一定海拔高度后，身体为适应因海拔高度而造成的气压差、含氧量少、空气干燥等的变化，而产生的自然生理反应。

主要症状：海拔高度一般达到2700米左右时，就会有高原反应。高原反应的症状一般表现为：头痛、气短、胸闷、厌食、微烧、头昏、乏力等。部分人因含氧量少而出现嘴唇和指尖发紫、嗜睡、精神亢奋、睡不着觉等不同表现。部分人因空气干燥而出现皮肤粗糙、嘴唇干裂、鼻孔出血或积血块等。

五明佛学院辩经

2.应对高原反应

（1）进入高原之前的准备

①进入高原前，可向有高原生活经历的人咨询注意事项，做到心中有数，避免无谓的紧张。

②进入高原之前，禁止烟酒，防止上呼吸道感染；避免过于劳累，要养精蓄锐充分休息好；适当服用西洋参等，以增强机体的抗缺氧能力；如有呼吸道感染，应治愈后再进入高原。

③良好的心理素质是克服和战胜高原反应的灵丹妙药。大量事例证明，保持豁达乐观的情绪，树立坚强的自信心，能够减弱高原反应带来的身体不适。反之，忧心忡忡、思虑过度，稍有不适便紧张，反而会加大脑组织的耗氧量，从而使身体不适加剧。

④如果你从未进过高原，在进入高原之前，一定要进行严格的体格检查，特别是前往川藏线、四姑娘山和贡嘎山等高海拔地区。严重贫血或高血压患者，切勿盲目进入高原。

⑤进入高原前准备好相应药品：高原红景天（至少提前10天服用）、肌苷片等。对于高原适应力强的人，一般高原反应症状在1~2天内可以消除，适应力弱的需3~7天。此外，如果能适应酥油茶的味道，也可多喝一些，对缓解高原反应有一定作用。

（2）进入高原途中注意事项

①应尽可能预备氧气和硝苯吡啶、氨茶碱等防治急性高原病的药物，以防万一。

②准备足够的御寒衣服，以防受凉感冒。寒冷和呼吸道感染都有可能促发急性高原病。

③在进入高原的途中若出现比较严重的高原反应症状，应立即服用氨茶碱等相关药物（进藏前应咨询专业人士，采购必备药品）。严重时应吸氧。若出现严重的胸闷、剧烈咳嗽、呼吸困难、咳粉红色泡沫痰，或反应迟钝、神志淡漠、甚至昏迷，除作上述处理外，应尽快到附近医院进行抢救，或尽快转往海拔较低的地区，以便治疗恢复。

④由于乘车进入高原所需时间长，途中住宿条件差，体力消耗大，因此除要准备以上各种物品外，还应该准备水或饮料以及可口易消化的食物，以便及时补充机体必需的水和热量。

⑤通过制氧机等工具补充氧气。

新都桥雪景

四川大熊猫

（3）产生高原反应后的应对办法

①川西高原上的城市中，一般宾馆或有一定规模的城镇都有医院或卫生院，轻微的高原反应建议通过自我调节来适应它，严重的可以看医生。

②严重的高原反应，比如出现浮肿、肺水肿、重感冒等症状，建议一定到医院进行输液、吸氧等治疗，并尽快离开高原，一般高原反应一进飞机或一到平原便消失了，且无后遗症。

突发状况

1.在川西高原感冒后：在川西高原地区一旦有感冒征兆，自己服用一些常用感冒药品，一般1~2天症状即可消失。即使没有感冒也要每天服用感冒冲剂加强抵抗力。万一感冒加重，要及时就医，避免转为其他高原病。

2.被藏獒或野狗咬伤后：川西藏区多藏獒和野狗，如果不小心被咬伤，要做如下急救：（1）用净水冲洗伤处，不要在伤处涂擦任何软膏或其他类似物。（2）在伤处置一干净软垫并包扎。呼叫医疗救助或将伤者送至医院进行检查并注射抗毒素或服抗感染药。狂犬疫苗必须在24小时以内接种，否则有很大的可能性会得狂犬病，狂犬病发病后的死亡率是100%。

3.产生高原雪盲后：在高原强烈的阳光和紫外线下如出现了雪盲，应以眼药水清洗眼睛，到黑暗处或以眼罩蒙住眼睛用冷毛巾冰镇，减少用眼，尽量休息。良好的休息和舒缓的环境能及时缓解雪盲的症状，但完全恢复通常需5~7天。

4.户外皮肤晒伤后：皮肤若出现晒伤切不可急着冷敷，这样做会损伤皮肤。正确的方法是：使用清水（矿泉水最佳）冲洗皮肤，让肌肤轻柔地补充水分。水中的矿物质可以起到舒缓、镇静皮肤的作用，但须注意一定要待晒伤的肌肤冷却后再行冲洗，否则会因热胀冷缩温差太剧烈，使肌肤出现过敏症状，而产生二次伤害。

5.自驾车抛锚后：如果汽车购买了保险，首先拨打保险公司的电话寻求帮助；无保险的可打四川省交通厅电话028-85553206咨询或拨打114查询最近的修理厂。

请爱护大熊猫的故乡

四川地区地形复杂且位于中国地势二、三级阶梯交界处，生态环境比较脆弱。保护当地的生态环境是我们每个人应该承担的责任。旅行途中要保护当地的动植物资源，同时尽量少制造城市垃圾，部分垃圾记得进行回收处理。四川境内少数民族较多，要尊重当地习俗，文明出游，保护好当地的旅游环境。

发现者旅行指南

成都

概览

亮点

杜甫草堂

为纪念唐代大诗人杜甫而建立的纪念场所，曾是当年杜甫在成都的居所。草堂中塑有杜甫雕像，更有怀古之风。

武侯祠

中国唯一一座君臣合祀的祭祠。现存建筑由刘备、诸葛亮蜀汉君臣合祀祠宇及惠陵组成。

成都大熊猫繁育基地

具有世界一流技术水平的大熊猫繁育技术，也是大熊猫异地保护的重要场所。

都江堰

天下闻名的古水利工程。战国时期创建，连续2000多年仍在为四川的百姓们造福。

青城山

可谓是中国的道教发源地之一，冬日严寒，夏日凉爽。景区内景色宜人，有日出佛光等胜景。

必逛街道

宽窄巷子：一条宽巷子，一条窄巷子，原是清代八旗子弟的旧宅，现被辟为成都风情文化街。既有古色古香的深宅大院，也混合着现代艺术的风情特色。

春熙路商业街：全国的街头潮流和品牌在这里跳动着同一脉搏，传统中国美食和西方各类快餐店在这里汇集。

线路

成都市经典两日游

第一天，早起前往武侯祠，顺带将锦里一条街逛完；之后驱车一个多小时可达都江堰，下午三点可取道青城山，夜宿山中。

第二天，早起看青城山日出，接着去大熊猫繁殖基地；可在春熙路解决下午茶，然后前往杜甫草堂。

成都市深度四日游

第一天早上去文殊院，然后去永陵博物馆，顺道去金沙遗址博物馆。下午去武侯祠，傍晚逛锦里一条街，晚上可投宿于特色客栈。

杜甫草堂

第二天先去杜甫草堂参观，然后游览青羊宫，接着去宽窄巷子。中午体验一下春熙路的美食，然后转转望江楼公园，喝着盖碗茶，摆摆龙门阵。

第三天清晨乘车去都江堰，之后可以去林深清幽的青城山，晚上回市区住宿。

第四天上午去刘氏庄园，午饭后前往建川博物馆参观，可以参观到抗战、“红色年代”、地震、民俗四大主题的多样馆藏品。

为何去

成都位于“天府之国”成都平原的东部。作为“中国十大历史文化名城”之一，成都拥有3000年左右的建城史、近150年的建都史。成都是亚洲首个国际“美食之都”，川菜作为我国八大菜系之一，在我国烹饪史上占有很重要的地位，它菜式多样、调味多变，以麻辣鲜香为最大特色。

武侯祠

成都还是中国最佳旅游城市之一，拥有都江堰、天府广场、武侯祠、杜甫草堂、青羊宫、文殊院、昭觉寺等众多历史名胜古迹和人文景观。其承载着的几千年历史，使这座西南城市处处弥漫着浓郁的巴蜀文化氛围。

何时去

成都的气候潮湿、多云雾、少日照，是一个春早、夏爽、秋冷、冬温的城市。成都的夏天温度不会超过35℃，冬天平均气温在5℃左右。因此成都四季都适合旅游，每年农历二月，龙泉山桃花盛开，百花争艳，是踏青的好去处。而7—8月可到附近的九峰山、天台山、青城山避暑，冬天，西岭雪山和龙池公园是赏雪的最佳好去处。

桃林

宽窄巷子

区域解读

区号：028
面积：14 335km²
人口：2126.8万人

地理 GEOGRAPHY

区划

成都下辖12区（青羊区、金牛区、成华区、锦江区、武侯区、龙泉驿区、青白江区、新都区、温江区、双流区、郫都区、新津区）、5市（都江堰市、邛崃市、崇州市、彭州市、简阳市）、3县（大邑县、蒲江县、金堂县）。其中原由资阳代管、2015年改由成都代管的简阳市景点仍然放在资阳旅游区介绍，特此说明。

地形

成都市地处成都平原腹地，地形复杂，以平原为主，平原、丘陵、山区三种地形约各占1/3。

成都地貌丰富多样，西北高，东南低。西部为邛崃山脉，层峦叠嶂，多4000米以上的高峰，海拔落差巨大，地貌丰富。东部为龙泉山脉和盆中丘陵，龙门山脉纵贯南北。境内海拔最高处为西岭雪山的苗基岭，海拔5364米；而位于金堂县东南的云合镇河谷海拔最低，仅378米。

成都市河网密度大，锦江、府河、沙河穿流而过，河流纵横，沟渠交错，库、塘、堰、渠星罗棋布，是城市中别致而旖旎的风景。

气候

成都市气候属于亚热带季风性湿润气候，气候温和，四季分明，冬暖夏凉春秋长。成都全年多云雾，日照时间短。夏天虽无酷暑，但空气潮湿，稍显闷热；冬天虽无严寒，但阴天居多，空气潮湿，稍显阴冷。春秋气候适宜，适合旅游。成都雨量充沛，夏季多暴雨，出门需常备雨伞。

历史 HISTORY

历史大事记

●上古时期

上古时期，成都地区出现了高度发达的青铜文明，现存的三星堆遗址、金沙遗址，显示了古蜀文明发展的巅峰，也是中华民族文化的重要源头。

远在四五千年前，古蜀先民逐渐从川西北高原沿着岷江河谷迁徙到成都平原，他们在这块肥沃的土地上辛勤垦殖，创造了灿烂的“蜀文化”。

距今三四千年前，即相当于夏代纪年的早期阶段，成都平原已形成了高度发达的三星堆文明，它是古蜀文化发展的一个巅峰，也是中华民族文化一个重要的源头。

都江堰全景

●春秋战国

春秋时期（前4世纪），古蜀国开明五世（一说九世）废帝号称王，迁都赤里（今成都上南大街一带），建立庙宇，成都首次成为都城。取周王迁岐"一年成聚，二年成邑，三年成都"之典故，故名成都，沿用至今。

周慎靓王五年（秦惠文王更元九年，前316年），秦惠文王派张仪、司马错灭巴蜀，改蜀国为蜀郡，设成都县（县治在赤里街），作为蜀郡的治所。

周赧王四年（秦惠文王更元十四年，前311年），秦人按咸阳建制修筑城垣，成都城日益繁荣。当时的城市格局成为中国古代城市格局定式的一种类型，或隐或显地传承了2000多年。

周赧王五十九年（前256年），蜀郡郡守李冰主持修建了都江堰水利工程，使用至今。成都平原从此沃野千里，风调雨顺。成都因此被誉为"天府之国"。

●两汉魏晋

汉武帝即位之元年（前140年），蜀郡太守文翁在成都建立了中国最早的地方官办学堂"文翁石室"。此后成都地区出现了一批具有全国影响的文学家和学者，如司马相如、扬雄、王褒等。

西汉后期，成都人口已增至7.6万户，成为仅次于长安的中国第二大城市。

西汉时期，成都的织锦业已十分发达，设有"锦官"，故有"锦官城"即"锦城"之称。同一时期，成都人口发展到近40万人，成为全国六大都市之一。

221年，刘备称帝，定都成都，国号汉，史称"蜀汉"，与魏、吴成三国鼎立之势。

公元263年，蜀汉被魏攻灭。

●唐宋时期

唐玄宗天宝十五年（756年），因安史之乱，玄宗入蜀避居成都。成都成了中原人士的避难所，促进了经济文化的繁荣，当时有"扬一益二"（扬州第一，成都第二）之说。

其后，前蜀的王建、王衍父子和后蜀的孟知祥、孟昶父子割据于成都，前后长达60年之久，后被北宋所灭。

927年，五代后蜀后主孟昶喜赏名花，偏爱芙蓉，命人在成都的城墙上遍种芙蓉树，后人继承此俗，遍地栽植芙蓉树，每到秋季，满城锦绣，花香四溢，称之为芙蓉城，即今成都简称"蓉城"的来由。

北宋淳化四年（993年），王小波、李顺在成都附近的青城起义，遂克成都，建立大蜀政权。

大中祥符元年（1008年）交子——中国最早的纸币发行，商人之间货款的支付凭证也在成都民间发行流通。天圣元年（1023年），宋朝政府在成都设置益州交子务，统一管理交子的发行与流通。

●元明清

元至元二十三年（1286年），元朝中央政府在成都设置“四川等处行中书省”，后简称“四川省”。从此成都一直是四川省的最高军政长官治所，也是政治文化中心。

明崇祯十七年（1644年），张献忠率军攻入成都，自立为帝，国号大西，称成都为西京。随后清军攻入四川，与张献忠的大西军在成都激战。

清顺治三年（1646年），成都全城焚毁于战火之中，四川省会迁往保宁府阆中。康熙年间，朝廷实施“湖广填四川”大移民，省会又迁回成都。

顺治十一年（1654年）顺治帝将四川布政使司改为四川省，四川省名在历史上正式出现。

●近现代

清同治十二年（1873年），四川学政张之洞集资在成都文庙街西侧石犀寺附近修建尊经书院，培养出了大批人才，近代四川诸多“蜀学鸿儒”和杰出人物，如杨锐、廖平、宋育仁、蒲殿俊、张澜、吴虞、吴玉章等均曾是书院的学生。

清光绪三年（1877年），四川总督丁宝桢在成都东门下莲池创建四川机器局，次年建成投产，这是四川最早的军用工厂。四川机器局是洋务运动在四川最突出的成果，客观上刺激了四川民族工业的产生和发展。

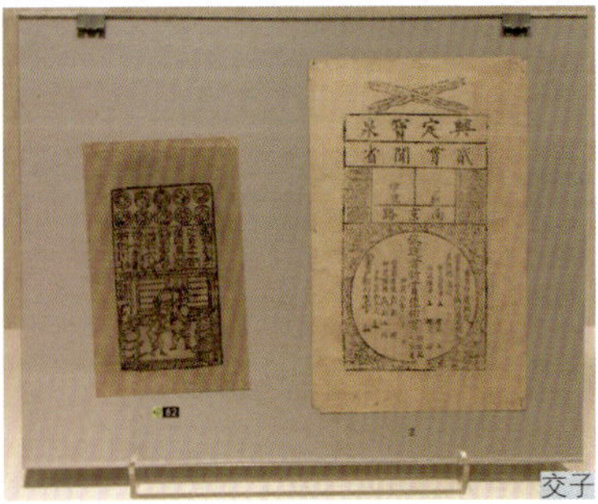

交子

1911年6月，成都发起保路运动，保路运动和其后的武装起义是辛亥革命的先导，为武昌起义的成功立下大功。

1921年，成都、华阳两县合并为市。这一大变革，是成都向近代化迈进的开始。抗战爆发后，四川成为抗日的大后方，成都人民为这场伟大的民族解放战争做出了巨大的贡献。

1949年12月27日，中国人民解放军占领成都。1950年1月6日，成都市人民政府成立。

世界上最早的纸币——交子

当今世界各国普遍使用的纸币，中国古代早已有之。北宋仁宗天圣元年（1023年），四川成都出现“交子”。交子是第一个真正介入流通，行使货币功能的纸币。

交子出现在北宋时期的四川，有深刻的社会经济文化原因。宋代商品经济发展较快，商品流通量大，传统的铜币不足使用，而别种类型的钱币，如四川地区当时流行的铁币，价值低廉且质量大，买一匹布需要铁钱两万，重250千克，极不方便交易。其次，当时没有全国统一的钱币，也为钱币的创新创造了条件。另一方面，宋朝政府经常受辽、夏、金的攻打，军费和赔款开支巨大，也需要发行纸币来弥补财政赤字，于是交子诞生了。

最初的交子由商人自由发行。由于利益的趋势，商界鱼龙混杂，也出现了不少不法之徒，在交子上做文章。当时的益州知州张泳对此事极为重视，他对交子铺户进行了整顿，指定16户富商专门经营交子。这是交子的发行首次取得政府的认可。宋仁宗天圣元年（1023年），政府设益州交子务，由京朝官一二人担任监官主持交子发行，并“置抄纸院，以革伪造之弊”，严格其印制过程。于是便出现了“官交子”。官交子是我国最早由政府发行的纸币。

交子作为我国乃至世界上发行最早的纸币，在印刷史、版画史上也占有重要的地位，对研究我国古代纸币印刷技术有着重要意义。

名单 成都历史名人

西汉辞赋家司马相如

西汉语言学家扬雄

唐代天文学家、星象学家袁天罡

北宋农民起义领袖王小波

婉约词花间派的集大成者欧阳炯

明代文学家、明朝三大才子杨慎

清代著名武将岳钟琪

著名文学家、出版家、翻译家巴金

文化 CULTURE

“锦绣”成都

名句“晓看红湿处，花重锦官城”道出了成都的斑斓“锦色”。成都地区因其自然地理条件优越，盛产丝帛，因此是蜀锦和蜀绣的主要产地与集散中心，锦绣之色常为世人称道。三国时期，蜀汉在成都置锦官，以集中织锦工匠，管理织锦。成都因此称名“锦官城”。

蜀绣

蜀绣又称“川绣”，产于四川成都及周边地区，与苏绣、湘绣、粤绣齐名，为中国四大名绣之一。蜀绣历史悠久，从古蜀君王蚕丛时桑蚕养殖技术便已兴起。宋元明代不断得到发展，清代名家绣制张洪兴等的动物四联屏获巴拿马赛会金质奖章，为蜀绣赢得很大声誉。

蜀绣以软缎和彩丝为主要原料。以绣制龙凤软缎被面和传统产品“芙蓉鲤鱼”最为著名。代表作有九寨熊猫图、牡丹飞蝶、三条水草鲤鱼、百鸟朝凤、熊猫、松鹤同春、薛涛制笺等。产品有镜帘、花边、嫁衣、卷轴、鞋帽、裙子、枕套、被面、帐帘等。题材多吉庆寓意，具有民间色彩。

现在，蜀绣有12大类，122种丰富多变的针法技艺，以针代笔，以线代墨，表现技法

蜀绣

丰富，“鲤鱼绣”“动物绣”“人物绣”“花鸟绣”各种主题层出不穷，在中国刺绣中独树一帜。

蜀锦

中国有四大名锦：蜀锦、南京云锦、苏州宋锦、广西壮锦，其中蜀锦为四大名锦之首。蜀锦起源于战国时期，距今已有2000余年的历史。汉末三国时，蜀锦就已经驰名天下，是蜀地主要的财政来源和经济支柱。

作为中国染织传统工艺的重要组成部分，蜀锦对中国后世锦缎染织图案的发展，具有承先启后的巨大而深刻的影响。其中寓合纹、龙凤纹、团花纹、花鸟纹、卷草纹、几何纹、对禽对兽纹以及晕裥、条锦群等传统纹样长期以来为广大群众喜爱。

蜀锦和蜀绣都是国家级非物质文化遗产。近年来，成都市政府加大对非物质文化遗产的保护力度，2002年成立蜀江锦院。现在，蜀江锦院已研制织造出近30支汉唐时期的“蜀江锦”，几年来使几乎绝迹的“汉式锦”重现锦城，并开发出融艺术、工艺、观赏、实用等特性为一体的各种新型蜀锦产品。蜀锦在蜀江锦院复活了。

冠绝天下——川剧

成都是我国的戏剧之乡，素有“蜀戏冠天下”之誉。川剧是我国重要的地方剧种之一，在我国戏曲史上具有十分独特的地位。

川剧形成于清代，由昆曲、高腔、胡琴、弹戏、灯调五种声腔组成，与其他戏曲不同

的是有极高的高腔。

“唐三千，宋八百，数不完的三列国。”川剧剧目繁多，广为流传的名戏有《白蛇传·金山寺》《玉簪记》等。川剧幽默风趣，表演精湛，动作含蓄隽永，器乐帮腔独具特色，尤其是“变脸”“吐火”“托举”“开慧眼”“藏刀”等绝技独树一帜，令人叹为观止。其中“变脸”最为人称道。变脸可以用来揭示戏中人物的思想感情和内心活动，手法大体上分为抹脸、吹脸、扯脸三种，还有极少见的“运气（运用气功）”变脸。川剧称角色为行当，川剧内的行当有生、旦、净、末、丑、杂六类。

要想看最经典的川剧，会最资深的戏迷，成都的悦来茶园是最适当的场所。那儿每个周末都会有川剧经典折子戏上演，是成都戏迷们最熟悉的地方。除了悦来茶园外，在成都城区内还有很多天天上演川剧的戏窝子，如荷花池成铁分局文化宫、成华区雕塑公园、新华公园、牛市口、一心桥街等地都有民营剧团驻场演出。另外，锦江剧场也是戏迷们爱去的地方。

悠久的茶文化——感受成都慢生活

“头上青天少，眼前茶馆多。”四川人爱喝茶，尤其“坐茶馆”是成都人的一种特别嗜好，似乎已成了生活的一部分。在成都，不论是风景名胜，还是闹市街巷，处处有茶馆，茶馆之多，世界第一。

成都的茶馆很平民化，很有人情味，收费低廉，服务周到，一杯茶，一碟小食，便可消磨整个下午的时光。可以说，茶文化在成都已经被演变成独具巴蜀特色的“茶馆文化”。

茶馆是重要的娱乐场所，也是重要的社交场所。从旧社会三教九流，各路交易，到现在兼营饭馆旅店，茶馆是信息高度会聚又广泛交流的场所，是社会生活的一面镜子。在成都的茶馆，你不仅能细品茶香，静享人生，还能看到精湛的茶艺。观看融武术、杂技、茶文化为一体的四川茶艺，是一种独特的享受。堂倌举着大铜壶，壶足有1.2米长，一瞬间的工夫，滚烫的水柱把四五个茶杯都倒满了，茶水恰与碗口平齐，桌上滴水不洒。这是怎样惊人的技术！且每个动作都有含茶文化的解说词，你瞬间要把那其貌不扬、提着壶跑堂子的堂倌好好打量。在四川，有团队形式的茶艺组织共有16家，其中吴登方于1977年秋创立的吴氏盖碗茶艺，为目前成都地区最为传统的茶艺形式之一，通常表演者采用多达20个左右的盖碗为客人们掺茶服务或表演技艺，为成都人日常生活艺术的一种。茶叶呢，从“竹叶青”到“毛尖”，色亮味清，入口回甘，其味无穷。现如今，成都的茶楼、茶馆已经发展到3000多家，一年四季生意兴隆。

链接

何处饮茶去

如果你是戏友，成都映象窄天井、顺兴老茶馆、蜀风雅韵茶馆都是不错的选择；听评书的可以去李伯清书院，那里是评书茶馆的代表；大慈寺禅茶堂为都市人提供了心灵乐土，是不可多得的禅茶馆；而要说最具代表性的成都茶馆，还是公园式茶馆，人民公园鹤鸣茶社、滨江茶园都可让你品味最真的成都。尤其在滨江路上，一条路都是茶馆和优哉的人，好不壮观。要是想全方位地了解成都茶文化，那成都文殊坊麻将与茶文化博览馆绝对是好去处。收藏品爱好者可以去余庆会馆，文化人可以去榜上有名茶馆，商务休闲可以去圣天露茶楼、圣淘沙茶园、18号茶馆、瑞升茶府、子云亭茶坊。最方便最市井的，还是居民小区里无数无名的茶铺子。

宽窄巷子盖碗茶

景点推荐

成都市区景点

杜甫草堂博物馆 AAAA 文

杜甫安史之乱时在成都的寓所

成都市青羊区青华路37号

028-68921800　50元

9:00~18:00

乘坐地铁4号线、5号线可到达

成都杜甫草堂是诗圣杜甫为躲避“安史之乱”流寓成都时的住所，著名的《茅屋为秋风所破歌》写的就是这里。在草堂居住的4年间，杜甫创作的诗歌流传至今的有240余首。

现在的草堂占地20余万平方米，廨堂之间，回廊环绕，亭、台、池、榭古朴典雅，别有情趣。园内有遮天蔽日的香楠林、傲霜迎春的梅苑、清香四溢的兰园、茂密如云的翠竹苍松，极具诗情画意，是历史遗迹和自然景观相结合的人文园林。

玩家 解说

759年的冬天，杜甫为了避开安史之乱的战祸，携家带口全部迁入蜀中。他在成都自建茅屋而住，时人称之为“成都草堂”。杜甫前前后后在草堂居住了近4年，创作了240余首诗歌，其中最有名的就是《闻官军收河南河北》《春夜喜雨》《茅屋为秋风所破歌》。

杜甫离开成都之后，草堂便不存。后有五代前蜀时诗人韦庄寻得草堂遗址，重新结庐而居。现在的草堂是经宋、元、明、清多次修复而成。1985年5月，成立杜甫草堂博物馆。成都杜甫草堂博物馆是现存杜甫行踪遗迹中规模最大、保存最完好、最具特色和知名度的一处。

诗史堂

杜甫草堂的中心建筑。堂正中供有雕塑家刘开渠所塑的杜甫像，并有陆游、黄庭坚陪祀。堂内还陈列了历代名人题写的楹联、匾额。

茅屋

现在所见的茅屋是依据杜甫诗歌里的描写以及明代重修草堂时的格局恢复重建的。周边溪流环抱，绿树成荫，竹篱柴扉，芳草萋萋，一派“舍南舍北皆春草”“清江一曲抱村流”的景象。

工部祠

工部祠是供奉杜甫塑像的飨殿。祠内存有两座杜甫石刻像，一座石刻体形丰满、气度雍容，另一座面容清癯、目光深沉。

青羊宫

成都最大、最古老的道观

成都市青羊区一环路西二段

028-87766584 10元

乘坐27路、34路等公交车或乘坐地铁4号线、5号线可达

青羊宫被誉为“川西第一道观”，是成

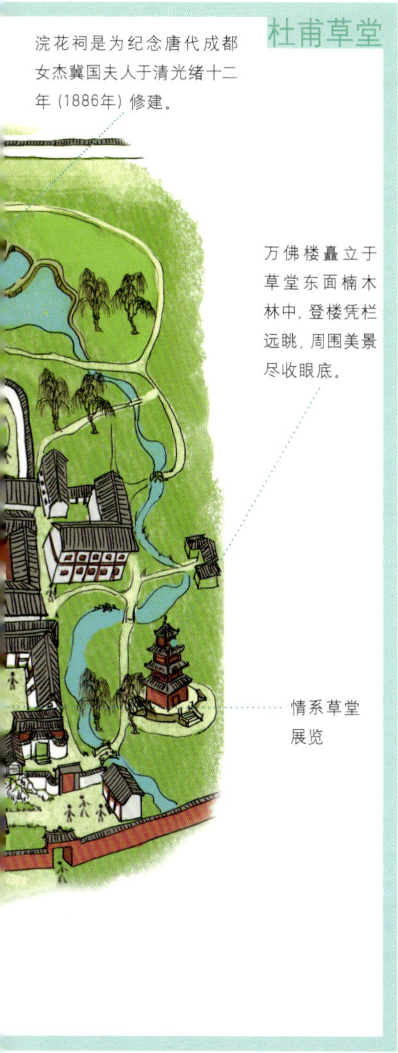

都市区内的一座最大、最古老的道教庙宇，相传始建于周朝。如今的青羊宫规模宏大，建筑宏伟，终年游人如织，香火不绝。宫中遗存的很多文物都是精品。

混元殿

走进青羊宫的山门，映入眼帘的便是混元殿。此殿是青羊宫的第二重大殿，建于清光绪年间，殿内正中供奉道教“混元祖师”的塑像，祖师面容慈祥，手持混元乾坤圈。后殿供奉的是“慈航道人”，端坐莲台，容貌秀丽慈祥。

八卦亭

八卦亭位于混元殿后方，其布局紧凑，精巧大方，整体建筑共三层，建于重台之上。亭座石台基呈四方形，亭身呈圆形，象征古代天圆地方之说。整座亭宇都是木石结构，屋面为黄、绿、紫三色琉璃瓦，八卦亭正门两侧分布有16根石柱，皆由巨石凿成。其中外檐石柱8根为浮雕镂空滚龙抱柱，气势磅礴，栩栩如生，是我国罕见的石雕艺术珍品。

三清殿

三清殿是青羊宫的主殿，为一座正方形建筑。殿基长40米，外檐柱上雕刻着六合童儿、双狮戏球等艺术木雕。

殿内供奉了贴金泥塑元始天尊、灵宝天尊和道德天尊（太上老君）三座雕像。最值得一提的是殿内共有36根大柱，其中木柱8根，代表着道教的八大天王；石柱28根，代表天上二十八星宿，造型宏伟而庄严，在全国尚属少见。

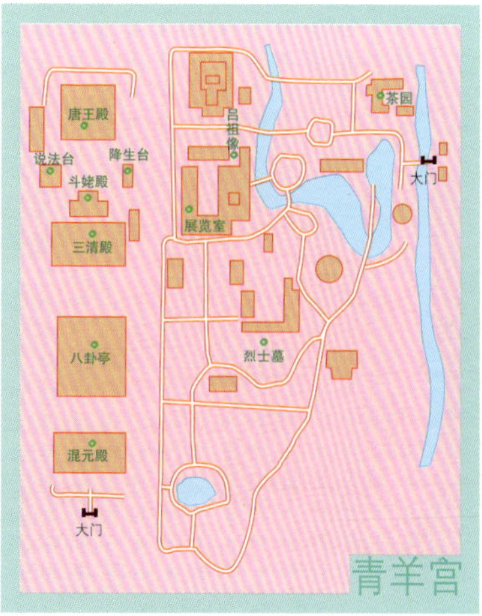

斗姥殿

斗姥殿是青羊宫现存的唯一明代原建筑物。殿内正中供奉着道教第一女神斗姥。右边供奉的是女仙之首西王母，即民间所说的王母娘娘。左边祀奉的是地母，两边分别塑有南斗六星、南极长生大帝（寿星）和北斗七星。

后苑三台

后苑三台左为降生台，右边是说法台；中间一台是紫金台，又名唐王殿。三台按中轴线对称格式布局，十分严谨。唐王殿居轴线正中上方，另二台分别于左右两侧，平面布局呈三角鼎立之势，正应天上“三台星”之局，同时也形成了青羊宫整个建筑群的有力压轴。

链接

二仙庵

二仙庵位于青羊宫东侧，现文化公园内，创建于清康熙年间。二仙庵为著名全真道十方丛林，是全真龙门派碧洞宗的祖庭，也是中国西南地区唯一具有传戒条件的十方丛林。庵内原主要建筑有大山门、三官殿、钟鼓楼、吕祖殿、二仙殿、玉皇殿、斗姥殿、三皇殿、百神殿、藏经楼、客堂、道舍，主体建筑吕祖殿，殿内供奉纯阳祖师吕洞宾塑像。

春熙路商业街

成都人的“王府井”

成都市锦江区春熙路街道，覆盖北新街以东、总府路以南、红星路以西、东大街以北、南新街、中新街以及临街区域

乘坐地铁2号线(犀浦方向)到春熙路站(C出口)

春熙路是1924年被命名的，号称百年金街。

春熙路商业街是成都魅力的代名词和时尚的风向标，透露着浓厚的文化气息，无论是近百年的商业历史，还是中西合璧的民国建筑，以及遍布街头的各种四川特色小吃，无不昭示着它厚重的历史文化。

玩家攻略

玩摄影：位于春熙路腹地的锦华馆是一条不足50米长的小街，这里汇聚了众多的民国建筑，在闹市里呈现出别样风情，这里是摄影的绝佳地方。

观雕塑：春熙路上立有很多风格迥异的雕塑，如“老街景照片”“擦肩而过”“熙来熙往”和“老字号铺地浮雕”4组公共环境雕塑作品，将大众文化、工商文化与历史文化融为一体。

坐茶馆：春熙路上遍布茶馆，坐在临街的窗边，品尝着伙计用大铜茶壶浸泡的清茶，听着传统的川剧，简直是一种享受。

青羊宫三清殿

品咖啡：春熙路同样集聚了很多咖啡店，如良木缘咖啡西餐春熙店（028-86652866）、韩国民土咖啡（028-86730998）等，在游玩疲乏过后，让自己在咖啡的浓郁醇香间放松吧。

购物：春熙路是购物的天堂，这里太平洋百货、王府井、伊藤洋华堂、伊势丹、时尚百盛、群光等百货交相辉映。

尝美食：春熙路是成都美味小吃的云集之所，钟水饺、赖汤圆、夫妻肺片、韩包子、龙抄手、麻辣烧烤、串串香等绝对让你大饱口福。

金沙遗址博物馆 AAAA

遗落的古蜀文明

成都市青羊区金沙遗址路2号

028-87303522　70元

9：00～18：00

乘坐地铁2号线（犀浦方向）到一品天下站（B出口），下车步行10分钟可达

金沙遗址是位于成都城西金沙村的一处商周时代遗址，周围有祭祀场所、大型建筑、一般居址、墓地等遗址。出土珍贵文物多达千余件，此外还有大量的陶器。金沙遗址博物馆是为保护、研究、展示金沙遗址及出土文物而设立的主题公园式博物馆，占地面积30万平方米，由遗迹馆、陈列馆、文物保护中心和园林区等部分组成，展出了遗址所出土的各种文物。

玩家 攻略

金沙遗址博物馆官网订购门票，可享8折优惠，并可预约讲解服务，10人以下团体中文讲解费用为50元。春节期间博物馆会举行金太阳节，包括精品文物展、精美灯组、表演巡游、民俗灯市、美食焰火、游乐竞技等大型节庆活动；每年3月至10月的周六或周日博物馆会举行金沙讲坛，免费向成都市民开放。博物馆停止售票时间为17：30。

玩家 解说

太阳神鸟金饰呈圆形，4只神鸟围绕着旋转的太阳飞翔，中心的太阳向四周喷射出12道光芒，体现了远古人类对太阳及鸟的强烈崇拜，所以又被称为“四鸟绕日”，是古蜀国黄金工艺辉煌成就的代表。

太阳神鸟

环绕太阳飞翔的4只神鸟，反映了先民们对美好生活的向往。12道太阳光芒与四鸟的“12”与“4”是中国文化经常使用的数字，诸如12个月、12生肖、四季、四方等，表达了先民们对自然规律的深刻认识。现在，成都很多地方均使用太阳神鸟的标志，如天府广场、宽窄巷子等，均体现了金沙遗址的文化内涵。

武侯祠 AAAA

全国影响最大的三国古迹之一

成都市武侯祠大街231号

028-81290168　50元，学生半价

9：00～12：00

乘坐地铁1号线至锦江宾馆下，步行前往

成都武侯祠又名“汉昭烈庙”，是纪念三国时期蜀汉皇帝刘备和丞相诸葛亮以及其他蜀汉英雄的合祀祠宇，为中国唯一的君臣合祀祠庙，享有“三国圣地”之美誉。

整个武侯祠坐北朝南，殿宇重重，布局严谨，庄严肃穆。武侯祠人文底蕴深厚，园林景观丰富，交相辉映，形成了中国影响最大的三国遗迹。

三绝碑

走进大门，浓荫丛中矗立着六通石碑，

武侯祠

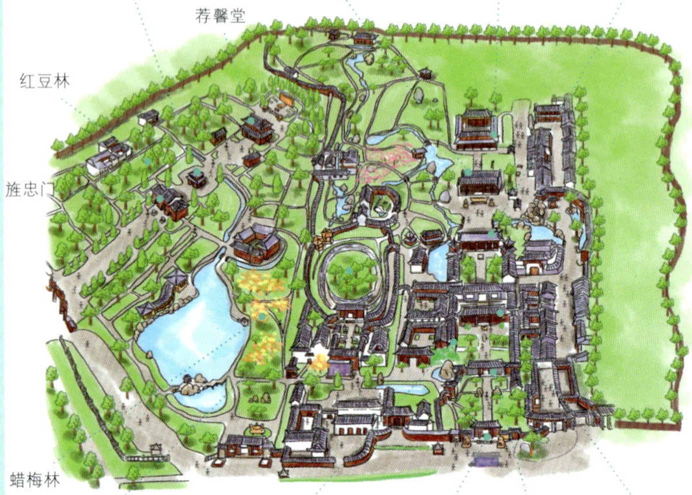

其中最大的一通唐代“蜀汉丞相诸葛武侯祠堂碑”即为“三绝碑”。

三绝碑为唐朝著名宰相裴度撰碑文，书法家柳公绰书写，名匠鲁建刻字。碑文特别褒奖诸葛亮的法治思想，碑文通篇词句甚切，文笔酣畅，使人百读不厌。碑文还记载了武侯祠的历史沿革。

诸葛亮殿

诸葛亮殿位于刘备殿后面，其建筑低于刘备殿，象征古代君臣关系。

正殿中供奉着诸葛亮的贴金塑像，他头戴纶巾，手持鹅毛扇，身披金袍，凝目沉思，和善的面目之中可见其忧国忧民、深谋远虑的神情。像前的三面铜鼓相传是诸葛亮带兵南征时制作，人称“诸葛鼓”；旁边都是诸葛亮子孙的雕像。

刘备墓

诸葛亮殿西侧是刘备墓，史称“惠陵”，是三国时期唯一保存着的帝陵。相传此墓是由诸葛亮亲选宝地，葬刘备于此，陵墓中还合葬有刘备的甘、吴二位夫人。墓冢高12米，周长180米，有环形围墙，墓前有照壁、栅栏门、神道、寝殿等，还嵌有石碑，碑刻为“汉昭烈皇帝之陵”。

链接

刘备墓葬之谜

历史上记载，刘备攻打吴国失败后，退居白帝城，于223年4月病逝。5月，诸葛亮扶灵柩回成都，8月下葬。关于他最后的葬身之地主要有三种说法。

一说认为刘备就葬在成都武侯祠，史料来源于陈寿的《三国志》；二说刘备墓在四川彭山的莲花坝，成都的武侯祠只是刘备的“衣冠冢”；第三种说法则认为刘备葬于奉节。南宋学士任渊所作《重修先主庙记》中也说，成都惠陵只是弓剑墓，不是真墓。真正的刘备墓位于何地，至今仍是一个未解的谜题。

锦里古街

锦里古街是西蜀历史上最古老、最具有商业气息的街道之一。古街全长550米，以秦汉、三国精神为灵魂，明、清风貌作外表，川西民风、民俗作内容，扩大了三国文化的外延。街区浓缩了成都生活的精华，展现了四川民风民俗的独特魅力。

宽窄巷子

老成都的本色生活

成都市青羊区金河路口

免费　全天

可乘坐地铁4号线在“宽窄巷子”站下即可到达

宽窄巷子是成都遗留下来的较大规模的清朝古街道，与大慈寺、文殊院一起并称为成都三大历史文化街区，由宽巷子、窄巷子和井巷子三条平行排列的老式街道组成，周围有45个清末民初风格的四合院、花园洋楼和精品酒店等建筑。

宽巷子

宽巷子代表了最成都、最市井的民间文化，呈现了现代人对于一个城市的记忆。在宽窄巷子中，老成都的原真生活体验馆里展示了民国时期一户普通成都人家一天的生活场景，用一个院落复原了这个家庭的厨房、书房、堂房、新房，向参观者展现老成都的生活状态。

窄巷子

成都是天府，窄巷子就是成都的“府”。一为收藏，一为丰富，改造后的窄巷子展示的是成都的院落文化。院落，上感天灵，下沾

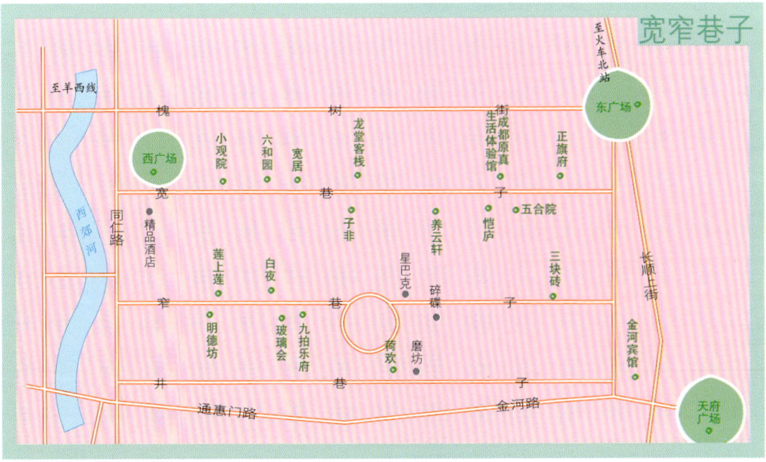

地气。这种院落文化代表了一种精英文化，一种传统的雅文化。

井巷子

井巷子因康熙年间（1662—1722年）凿下的一处古井而得名，如今的井巷子形成了以酒吧、夜店、甜品店、婚场、小型特色零售、轻便餐饮、创意时尚为主题的时尚动感娱乐区。

玩家攻略

宽窄巷子清晨人很少，拍风景和拍人像都很不错；在有太阳的下午，很多人在宽窄巷子茶馆喝茶、打牌、掏耳朵，十分悠闲；晚上宽窄巷子的一些酒吧经常会举办各种各样的party，热闹非凡；到了周末，在井巷子还能看到创意集市。

巷子里面有很多小吃店，可以边逛边吃，特色有三大炮、伤心凉粉、肥肠粉、担担面、香酥豆花等，光听名字就可以勾出肚子里面的馋虫了，但是每样吃一点就好，等从街头逛到街尾，肚子也就饱饱的了。

文殊坊景区

川西民居内的佛教寺院

成都市青羊区文殊院街66号

乘坐地铁1号线至文殊院站

文殊坊景区是依托四川著名佛教寺院——文殊院形成总面积为30多公顷的中央休闲旅游区，以川西街院建筑为载体，以古建筑、古庙遗迹、名俗景观为核心，诠释和传播了老成都的人文风貌、民俗风情和休闲文化底蕴。

天王殿

天王殿是文殊院的第一重殿宇。殿中台座上供奉的弥勒菩萨袒胸露肚，笑面圆润，上方写着“兜率陀天”4个大字。塑像左右两边各供奉着守卫山门的哼哈二将、手拿混元珍珠伞的北方多闻天王、手持青光宝剑的南方增长天王、手拿紫金龙蛇的西方广目天王和手拿碧玉琵琶的东方持国天王。人物形态生动，表情栩栩如生。

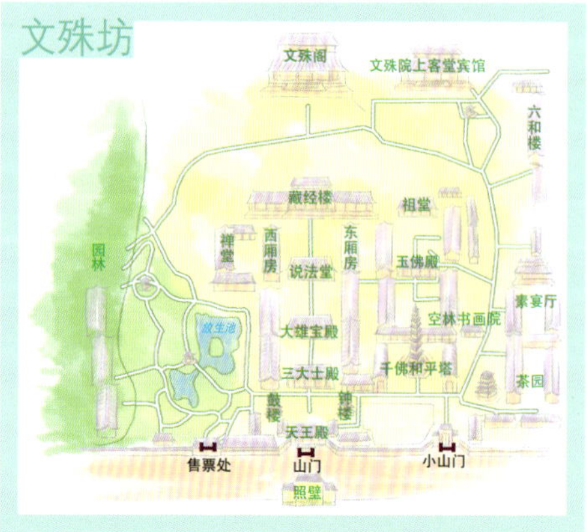

三大士殿

三大士殿位于天王殿后方，正中供奉的是观音菩萨。观音菩萨左边为普贤菩萨，右边则为文殊菩萨。殿后方左边供奉了关圣大帝，右边则为文昌帝君。武将与文官共处一殿，这座殿堂可谓是文武双全之殿了。

大雄宝殿

大雄宝殿是文殊院的主殿堂，也是文殊院高僧的礼佛场所。正对殿堂供奉的是韦陀菩萨，殿内正中供奉的是释迦牟尼，两旁立的是他的两位弟子：阿难和迦叶。整座殿堂古朴洁净，梵音缭绕。

玩家攻略

文殊院素斋是一家很有名的素菜馆。菜单内容丰富，详细列明了材料、辣度、口味等。仿荤菜做得精致，看上去和吃上去都和肉非常接近。麻辣鸡块红辣油满盘、白芝麻遍布，豆制品做成的肉质地紧实，那叫一绝。

说法堂

说法堂位于大雄宝殿后方，殿前有一头正在听经的狮子，为唐代时铸造。其神态憨

文殊坊天王殿

厚可爱，仿佛听得如痴如醉。

殿内供奉的佛是文殊院的“空林第三观”名为《群窟涌光》。佛像轻纱透体，神态庄严。东西两侧是十八罗汉和二十四诸天，是我国珍贵的雕塑艺术瑰宝。

千佛和平塔

在文殊院主体建筑的东面有一座千佛和平塔。塔壁上铸999尊浮雕佛像，连同底层中央铜铸释迦牟尼佛像1尊，共1000尊，故得名千佛和平塔。

塔身铸《华严经》《法华经》等各类经文及建塔原因，飞檐翘角上装66条小青龙，塔基下建有地宫，塔刹为青铜铸造，贴真金而就，壮丽至极。

文殊坊

文殊坊是依托川西传统民居形成的众多院落，建筑为两进式院落、三围式院落以及四合院等风格，重现了老成都街坊肌理，完整演绎了川西建筑中最显著的院落文化。如今依托这些民居发展了很多具有成都特色的商业文化。

玩家攻略

沿着文殊院街尽头右转前行可见在一片古色古香的建筑群中，聚集着众多铺子，这就是文殊坊美食街。美食街小吃品种丰富，价格实惠，性价比高。在此美美吃上一圈，再就地找个配有无线网络的茶馆，度过一个慵懒的下午，实在休闲惬意。

昭觉寺

川西第一禅林

成都市成华区昭青路333号

028-83529523

可乘坐地铁3号线在“动物园”站下车即可到达

昭觉寺建于唐贞观年间（627—649年），明末毁于战乱，清代破山和尚重建后，使得寺庙殿宇规模宏大、林木葱茏，发展成为川西“第一丛林”。

昭觉寺不仅在中国佛教史上占有重要位置，在中外文化交流史上也做出过突出贡献。至今，日本和东南亚一带的许多佛教寺庙还把昭觉寺视为祖庭。

玩家攻略

1.春节庙会：每年的农历大年三十晚上和正月初一昭觉寺都会举行盛大的庙会，届时数十万的香客持烛燃香，拜佛祈福，寺内人声鼎沸，香火冲天，梵音浩远。

2.品茶：昭觉寺的茶馆也非常有名，坐在竹椅上，沏上一杯清茶，和寺院禅师进行一番对话，净化自己的心灵。

玩家 解说

传说当年破山祖师复兴昭觉寺后，广收弟子。有一天，破山祖师告诉弟子们，他要出去云游，并说：如果殿内的庭柱离开了下面的石础凳、香案上的延瓢飞了、殿外的两棵黄果树包住了中间的石碑，他都还没有回来的话，就另立方丈。祖师走后三年的一天，祖师殿内的一根木柱果然离开了石础凳；又过了三年，大雄宝殿香案上的延瓢果然不翼而飞；再过了三年，大雄宝殿外的两棵黄果树已长大并且包住了中间的石碑。但是，破山祖师却没有回来。留下的是他的传说和众人可以见到的遗迹。成都人后来把“柱离凳”的殿称为“吊足楼”。

望江楼公园

极富四川风格的园林建筑群

成都市武侯区望江路30号

文物区20元，园林开放区免费

9：00～18：00

乘坐256路公交车至望江楼公园站下

望江楼公园掩映在成都市锦江南岸一片茂林修竹之中，园内波光楼影，郁郁葱葱，亭阁相映成趣，是明清时期为纪念唐代著名女诗人薛涛而先后在此建起来的，民国时开辟为望江楼公园，成为著名风景点。

望江楼傍晚

玩家 解说

公园内有专为薛涛取水制笺的薛涛井，井旁还有“薛涛井”三字碑文，是清康熙时成都知府翼应熊的手迹。

薛涛，乃传世奇女子，幼时随父入蜀，后为乐伎。其诗文十分了得，明人辑有《薛涛诗》行世。据传她当时还曾自制红小笺写诗，人称“薛涛笺”。

四川博物院

四川文物的珍藏馆

成都市青华路5号

乘坐19路、35路、82路公交车可达

10元　9：00～17：00（周二到周日）

028-65521888

四川博物院建于1941年3月，是收藏和展出四川省文物的重要场所。博物院建有新展厅，共计10个陈列厅。其馆藏以巴蜀青铜器、汉代画像砖、陶塑、古代书画、近现代文物以及民俗文物等最具特色。

四川大学（望江校区）

川西高等学府

成都市武侯区一环路南一段24号

市内乘坐地铁3号线在“磨子桥”站下车可到

四川大学由原四川大学、原成都科技大学、原华西医科大学三所全国重点大学经过两次合并而成。四川大学在长期的办学历程中，形成了深厚的人文底蕴、扎实的办学基础和以校训——“海纳百川，有容乃大”、校风——“严谨、勤奋、求是、创新”为核心的川大精神。岷峨挺秀，锦水含章。巍巍学府，德渥群芳。

玩家 解说

四川大学博物馆位于四川大学校内，于1919年正式成立。其馆藏丰厚，有4万余件文物，以西

南少数民族文物、民俗文物、四川汉代画像石、画像砖、唐代佛教石刻、历代名纸、四川陶瓷、明清书画及工艺美术文物最具特色。

天府广场

成都的北京天安门

成都市人民南路一段86号

乘坐地铁1号线、2号线在“天府广场”站下车到达

天府广场，位于成都的心脏地带，其形式和地位与北京天安门广场相似，是中国西部最大的城市中心广场。天府广场既是成都市的政治、经济、文化和商业中心，又是成都市的交通枢纽地带，历来是成都乃至四川的象征，更是成都的一张城市名片。

玩家攻略

广场北面是四川美术馆，正北是省展览馆，广场东面的锦城艺术宫曾经是西南最大的艺术殿堂，紧邻的人民商场是全国著名的商场之一。附近的天座商城是一座地下商城，从盐市口向北穿越蜀都大道一直延伸到玉带立交桥附近。

太阳神鸟塑像

天府广场的正中央是一个巨大的圆形太阳神鸟雕塑，是3000年前古代蜀国先民的杰作，现在被国家定为文化遗址的标志。雕塑金碧辉煌，图案设计具有动感，更突出了四凤朝阳、绕日飞翔的形象，体现了华夏民族对太阳神的崇拜。

龙腾鱼眼雕塑喷泉

天府广场的东西两侧是耀眼的东西鱼眼雕塑，东鱼眼雕塑大盘上有一条巨龙环形围绕飞向天空，这条巨龙代表了黄河文化。西侧鱼眼雕塑位于广场西侧，盘旋在其上的巨龙代表长江文化。更为精彩的是东鱼眼雕塑是一个多层瀑布，层层落下的水帘将金色的飞龙衬托得如飞似跃，充满动感。

十二文化柱

位于广场四周绿化带中，有高入云中的12根精美的文化柱。文化柱取材于古蜀国的金沙、三星堆等12个系列的历史、文化内容，造型优美、独具特色，象征古蜀文化的神秘和博大。

玩家攻略

1.每到晚上，天府广场都会举办大型喷泉、音乐和灯光表演。在《天府颂》《锦江春》等乐曲伴奏下，全场喷泉一起跳动，喷出的水柱最高达2米多，水柱落入托盘中，再沿着下沉广场的边沿流下，形成了上下相连的水帘效果。

2.当白雾慢慢从龙腾鱼眼雕塑等处的数千喷头涌出，短短几分钟，雕塑、金沙神鸟图案和下沉广场都会隐匿在白茫茫缥缈的“云海”之中。让人置身广场却恍若仙境。

观景园

观景园位于天府广场附近百货大楼的顶楼北端。这里的每根柱子上都挂着从市民中征集来的天府广场的老照片供市民和游客欣赏，并通过新旧对比感受天府广场的变迁。靠天府广场一侧是一排通透的玻璃窗，透过玻璃窗向下望，天府广场的景观尽收眼底。

玩家攻略

观景园是欣赏天府广场景色尤其是夜景的最佳位置，由于观景园最多只能容纳300人左右，

如果人太多的话，有关方面将会适当控制人数。每天的开放时间是上午10时至夜间12时。

四川科技馆

四川科技馆是四川的科普名片和重要科普基地。科技馆共有5层，借助声、光、电等现代化手段合成的现代版“百科全书”。不论是馆厅建设还是展品布置，都无不显示出科学性与艺术性的结合，形成了四川科技馆的差异化特色。

更多本旅游区景点

塔子山公园：位于成都市锦江区迎晖路222号。园区现已形成蜡梅、海棠、桂花等林苑，其中蜡梅苑是成都最大的林苑。主要建筑有九天楼和三苏书法残碑。

永陵博物馆：坐落于成都市金牛区永陵路10号，是五代十国时期前蜀开国皇帝王建的陵墓，俗称王建墓，也是我国目前所知的唯一建筑于地面之上和第一个经过正式发掘的帝王陵墓。

成都蜀锦织绣博物馆：位于成都市青羊区草堂东区路2号，是全国唯一拥有全套手工蜀锦制作工艺和蜀锦历史文化展示的专业场馆。

成都川剧艺术中心：位于成都市锦江区华兴正街，是由政府出资主持修建的国内第一家以川剧命名、以戏曲演出为主的综合性文化娱乐场所。

大慈寺：位于春熙路附近，622年玄奘20岁时正式在此寺出家为僧，唐玄宗赐额“敕建大圣慈寺”，历经兴废，多次毁于兵火。现存诸殿为清顺治至同治年间陆续重建。

平安桥天主教堂：位于成都市青羊区西华门街25号，是成都目前最大的天主教堂。

四川科技馆

景点推荐

成都近郊景点

大熊猫繁育研究基地 AAAA

一流的大熊猫繁殖研究基地

成都市成华区外北三环熊猫大道1375号

028-83510033 55元

市区乘坐408路公交车可至熊猫基地

大熊猫博物馆展出珍贵的资料和丰富的展品，是了解大熊猫、观光旅游的极佳场所。基地以造园手法模拟大熊猫野外生态环境，占地66.7公顷，常年圈养着230多只大熊猫以及小熊猫、黑颈鹤、白鹤等珍稀动物，四周翠竹葱茏，绿树成荫。馆舍内和草坪上大熊猫或卧或坐，憨态可掬，萌点十足，令人捧腹。

玩家 攻略

基地针对8~12岁学生提供为期3~5天的夏令营活动；针对幼儿园、小学团体提供为期一天的家庭游活动；针对初、高中学生和大学生提供“年轻动物学家”活动。

成都欢乐谷 AAAA

全国十大乐园之一

成都市金牛区西华大道16号

全价成人票230元，儿童票120元，长者票120元，学生票190元

乘坐地铁6号线在D出口出站步行约736米直达

成都欢乐谷是西部地区规模最大、最具生态特色、最具时尚魅力的现代主题乐园，配备了100多项游乐体验观赏项目。

欢乐谷很多设备都采用国际先进标准，这里拥有中国第一台MEGA过山车，中国第一套双龙过山车组合设计，中国第

一个顶仓旋转式飞行岛和中国荧幕最大的4D影院等16套国际国内顶尖的大型游艺设施设备。一期欢乐谷分为阳光港、欢乐时光、加勒比旋风、巴蜀迷情、飞行岛、魔幻城堡、飞跃地中海七大主题区域，二期欢乐光年是成都欢乐谷的第八大主题区域。

农科村景区 AAAA

农家乐旅游发源地

成都市郫都区迎宾路与工厂大道交叉口

免费　全天

乘坐P34路公交车可直达农科村

农科村位于成都市郫都区境内，是全国农业旅游示范点、中国农家乐旅游发源地。农科村被誉为“鲜花盛开的村庄，没有围墙的公园”，苗木花卉种植面积达20万平方米（包括庭院），盆景造型各具特色。宽敞舒适的四合院、挂满字画的川派农房、诱人的农家风味佳肴，吸引了诸多城里人前来休闲度假。

玩家 攻略

农科村每年春季都会举办海棠节，到时百花盛开，把海棠映衬得更加鲜艳夺目。

川菜博物馆 AAAA

世界唯一菜系文化博物馆

成都市郫都区古城镇荣华北巷8号

60元　9：00~18：00

乘坐地铁6号线在兴盛站F2口出，转727路公交车古城公交站下

川菜博物馆是世界上唯一以菜系文化为陈列内容的主题博物馆，占地2.7万平方米，通过收藏文物、川菜现场演示、川菜原料展示等全方位地介绍了川菜源远流长的文化和菜系的独特工艺。博物馆分典藏馆、互动演示馆、品茗休闲馆、灶王祠、川菜原料加工工具展示区等。

东郊记忆 AAAA

成都人的音乐工厂

成都市成华区建设南支路4号

乘坐地铁8号线至东郊记忆站，步行500米到东郊记忆东大门

成都东郊记忆旅游景区按城市工业用地更新和工业遗存保护相结合的方式，在成华区原红光电子管厂旧址上修建而成，是工业遗存保护和文化创意产业相结合的新型旅游景区。“东郊记忆”将成为集合音乐、美术、戏剧、摄影等文化形态的多元文化园区，成为对接现代化、国际化的成都文化创意产业高地。

玩家 攻略

1.购物：东郊记忆音乐园的中央大道会聚了出售各种稀奇古怪的音乐类、创意类作品的零售店，如陶瓷乐器、二胡、手鼓、BEATBASE的专业DJ打碟工具、顶级发烧音响和古典音乐唱片等，让人大饱耳福。

2.美食：音乐园内的餐厅多集中在公园北门

的美食坊附近。与别处不同的是，身处艺术氛围中的餐厅颇具情调，从装修到口味都让人在品尝的同时倍感惊喜。

3.娱乐：音乐园内汇集各种个性娱乐休闲场所。从书吧到酒吧，从音乐创作到DIY电影，这里处处充满了创意休闲的别样快乐。

国际非物质文化遗产博览园 AAAA

记忆、传承非遗文化

成都市青羊区光华大道二段601号

028-87077777

国际非物质文化遗产博览园，汇聚了世界各地的非遗文化精粹，立足于全人类非遗文化的传承和保护，以“记忆、传承、欢乐、和谐”为宗旨，将景区打造成一处集非遗文化保护传承、非遗产品开发、科普教育等功能于一体的文化旅游胜地。

博览园内设有各种展馆，展示着来自世界各地的物质文化。另外，这里也经常举办一些文化娱乐活动，欢迎游客亲自来参与、体验。

国色天乡陆地乐园 AAAA

成都人自己的乐园

成都市温江区万青镇天乡路二段88号

028-82617666

国色天乡陆地乐园是国家级重点生态示范区。该示范区乐园由中国龙城、玫瑰小镇、啤酒王国、糖果天地、樱花之都、斗牛城、文艺复兴之路、美国集市、魔幻岛九大主题游乐区域构成。

园区分主题游乐、主题商业与主题演艺三条线，将园区九大主题区域串联成为一条水晶珠链。

玩家 攻略

去国色天乡陆地乐园有两种玩法：一是纯纯的散步消遣看风景，随你看随你逛，国色天乡陆地乐园园区不收入园费；另一种是玩刺激的游乐项目，单项每场一般在5~20元，通票为60元。

朝阳湖

清幽秀美之地

成都市蒲江县朝阳湖镇

可在成都的西门、北门及高笋桥、红牌楼等地乘坐直发朝阳湖的汽车

免费

028-88591031

朝阳湖风景名胜区由飞仙阁、二郎滩摩崖造像、朝阳湖、长滩湖等景点组成，占地面积110平方千米。整个景区幽雅，似世外桃源一般。

朝阳湖湖水面积为80余万平方米，处处都是景。湖区由两条主水道、4岛、28湾、108峰组成。主要景点有通天洞、莲花山、木兰岛、仙鹤山、杜鹃壁等。

玩家 攻略

朝阳湖景区住宿、饮食等设施都很完备。湖区内设有机动船、快艇、电瓶船、脚踏船等娱乐设施。长滩湖景区的水上运动十分齐全，包括快艇、水上跳伞、水上摩托和皮划艇等。

黄龙溪古镇 AAAA

中国天府第一名镇

成都市双流区黄龙溪镇 免费 全天

成都地铁5号线回龙站（剑南大道南段）下车，转乘541路公交车直达黄龙溪客运站，步行536米可达

黄龙溪古镇文化底蕴深厚，至今已有1700多年的历史。古镇分为核心景区、扩散景区和延伸景区，核心景区以“十古”著称。

黄龙溪古镇西寨门

扩散景区有著名的大佛寺和观音寺，两寺坐落在两山之上，遥遥相望。古镇上还拥有“一街三寺庙”“三县一衙门”“千年古树伴古镇”等景观，令人叹为观止。

黄龙溪古镇街道因其古色古香、古味十足先后有《卓文君与司马相如》《海灯法师》等100余部影视片在此拍摄。

玩家攻略

1.黄龙溪的旅游业已经兴盛多年，配套的住宿设施也很齐全，现有大大小小客栈120余家。这些客栈多集中在下河街一带，大都靠着河边。只要沿河走上一圈，即可发现二三十家客栈，投宿容易，特别推荐特色客栈——川音阁客栈。该客栈不但干净卫生，而且很温馨。老板兴致来时还会教人玩小提琴、吉他、钢琴等乐器。

2.黄龙溪作为一座有近2000年历史的古镇，到现在都还保留着许多地方民俗活动，如正月表演火龙灯、狮灯、牛儿灯、幺妹儿灯，四月初八放生会，端午节赛龙舟。若是夜宿黄龙溪，晚上还能听到打更的声音，更叫人感觉仿佛回到了从前。每年农历六月初九和九月初九的庙会，古镇最为热闹。

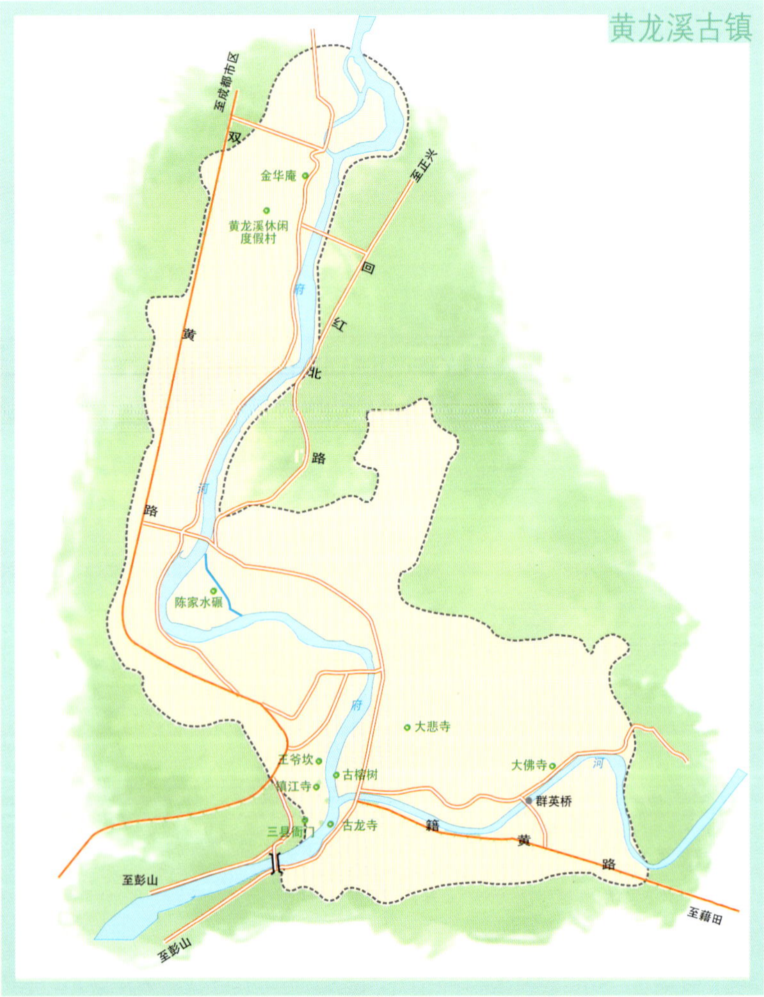

洛带古镇江西会馆

洛带古镇 AAAA

西南客家第一镇

成都市龙泉驿区洛带镇

028-84893693

免费

全天

洛带古镇地处成都市龙泉驿区境内，是成都近郊保存最为完整的客家古镇，有“天下客家第一镇”之称。

洛带景区内千年老街、客家民居保存完好，呈“一街七巷子”格局，古街道两边林立着明清建筑风格的商铺。洛带会馆是一部浓缩了的客家移民史，极具历史文化价值的建筑，观赏性极强。

玩家 攻略

每年端午节洛带古镇都会举办水龙节，客

黄龙溪古镇小吃

古镇中小吃不少，满大街都是小吃摊位。芝麻糕、丁丁糖、珍珠豆花、牛皮糖、猫猫鱼、臭豆腐、肥肠粉、黄辣丁、焦皮肘子、土豆豉等小食比比皆是。但最有特色的小吃，还是所谓的一根面。

一根面是什么？是长寿面，是长久面。其根本特色在于“一碗只有一根面，一锅也是一根面。一根面要多长有多长”。这种面取材麦心粉，手工擀制，做出来的面条滑爽、柔韧弹牙、越嚼越有嚼头。不但面好吃，吃法还会随着不同的场合而改变：过生日时吃一根面加2个蛋寓意长命百岁，一根面加3个蛋表示千秋长寿，一根面加4个蛋祝福万寿无疆；婚嫁喜事时新郎、新娘必须吃上一根长面，而且是新郎、新娘分别从一根长面的两端向中间吃，直吃到嘴对嘴合二为一，寓意长长久久、百年好合；儿女出远门时，妈妈会做上一根长面，祈祷儿女一路平安；正月里到黄龙溪吃一根面，则预示一年一顺百顺。“黄龙溪一根面”位于黄龙溪古镇仿清街尾转角处，天天开门迎客，周末人多。

除了一根面，作为水乡古镇的黄龙溪自然也有吃鱼的讲究。当地最地道的吃鱼方法是在船上，来一锅“河水煮活鱼”，尽享野味。当地人对于黄龙溪的河鱼有一个说法，叫“七上八下九归沱”。这意思是每年从小寒、大寒节气到翌年7月，下游的鱼儿成群结队溯江而上到此产卵，意在夸赞黄龙溪的渔产之丰。

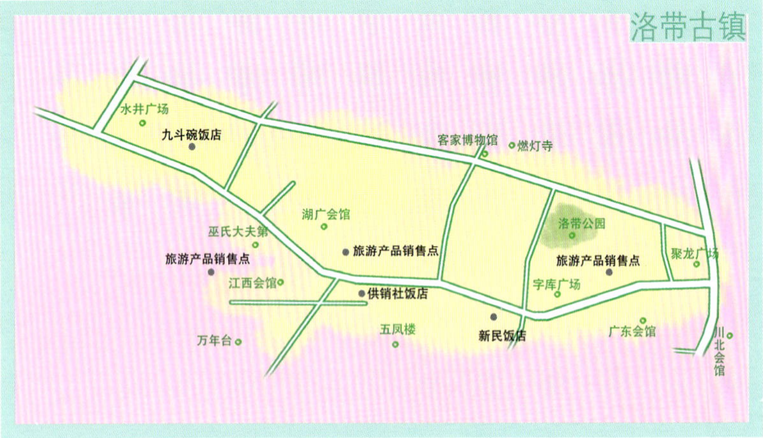

家人每年此时都以舞水龙庆祝丰年；国庆期间有客家婚俗表演，可以参观；当地有一种客家独有的交通工具——鸡公车，有近千年的历史，到洛带古镇一定要坐坐这种“鸡的士”。

链接

洛带古镇的水龙节

客家人素来有舞龙的习俗，洛带镇上的客家人也不例外。每年7月26日、27日的水龙节更是洛带客家人最重要的日子。据说为了感谢东海龙王及时下雨，每年夏季都要舞上水龙庆祝丰收。所谓的水龙舞是舞者要上身赤裸，仅着一条内裤舞动龙身，上下腾挪反转。看龙舞的人则要用水枪或水盆泼龙。这与客家文化略有关联，他们相信水是财，越是往龙身上泼水，越是泼得湿，人就越发财。

论起舞水龙的行家里手，古镇上的刘氏家族最负盛名。刘家人在洛带镇上居住了14代，有300年之久。刘家的龙舞传承于家族内部，保留了中国古代舞龙最原始的程序和古朴的仪式，被誉为“刘家龙”。

宝光桂湖文化旅游区 AAAA

自然风光与历史文化俱佳

成都市新都区桂湖中路109号

028-83972259

宝光桂湖文化旅游区，融自然风光和悠久文化为一体，由宝光寺、桂湖和桂湖森林

广场三部分组成。

宝光寺是清代以来我国南方“四大佛教丛林”之一，主要建筑为山门殿、天王殿、舍利塔、七佛殿、大雄、罗汉堂殿等。

桂湖始建于隋唐时期，是一座环境幽雅的官家园林。园内现保存有完好的古城墙，以及东汉画像砖、唐代金银器等文物。环湖遍种桂树，湖中荷花满池。每年夏秋季节，湖边游人如织，正所谓“夏看接天碧莲叶，秋赏金桂万里香”。

回龙沟

休闲、度假的理想去处

彭州市龙门山国家地质公园内

40元

在彭州客运中心乘坐到银厂沟或白水河的客车在白水河站下，再乘坐面包车到回龙沟景区

回龙沟是国家级森林公园。公园分为中草药园区、水上娱乐区等几个园区。这里山水奇秀，四季景色皆秀美迷人，是休闲、度假的理想去处。

望丛祠 AAAA

四川境内最古老的帝陵

成都市郫都区郫筒街道望丛中路5号

乘坐地铁6号线可达

免费

望丛祠始建于南北朝，现为清道光年间重修的祠庙，是古蜀国两位著名君主望帝和丛帝合葬的墓地和祠宇。

该祠占地5万多平方米。祠内大殿，原有望帝、丛帝像，现已不存。二陵墓高10米，陵围长205米。陵上古柏成林，共有古柏207株。

玩家 解说

扬雄《蜀帝本纪》载：杜宇“代鱼凫为王，徒都于郫，即杜鹃城也”。这里说的是公元前6世纪的望帝杜宇。2700多年前的西周末年，望帝杜宇在郫都建立了蜀国第一个有文字记载的首都杜鹃城，现在还有泥土结构的城垣遗址。相传望帝杜宇教民农耕，又教巴族人务农。而望帝

成都极地海洋公园海豹

的功绩，主要在于疏通岷江之水。他命宰相鳖灵凿了玉垒山，凿出了宝瓶口，将被淹没的川西平原疏导成田畴，使得川西平原直接进入农桑时代。

望帝后退位，让位于宰相鳖灵。鳖灵后被称为丛帝。望帝死后，在灌县建陵；丛帝死后，在今郫都城南建陵。两座陵本是分而祭祀之，直到南朝的齐明帝迁望帝陵，与丛帝合在一处，这才有了望丛祠。

三圣花乡景区 AAAA

城市近郊生态休闲度假胜地

成都市锦江区成龙路三环路外侧

028-84676767

三圣花乡景区特色明显，以观光休闲农业和乡村旅游为主题，集休闲度假、观光旅游、餐饮娱乐、商务会议等于一体，分别由以五类不同花卉为主要特点的五个主题景区——“花乡农居”“幸福梅林”“江家菜地”“荷塘月色”“东篱菊园”组成，有“五朵金花”之称。漫步花海，可感受各种花的气息。

成都海昌极地海洋公园 AAAA

城市近郊生态休闲度假胜地

成都市天府新区华阳海洋路68号

028-66588888

成都海昌极地海洋公园是国家极地科普教育基地，以南北极动物表演、展示、互动、科普为主题，包含14大海洋动物场馆、7大海洋科普秀以及8大主题乐园区，拥有众多珍稀动物。带领孩子移步各展厅游览，不仅可以认识海洋、了解海洋，还能与海豚、白鲸互动，进行沉浸式体验。

景点推荐 都江堰·青城山

都江堰景区 AAAAA

世界水利文化的鼻祖

都江堰市公园路　028-87293800

80元，学生半价

冬季（12月1日至翌年3月1日）8：00～17：30；其他季节（3月2日至11月30日）8：00～18：00

乘坐都江堰4路、5路、7路公交车可达

都江堰是公元前256年蜀郡太守李冰父子修筑的水利工程，以无坝引水为特征，在世界水利工程史上年代最为久远。成都平原成为沃野千里的“天府之国”，就要归功于李冰父子，他们在中华民族文明史上的地位，可与长城比肩。

都江堰附近自然景观秀丽，文物古迹众多，主要有伏龙观、玉垒关、玉女峰、翠月湖等大小50余处景点。

玩家攻略

旅游路线推荐：都江堰离堆古园入口—堰功道—伏龙观—飞沙堰—鱼嘴—安澜索桥—二王庙—松茂古道—步云廊大扶梯—玉垒阁观景—玉垒关—西关—城隍庙—玉垒山景区出口。

城隍庙

城隍庙始建于清乾隆年间，依山取势，结构谨严奇巧。

城隍大殿为城隍庙主殿，正中悬有“公正廉明”牌匾，下面则是审察办案的公堂。

安澜索桥

安澜桥横跨内江、金刚堤和外江，原先以木排石礅承托，粗如碗口的竹缆横挂江面，上铺木板为桥面，两旁以竹索为栏。后毁于战火。现在的桥下移了100多米，将竹缆改为钢缆，承托缆索的木桩桥墩改为混凝土桩，更加坚固。

飞沙堰

飞沙堰是确保成都平原不受水旱灾害的关键，其主要作用是泄洪，当内江的水量超过宝瓶口流量上限时，把多余的水从这里排到外江；飞沙堰的另一个作用则是排沙，洪水越大，飞沙堰的排沙功能越强，保证了内江水流的通畅。

二王庙

二王庙是纪念中国都江堰的开凿者、秦蜀郡太守李冰及其子二郎的祀庙，始建于南北朝，现存建筑多为清代重建，被誉为“玉垒仙都”。

虹口

都江堰虹口旅游区融高山、峡谷、清泉、瀑布、原始森林等风光为一体，区内奇峰耸峙，古木参天，飞瀑溅珠，风光旖旎，白沙河贯穿全境，堪称“成都小三峡”。

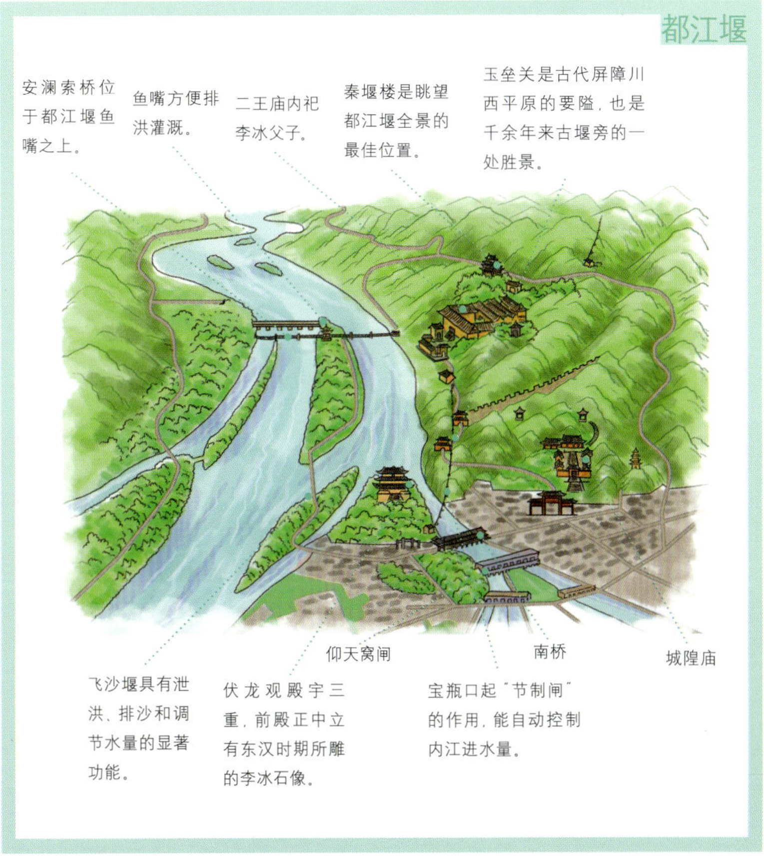

鱼嘴·宝瓶口

鱼嘴是都江堰的分水工程，因其形如鱼嘴而得名。它将岷江分成内外二江。西边叫外江，俗称“金马河”，是岷江正流，主要用于排洪；东边沿山脚的叫内江，是人工引水渠道，主要用于灌溉。

宝瓶口是人工凿成控制内江进水的咽喉，因它形似瓶口而功能奇特，故名宝瓶口。宝瓶口自然景观瑰丽，有“离堆锁峡”之称，属历史上著名的“灌阳十景”之一。

南桥

南桥建于清光绪四年(1878年)，原名普济桥，现位于都江堰宝瓶口下侧的岷江内江上，是南街与复兴街之间一座雄伟壮丽的廊式古桥。桥长133米，4排5孔，白天开放，晚上关闭，是都江堰市一处胜景。

玩家 攻略

1.若只以看水利设施为主，一般的游览1个小时就够了，当天可赶往青城山，或从青城山下来后顺路一游都江堰。

2.从南门进，看看公署、纪念馆和商店，走过一座桥，坐单程旅游车往鱼嘴去，然后过索桥前往二王庙，秦堰楼可看到全堰的风光。

离堆公园

离堆公园位于宝瓶口左侧，占地6万平方米，因园内有李冰率众创建凿山的“离堆”而得名。园内庭楼阁廊，古朴典雅，假山喷泉，林木葱茏，盆景桩头，千姿百态。

青城前山 AAAAA

道教发源地之一

都江堰市青城山镇，距成都66千米

028-87111907

青城前山门票80元

旺季（3月2日～11月30日）8：00～17：30，淡季8：30～17：00

从成都出发乘坐快铁抵达青城出站，步行到达1号线公交站，乘坐101路公交车抵达前山停车场。可坐观光车到达

青城前山，即是古青城山，是中国道教发源地、中国四大道教名山之一。景区群峰起伏环绕、林木苍翠葱茏，享有“青城天下幽”的美誉，是“成都的后花园”。

青城前山

青城山的名胜古迹很多，古建筑各具特色，处处可见古今名人诗画辞赋，优美的风光和神奇的传说更是为景区蒙上了一层神秘的面纱。

玩家 攻略

1.道家人素来讲究服食养生，他们采来山中的果实和药物，用道家传统秘方酿造的洞天乳酒、洞天贡茶、白果炖鸡、道家泡菜，风味独特。

2.青城前山的上清宫、天师洞等道教宫观可以住宿，而且很便宜。

3.步行游览路线（前山）：景区大门—怡乐窝—天然图画坊—天师洞—祖师殿—朝阳洞—上清宫—老君阁（青城第一峰）—圆明宫—玉清宫—月城湖（渡湖）—建福宫。

4.索道游览路线（前山）：景区大门—怡乐窝—月城湖（渡湖）—索道—上清宫—老君阁（青城第一峰）—朝阳洞—祖师殿—天师洞—天然图画坊—怡乐窝—景区大门—建福宫。

玩家 解说

青城前山，层峦叠翠，山形如城，所以名青城。东汉末年间，道教创始人张道陵在山上设坛传教，而后道教大兴。全山原有道教宫观70余座，现在保留下来的还有38处遗迹。

前山景区的特点在于清幽，老舍也曾感叹青城山“青得出奇”，是一种使人吸到心中去的“似滴未滴，欲动未动的青翠”。

建福宫

位于丈人峰下，始建于唐代，原仅存清光绪十四年（1888年）改建后的两殿三院，近年又进行大规模重建。现有三重大殿，供奉财神的财神殿、供奉黄帝之师五岳丈人宁封真君和广成天师杜光庭真人的二仙殿和供奉太上老君的老君殿。

祖师殿

位于天师洞右后侧山腰间，出天师洞过访宁桥即到。大殿始建于唐代，损毁后于晋代重修。殿内供奉真武大帝、东岳大帝、吕洞宾及张三丰塑像，以及八仙图壁画、诗文刻石等。唐代诗人杜光庭、薛昌和宋代张愈均在此隐居。附近有闻胜亭，为冯玉祥在此隐居时听闻日本投降后喜建的纪念亭；还有一座问道亭，相传是黄帝拜见仙人宁封子问道处。

上清宫

上清宫位于青城山之巅，始建于晋代，现存殿宇建于清代。有传为麻姑浴丹处的麻姑池以及鸳鸯井等名胜，珍藏有楠木刻板《道德经》《阴符经》全文。宫东不远处有跑马坪、旗杆石，传为明末张献忠起义军练兵遗址。

青城山巅有一处“观日亭”，可以看到青城日出、云海及神灯等自然美景。

链接

普照寺与雪山寺的易名之争

普照寺是青城外山的一座佛教寺庙，普照寺早期叫“金华庙”，是由一座废祠改建成的穷庙，邻近当时声名煊赫的雪山寺。相传雪山寺的承传方式是像江湖帮会一样传信物，即开山祖师啸云净命名的“啸云剑”，拥有它就可做雪山寺住持。清朝中叶，金华庙改名“普照寺”后突然崛起，恰逢此时雪山寺“啸云剑”被人盗走，方丈自责退位，云游四方，从此杳无音信，雪山寺也从此衰落下来。后来，雪山寺僧人认为这是旁边的金华庙改名普照寺相克所致：阳光普照，雪山便融化。于是便将雪山寺更名为“乌云堂”，意在“乌云”遮“普照”，克制普照寺。普照寺僧人也不甘示弱，在寺名前加上山名，称“青峰山—普照寺”，因“青峰”谐音“清风”，意即“清风驱散乌云”，反过来又克雪山寺。

青城后山 AAAAA

原始华美如世外桃源

都江堰市驿道街66号

门票20元

028-87239460

青城后山位于青城山后，泰安乡境内，总面积约100平方千米。后山景色主要以清幽的自然风光为主，水秀、林幽、山雄。

玩家攻略

1.乘车从青城山大门左侧公路西行，跨青溪桥，穿后山门，经飞仙亭、飞仙观、响水洞、白石碾、金鞭亭、八卦台、贡茶亭、迎仙亭、三龙亭等众多景点，可到青城山景区的起点站泰安寺，东越天仓山、千元山可到天师洞、建福宫。

2.后山的又一村、泰安寺等景点都可借宿。

上清宫

景点推荐 成都西部景点

白鹿音乐旅游景区 AAAA

中法风情小镇

成都市彭州市白鹿镇

成都五块石汽车站—彭州客运中心—白鹿班车—白鹿音乐小镇

028-3771500

景区位于四川成都北部龙门山脉，是古蜀文明的重要发源地，也是百年中法文化交流的汇聚地。其主要景点有领报修院、中法友谊桥、白鹿场老街、5.12地震遗址最牛教学楼等。

漫步其中，既可观赏独具特色的法式建筑，又可感受小镇的美妙音乐。

平乐古镇 AAAA

茶马古道第一镇

邛崃市禹王街70号

028-88781094

免费　全天

乘坐邛崃304路、308路公交车可达

平乐古镇早在公元前150年的西汉时期就已形成，迄今已有2000多年的历史，素有“一平二固三夹关”的美誉。

老榕树、白沫江、沿江而建的吊脚楼、青石铺成的街道、一望无涯的竹海，千百年来孕育了古镇悠然自得的山水情怀。游人还可以在平乐民俗风情院参与体会农事活动，或

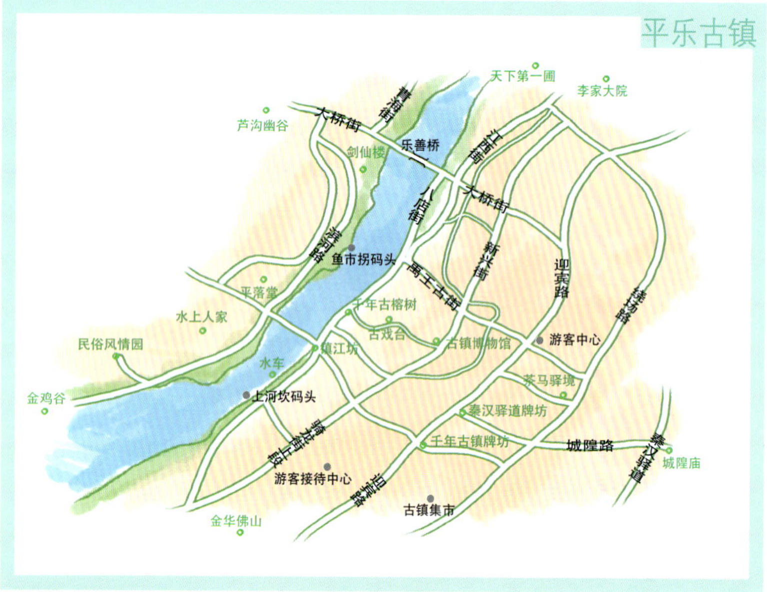

观看民俗文化表演。

玩家 攻略

平乐古镇的美食很多，多数都是出名很久的老馆子。奶汤面、钵钵鸡、孙血旺等都值得尝试。临近古镇西北边缘处，建设了许多特色农家乐，齐口乡村俱乐部、池林山庄、鲢鱼山庄等都提供竹筏泛舟的服务。

每年清明节，平乐镇会举行“清明河灯会”，家家户户张灯结彩，十分热闹，入夜还会进行放河灯活动。瓷胎竹编、花楸贡茶、家常豆腐乳等是当地的特产，另外，平乐镇民间方法做的“叶儿粑”，油而不腻，肉馅鲜嫩可口。

文君井

西汉文君卖酒时汲水处

邛崃市临邛镇文君街62号

文君井是传自西汉（或者更早）的一座古井。古井井壁为黑黏土，杂有陶片。现在这里已被辟为公园，附近增设了琴台、文君梳妆台、当垆亭、酒肆、听雨轩等景点。目前该区域占地6000余平方米。

据说，此井泉是汉时卓文君与司马相如烹茶卖酒用水之地。

玩家 解说

文君井扬名千年，得益于一段相当知名的千古佳话——司马相如与临邛才女卓文君。司马相如的名号，如今无人不知，无人不晓，但在当年，他不过是一介穷书生。卓文君是高高在上的卓王孙之女，不但貌美温柔，且是当代才女，丧夫后回到家中居住。两人一见钟情。司马相如的一曲《凤求凰》则成就了好事。当夜，卓文君随司马相如一起迁至成都。因谋生，卓文君又在临邛镇里仁街开了酒店——这就是千古佳话“相如涤器、文君当垆”。

古井的南面，现是卓文君梳妆打扮的遗址；而古井的北面，则是文君夫妇二人卖酒烹茶的垆亭；古井旁的回廊处，还后建有一座琴台，相传是司马相如抚琴弹《凤求凰》的地方。

天台山 AAAAA

佛教圣地、山水画卷

邛崃市天台山镇

028-89235003　58元　全天

从邛崃客运中心乘坐班车前往

天台山为国内罕见的箱状向斜山地。景区以“山奇、石怪、水美、林幽”而著称，金龙河自玉霄峰蜿蜒而下，形成瀑布、叠溪、长滩、深潭等景观，勾勒出一幅中国山水画长卷。

“高山玩水”是天台山景区的特色旅游品牌，十八里香草沟、小九寨、花石海等景点的10余个亲水玩水项目，令人尽情感受大自然带来的清凉惬意。

玩家 攻略

到天台山旅游一定不能错过品尝当地美食“三老一嫩五野”：“三老”即天台山生态老腊肉、老鸭子、老南瓜；“嫩”即天台山传统手磨豆花；“五野”即野蕨菜、野韭菜、野芥菜、野洋合笋、野山药为代表的众多生态野菜。

天台山

罨画池

有“川西名园”之称

- 崇州市崇阳镇大东街54号
- 成都金沙客运站、城北客运中心均有车前往
- 8元

罨画池景区是以罨画池为中心的园子，由环罨画池建筑群、州文庙建筑群和陆游祠建筑群三部分组成。

罨画池景区的建筑多是典型的清代川西建筑风格，罨画池更以梅花和菱花烟柳为胜。池周楼桥亭阁古朴典雅，布局精巧。

环罨画池建筑群是罨画池景区的主体部分，又可分为尊经阁与罨画亭、琴鹤堂庭院建筑群和今年增建建筑三个部分。阁上的视野极佳，可以纵览全园。琴鹤堂庭院建筑群的西面有云墙和尊经阁相连，原是陆游任蜀州通判时所居住的“怡斋”旧址，由琴鹤堂、琴鹤堂庭院、问梅山馆等组成。

玩家 解说

罨画，意为彩色的画。罨画池始建于唐代，于宋代扬名天下。该池的成名与南宋爱国诗人陆游颇有关联，他在蜀州为官时，曾留下不少吟咏罨画池美景的诗篇。

罨画池水面呈椭圆形，面积约7000平方米，以广植梅花闻名。杜甫在此留下了被誉为“古今咏梅第一”的《和裴迪登蜀州东亭逢早梅相忆见寄》一诗。

罨画池中陆游祠和州文庙是两组相对独立的建筑群。鹤堂庭院建筑群是罨画池全园的精华之处，在造园艺术上成就最高，此处景致虚实有秩、疏密得当、步移景易，游玩其中颇具趣味。

光严禅院

始建于晋代的古寺

崇州市街子镇三街路东300米

光严禅院又名“古寺”，现存下古寺，格局古朴幽雅，藏有初刻南藏、贝叶梵文、御赐极品“三宝”。寺庙周围是近千亩的森林，含参天古柏、古楠、古杉、古银杏等珍稀树木。

街子古镇

寺院下还建有梅花寨休闲度假村，冬日中最适合品评各类红梅和乌梅。

玩家攻略

清代康熙曾为禅院御笔亲题“光严禅院”的匾额，现在还高挂在寺门上；而四川总督九昌衡的禅意对联、于右任先生的草书“藏经楼”也依旧保留完好。

街子古镇 AAAA

典型的西南小镇

崇州市街子镇

028-82289555

街子古镇是五代后蜀时期永康县的县治所在地，距今已有1000多年历史，曾经是上通少数民族，下连川西平原的繁华古镇。如今景区内古街道纵横交错，两旁的建筑朴素小巧，反映了西南小镇风貌的典型风貌。

西岭雪山 AAAA

著名的雪景胜地

成都市大邑县境内

120元（门票+交通索道往返+观光车）

🕘9：30～17：00

🚌在成都茶店子汽车站有车直达景区

西岭雪山海拔5364米，是成都第一峰，因唐代大诗人杜甫的千古绝句“窗含西岭千秋雪，门泊东吴万里船”而得名。

景区在海拔2200～2400米的地方建设了中国规模最大、设施最好的大型高山滑雪场、大型雪上游乐场和大型滑草场、高山草原运动游乐场。

玩家攻略

1.西岭雪山的前山适合攀登徒步，一路的景点有蛙潭、五彩瀑布等。一路攀登都顺着山间小路，并有溪水相伴。途中的接待站条件一般。

2.西岭雪山的后山也可登顶，设有步行道和索道。

3.西岭雪山的特色就是雪，滑雪场等娱乐设施适合冬季游玩，旅游时要带好足够的保暖衣物，自驾车的朋友要注意路况，冬季去往景区的路上常有积雪，要谨慎驾驶；徒步的朋友尽量

西岭雪山

西岭雪山

结伴出行，虽然景区开发成熟，但是徒步时间很长，冬季路况一般，海拔升高快，结伴出行可互相帮助，避免危险。

4.西岭雪山位于高海拔区域，旅游时要特别注意身体对于高山区域的反应。

5.高海拔地区日照强，建议准备防晒用品以及长袖衣衫。

瀑布群

瀑布群是由雪水从高山倾泻而下形成的“千峰叠翠，万水竞流”的壮观景观，跌瀑流泉大都隐藏在云雾缭绕的幽谷密林之中，远观山有色，近听水有声，组成了山水林泉的优美图画。

玩家攻略

采摘：春夏之交，冰雪融化，林间各种野生植物开始争先恐后破土而出，其中不乏可以食用的美味野菜，如野蒜苗、野葱、野芹菜、野韭菜、野春芽、蕨菜、野山药、折耳根、野木耳、野菌等，可以享受一种山野采摘的独特体验。

赏花：每年的4月份，山花烂漫，杜鹃成林，百鸟闹春，珙桐花开如鸽子飞翔，30多个品种的杜鹃延绵数十里，其花红如火、黄如金、白似银，璀璨悦目。

金猴峰·鹰嘴峰

由瀑布群往上就是金猴峰，拔地而起的群峰恰如春笋丛生。峰高百余米，直指蓝天，峰顶飞霞流云，时沉时浮。峰间云杉招手迎人，其间金丝猴攀缘嬉戏，展现的是一派生机盎然之景。

鹰嘴峰位于金猴峰后面，一座山峰突兀而立，好像一只雄鹰低头俯瞰，跃跃欲猎。山峰下溪水清澈，是小娃娃鱼游乐的世界。

玩家攻略

购物：景区除了游玩之外，也可前往西岭镇或景区购物中心购买一些当地的土特产，如雪山老腊肉、香肠、红酒果、无花果、野山药或蕨菜、鹿耳韭、鲜竹笋、雪山豆等。

红石尖·阴阳界

红石尖位于海拔3310米处，是由300~400个柱状红色花岗岩组成的三座山峰，分别被称为上、中、下红石尖。红石尖由数百座奇石组成的峰林高低嵯峨、错落有致、身姿各异。

阴阳界是一条仅能容两人并肩行走的狭长山脊，它是四川盆地和青藏高原气候的分水岭。山脊的东南方晴空万里，湛湛蓝天，而山脊的西北方却是云蒸雾涌，朦胧世界。

玩家攻略

登临红石尖眺望，可看见西边的大雪山气势磅礴，犹如世外仙境。旭日东升之际，雪山变成金碧辉煌的世界，称为“日照金山”，为西岭雪山一大奇观。或去景区的日月坪也可观赏到宇宙间移星换斗的壮景。

西岭雪山

雪山滑雪场

雪山滑雪场位于西岭雪山后山，因它同阿尔卑斯山纬度相近而被誉为“东方的阿尔卑斯”，是我国南方最大、档次最高、设施最完善的高山滑雪游乐区之一。

玩家 攻略

1.滑雪场内有一个50万平方米的高山草坪，场内设有草地滑车、草地越野车、草地气垫船等15个高山草原运动娱乐项目。

2.景区设有热气球的游乐项目，可以青云直上100米，不管俯瞰白雪皑皑的冬景，还是想饱览绿茵茵的夏景都有不同的感受。

3.每年的12月底到翌年3月中旬西岭雪山都会举行冰雪节，节日期间会推出一系列的精彩活动，如万人堆雪球、滑雪、雪地摩托、雪地攀岩、雪地弹跳投篮、雪地射箭、UTV越野车等。

4.每年的7—9月利用雪山特有的清幽凉爽举行消夏避暑节，每月举行一次主题活动。7月为野营，在山顶安营扎寨享受夏日清凉；8月为滑草，举行滑草大赛；9月为越野赛，举办越野车及山野自行车大赛。晚上有啤酒大赛和烧烤晚会。

花水湾温泉 AAAA

温泉度假胜地

成都市大邑县花水湾镇

028-88391108

花水湾温泉闻名遐迩，形成于远古四川盆地海陆地质变迁时期，为罕见的距今4万多年的古海水温泉，海水通达地层深处被地心高温加热形成，出口水温达68℃。

花水湾温泉被誉为“高矿化药泉”，具有极高的医疗保健价值。此外，它还是一种奇特的变色温泉，水体中各种矿物质结晶析出时，会由无色透明渐渐变幻出淡绿、绿、深绿、灰绿、黄、乳白等色彩，因此被誉为“天府奇汤”。

安仁古镇 AAAAA

川西建筑文化精品

成都市大邑县迎宾路

028-88319116

安仁古镇，地名为“取仁者安仁之意”而名之。始建于唐朝，现存的旧式街坊建筑多建于清末民初时期，尤以民国年间刘氏家族鼎盛时期的建筑最多，风格中西式样结合，庄重、典雅、大方的各式院落，造就了安仁镇特殊的建筑风貌。

刘氏庄园

刘氏庄园博物馆建于1958年，是目前国内保存最完好的一处封建地主庄园，原为大地主刘文彩的私家住宅，建筑奢华，各

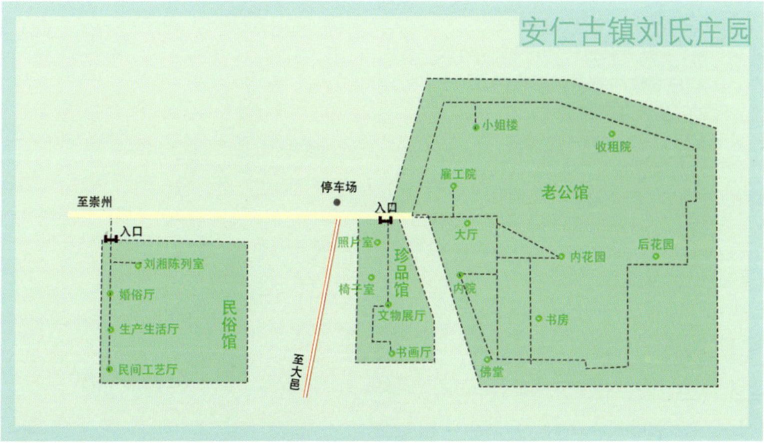

刘氏庄园

种艺术装饰多达数百种。馆藏有旧中国时期的文物、藏品众多，是旧中国农村的一个缩影。

玩家 解说

刘氏庄园的《收租院》曾在20世纪60年代在全国掀起巨浪，后曾销声匿迹一段时间。旅美华人艺术家蔡国强，以《收租院》为母题创作出的流动装置艺术作品《威尼斯收租院》，竟然在1999年举办的第48届威尼斯双年展上获得国际大奖。这才再度引发了游客对《收租院》的新热情。

其实《收租院》的泥塑应该安置在老公馆。这座老公馆可是刘文彩先后霸占23户农民的屋基和田地后建造起来的。整个老公馆重墙夹巷，厚门铁锁，阴阴森森，如一座迷宫。新公馆的布局明显清晰，对称，也亮堂许多。

建川博物馆

中国最大的民间博物馆，由樊建川先生投资修建，包含抗战系列、红色年代、汶川大地震和中国民俗4个主题板块。目前建川博物馆有藏品800余万件，其中国家一级文物153件。

新场古镇 AAAA

最后的川西坝子

成都市大邑县　免费　028-88350369

新场古镇是茶马古道上的历史文化名镇之一。古镇建筑面积达数十万平方米，是四川规模最大、保存最为完好的西蜀水乡古镇。

镇内街道布局呈二纵二横井字形。古镇有保存完好的清朝川西民居建筑20万平方米，造型为青瓦坡顶、夹壁、粉墙。其间还穿插有民国时兴建的中西合璧的教堂、宅院，饱经风霜，但保存完好，远远望去，古朴壮观。

玩家 攻略

充满历史的古镇至今也保留着很多传统节庆、活动等，如在春节、春分或者庙会期间，在村落院坝、街道庙堂或茶馆，舍台宣讲“圣谕”。而每年逢七月初六日是壁山娘娘走娘家，会在壁山庙举行盛大的庙会。会期中新场街上“十大行”商业，派会金请戏班（川剧班子），在壁山庙演戏（又称坝坝会）。

玩家 解说

古镇有西岭雪山丰富而充足的出江河水经

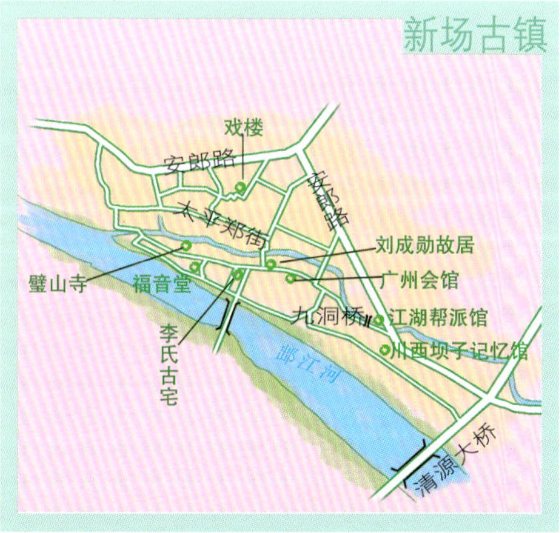

头堰河、二堰河、三堰河穿镇而过，将新场古镇环绕。而古镇主要街道上全部都引入了活水，所以走在新场古镇的任何地方都可以听到哗哗的流水声，这就是新场古镇被称为"天府水乡"的原因。

更多本旅游区景点

石笋山摩崖石刻：位于邛崃市区西北的大同乡景沟村，石笋山和石笋山对面的山崖上，刻有33龛摩崖造像，属唐代古物。大小1000余个造像中大部分都是佛教造像，有释迦牟尼龛、西方三圣龛、维摩经变龛等。

石塔寺石塔：位于邛崃市高何乡高兴村，为南宋时期的古塔，其平面呈四边形，塔下也是四方形的素面台基。每层塔身四面各刻圆拱形佛龛三个，内刻坐佛一尊，共148尊。

元通古镇：位于四川省崇州市，为AAAA景区，镇内现存古迹、古景八处：永利桥、罗氏公馆（现供销社）、黄氏公馆（现镇政府）、黄氏祠堂（现国税所）、元通天主堂、王国英故居、铁杆桥、工农兵大桥。

鸡冠山：位于崇州市西北侧，以其独特的"山峰、森林、瀑布、雪山、温泉、云海、大熊猫"等自然秀美景观风光和人文文化著称。

雾中山：成都市大邑县雾山乡，是我国古代四川至印度古道上（南丝绸之路）的一座佛教圣地，因常年被云雾覆盖，故名雾中山，是大邑古八景之一。

新场古镇

攻略资讯

- 交通
- 住宿
- 美食
- 购物
- 娱乐

交通

飞机

成都双流国际机场是中国八大区域性枢纽之一，位于成都市双流区北部，距离成都市中心16千米，是中国国际航空、四川航空、成都航空、东方航空的基地机场。

双流机场航线覆盖全国绝大部分城市及欧洲、中东、东亚、南亚和东南亚主要城市，同时还是前往拉萨贡嘎国际机场、昌都邦达机场和林芝米林机场等高原机场的最大中转机场。

●机场专线

春熙路—双流机场夜间专线，票价2元

天府国际机场—双流国际机场，票价25元

双流国际机场—天府国际机场，票价25元

●地铁、公交

乘坐地铁10号线、19号线，公交S15、S21、S22、S26可达机场。

火车

成都是我国西南地区重要的交通枢纽，渝成铁路、宝成铁路、成昆铁路、达成铁路、遂成铁路等电气化铁路干线在成都交会，市域铁路成灌快铁、成彭快铁极大地提高了成都的运输速度。成都现有东、南、西、北等5个火车站，其中北站和南站是主要的客运车站。

成都北站（成都站）：成都铁路的主客运中心，位于成都市金牛区站东路1号，开往全国大部分地区的火车都由这里发车，同时也是各种客运列车的终点站。

成都南站：位于武侯区天仁北二街，主要承担成昆线方向的客运，一般由成都发往昆明、西昌和攀枝花的普快列车都是在这里发车。

汽车

成都公路四通八达，高速公路网密集，主城区设有东站汽车站、茶店子车站、东南门车站、石羊场车站、北门车站、昭觉寺车站、龙泉汽车总站等16个客运中心。旅游出行时乘车十分方便。

市内交通

成都地铁共开通13条线路，覆盖了成都大部分景点：地铁1号线可达海昌极地海洋世界、南湖梦幻岛体验公园、兴隆湖等景点；地铁3号线可达大熊猫繁育研究基地、武侯祠、锦里等景点；地铁4号线可达宽窄巷子、杜甫草堂、国际非物质文化遗产博览园等景点。

成都夜景

住宿

成都的住宿相当方便，既有高档的五星级和四星级酒店，也有中档的三星级酒店，还有适合大众消费的经济型酒店。

成都市总面积较大，且观光景点众多，选择住宿时，不妨选择春熙路商业区、武侯祠、锦里区域、宽窄巷子，在知名高校附近，方便出行。

成都旅游业比较发达，青年旅舍也比较多，这些青年旅舍不仅价格便宜，环境、交通状况也大多较好，适合学生、背包客等自助游一族。住在国际青年旅舍的好处就是住客几乎全是各地旅游者，素质较高，可以结识不少旅游者，共同交流旅游经验及心得，还可结伴同游；同时也比较安全，心情可以得到有效放松；可以获取不少当地的信息，通过这些信息可以有效地了解当地的历史及文化，还可节省不少开支，这正是青年旅舍的魅力所在。

玩家攻略

成都"五一""十一"和春节为旺季，酒店房间会比较紧张，所以最好提前预订客房。成都的宾馆酒店如果直接入住会比较贵，建议先在信誉度好、规模较大的订房网站预订房间，一般是门市价的2~7折。

春熙路商业区

春熙路这个最繁华的商业地带，有着最时尚的购物天堂，有着最齐全的老字号小吃，有着汇集本地美食的华兴街、三圣街，成了无数外地游人来成都住宿的首选。所以，这里的酒店也相当多。

●成都西瓜之家酒店式公寓（分店）

酒店价位适中，位置极好。房间宽敞，装饰以宜家风格为主，在公寓式的酒店里可以体会到如家般的温馨与自然。 春熙路正科甲巷48号科甲大厦805

●榛悦隆堡成都酒店

酒店位于成都市中心，约1~5分钟可步行至春熙路步行街等商圈及娱乐区；由设计大师陈俊豪先生倾情打造，低调、奢华又极具美感。这里的套房十分宽敞， 最小的面积也是50平方米起，可提供一系列周到的细节服务。 锦江区下东大街216号喜年广场B座 028-62928888

武侯祠附近

武侯祠周围有望江楼公园、四川大学、西南民族大学等，美食众多且价格低廉，住宿方便，夜晚还可以前往川大散步，领略著名学府的魅力。这附近的住宿以四川古民居风格的特色酒店居多，环境很好，比较

合江夜景

安静。

●梦之旅天台花园国际青年旅舍

紧邻武侯祠，地理位置优越，交通方便。旅社可提供早、午、晚餐，旅舍内还有自行车提供出租。✉ 武侯祠大街242号 ☎ 028-85570315

●九龙鼎客栈

距武侯祠仅三分钟步行距离。旅馆旁有一个藏族一条街，闲时可以随意逛逛，在街上可以买到许多藏族工艺品。✉ 武侯祠大街246号 ☎ 028-85548131

宽窄巷子

宽窄巷子商业区

宽窄巷子是来成都必游玩的景点之一，这一路段环境很好，绿树成荫，富有当地生活气息。周围有许多地道的小吃和餐馆，交通也非常方便，有公交车、地铁。这个区域里有一些宅院式的精品酒店，充满了市井气息，住宿环境很不错。宽窄巷子夜生活非常丰富，适合年轻人。

●鹪鹩人文精品酒店

酒店位于成都会客厅宽窄巷子景区内，地理位置优越，交通便利。酒店历史韵味厚重，保留了数百年前的建筑风格样貌，与宽窄巷子融为一体，浑然天成。✉ 成都市青羊区宽巷子28号

天府广场附近

天府广场处于成都市中心地段，交通方便，在附近的酒店、旅馆住宿是一个不错的选择。

●皇城西御饭店

成都非常有名的一家酒店。酒店是按照四星级标准兴建的智能化大厦——西御大厦的重要组成部分，融客房、餐饮、会议、休闲、娱乐、健身为一体。✉ 青羊区西御街8号

●乐嘉酒店公寓（成都天府广场店）

酒店地理位置优越，附近就是著名的景点香槟广场和锦里古街，闲暇时可到景区游览。客房供24小时热水，居住于此，可舒缓身心压力，体验家的温馨。✉ 成都市锦江区梨花街12号城市理想B座16层1615

文殊院附近

在这个区域住宿可以步行前往文殊院，还可以品尝到附近非常地道的小吃。文殊院附近虽不繁华，但有难得的清静，交通方便，住宿费用也比较低。

美食

成都最著名的是以麻辣见长的川菜和各种原料制成的火锅。此外，还有各种风味小吃，像钟水饺、龙抄手、棒棒鸡、担担面、豆花、串串香都深受欢迎。

川菜是中国四大菜系之一，尤以鲜香麻辣口味最为著名。川菜馆早就开得遍布全国各地，只要口味地道，那就客似云来，生意十分好。

成都有3万多家酒楼、餐馆遍布各大街小巷。在成都出门吃饭，只需两三步就能发现好几个不同风味的餐馆。藏于街巷里的“苍蝇馆子”往往能做出最地道的川味。成都有好几条各具特色的美食街，由西往东呈扇形排列。

成都美食

●钟水饺

钟水饺始于光绪十九年，创始人钟少白，钟水饺以其独特风味蜚声海内外，是成都著名小吃。在用材上，钟水饺与北方水饺的主要区别是全用猪肉馅，不加其他鲜菜，上桌时淋上特制的红油，微甜带咸，兼有辛辣；在口味上，钟水饺带有甜味。

钟水饺

●龙抄手

汉族小吃，为蓉城小吃的佼佼者。龙抄手的主要特色是皮薄、馅嫩、汤鲜。抄手皮用的是特级面粉加少许配料，细搓慢揉，擀制成“薄如纸、细如绸”的半透明状。肉馅细嫩滑爽，香醇可口。龙抄手的原汤是用鸡、鸭和猪身上几个部位的肉，经猛炖慢煨而成。原汤又白、又浓、又香。

龙抄手

●夫妻肺片

夫妻肺片实为牛头皮、牛心、牛舌、牛肚、牛肉，并不用肺。注重选料，制作精细，调味考究。夫妻肺片片大而薄，粑糯入味，麻辣鲜香，深受食客喜爱。

夫妻肺片

●老妈兔头

老妈兔头起源于成都市双流区。老妈兔头品相整齐、肉质细嫩、味道醇正、回味醇香。

●棒棒鸡

棒棒鸡属于川菜中的凉菜，主要食材是鸡肉，其味型属于"怪味"，麻、辣、酸、甜、鲜、咸、香全部味道都具备。

●担担面

担担面是著名的成都小吃，将面粉团擀制成面条，煮熟，舀上炒制的猪肉末而成。成菜面条细薄，卤汁酥香，咸鲜微辣，香气扑鼻，十分入味。此菜在四川广为流传，常作为筵席点心。

●查渣面

查渣面是用红油海椒、豆油、盐巴、味精、鸡精和骨头汤在捞面前配好，掌握好油温然后将香料、葱姜蒜、海椒面一同拌炒，最后滤除葱姜蒜和香料。这种红油海椒调制的面香辣可口，吃完面后仍然口里留香。

四川火锅

川味火锅发源于成渝两地，以麻、辣、烫、鲜等特点成就了其在世界美食界独树一帜的地位。在四川地区，川味火锅又细分为红味汤锅、白味汤锅和干锅锅仔三个类别。四川火锅呈现出非常多的口味和吃法，强调各种味道的中和，尤其是鸳鸯火锅，一半清

四川火锅

汤，一半红汤，清汤清香四溢，红汤麻辣爽口，适合各种口味的人群。四川比较出名的火锅店有皇城老妈、耙子火锅等，底料醇厚，口感非常好，各式菜品新鲜而精致。

比较有名的火锅店还有三只耳火锅、蜀九香火锅酒楼、自贡好吃客。

●皇城老妈

城中高档的火锅店，环境古色古香，看起来很有底蕴。红汤火锅适合大众口味；白汤火锅鲜美不腻。菜品推荐老妈牛肉和毛肚。另外，餐厅还有变脸等特色表演。 武侯区二环路南三段20号 028-85139999

美食去处

●羊西线

当地有"食在成都，味在羊西"的说法，这里可以说是成都最具特色的美食街了。羊西线美食一条街承载了成都餐饮的大部分辉煌，品牌餐饮云集，高中低档纷呈，中餐为主，兼有火锅。

●沙西线

沙西线以大众美食为主，夕阳红老菜馆每日爆满，其大妈红烧肉、大妈带鱼等大妈系列菜品令八方食客垂涎；故乡缘川菜馆院中有院，小桥流水，还有那川味浓厚的合欢香菇包、脆皮粉蒸肉、江鲢系列菜品，让人尝过不忘；在顺兴老茶馆喝工夫茶、品味小吃，看变脸、吐火、滚灯，同时还可以领略川酒、川茶、川戏的风采。

●锦里文化美食街

锦里美食街是一条休闲民俗美食街，紧邻著名景点武侯祠，全长350米，最宽处6米，建筑风格以明清为主，古色古香，被称为"成都版的清明上河图"。这条街上浓缩了成都的精华，有茶楼、客栈、酒楼、酒吧、戏台、风味小吃、工艺品、土特产，充分展现了四川民风民俗的独特魅力。

●草堂餐饮美食圈

草堂餐饮美食圈是依托杜甫草堂发展起来的美食圈，包括琴台路、芳邻路和青华路以及清江东路等，是蓉城文化底蕴最为深厚的美食圈。琴台路的新子云亭饭庄、狮子楼火锅与皇城老妈都是成都十佳餐饮企业，芳邻路上有10多家风格各异的主题酒吧，是蓉城新兴的酒吧一条街。

●一品天下美食街

一品天下美食商业街是代表成都美食文化和餐饮最高水平的美食街。拥有深厚的美食文化底蕴，多家知名餐饮旗舰店会聚，营造出浓厚的美食氛围，比较有名的川菜馆有文杏酒楼、红杏酒楼、周大妈夕阳红精品川菜馆等。

推荐餐厅

●重庆盆盆虾

每到夏天，整条街都会被盆盆虾等位子的人塞满，确实霸道。虾子小小个，每一只都辣透顶。青羊区顺城大街三多里5号

●陈麻婆豆腐

成都本地人的大众馆子，外地游客则多是慕名而来。招牌的麻婆豆腐分不同价位，吃起来确实地道，麻辣适当，鲜嫩有味儿，其他则是家常川菜。

麻婆豆腐

●夫妻肺片

大名鼎鼎的卤味店，夫妻肺片据说是成都最正宗的，切得薄薄的，吃起来又麻又辣。其他小吃马马虎虎，价格不便宜。

夫妻肺片

购物

在成都购买特产的好处是货色齐全。这座城市几乎容纳了整个四川省境内的各种特产，甚至西藏和云南等周边地区的著名特产也有许多。成都的商业街很具规模，主要集中在春熙路、总府路、盐市口商圈和骡马市一带，从大型百货商场、超市到摊贩以及旅游纪念品都有，每日都是熙熙攘攘的热闹场面。

成都特产

●蜀绣

蜀绣又称“川绣”，是以四川成都为中心的刺绣品的总称，产于四川成都、绵阳等地，与苏绣、湘绣、粤绣齐名，为中国四大名绣之一。

人们常把蜀绣的艺术风格概括为“严谨细腻的针法，淡雅清秀的色彩，优美流畅的线条，中国水墨画的格调”。

●蜀锦

蜀锦是指中国四川省成都市所出产的锦类丝织品，为中国四大名锦之一，距今已有2000余年的历史。蜀锦织造技艺是国家级非物质文化遗产之一，成都素有“锦城”“锦官城”的称号。蜀锦为纯真丝织品，其质地柔

软，色彩亮丽，品种多样，牢固耐用。现在蜀锦主要有礼品、饰品、纪念品、服饰等。

● 文君酒

文君酒只在灵山秀水的邛崃出产，具有独特的口感，甜润幽雅、蕴含众香，润而不刺喉，口感醇厚，给人飘逸清新的感觉。

● 青城丝毯

用蚕丝和绢丝为原料，按照传统加工工艺、经手工纺织而成的汉族手工艺品。毯面光洁、染色牢固、质地柔韧、富有弹性。

● 老成都竹器

竹器在成都人的生活里实在是太重要了。从吃饭用的筷子、买菜用的篮子到厨房里的系列炊具，桌椅板凳，晒衣服的竹竿、出行的箱子竹篼、扫地的扫把，无一不是竹，所以苏东坡有名言："可使食无肉，不可使居无竹。"

购物去处

● 春熙路

春熙路位于成都市锦江区，号称百年金街，同成都市的其他商圈相比，春熙路的最大特色在于汇集了众多品牌的各类专卖店、拥有众多的中华老字号商场，是外地游客和本地白领偏爱的购物地点。

● 四川特产商城

四川特产商城位于新华大道和红星路交界处，春熙路步行10分钟就可以到了。该商城是成都市产品最齐全、规模最大、价格最实惠的特产商城。有数百种产品，从工艺品到四川各个地方的特产美食，一应俱全。

● 春熙路商业街

春熙路是成都最具代表性、最繁华热闹的商业步行街，中国十大商业街之一。全国的街头潮流和品牌在这里跳动着同一脉搏，传统中国美食和西方各类快餐店在这里汇集，已经成为成都魅力的代名词和时尚风向标。

锦里古街

● 锦里古街

锦里古街位于武侯祠东侧，曾是西蜀王朝最具有商业气息的街道，以三国文化和四川传统民俗文化为内涵，融旅游、购物、休闲、娱乐为一体。集聚了戏台、各种风味小吃、民俗工艺品、土特产等。

● 琴台路珠宝古玩一条街

琴台路位于青羊宫东侧，全长900米，以汉唐仿古建筑为依托，全面展示汉代礼仪、舞乐、宴饮等风土人情。此街的最大特点是珠宝店集中，是成都最负盛名的珠宝古玩一条街。

● 文殊坊历史文化街区

文殊坊是一个依托文殊院这个千年古刹新建的旅游文化街区，街上除了品尝各种美味小吃外，还有很多特色民俗店和文物古玩店，购买民俗纪念品可以去逛逛。

● 送仙桥艺术城

送仙桥艺术城位于杜甫草堂附近，是西南地区最大的艺术品市场，有近200多家商店，古玩字画，金石牙雕，古旧家具，邮票钱币，古今中外的收藏品在这里都能找到。

● 武侯祠横街

武侯祠横街是成都市著名的藏族特色

一条街，横街上有数十家以经营藏族特色产品为主的店铺，在这里可以淘到许多别致的极富藏族宗教气息的物件。

娱乐

成都人对享受生活很讲究，一贯以来都有着慢生活的闲适感，很多时候能叫生活在快节奏城市的人们心生羡慕。

成都的茶馆很多，也分为不同的消费层次。无论是工作洽谈还是私人会客，茶馆总是一个可选性很高的地点，特别是那些露天茶座。

●黄龙溪火龙节

黄龙溪古镇的火龙灯舞起源于南宋时期。节日期间每天都将有龙灯、狮灯、牛儿灯、幺妹灯等拜年大游行，整个古镇都将被红灯笼、红对联、红蜡烛打扮一新，穿插着街头文艺表演，营造出一种吉祥、欢快的节日气氛，使游客既可驻足观赏，又能参与其中。成都双流区黄龙溪古镇 正月初二至正月十五

●都江堰放水节

都江堰放水节始于978年，每年清明时节，都江堰市都会举行清明放水节大型旅游活动，以纪念率众修建都江堰水利工程、造福成都平原的李冰父子，同时祈求五谷丰登、国泰民安。节日期间，街头装饰一新，会举行盛大的文艺表演，场面十分热闹。成都市都江堰景区 从成都到都江堰每天都有多班快铁 4月4—10日

●顺兴老茶馆

顺兴老茶馆始建于1999年，是参照成都历代著名茶馆艺术风格，聘请资深茶文化专家、古建筑专家和著名民间艺人精心策划营造的一座融明清建筑、壁雕、窗饰、木刻、家具、茶具、服饰和茶艺为一体的艺术茶馆，可谓是一座中国首创的极具东方民族特色的茶文化历史博物馆。

客人在用餐、品茶的同时，还可欣赏到川剧久负盛名的变脸、吐火、滚灯表演，零距离感受“天府之国”的神韵。

节庆和重大活动

节日	位置	时间
成都国际桃花节	成都龙泉山景区	3月中下旬
天彭牡丹会	彭州市	4月初至5月中旬
成都灯会	成都市	正月十五
成都花会	成都西门外的青羊宫	农历二月
都江堰放水节	都江堰	每年的清明
新津龙舟会	新津区的南河	每年的端午节
新都桂花会	新都桂湖	每年的中秋节前后
望丛祠赛歌会	郫都区的望丛祠	农历五月十五前后
南国冰雪节	西岭雪山	每年1月至3月
客家水龙节	洛带古镇	每年7月下旬
帐篷音乐节	西岭雪山	每年7月下旬至8月底
都江堰啤酒节	都江堰	每年5月至10月

成都茶馆

发现者旅行指南

成都周边

（含遂宁、资阳、眉山、德阳、绵阳）

概览

亮点

中国死海

国内最大的人造“死海”，利用大英县形成于15 000年前的古盐湖盆地的地下盐卤资源开发建设而成，水上娱乐项目丰富多彩。

安岳石刻

始于南北朝，盛于唐、五代和宋代。全县有摩崖石刻造像105处，造像10万尊左右，至今保存较完好并具有一定规模和文物价值的石刻有45处。

瓦屋山

冬季是南国观森林冰雪的最佳胜地，可在瓦屋高原滑雪、玩雪、赏雪，尽享大自然乐趣。

三星堆遗址博物馆

一座现代化的专题性遗址博物馆，里面有很多商代器具展出，很有历史价值。

北川羌城旅游区

既是羌族民俗文化景区，又是全国红色旅游经典景区。有羌族村寨和展示羌族民俗的博物馆，有全世界保存最大的地震遗址。

必逛街道

绵阳翠花街：绵阳市最繁华的街道，就是从临园口的大观园到翠花街这一段了，这里不仅有可人的小景，更可以买到可人的商品。

线路

遂宁二日游

第一天，主要到中国死海去游玩，体验休闲娱乐项目。第二天，上午先到宋瓷博物馆参观，下午到广德寺，最后再到灵泉寺游览。

眉山深度三日游

第一天，自乐山出发前往眉山，先参观三苏祠，之后前往瓦屋山游玩。

第二天，先前往彭祖山，再去江口汉崖墓群游览。

第三天，前往观赏全国最大的佛像，再前往中岩寺，看看苏轼幼时的住所。

德阳经典二日游

第一天，先欣赏石刻艺术墙，再到文庙博物馆，之后参观三星堆博物馆。

中国死海

第二天先到庞统祠看看，然后去德孝城；下午可以参观一下绵竹年画博物馆。

绵阳二日游

第一天，先游览富乐山风景区，之后游览文昌七曲山大庙，晚餐品尝文昌家宴。

第二天，驱车前往剑门关，沿途欣赏古柏林翠云廊，之后游览李白纪念园。

为何去

公元4世纪，东晋桓温平蜀，取息乱安宁之意，遂设立遂宁郡。陈子昂的读书台似乎依旧诉说着“念天地之悠悠，独怆然而涕下”的沧桑，灵泉寺的香火则蔓延着现世安稳的企求。

越王楼

资阳是陈毅元帅故里，以“古、多、精、美”的石刻艺术而出名，是我国古代雕刻艺术的宝库。境内山清水秀，郁郁葱葱，被誉为“绿色资阳”。

德阳和绵阳既有李白的激情浪漫，又有沙汀的写实质朴。德阳大禹故里印证着久远的传说；郪江古镇讲述着古老的王国；绵阳富乐山回响着刘备的感慨，科学城展示着今天的繁荣；这片古蜀王国还孕育了三星堆文化。

何时去

该地区属于亚热带湿润气候。春季开始很早，温暖干燥，夏季炎热漫长，秋季9月、10月经常会有“秋绵雨”，冬季无严寒，霜期很短。因此最佳旅游时间是每年4—10月。

九顶山

三星堆博物馆

景点推荐 遂宁旅游区

中国死海 AAAA

目前国内最大的人造“死海”

遂宁市大英县

9：00~18：00

乘大英5路可达

0825-6169188

中国死海位于四川省大英县，是一个形成于1.5亿年前的地下古盐湖，其盐卤资源储量十分丰富，由于其盐含量大，类似中东的“死海”，人在水中可以漂浮不沉，故誉为“中国死海”。海水出口水温87℃，水中富含钠、钾、钙、溴、碘等40多种矿物质和微量元素，对风湿关节炎、皮肤病、肥胖症等具有显著的疗效。

玩家 解说

1.5亿年前，大英县还是一个四周为大海所环绕的浅水潮坪，因距海水补给地较远，海水长期潮涨潮落沉积了大量的蒸发盐，水体浓度较高，成为台地成盐区。地球的两次造山运动在大英县形成了地下古盐湖盆地，盐卤资源储量十分丰富，已探明的储量就高达42亿吨。这个巨大的盐湖深埋于地下3000米，出口水温87℃，堪比温泉，1万平方米的恒温海域让人的身心足以得到完全舒展；海水含盐量超过22%，并富含多种矿物质和微量元素，所以便有了“中国死海”的美称。

观音故里 AAAA

皇帝赐封的著名观音故里

遂宁市船山区

中国观音故里旅游区下辖广德景区、灵泉景区、观音湖景区。广德景区以广德寺为核心景区，历受唐、宋、明三朝九帝11次敕封，是古代朝廷最早钦定的观音道场、皇家禅林。

广德寺

遂宁市船山区卧龙山

8:30~18:00　0825-2929002

广德寺位于遂宁市城西三里许的卧龙山，建于唐开元元年（713年），原名石佛寺。自唐代宗永泰元年（765年）高僧克幽禅师来遂主持开山阐教后，高僧辈出，香火兴盛，闻名遐迩。特别是因受唐、宋、明三朝11次敕封，声名大振，明代极盛，有僧人千余，被尊为“西来第一禅林”，成为川中名胜及佛教圣地，每年二月香会、九月观音生日期间，香客、游人如云，年久不衰。

玩家 解说

广德寺现有的5件镇寺之宝，见证了千年的辉煌历史，它们是缅甸玉佛、明代圣旨坊、济善塔、九龙碑以及两颗皇帝御赐玉印，都是必看的景点和文物。

灵泉寺

遂宁市船山区

35元（春节免费）

遂宁市内乘坐13路公交车可到

灵泉寺位于遂宁市城东灵泉山，寺庙依山而建，苍松古柏，绿树成荫。灵泉山上有一眼泉水，清澈见底，味道甘甜，被称为“灵泉”。灵泉寺始建于隋文帝开皇年间（581—600年），时称圣佛寺，在隋、唐、宋、明鼎盛时期，香火兴盛，西南各省前来朝山进香者络绎不绝，被誉为“灵泉圣境”。

灵泉寺以它庄严、清幽的风姿吸引着国内外众多的宗教信徒和游客的瞻仰观赏。

玩家 攻略

每年农历二月十九、六月十九、九月十九分别是观音菩萨的生日、出家日和得道日，届时四方信徒云集灵泉寺，热闹非凡。

广德寺善济塔

链接

灵泉寺观音现身奇观

2008年6月9日，夏先斗与其子到灵泉寺观音阁游览时，用随身携带的录像机和手机对着我国室内最大的观音塑像拍摄，夏先斗在回放录像时惊奇地发现观音菩萨的眼睛在不停地眨，图像清晰，该段录像长1分17秒，虽然大部分在拍摄时有些晃动，但其中的近30秒图像清晰，观音菩萨的眼睛一直在动，时而眨眼，时而转动眼珠，非常生动，各路专家均无法解释这一奇特现象。为了保护这一神奇发现，使其录像版权不受侵权，夏先斗特地向四川省版权局申请著作权保护。

观音湖景区 AAAA

遂宁市船山区犀牛堤码头　免费

游船、快艇：9：00~22：00，摩托艇：9：00~20：00

遂宁市乘20、202路公交车可达

观音湖景区地处遂宁市广德与灵泉两寺之间，湖泊水面比两个西湖还大，传说是因观音菩萨在此显圣而得名。这里自然、人文景观十分丰富，被誉为“西部水都”。

观音湖以“亲水、戏水、乐水”为主题，突出自然、生态、现代、体验、参与性的亲水休闲娱乐，乘游船或快艇畅游其中，倍感清凉舒爽。

玩家攻略

景区游船现场少于7人的情况下，需要耐心等待，听从景区工作人员的安排（根据当天客流量而定）；景区快艇2个人以上才开艇，现场少于2人的情况下，需要耐心等待，听从景区工作人员的安排。

龙凤古镇 AAAA

千年龙脉地，万世佛缘乡

遂宁市船山区龙凤古镇

免费

全天

乘坐11路公交车可达

0825-2932275

龙凤古镇位于遂宁城南5000米，依山傍水，因涪江环绕像一条“龙”、山形蜿蜒神似“凤”而得名“龙凤镇”。古镇有浓厚的观音文化底蕴，被誉为“观音文化圣地”。

龙凤古镇

链接

龙凤由来

传说龙凤场的前身是金马场。明代时期，一场大火烧光了金马场的整条街道，古代地理学家和民间人士说按金、木、水、火、土来看，金是火，马要走，所以此场要修到东南方向的一片开阔空地。根据地形看似一条龙，向东看有一个凤凰地形。龙头朝北，故修建街道像龙的场镇，取名龙凤场。凤凰朝东方涪江河水，凤凰头下有古老的黄桷树，有古老的石洞子，凤凰泉全年泉水不断流出，即使天旱时也会源源不断，令人叹为观止。

子昂故里文化旅游区 AAAA

先贤遗风

遂宁市射洪市金华镇子昂路

0825-3210928

子昂故里文化旅游区，总面积约30平方千米，包含有镇（金华古镇）、山（金华山）、湖（金华湖）、堤（金湖堤）、岛（湖心岛）、坪（西山坪）、坝（金华坝等）等风光，是一处集“祈福纳祥、求学励志、观光娱乐、休闲度假”为一体的综合景区。

金华山素有“天下无双景，人间第一山”之美誉，前山有蜀中四大名观之一的金华山道观；后山是初唐诗人陈子昂青年时代的读书台。

桃花山风景区则位于遂宁市城南渠河边上，拥有10万余株、20多个品种的特色桃花，以“一树多彩”称奇。

名单 遂宁历史名人

唐代诗人陈子昂

宋代著名科学家、文学家、音乐家王灼

明代女文学家黄峨

明代诗人吕潜

清代书法家、学者李仙根

清代诗人、性灵派代表人物张问陶

近代著名爱国将领于渊

中国红海生态旅游区

生态旅游度假胜地

遂宁市蓬溪318国道附近

从蓬溪火车站上车，乘坐蓬溪3路公交车到“中国红海站”下后步行可达。自驾车则可从成都、遂宁、绵阳等方向走绵遂高速、成南高速，从蓬溪出口离开，沿G318国道行驶到华山村即可

中国红海生态旅游区是1929年举行蓬遂起义时的主要战场之一，是一个以红色文化、民俗文化为主的生态旅游度假胜地。

宝梵寺始建于北宋英宗治平年间，原名罗汉寺。治平元年（1064年）宋英宗赵曙敕赐名“宝梵寺”。寺内以大雄宝殿明代壁画驰名中外，殿内壁画有画圣吴道子笔意，被宗教界尊称为“禅宗秀迹”，更被广大信众尊称为“仙画”。

中国宋瓷博物馆

全国唯一的专业宋瓷博物馆

遂宁市河东新区　0825-2328300

免费　9：00~18：00

可乘坐206路公交车到达

中国宋瓷博物馆是目前全国唯一一座专业宋瓷博物馆，其外观以南宋青釉鼓腹瓶为模型，是同类博物馆中的经典设计。博物馆依山傍水，绿树成荫，环境优美，风光宜人。

该馆有4个固定的基本陈列：宋瓷精粹、馆藏明清书画精品展、汉风飞扬·东汉陶塑艺术展、遂宁古代名人展。宋瓷精粹陈列室展出宋瓷精品120余件。

七彩明珠景区 AAAA

休闲度假的绝佳胜地

遂宁市安居区五丰镇鸡头寺村

七彩明珠景区包括诗景画廊、眉园叠翠、五彩花坞等七大组团，貌似七颗璀璨的明珠镶嵌在国道318线，故名“七彩明珠”。

黄峨散曲馆位于七彩明珠景区之中，该馆采用书法和绘画相结合的方式展示黄峨的诗文，这些字画都出自成都、重庆和遂宁的书画名家之手。

中国红海

中华侏罗纪探秘旅游区 AAAA
全国科普教育基地

遂宁市射洪市明星镇东南4千米处

0825-6761133　50元

8：30～16：30

中华侏罗纪探秘旅游区位于遂宁市射洪市明星镇东南4千米处，地质遗迹核心区面积约3平方千米。地质遗迹包括硅化木化石群在我国西南地区甚至全国都很罕见。

景区以龙洞河“U”形峡谷（中华侏罗纪风景区）为主线，沟壑蜿蜒、山奇谷险、怪石嶙峋、林木苍翠、鸟语花香、环境幽雅，堪称“山水林石自然成，儿女子孙天然乐”的川中独秀。

更多本旅游区景点

卓筒井：位于遂宁市大英县境内，被誉为“中国古代第五大发明”。

大英漂流：位于遂宁市大英县江西岸，被誉为国内人文第一漂，漂程全长3000米，其落差和漂流旋涡惊险、刺激。

蓬莱公园：位于遂宁市大英县蓬莱镇江南路中段，融宗教寺庙、餐饮娱乐、休闲观光为一体。

金华山：位于遂宁市子昂故里文化旅游区。因其山贵重华美而得名，被誉为川中名山，主要景点有观音堂、药王殿、二贤祠、灵祖殿、冥王殿、东岳殿、祖师殿。

高峰山：位于遂宁市蓬溪县城北25千米处，为AAAA景区。始建于唐朝，寺庙全部建筑均为木结构楼阁式，整个建筑群按先天八卦设计修建，5200多平方米的建筑有大小门400多道，实属罕见。

跑马滩卧佛院：位于遂宁市安居区东禅镇和安岳县八庙乡交界处。是融宗教文化、休闲娱乐、生态观光为一体的景区。

高峰山

景点推荐

资阳旅游区

圆觉洞风景区 AAAA 文

中国古代石刻伟大宝库

- 资阳市安岳县境内
- 30元
- 8: 30～18: 00
- 乘坐安岳6路公交车可达

圆觉洞风景名胜区位于资阳市安岳县的云居山上。圆觉洞景区内有三尊7米高的“西方三圣”石像，在其他地方，西方三圣是合龛为一，而这里却是分龛雕刻，突出了安岳石窟的独特之处，被誉为“中国古代石刻又一伟大宝库”。

圆觉洞（窟）

圆觉洞凿于北宋，三面设坛，正壁佛坛上“三身佛”结跏趺坐，“法身”毗卢遮那佛居中，左为“报身”卢舍那佛，右为“应身”释迦牟尼佛。“十二圆觉菩萨”结跏趺坐于左右两壁，壁上方镌有“圆觉洞”三个字。

北岩石窟造像

北岩石窟共有22个窟龛，以北宋时期造像为主，以“西方三圣”最为壮观，三像均高约7米，11号龛“净瓶观音窟”，高6.75米；16号“阿弥陀佛龛”，高6米；22号“大势至菩萨龛”，高6.9米，神态各异、形神兼备。

南岩石窟造像

南岩的五代造像题材多达27种，有明王龛、千手观音龛、地藏菩萨、北方毗沙门天王龛等，造像小巧玲珑，神情潇洒，既带有唐代的丰腴，又具有宋代的俊美。

安岳石刻 AAAA

中华古代石刻的艺术宝库

资阳市安岳县

安岳石刻始于南北朝（521年前后），盛于唐代、五代和宋代，距今已有1300年历史。经近年文物普查，至今保存较完好并具有一定规模和文物价值的石刻有45处。

毗卢洞·华严洞

毗卢洞是毗卢洞、幽居洞、千佛洞和观音堂的总称。这里的紫竹观音和密宗第五代祖师柳本尊造像、护法金刚等都别具特色，是宋代佛教艺术的结晶，具有很高的历史研究价值和游览观赏价值。

华严洞位于石羊镇箱盖山，刻于北宋，方形平顶，窟顶阴刻一巨大的“唵”字，窟后壁正中刻有三尊“华严三圣”，其造像对称感很强，主次分明，较好地突出了大日如来的主佛位置。

大般若洞·木门寺

大般若洞为儒、释、道三教合一窟。正壁

毗卢洞紫竹观音龛

主像为趺坐释迦佛，其左右刻老君、孔子、韦驮、文殊及佛门十大弟子。洞中上额刻有“大般若洞”四个字，还刻有“嘉熙四年庚子书”及下款署名“赵印存权书”等文字。

木门寺是仿木建造，无梁石亭。内葬著名僧人无际禅师。因门为木制，其寺故名。全亭被三叠木结构斗拱大殿覆盖，塔在亭子中，亭子在大殿里，造型奇特，气势轩昂，雕工精美。

卧佛院·千佛寨

卧佛院位于安岳县城北25千米处的八庙乡卧佛沟。卧佛为释迦牟尼涅槃像，身后刻说法图，佛足部前方立一力士，为此窟所独有。卧佛院内40多万字的石刻经文，是玄奘传下来的全国最早的译经版本，堪称国家瑰宝。

千佛寨，唐代名“栖岩寺”，清代康熙年间更名“千佛寺”。千佛寺原有殿宇五重，现在只有寨崖上的几千尊造像，故群众又称它为千佛寨。

茗山寺·朝阳洞

茗山寺因“唐道佛骨禅宗更播于名山”造寺得名，是融石刻文化、登山观景、求知为一体的山岳型风景旅游区。造像题材主要有毗卢佛、观音、大势至、文殊、毗卢佛与东岳大帝合窟、十二护法神将等。

朝阳洞系天然崖窟，因洞口向东而得名。洞顶、洞底平整，内塑佛像。洞中后方有一水井，泉水清冽，常年不绝。洞外有明、清修建的寺院及碑记，尚残留有护墙及栅门。

陈毅故居 AAAA

具有浓厚的川中民居特色

资阳市乐至县劳动镇旧居村

028-23336012　免费

9：00~19：30

成都北门汽车站可乘车直达乐至

陈毅元帅诞生在资阳乐至县，其故居是

木门寺无际禅师亭

一座具有浓厚川中民居特色的三重堂四合院木质结构瓦房。另有陈氏宗祠，为1922年陈毅留法勤工俭学回国的住处，留下了不少文物资料。

陈列馆始建于1986年，是一座具有川中民居气息又略有苏杭园林风格的仿古建筑，古朴典雅，美观大方。院内有陈毅青铜像屹立其中，容光焕发，栩栩如生。陈列馆有5个展厅，以大量的实物系统地再现了陈毅元帅光辉的一生。

名单 资阳历史名人

- 东周内史大夫、孔子师长苌弘
- 西汉文学家王褒
- 汉代经学家董钧
- 共和国元帅陈毅
- 抗战名将饶国华

龙门报国寺

被誉为"蜀中净土"

资阳市乐至县龙门乡金龟山

报国寺占地3万多平方米，始建于隋开皇二年（582年），距今已有1400多年的历史。报国寺布局雅致，建有天王殿、大雄宝殿、观音殿、地藏殿、祖师殿五重殿堂。主要供奉有弥勒佛、四大天王、韦驮菩萨、释迦牟尼佛等诸佛菩萨像及思摩、本空、离欲等祖师像近60尊，造像庄严生动。

王褒墓

资阳市文物保护单位

资阳市雁江区墨池坝，距城区约10千米

王褒墓墓冢高约5米，呈圆形，直径约20

米。墓前石碑为明代成化二十三年（1487年）提督学校四川按察司佥事潘璋书立，碑高2米，宽约1米。王褒墓西南200米左右，有池长约7米，宽约4米，由此而去东北约30米，还有传说中的小墨池。

半月山大佛

四川第二大坐佛

资阳市雁江区碑记镇

半月山大佛因坐落于山形似下弦月的半月山而得名，是四川第二大坐佛，据说在世界上排第22位。半月山大佛属摩崖造像，即在山崖石壁上雕造的佛像。其为弥勒佛倚坐像，属净土宗造像。大佛端坐于长方形石龛中，坐南朝北，佛像面部丰润，双耳垂肩，表情安详恬静，目光平和下视。

三岔湖

天府明珠

简阳市三岔镇

免费

三岔湖是都江堰龙泉山灌区水利工程的大型屯蓄水湖泊，也是四川省第二大湖泊。湖周山区有幽美险峻的丹景山、石洞沟和古老的摩崖石刻等景观。这里山、水、岛交相辉映，被誉为“西部百岛湖，天府新乐园”。

更多本旅游区景点

龙泉湖：位于简阳市石盘镇，龙泉湖主要景点有七姑岭、晒布坡、瓦灯寺和十里长峡等，其中长5380米的“十里长峡”景色十分迷人。

五凤山森林公园：位于简阳市望水乡老鹰水库旁。在这里，清澈透明的湖水与古朴葱郁的山林构成了桃源般的清凉境界，也被简阳人称为“森林公园”，有“世外桃源”之美名。

圣德寺白塔：位于简阳市区南郊，今以塔为主体，建成白塔园，园内新建文物陈列室、碑林、草舍茶园等。

简阳丹景山：位于简阳市丹景乡，为中国天彭牡丹的发源地，景区包括佛教圣地“佛兴寺”和“五龙朝丹景”“仙姬送子石”“千年银杏”等。

三岔湖

景点推荐

眉山旅游区

三苏祠博物馆 AAAA

文人墨客和广大民众拜祭圣贤的场所

- 眉山市城西南隅纱縠行南段72号
- 40元
- 9：00～18：00
- 乘坐11路、16路公交车可达

三苏祠是北宋著名文学家苏洵、苏轼、苏辙的故居，明代洪武元年（1368年）改宅为祠，祭祀三苏。祠内除三苏外，还有程夫人、任采莲、苏八娘及苏家六公子等10余人的塑像，有木假山堂、古井、洗砚池等苏家遗迹，还珍藏和陈列着5000余件有关三苏的文献和文物，是蜀中最负盛名的人文景观。

玩家 攻略

三苏祠附近有当地的传统名店，点上一份东坡肘子、东坡鱼，再来上一瓶"东坡御液"，把酒言欢，可以感受古人生活的风韵。

玩家 解说

三苏祠内收藏的古物文献十分丰富，如《丰乐亭记》《醉翁亭记》《表忠观碑》和《罗池庙碑》四大名碑的金石碑文或碑拓本，如数以千计的匾联书画，如历代刻印的三苏文集及有关古籍书3256件（册），字帖拓片578件，明清及近现代书画1002件等，还有清版《三苏全集》，均是十分珍贵的研究资料，清端溪东坡台、清童二树画梅花中堂、木假山堂等值得一览。

名单 眉山历史名人

上古蜀王蚕丛氏

道家仙真彭祖

蜀汉文学家、政治家李密

北宋文学家、书画家苏洵

北宋文学家、书画家苏轼

北宋文学家、政治家苏辙

南宋抗金将领虞允文

彭祖山 AAAA

被称为“长寿之乡”

眉山市彭山区江口镇江新路

30元 9: 00~18: 00

028-35065777

彭祖山据传是商贤大夫、养生术创始人彭祖故里和安葬地，是国内独有的、世界唯一以长寿养生为特色的文化旅游风景区。这里山峦环抱、果园飘香，四季空气清新，被尊为“中华养生文化第一山”。

玩家解说

彭祖历来都被视为长寿之神。从《世本帝系》《山海经》以及刘向的《列仙传》的记载推论，彭祖是颛顼帝的玄孙，陆终氏的第三个儿子，轩辕黄帝的第八代孙。他曾历经夏商周，后从师尹寿子，学得真道，他隐居武夷山修炼，晚年回到蜀地，住在彭山象耳山中，后移居到今天的彭祖山。他曾云游四方，将长寿之道广为传授，使得百姓大受裨益。

江口汉崖墓群

有两千多年历史的汉代崖墓

眉山市彭山区江口镇梅花村，还散布于寨子山、高家沟、盐井沟、打鱼沟、油房沟等地点

江口崖墓博物馆，也称彭山区汉崖墓博物馆。墓葬的雕刻画像和出土文物，为人们研究当时的道教和佛教提供了珍贵的实物资料。

玩家解说

崖墓是汉代一直流行的一种仿生人住宅、凿山为室的墓葬形式。汉代墓葬的重要特点是力求复制和表现死者生前的生活样式。为此，古人们设计了前室后寝、左右厢房、厅堂、内室、厨房、壁橱等，真实地反映了汉代人的住宅风貌。景区现存墓4580座。

黑龙滩风景区 AAAA

川西第一海景区

眉山市仁寿县黑龙滩镇长岛度假区

从仁寿县城乘坐班车即可

028-66189865

黑龙滩风景区以黑龙滩水库为主，有大坝、三大湾、蓬莱岛、双燕子景区等10处景点。

太乙坝：文物荟萃之地，位于湖区北部。此地有唐代镌刻的龙崖、坐佛、碑碣。龙崖因所刻10米长的石龙得名，附近有明代大佛，高15米，宽12米，巍然而立。

三大湾蓬莱岛：湖中最大的岛群，由小连山、阿弥陀佛山、花果山、风披山等组成。可以在岛上赏花、观景、垂钓。

双堡牌坊

清朝牌坊

四川省眉山市仁寿县双堡乡牌坊村

双堡牌坊两坊上下对列，间距44.5米，依地势由低到高编为一号坊节孝坊和二号

黑龙滩

双堡牌坊

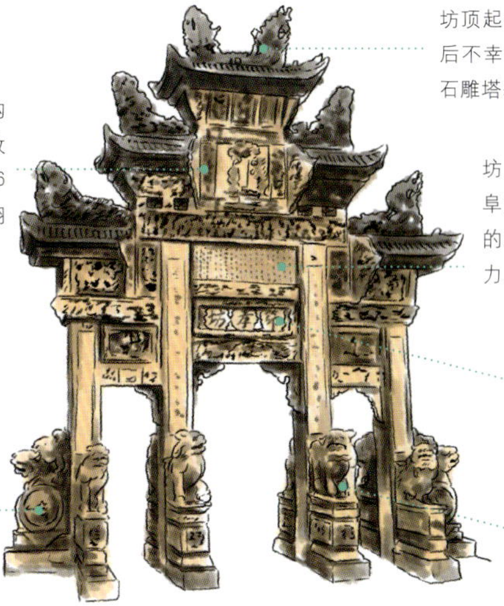

仁寿坊，一条南北走向的石板大道贯穿其间。两坊分别建于清光绪七年（1881年）和光绪八年（1882年），是清王朝为表彰“徐母杨氏”和“徐母余老太君”而建。

中岩风景区

川南第一山

眉山市青神县瑞峰镇

中岩寺位于青神县中岩村，分为上、中、下三寺，统称中岩寺。中岩以山水奇秀、林壑幽美而闻名，有“川南第一山”“西川林泉最佳处”的美誉。中岩寺始创于东晋，早期为著名的佛教圣地，传说是十六罗汉之第五罗汉诺巨那尊者的道场。

在中岩寺景区悬崖峭壁之下的竹林掩映之间，有一处深潭，相传为慈姥夫人的窟宅，世称“龙湫”。这里的潭水深不可测，游鱼在潭中若隐若现，游人拍一拍掌，鱼群便应声显现，像是能听懂人的意思。

瓦屋山 AAAA

南国观森林冰雪的最佳胜地

眉山市洪雅县瓦屋山镇

028-36598888

瓦屋山是中国历史文化名山，也是全国最大的国家森林公园，冬季是南国观森林冰雪的最佳胜地，冰雪节期间，游客可在瓦屋高原滑雪、玩雪、赏雪，尽享大自然乐趣。

玩家 攻略

瓦屋山有步游道可以攀登，原是木道，后于2011年改造成丹霞红石板道。徒步登山，十几千米路程，需时5~6个小时。下雨时，步道潮湿，下山需当心大的坡度。每年11月到翌年4月禁止徒步登山。

瓦屋山有一条长1600多米的索道，自半山古佛坪到山顶正觉寺。索道往返票价50元，单程25元。

瓦屋山住宿甚多，以王屋山大酒店、珙桐山庄和象尔山庄为最佳。

链接

瓦屋山老腊肉

瓦屋山老腊肉，取材于纯天然养殖的生态猪，没有添加任何饲料。其制作手法精良，十分考究。先把肉割成约1千克重的长条，抹上精盐及各种调料；再用柏树丫和锯末发烟，进行长时间的熏制。

瓦屋山人喜欢把腊肉煮熟后切成大块，再用小碟装上调料蘸着吃。煮熟切片后的老腊肉，很薄，透着光亮，味道醇香诱人，肥肉不腻，广受欢迎。另有炖、蒸、炒、回锅等多种吃法。

槽渔滩风景区

四川清代古建筑群

眉山市洪雅县槽渔滩镇

从洪雅县城乘坐中巴车到景区

免费

槽渔滩风景名胜区位于洪雅境内青衣江上游，在这里可以观赏到不少自然景观和人文景观。槽渔滩著名景点有云屿楼、披风榭、瑞莲亭西门等。景区内新建了宾馆、疗养院、度假别墅等，可以最大限度满足游客住宿。

玩家 解说

在这里可以观赏到不少自然景观和人文景

瓦屋山

观：有与恐龙同时代生长的国家一类保护植物桫椤树；栩栩如生的神龟饮水既同出一源又各具特色，人称“笑佛”；传说中二郎神斩妖治水留下的“砍断山”“龟都府”；古代南方丝绸之路通道之一的“竹箐关”古栈道及许多明、清时代遗留下来的古石刻和寺庙；利用天然岩石开凿建造的一尊长45.3米、高12.5米的大型卧佛；描绘雕刻了80多幅释迦牟尼生平佛传故事和摩崖造像壁画；仿建国内108座名塔于一处，构成千塔佛国。此外，景区内恢复重建了洪雅名胜“奎星阁”等古建筑。

大雅堂

中国历史上最早的大雅堂

眉山市丹棱城南

据丹棱县志记载，北宋元符三年（1100年），四川丹棱名士杨素出资在丹棱城南承建诗书堂。堂内珍藏由黄庭坚手书杜甫两川夔峡诗碑三百余方，黄庭坚为之题名“大雅堂”，并作《大雅堂记》，丹棱遂成为“难登大雅之堂”故里。后历经沧桑，大雅堂毁于明末清初战火。

2013年，大雅堂在历经两年多的重建后得以重现，重建后的大雅堂儒雅大气、古朴精致。大雅堂附近有东南亚小吃街，风情各异，还有四星级酒店提供住宿。

老峨山 AAAA

峨眉山的姐妹山

眉山市丹棱县

40元

9：00~18：00（旺季）；8：30~17：30（淡季）

028-37287222

老峨山是峨眉山的姊妹山，山形酷似峨眉，雄秀俊美，蔚为壮观。民间传说先有此山，后有峨眉山，故名“老峨山”。据地方史志载，老峨山佛教盛行，香火旺盛，山中建有寺庙共72座，僧侣最多时达上千人。唐代开元年间，道教传入老峨山，先后在山中建了36座庵堂，有近400名道士在山中修道。山中有金顶、舍身崖、一线天等名胜古迹，全都仿照峨眉山上的景点名字。

玩家 攻略

老峨山区出产的云雾毛峰、炒青绿茶、红茶系列产品和总岗特液、业牌液系列名酒获国家、部、省精品奖和优质奖，是难得的旅游纪念品。

玩家 解说

著名宋代政治家、文学家苏东坡，道教人物杜光庭、清代文学家彭端淑等名人雅士曾游览此山，留下许多赞美诗篇。民国时期，社会动乱，土匪长期啸聚山林，老峨山许多景观寺庙被破坏。

桃花源

乡村旅游中的“一把火”

眉山市丹棱县城西中隆乡梅湾村

丹棱·桃花源风景区即原来的梅湾湖景区。每年春天，景区桃花陆续开放，到处山花烂漫，春意盎然，引来各方游客赏花踏春。景区春天是花园，夏天是林园，秋冬是橙园，一年四季花果飘香，美不胜收。

景区还连续多年举办了以“赏桃花、品鲜果、尝美食、享生态”为主题的旅游节，开展了“果王比武”“橘橙展销”“果树认养”“鲜果采摘”“乡村美食展”等特色活动。

更多本旅游区景点

柳江古镇：位于眉山市洪雅县城西南35千米花溪河支流柳江两岸，建于南宋时期，距今已有800多年的历史，是四川十大古镇之一。这里有川西风情吊脚楼、中西合璧曾家园、访古寻悠水码头等特色景观。

峨眉半山七里坪度假区：位于眉山市洪雅县高庙镇。在这里，春看杜鹃花开满山谷，夏享薄荷空气凉心头，秋看层林尽染彩世界，冬享半山温泉飞雪花。

牛角寨摩崖造像：位于眉山市仁寿县高家乡鹰头村，有全国最大的一尊胸佛。

平羌小三峡：位于眉山市青神县境内的岷江干流上，犁头峡在汉阳镇，由平羌江上犁头峡、背峨峡、平羌峡连贯而成。峡区河道迂回，风光绮丽。

柳江古镇

景点推荐 德阳旅游区

三星堆博物馆 AAAA 文

青铜时代遗址

- 广汉市西安路133号
- 72元
- 在广汉乘坐11路、13路公交车可直达博物馆
- 0838-5500349

三星堆遗址属全国重点文物保护单位，是迄今为止在中国发现的分布最广、延续时间最长、文化内涵最丰富的史前文化遗址，被誉为“华夏文明之源”的重要组成部分。

三星堆博物馆是以青铜时代遗址“三星堆”为主题的现代化博物馆。博物馆外形奇特，馆内集中收藏和展示三星堆遗址及千余件珍贵文物，是享受古文明熏陶的好去处。

玩家解说

三星堆出土的大量珍贵文物中，有很多青铜造像。这些青铜像铸造精美、形态各异，既有夸张的造型，又有优美细腻的写真。其中，尤以3件著名的“千里眼、顺风耳”造型最为出众，它们不仅体型庞大，而且眼球明显突出眼眶，双耳更是极尽夸张，长大似兽耳，大嘴也宽阔到了耳根，唇吻三重嘴角上翘呈微笑状。其中最大的1件通高65厘米、宽138厘米，圆柱形眼球突出眼眶达16.5厘米。

三星堆出土了世界上最大的青铜立人像，身高1.7米左右，连座通高2.62米，重180千克，被尊称为“世界铜像之王”。该青铜立人像铸造历史距今已有3000多年，立人像高鼻、粗眉、大眼，眼睛呈斜竖状，宽阔的嘴，大耳朵，耳垂上有一个穿孔。脑袋后端有发际线。立人像身躯瘦高，手臂和手粗大，两只手呈抱握状。立人青铜像头顶花冠的正中，有一个圆形的代表太阳的标志。从其所在的位置看，这是太阳崇拜的直接表现。

房湖公园

被誉为“川西明珠”

广汉市武昌路南二段68号

房湖公园为唐代名相房琯任汉州刺史时所建。园里面古色古香，既有苏州式园林小巧玲珑的特色，又有巴蜀园林中古风的神韵。主要景点有园艺园、荷花池、留琴馆、房公石、棂星门等。

留琴馆即“房纪念堂”，是园中的主干，馆里面宽敞雄伟，庄重肃穆。大厅正中竖房管半身镀铜塑像。橱柜中陈列有关他的史料、照片和字画。

链接

“华夏民俗一绝”保保节

正月十六这天，如果你正好在广汉的房湖公园或金雁湖公园，看见人潮涌动，人们都带着10岁以下的孩子在寻觅“干爹”，不要觉得奇怪，因为这一天是广汉一年一度的地方节日保保节。

保保节是当地很有影响力的一个民间习俗，被誉为“华夏民俗一绝”。在正月十六日这一天，年轻父母领着自己10岁以下的孩子到公园内，看中一位游人（以男性居多，女性极少），家长给被拉游人戴“猪儿帽”，如果被拉的游人接受了，孩子便叫被拉游人为“保保”。干爹给干儿子打发一点钱，多少无定数，只是为个吉祥，再给孩子取个名字。于是保保便拉成了。

由于传统的“拉保保”多少沾染了一些封建迷信的色彩，曾一度遭到禁止，20世纪70年代末才逐渐恢复。20世纪80年代“拉保保”活动逐年热闹起来。近年来，保保节还推出了国际友人当保保、龙狮灯比赛、民俗文化表演、拉保保送保险、燃放烟花、烧耍龙灯等多种附加活动。

段家大院

川西古典民居的典范

广汉市高坪镇鸭子河畔、三星堆旁

段家大院又称段家老鸹林，清朝乾隆年间，段氏族人由湖广入川，世代耕居于此。

这里昔日的房屋、生态环境很好，尤其以老鸹最多，故名段家老鸹林。这里的庭院占地7万平方米左右，房屋数百间，里面全是亭廊、曲径小桥、荷塘岸柳，别有情趣。

孝泉古镇

东汉大孝子姜诗的故里

德阳市旌阳区孝泉镇

孝泉古镇是四川省首批百镇试点镇和51家重点镇之一。古镇是中国古代“二十四孝”之一东汉大孝子姜诗的故里，汉代叫汛乡，后因“一门三孝”“孝感天下，清泉满地”而得名，1996年被列为省级历史文化名镇。古镇内有很多文人遗迹，还有道教的道场、佛教的寺庙、儒家的祠堂、清真寺等。

孝泉古镇

玩家攻略

孝泉古镇每年有很多民俗活动，赶上这些活动的时候旅行再好不过了。

农历五月初的时候，这里会举办颇有特色的庙会，时间长达一周，皮影戏、被单戏、打道桶、唱围鼓等表演一一上场。每年的农历初八还有大型的高僧祭塔仪式，届时，这里会重现元朝五龙护塔的盛况。

德阳市博物馆 文

西部地区保存最完整的文庙

德阳市南街文庙街133号

免费 9：00～17：30

德阳市乘坐14路、26路公交车可达

德阳市博物馆馆址设在德阳孔庙，该文庙是我国西部地区保存完整、规模宏大、具有浓郁地方特色的文庙。东庑内为“孔门弟子七十二贤陈列”，以文字、图表、图画概括介绍了七十二贤的情况。后半部分以大幅照片介绍了中国历史上的祭孔及现代仿古祭孔乐舞场面，以及现存各地孔庙的情况。

李调元纪念馆

罗江八景之一

德阳市罗江区滨江东路6号

李调元纪念馆为德阳市市级文物保护单位，占地1000余公顷，是为纪念清代著名文学家、戏剧家、诗人李调元而修建的一处仿古园林。李调元纪念馆里面的楹联、匾额颇多，这些作品大多出自名家之手。

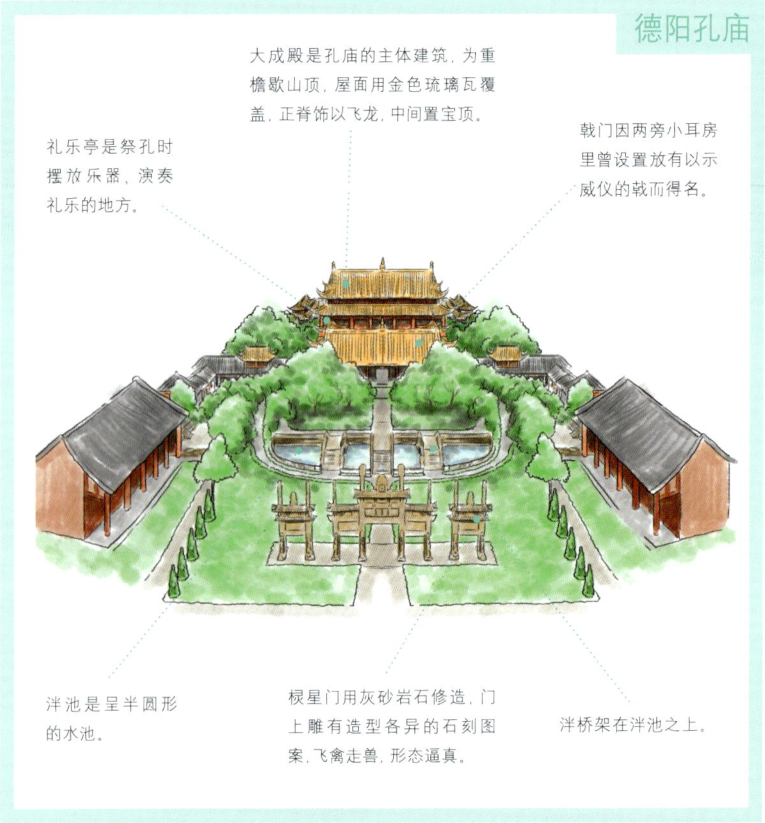

白马关庞统祠

白马关景区 AAAA

核心为三国蜀汉文化

德阳市罗江区白马关镇凤雏村

0838-3202577

德阳旅游素有“南有广汉三星堆，北有罗江白马关”的说法，可见白马关景区的重要性。

景区规划有3个板块：以庞统祠为中心的三国蜀汉文化旅游板块；以小球练习场为中心的体育休闲板块；以万佛寺为中心的佛教文化养生板块，已成为独含古迹揽胜、旅游购物、运动养身、休闲娱乐于一体的综合性文化旅游景区。

景区重点区域在白马关镇，核心为庞统祠和凤雏湖，主要景点有庞统祠、点将台、金牛古道、八卦谷、万佛寺、宝峰寺等。

庞统祠是四川修建最早、保存最完整的三国遗踪，是全国唯一专门祭祀三国时庞统的祠堂和墓园。白马关在古代乃“三国险阻之区，两川咽喉之地”，是通过成都的唯一关口，为兵家必争之地，故也是有名的古战场。庞统祠是清代康熙四十六年（1707年）在王屏藩乱蜀时（1682年）摧毁了的原基础上重建的。内有山门、龙凤二师殿、栖凤殿、庞统陵墓、庞统及诸葛亮雕塑像，还有历代匾联、碑刻、字画等大量珍贵文物史料。

庞统墓坐落在落凤坡旁，是为庞统建的真墓。据说这是刘备为其亲选的墓地，可俯北瞰南，这里是一块风水宝地，现有墓碑一块。

诸葛双忠祠

重要的蜀汉遗迹之一

绵竹市茶盘街20号

绵竹市内乘坐1路、8路公交车可达　免费

诸葛双忠祠是为了纪念诸葛一门“三世忠贞”而建的。原址占地1000公顷，诸葛瞻父子墓园高大，墓周长30米，封土高近3米。双忠祠因墓而建，有忠孝门、拜殿、过厅、正殿、启圣殿、西庑、东厢、官舍、客堂等景点。

绵竹沿山旅游观光带

特色乡村旅游区

绵竹市

绵竹沿山风景旅游区面积达百余平方千米，这里茂林似海，花果飘香，四季分明，雨量充沛，动植物种类丰富多样，生态环境良好，是融农业观光、科普教育、健身娱乐、宗教游览、休闲度假等功能为一体的特色乡村旅游区。

九龙山 AAAA
特色乡村旅游区

绵竹市沿山公路附近

套票60元 冬季：9：00～17：30；春、夏、秋季：8：30～18：00 乘坐绵竹803路公交车可达

0838-6793238

九龙山旅游风景区位于绵竹九龙龙门山脉前山区，是一个融农业观光、科普教育、健身娱乐、宗教游览、休闲度假等功能为一体的特色乡村旅游区。景区的特别之处在于建立了国家级的滑翔伞运动基地，常年开展滑翔伞培训、表演和游客体验项目，喜欢刺激的朋友都可到此体验一番。

绵竹年画村 AAAA
犹如人在画中游

绵竹市孝德镇年画村12组

免费 全天

0838-6585920

绵竹木版年画是全国四大木板年画之一，而绵竹年画又以年画村出产的作品最为有名。年画村以加工制作经营历史传统的经典作品、具有创新元素的馈赠精品为主，同时经营将传统文化与时尚结合的“年画服饰”，古代与现代结合的装饰品、纪念品等，村内街道古色古香，民房极具川西民居特色。

绵竹年画产品

玩家攻略

年画村自主开发的“年画村”牌松花皮

“四川三宝”之绵竹年画

绵竹年画历史悠久，是“四川三宝”，“绵竹三绝”中均有年画的身影，然而其起源始终是一个谜。

绵竹年画的特点鲜明，内容广泛，品类繁多，运用工笔技法，色彩艳丽，工艺奇绝。木板年画不同于一般的年画，制作工艺繁杂，包括起稿、刻版、印墨、施彩、盖花等多道工序。历史人物、戏曲故事、民俗民风、名人字画、花鸟虫鱼都是年画的内容，但光是绵竹当地的年画内容也不尽相同。

绵竹年画分为木版套色、绘印结合、完全绘制三种。用行家话说，绵竹木版年画有“黑货”和“红货”之分，其实所谓“黑货”就是以烟墨或朱砂拓印的木版拓片，而“红货”是彩绘拓片。绵竹年画以彩绘见长，构图讲求对称、饱满，带有强烈的民族民俗风情，跟现代画大有不同。其色彩强烈明快，多用红色、金色等明亮温暖的颜色，热烈而有节奏感，对比鲜明却不冲突。

20世纪50年代以后，绵竹木版年画受到毁灭性的打击，不少传承人被剥夺了绘画的权利，古版亦遭破坏。近年来，虽然市场萎缩，但绵阳市政府极为重视民俗文化的发展，绵竹年画已被列为非物质文化遗产加以保护。

蛋、猫儿鱼、香辣酱、豆腐干、特色泡菜、山腊肉、酱腊肉等民间食品，是绵阳特产的上佳选择。

更多本旅游区景点

德阳艺术墙：位于德阳市旌阳区泰山北路111号，是利用公路的一座挡土长墙建造的。艺术内容以自然、生命为表现主题，运用浮雕、圆雕、建筑以及墙体的各种空间组合托出主体格调。

黄继光纪念馆：位于德阳中江县，通过500余件实物、图片、组画和模型展出黄继光烈士的生平、英雄事迹、遗物等。

汉旺地震工业遗址纪念中心：位于绵竹市汉旺镇。中心采用高科技手段，数字化与互动性结合，展示了地震场景。

龙居寺：位于广汉市新丰镇龙居村。是广汉市最大的一处布局合理、功能完善以及壁画绝、玉佛多、佛塔多、独具特色的佛教寺院。

剑南春森林公园：地处古蜀道旅游区，是川西平原最大的独具特色的人造森林公园，充满艺术色彩、人文气息、返璞归真的森林文化氛围，是一个具有纪念意义、抒发情怀的场所。

蓥华山：位于什邡市方亭镇西北郊，这里的"五绝"和"四海"尤为吸引人，这里空气清晰度高，能见度也很大，可以观赏到日出、云海、圣灯、佛光和雾海等自然景区。

穿心店地震遗址纪念园：遗址位于龙门山脉中段的什邡市，保留了宏达化工厂遗地震破坏的惨烈原貌，是集缅怀纪念、科普教育、休闲度假于一身的国内一流地震遗址主题公园。

罗汉寺：位于什邡市丰收路，是佛教禅宗临济宗的主庙，是禅宗第八代祖师道一禅师的出家处和传说中的晚年去处。主要景点有马祖殿、天王殿、弥勒殿、藏经楼等。

罗汉寺

景点推荐

绵阳东部景点

富乐山景区

被誉为“绵州第一山”

绵阳市游仙区芙蓉路

绵阳市内乘坐12路公交车可达

免费 7：00~19：00

富乐山景区位于绵阳市城东2000米处，是一个以园林建筑见长、融三国遗迹在内、山水结合的景区。景区已建成大小景点50余处，著名景点有豫州园、绵州碑林、富乐阁、富乐堂、宋哲元墓等。

玩家攻略

阳春三月，桃、李、杏、樱次第开放，蔷薇海棠争奇斗艳；七月流火时节，富乐堂内荷叶田田，幽香四溢；秋高气爽之际，大型菊展恭候嘉宾，隆冬来临，朵朵蜡梅傲雪绽放，红梅翘首争春，与青松翠竹相映成趣。

三台杜甫草堂

杜甫三台寓所

绵阳市三台县新西外街1号

免费 6：30~21：00

绵阳市内乘坐4路、5路公交车可到达景点，市内短途乘坐三轮车可到达

三台杜甫草堂是四川继成都杜甫草堂之后的第二大杜甫纪念堂，展出杜甫在三台期间的事迹与名篇佳作展览及其他名人字画等。

杜甫当年流落到三台，寓居近两年，写下了古诗100余首，其中包括不少名篇。杜甫草堂及后人修建的草堂寺、工部祠等早已不存，1987年重建后的杜甫草堂是殿堂与园林相结合的仿古建筑群，为三台县最大的旅游景点。

三台杜甫草堂

中国工程物理研究院科技馆

全国唯一的核科学技术馆

绵阳市涪江河畔

中国工程物理研究院享有“国宝”的盛誉。科技馆以我国核武器的发展史为主线，环顾当今世界高科技领域，用图片、模型、实物、声像等，生动形象地介绍核能的开发利用、核武器原理、激光武器、高功率微波武器等概念和发展前景，展示了中国工程物理研究院创业者艰苦奋斗、无私奉献、为国争光的精神风貌。

七曲山风景区 AAAA

文昌文化独具特色

绵阳市梓潼县文昌镇七曲村

0816-8229901

七曲山风景区以文昌文化发祥地和全国

七曲山大庙魁星楼

最大的纯古柏林享誉海内外，文化底蕴深厚，围绕古蜀道、古皇柏、古建筑、古文化的人文景观有50多处。

七曲山大庙始建于晋代，是道教主流全真派的圣地，也是中国唯一的文神文昌帝君的祖庙。大庙较完整地展现了由元到清各个时期的建筑风格。在过去，秀才们在科考之前，都会去拜祭文昌帝君。

郪江古镇

观光、度假、旅游休闲的绝佳地

绵阳市三台县城西安居镇境内

免费

郪江原名千子公社、千子乡，20世纪30年代更名为郪江乡，1992年建镇，同年被命名为四川省历史文化名镇。内有战国时代郪王城和传说中的郪王墓，以及明清时期的古建筑民居、街道、寺庙和石桥。

玩家 解说

郪江古镇有一大特色，就是遍地都可以看到百年的老榕树，最有特点的就是“波平浪静”庙前的两棵，据说那两棵树是同时种下的，为了美观，种树的人在两棵树的周围用石头砌了一圈矮墙，经过近百年的生长，现在它们一棵是“树包石”，一棵却是“石包树”，让游者看后不得不感叹大自然造物之神奇。在古街的街尾有一处名为“合欢树”的景点，起初闻其名的时候不解其意，见后才知道原来是两棵古树长成了一棵树。当地的百姓认为树也是通人性的，说它们也有感情，还编出了好多浪漫的爱情故事。

郪江汉墓

先秦时期郪国王城所在地

绵阳市三台县江镇中心的河湾山峦间

郪江汉墓以金钟山、泉水坝、紫金湾墓群最为集中，最富有特色。墓崖在时代上早晚不一，但以东汉墓为主。结构上，墓室均在中轴线上，分为墓道、墓门、前室、中室、后室、侧室和耳室。很多墓有圆雕、浮雕、线刻等建筑装饰雕刻和画像雕刻，还有一些墓室内有红色涂料彩绘。

黄帝元妃嫘祖故里

人文女祖

绵阳市盐亭县

嫘祖是中华人文始祖黄帝的正妃。她发明了植桑养蚕和缫丝制衣，使人们告别了赤身裸体的荒蛮时代，并与黄帝一起开创了中华男耕女织的农耕文明，被誉为“人文女祖”，祀为先蚕和行神而世代尊崇。

嫘祖陵位于嫘祖出生和归葬之地——金鸡青龙山，该陵为八卦行，外露三方，内藏五方。陵墓边长为24.95米，意为二十四节、九五至尊，陵直径60米，高190米，属中华女祖第一陵。

更多本旅游区景点

平阳府君阙：坐落于绵阳市游仙区芙蓉溪畔仙人桥旁的绵阳博物馆新馆前，由大小相近的两座阙组成。平阳府君阙是复杂石阙中最具代表性的一处，是全国汉阙中阙间距最大和保存最完整而阙体最大的汉阙。

仙海风景区：位于绵阳市区西北10千米处，是依托武引工程的骨干工程——沉抗水库建立的省级水利风景区，是绵阳的六大旅游经济开发区之一。

仙海风景区

景点推荐

绵阳西部景点

西山风景区

素有“西山秀色”之美誉

绵阳市涪城区西山南路　乘坐1路公交车可达

西山为绵阳著名风景名胜地，又名凤凰山，西山风景区即子云亭公园，风景区面积约0.3平方千米，以“西蜀子云亭”为中心，集名亭、古墓、寺观及秀山、碧水于一身，名胜、古迹、文物与园林建筑相结合，风景十分幽美。

蒋琬墓是清代重新修建而成，为八角形复钵式建筑，由座、身、檐、顶四部分组成，形制奇特。墓前石碑上书“汉大司马蒋恭侯墓”，是著名的三国遗迹。墓侧有蒋恭侯祠、蒋琬铜像及安阳亭等。

链接

蒋琬

蒋琬汉末随刘备入蜀，为诸葛亮所器重。亮死，蒋琬任尚书令、大司马、执掌朝政。延熙九年（246年）病逝，谥号“恭侯”，于涪城之西山建墓安葬。

李白故里 AAAA

以李白故居为主的人文景观长廊

绵阳市江油市青莲镇

40元

0816-3441887

李白故里位于“华夏诗城”江油，这里旅游资源丰富。以李白纪念馆为中心，周围分布着众多的旅游景点。李白故居青莲镇左右被濂水、涪江环抱，山水灵秀，仙气飘逸。

李白纪念馆

李白纪念馆是1962年为纪念李白逝世1200年建造的仿唐园林建筑群。纪念馆三面环水，竹柳成荫，宁静幽雅。馆内建筑皆系仿唐风格，规模宏大、古朴雄伟，风光清幽秀美，四季皆有迷人之处，使游人流连忘返。

太白洞

位于江油市武都镇北2千米许涪江左岸，是一天然洞穴。相传唐李白青少年时常坐船来此游览。洞泉水清澈，清雅幽静。洞壁有历代游人题刻多处。

李杜祠

李杜祠在绵阳市东2千米的芙蓉溪东岸。后人为纪念唐代大诗人李白、杜甫都来过绵州而在此建李杜祠。李杜祠四周有围墙，园内有圃，幽静，景色宜人。近年已修葺一新，有“李杜与绵州”专题陈列。现为四川省重点文物保护单位。

李白故里碑林

佛爷洞 AAAA

被誉为“天然封神演义艺术宫”

绵阳市江油市大康镇旧县村18组

75元

8: 30~18: 00（旺季）; 9: 00~17: 30（淡季）

0816-3659999

佛爷洞位于李白故里江油，由三厅、两廊、一河构成，全长3000余米，洞内景点有60多个。洞四周山环水绕，古木苍翠，风光奇绝。全洞从上至下共分三层，景区似人间仙境，令人心旷神怡。

窦圌山 AAAA

四川省著名的丹霞地貌景区

绵阳市江油市武都镇

65元

8: 30~17: 00（冬季）; 8: 30~17: 30（夏季）

0816-3879888

江油窦圌山是国家地质公园，这里林木苍翠，景色秀丽，行道迂回盘旋，以奇、险、幽闻名遐迩。

窦圌山险峻陡峭，被誉为全国最大的砾崖丛。在后山，游客可以领略到窦圌山的幽深，漫步丛林中，小径蜿蜒，心境也顿时清静起来。

玩家解说

窦圌山有“六绝”，不容错过。

奇峰：一片平原之中，只看见刀削般的巨石构成了三座奇峰，山峰巍然挺拔，直入云端。峰顶各有古庙一座，分别是东岳殿、窦真殿、鲁班殿。三座山峰中只有东岳峰有险路可通山顶，其他的两座山峰都是悬崖峭壁。山峰之间由上下两根铁链组成的铁索悬桥相连。

铁索飞渡：连接主峰的铁索悬桥初建于唐代，先后换修6次。山上还有身怀绝技的飞人，在铁链上表演，行走就像风一样，被誉为“华夏一绝”。

云岩寺：云岩寺是坐北朝南、中轴线对称布局的古寺院建筑群，这种建筑在全国是罕见的。

飞天藏：云岩寺内藏有道教文物“飞天藏”，又名“星辰车”，距今已有800多年历史，是

窦圌山

我国现存最大、最古老、保存最完整的道教飞天藏。它的奇特在于整个藏身不用一颗铁钉，全由珍贵楠木穿斗而成。

白皮松：窦圌山的石峰上，寸草难寻，但是白皮松却在这里生长得很好。白皮松生长在石缝间，在无土、无水、无肥的自然条件下长成，是窦圌山的一道风景。

天造滑翔：窦圌山的奇峰峭壁，形成了天然的滑翔场。

链接

窦圌山名字的由来

窦圌山名字源自唐代章明（今江油）主簿窦圌（字子明）。当年他觉得圌山清幽奇险，好似人间仙境，便弃官隐居于山中。窦圌在这里开山辟路，建筑庙宇，使圌山上殿宇成群。而后窦圌修炼成仙，骑鹤白昼飞升。于是，后人便将此山命名为“窦圌山”。

通天道

通天道全长513米，806级石梯，垂直高差63米。通天道上也有很多景点，如在陡坡中间，有一单檐歇山式的天音亭，还有两个巨石矗立而成的“天门”，有蜿蜒曲折的“九倒拐”条石小路等。

云岩寺

云岩寺始建于唐乾符年间（874—879年），历经唐、宋、元、明、清几代，屡经毁建，建筑基本为佛教禅宗的庙宇布局，但佛道二教又在文化与建筑上融为一体，所以形成寺内东为禅院、西为道观的格局。

飞天藏

飞天藏又名星辰车，是南宋淳熙八年（1181年）所建，元代至正时重修，车高9.82米，直径7米，上下共四层，上雕塑有天宫楼阁，腰檐上装饰有斗拱，每层雕有执笏人物，木柱及额枋上均施沥粉彩绘，更显精美巧妙，具有一定的历史、科学、艺术价值。

北川羌城旅游区 AAAAA

传播大爱文化

- 绵阳市北川羌族自治县任家坪村
- 免费
- 全天
- 0816-4822555

北川是全国唯一的羌族自治县，几千年来形成了羌族淳朴厚重的民俗文化，同时也是全国红色旅游经典景区，拥有全世界保存最完整的地震遗址、规模最大的地震灾难遗址纪念馆，可在北川地震科普体验馆亲身体验地震。

玩家 解说

羌城旅游区提供收费观光车，往返的整个行程为：游客中心—老县城地震遗址—5.12汶川地震博物馆—北川地震科普体验馆—吉娜羌

寨—商业步行街—游客中心

玩家 攻略

北川羌城旅游区观光车运行线路：游客中心—吉娜羌寨—北川地震纪念馆—北川老县城地震遗址（返回）—北川地震博物馆—吉娜羌寨—巴拿恰禹王桥—北川羌族民俗博物馆—游客中心

吉娜羌寨

吉娜羌寨，原名猫儿石村，新羌寨起名“吉娜”，是羌族传说中最美丽女神的名字，寓意为“最美好”“最极品”。吉娜羌寨也是地震后最早建成的羌族寨子。吉娜羌寨被称为“北川第一村”。

羌族民俗博物馆

北川羌族民俗博物馆坐落于北川新县城中轴线上，民族特色鲜明，风格独特。该馆是融收藏、保护、展示和研究为一体的综合服务平台，是继承和弘扬古羌民俗文化的重要窗口。

北羌民俗博物馆是全国唯一一个展示羌族历史文化的博物馆，涵盖了战国时期、汉朝、明朝、清朝等各朝代的陶器、羌绣，也有近现代的羊皮鼓和猴头帽，还包含了红军长征在北川战斗时使用的刀枪等。

羌寨寨门

地震遗址纪念地

地震遗址纪念地由北川老县城地震遗址、5·12汶川地震博物馆两部分组成。

汶川地震博物馆是为纪念“汶川5·12大地震”而兴建的大型博物馆，再现了抗震场景，馆内所陈列和展出的物品有地震图文资料、志愿者的实物资料标语等，见证和记录了地震中留下的沉痛记忆和灾难中闪光的民族精神。

寻龙山

寻龙山风景区位于北川羌族自治县，集休闲、运动、观光于一身，有奇特的喀斯特地貌和砾石岩群，融奇秀的自然风光和蜀汉人文风情为一体。景区中的龙鳞坡石林造型奇特，将军石、罗汉石、醉汉石、飞马石及其他各种象形石比比皆是，大小不一，形态各异，蔚为壮观。

大禹故里

休闲度假的好去处

绵阳市北川县禹里羌族乡境内

大禹故里风景区总面积30平方千米，是古代治水英雄、夏朝创始人大禹的出生地，自古称为“神禹故里”。这里山川形胜、人杰地灵、空气清新、气候宜人，把典型丰富的人文景观和优美奇特的自然景观和谐地融为一体。

玩家 攻略

风景区羌乡风情浓郁，特别是一年一度的禹王庙会和羌历年，人们从四面八方会集于此，人山人海，摩肩接踵，庆贺大禹诞辰，欢度羌历年，狂舞欢歌，数日不绝。

小寨子沟

目前亚洲自然生态保存最完好的地区

绵阳市西北部，距北川县城93千米

小寨子沟的生物资源极其丰富，被国内外专家誉为世界罕见的物种基因库，是全球同纬度地区保存最完好的一个森林和野生动物保护区。

这里还是羌民族聚居区，地道的羌歌羌舞、醇正的羌族咂酒、奇异的羌民婚俗能让人充分领略到古朴原始的民族风情。因此，这里有“野生动物的乐园”“罕见的物种基因库”“第二个九寨沟”等美誉。

九皇山景区 AAAA

以高山溶洞群为特色

绵阳市北川羌族自治县桂溪镇

0816-4732999

九皇山景区以神秘的西羌文化为主线，到处可见古老的西羌文化遗迹与生活习俗。其最具魅力的景点是500万年前的川西北第一大高山溶洞——猿王洞。猿王洞周围树木茂盛，古藤缠绕，生存着多种珍稀树种和珍稀动物。

猿王洞是中国西南第一大高山溶洞，洞中有数百个格调不同的神奇景观，亦真亦幻，被游客称作梦幻宫殿洞中的黄龙美景。

玩家 攻略

猿王洞有很多精彩的娱乐项目，大致可以分为以下几项。

看表演：只见一根长为600米、高为280米的钢丝飞架在两座险山之间，有数十名专业高空表演艺员在这里跳着优雅舒缓的蝶扇舞，表演着灵巧敏捷的高空自行车特技。

过情人桥：情人桥是一座灵巧轻盈的钢索桥，它将两座如情侣般遥相呼应的凤凰亭紧紧连在一起，桥的下面是万丈深壑，走在桥上，感觉就像是漫步在云端。

赏罗汉岩：罗汉岩在刀削般的绝壁上，这里有800个罗汉，精雕细琢的罗汉们有的坐着，有的躺着，有的嬉笑，有的愤视，能给人增添很多乐趣。

沙郎晚会：逍遥宫是川西北最大的溶洞大厅。逍遥宫里设有可同时容纳5000人观看表演的演艺大厅。您不仅可以欣赏地道的羌族歌舞，还可以与羌家妹子、小伙一道跳起欢快的沙郎。

滑道、溜索：这是源自欧美的高空管轨式滑道，全长1500米。穿行于险山丛林之中，就好像是空中的盘龙。整个索道不仅是以车代步的交通工具，可以自由控制速度，更是刺激、享受的娱乐工具。

链接

猿王与仙女的传说

传说很久很久以前，猿王洞生活着一群猿猴，猿王带领着它们觅食野果、抵御猛兽，晚上就在溶洞中休息，过着自由自在的生活。传说天上的仙女也羡慕这里的生活，常在此游玩。猿王爱慕仙女，常常攀着古藤、荡过深涧来此等候仙女，后来猿王与仙女终于成为眷属。猿王和仙女的爱情感动了玉皇大

猿王洞

帝，玉皇大帝把猿王也超度成仙，让他与仙女能天长地久地生活在天宫。后来人们在猿王上天的地方建起了飞仙阁，为纪念猿王与仙女的爱情，又叫“凤凰亭”，在猿王攀藤荡涧的地方建起了“情人桥”。

药王谷 AAAA

修身养性之地

绵阳市北川羌族自治县药王山上

90元　9:00～17:00

江油市区可租车前往药王谷

药王谷原是北川大山里的一片原始荒野，因中华医药始祖岐伯和药王孙思邈都曾长住此山采药治病，当地百姓也长期以种植采挖中药材为生，故名“药王谷”。这里是我国第一个以中医药养生为主题的山地旅游度假区。这里气候清凉，夏天最热的时候温度不超过24℃，是避暑消夏的好地方。

玩家攻略

景：景区内遍生百年药树，有20万平方米的药林和2.7万平方米的中医植物园。步入这个海拔1500多米的高山景区，上千株百年辛夷树上，硕大的花朵嫣然绽放，暗香远袭。其花色由白到粉、由粉到紫，满山遍野，如诗如画。

食：当地的美食将当地最具特色的辛夷、杜仲、厚朴、朱萸等中药材融入特色药膳菜谱中，让您大快朵颐的同时，也将健康“吃”进身体里。

疗：在这里，既可以感受源远流长的望、闻、问、切国医文化，享受个性化、一对一的中医体检、减压调理方案；还可以观神树奇景、沁仙药气场、禅悟明心、养疲惫之身，远离都市烦嚣后，在原始山谷美景中畅快感受养生的乐趣。

娱：景区专辟有3.3万平方米山谷草坪，建有原始部落青年设施，供青年开展野营等游乐活动；定情谷中有攀岩、露营、射箭等系列游乐项目可尽情体验；每年3月1日至4月30日景区会举办辛夷花节。

罗浮山风景区 AAAA

有“连峰去天不盈尺”之誉

绵阳市安州区境内

罗浮山景区内古木虬枝、藤萝密布，山水互映，淙淙泉水不断，具有雄、奇、秀、幽的风光特色，人工湖与自然山色结合更体现了原始与现代相融合的魅力。

罗浮山又名落浮山，因有险峻峭拔的12峰在云雾中时浮而得名。明时，罗浮山已成为中国佛教和道教圣地。古有“浮山叠翠”“罗浮仙境”之称。

浮山温泉位于罗浮山半山腰，具有喀斯特地貌特征。罗浮山温泉的温泉水被人们誉为“浮山圣水”，不仅是国内罕见的复合型医疗保健热矿泉水，也是我国目前唯一经过国家医疗卫生部门鉴定的医疗地热矿泉水。

千佛山

佛教圣地

绵阳市安州区千佛镇

千佛山形成于远古侏罗纪第四纪冰川活动期间，整个千佛山山形酷似一尊大佛，相传千佛老祖仙居此山，山中的山水都带有佛的灵性，因此，自古以来千佛山一直是佛教圣地。山岳在冰川侵袭下构成了古老生物群落的避难所，成为多种植物的保存和繁衍地。

玩家解说

千佛山还是红色旅游目的地，在中国革命历史上有浓墨重彩的一页。1935年，红军为北上抗日，红四方面军一路向西，徐向前元帅在千佛山阻击国民党川军的追剿，以保证中央红军的北上，在此打响了“千佛山战役”，激战70余天，击溃敌军，写下了中国革命历史中光辉的一页。

岁月流逝，如今在千佛山还能找到当年红军战士挖的战壕，战壕四周隐约可见的炮弹坑，山顶矗立的红军纪念碑述说着对阵亡红军将士的缅怀。

平武报恩寺 AAAA

保存完整的明代古建筑群

绵阳市平武县

40元

8:30～17:30

0816-8822756

平武报恩寺

报恩寺全称为“敕修报恩寺”，属全国重点文物保护单位，建成于明天顺四年（1460年）。寺前广场有一对华表，山门前有一对石狮，山门内有三座金水桥，钟鼓楼分列左右，布局严谨，装饰华丽，是一组兼有宫殿和寺庙特征的建筑群。

玩家解说

报恩寺建设得就像是宫殿一般，被中外专家称为“明初罕见之遗构”“独具匠心的抗震建筑群”。寺里面有精工巧制雕刻绘塑，殿里面的佛像、造型十分优美，形象十分生动；绘画壁塑的构图也很巧妙，内容也十分丰富。大悲殿高达8米多的千手观音，正身是用一根巨大的楠木雕成，身后有1004只手，千姿百态，美丽壮观。华严殿里面的转轮经藏也是精美绝伦，就像是一座凌空托起的七级浮屠。

王朗自然保护区

以保护野生动物为主的自然保护区

绵阳市平武县境内

王朗自然保护区是以保护大熊猫、川金丝猴、牛羚等珍稀野生动物及其栖息地环境为主的森林和野生动物类型自然保护区。

王朗自然保护区内的大熊猫资源丰富，分布广泛。区内大窝凼、竹根岔、长白沟、七品沟、朔苏依万、普块依万等沟系都有大熊猫分布，大熊猫分布数量19只，大熊猫栖息地面积达129.2平方千米，占保护区面积的40%。

泗洱自然保护区

天然的动植物基因库

绵阳市平武县泗耳、虎牙两个藏族乡境内

泗洱自然保护区是以保护大熊猫等珍稀野生动物及其生态环境为主的自然保护区。保护区地形复杂多样，气候适宜。区内有大面积的原始森林生态系统，动植物资源丰富。

攻略资讯

- 交通
- 住宿
- 美食
- 购物
- 娱乐

交通

飞机

绵阳南郊机场位于绵阳市经开区机场路，是仅次于成都双流机场的四川省第二大机场，开通了飞往北京、上海、广州、深圳、西安、三亚等地的航线，是融公商务、旅游为一体的综合性的次干线机场。

火车

●遂宁

遂宁是四川省交通枢纽城市，达成铁路（成都—遂宁单线，遂宁—达州双线），遂成铁路（双线），遂渝铁路（双线）经过遂宁境内。

遂宁火车站位于遂宁市经济开发区明月路。遂宁高铁主要有遂渝线等。

●资阳

成渝铁路从资阳市穿境而过。资阳主要的火车站有资阳西站（开往成都、重庆、贵阳、昆明等地）、资阳北站（开往成都、贵阳、昆明、南宁、广州、杭州等地）。

资阳西站位于资阳市雁江区祥符镇排桶村；资阳北站是高铁站，位于资阳市雁江区宝台大道。

●眉山

眉山市境内有成昆铁路穿越南北，经过彭山区、东坡区，在眉山乘坐火车沿成昆铁路，北出成都可至重庆、西安，南下可经西

绵阳南郊机场

昌、攀枝花至昆明等地，眉山境内的火车站有眉山站、眉山东站。

眉山火车站位于眉山市东坡区铁环路；眉山东站位于眉山市东坡区裴城路。

●德阳

德阳有一个火车站，宝成铁路、达成铁路等线路在此经过，从这里乘车可直达成都、西安、上海、扬州、乌鲁木齐、呼和浩特、福州、昆明等城市。

德阳站位于旗阳区黄山路三段100号。

●绵阳

绵阳市境内现有一条宝成铁路、一条成绵乐城际铁路，绵阳火车站为主要的客运站，可以直达国内各大中型城市。

绵阳火车站位于绵阳市涪城区临园路西段62号。

汽车

●遂宁

遂宁市内的汽车站有2个。

遂宁城北客运站，位于船山区明月路588号。

蓬莱汽车客运站，位于江南东路135-附1号附近。

●资阳

资阳有2个汽车站。

资阳市汽车客运中心，位于雁江区书台路与天台路交叉口西南侧。

资阳汽车客运站，位于雁江区建设东路53号。

●眉山

成乐高速、成雅高速、乐雅高速、遂资眉高速经过眉山。

眉山市汽车客运站位于眉山市东坡区秋岗东街272号。

●德阳

京昆高速、沪蓉高速、成渝环线高速、成德南高速、遂德阿高速、成都第二绕城高速、成都第三绕城高速、成绵高速复线等线路贯穿德阳境内。

德阳有2个汽车站。

德阳汽车南站，位于旌阳区泰山南路三段379号。

德阳汽车客运北站，位于黄山路三段。

●绵阳

绵阳市汽车总站位于涪城区临园路西段29号，另有平政汽车站、南湖汽车站等。

美食

遂宁

川北凉粉在川北非常出名，各地略有差异。遂宁的川北凉粉自然有着自身的特点。

川北凉粉

徐老三豆腐干以遂宁优质的黄豆和泉水制成，味道出众，麻辣清香，不仅可以作为馈赠亲朋好友的礼物，也可就着当地的沱牌大曲食用，自然会别有一番风味。除此以外，遂宁还有蓬溪熨斗糕、蓬溪姜糕和遂宁糖霜等甜味小吃，到遂宁游玩时绝不能错过。

资阳

资阳美食丰富，独具一格，临江寺豆瓣香味浓郁、甜辣宜人，用作调料可使菜品味道更加饱满；安岳米卷做工精细、口感鲜美；乐至烤肉源远流长、酥香辣脆，都是必点的特色美食；酸辣汤是当地名菜，它是用肉丝、豆腐、冬笋等加适量的清汤煮成，喝入口中，酸酸的感觉中带点辣，越喝越香。

眉山

眉山拥有众多美食。龙眼酥似龙眼，底部圆实，表面千层重叠，造型美观精致，醇香可口，入口化渣。彭山甜皮鸭也叫贡鸭，色泽亮丽，酥润味浓，咸淡适中，皮酥回甜，肉质细嫩，入口爽滑，风味独特。市面上比

龙眼酥

较有名的牌子是“钟鸭子”“潘鸭子”和“王福华甜皮鸭”。王油茶由世居彭山区城北街的王清和所创。吃法是把馓子抓一把放入碗中，表面淋上用猪油拌的米糊，再放上花生末、花椒末、食盐；吃时用调羹在碗中拌匀，吃起来又香、又脆、又烫，味极鲜，十分可口。

甜皮鸭

德阳

德阳名小吃罗江豆鸡，在川菜和食品行业中享有很高的声誉，深受广大消费者的喜爱；孝泉果汁牛肉是孝泉地方名特回民食品，具有麻、辣、香、酥及带有果味等特点；肥肠旺子汤是用肥肠和猪血旺混合熬制出来的鲜汤，汤鲜而肠香，价廉而味美。

德阳各式餐馆林林总总，星罗棋布，有中式菜馆、四川火锅，也有连锁洋快餐店、百姓早点摊、大众大排档、夜火锅等。

绵阳

绵阳的川菜算得上是较正宗的。但是在川菜风行大江南北的现在，川菜已经算不上是绵阳的特色了，更有特色的，应该是绵阳的

菜豆花

小吃。

绵阳的名小吃有梓潼酥饼、梓潼片粉、菜豆花、席凉粉、罐罐汤、罐罐鸡、余妈妈锅盔等，另外特别推荐绵阳米粉。

购物

遂宁

走进遂宁任何一家购物超市，里面的商品琳琅满目。沱牌曲酒算得上是国家名酒了，开瓶后有着一股浓郁的窑香，入口甘爽，回味绵甜；花椒是烹调中非常重要的调味品之一，用它所烹煮的荤菜类十分辛香，有小袋装的，也有瓶装的，买回去携带非常方便；遂宁种植白芷至今已有1600余年的历史，白芷是治疗感冒头疼的主要药品，还有

沱牌曲酒

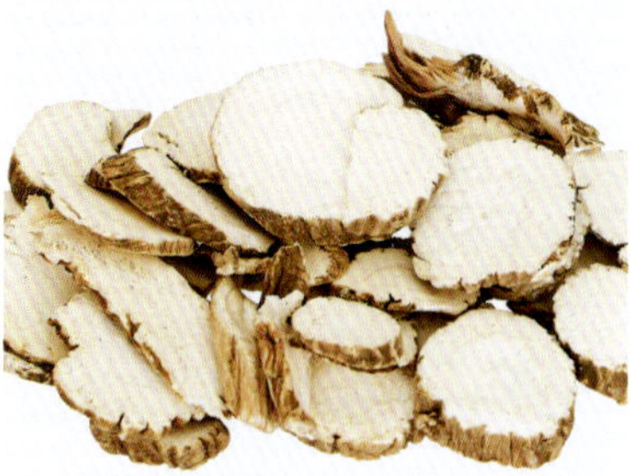

白芷

着止痛、镇静、清神等功效，对排脓、生肌有着非常好的效果；芝麻油是地道的遂宁特产，这种芝麻油特别香；红苕就是红薯，当地的红苕个头很大，而且品种繁多，营养价值很高。

资阳

资阳旅游商品资源丰富，品类繁多，较为著名的有安岳柠檬、通贤柚、安岳咸肉、伍堡红花藕、临江寺豆瓣、安岳竹席、资阳中和醋等。资阳本地较少大型购物广场，较为知名的有车城大道的龙汇购物广场、正北街的世纪购物广场。

眉山

眉山的商业不算发达，只有一条商业步行街，即小香港步行街。一些旅游特产，如龙眼酥、芝麻糕、冻粑（大爱）、脐橙、干巴牛肉、枇杷甜皮鸭、峨山茶、彭祖寿柑等，都能在这买到。乘坐1路、7路、9路、11路公交车均可到达。

临近三苏祠的地方，有一条专营古玩字画的街道，叫纱縠行南段。这里能买到许多和苏东坡有些关联的古玩字画、民间手工艺品和旅游纪念品等，享誉中外的青神竹编也能买到。

丹棱冻粑

德阳

德阳素有“川北明珠”之美称。德阳的地方特产种类丰富，工艺品有绵竹年画，广汉三星堆的仿古纪念品等。德阳有很多风味食品，方便携带，不失为旅游购物的佳品。这里的主要特产有中国名酒剑南春、旌晶食品系列、天府花生、红白茶、蓥中牌绿芽茶、蓥华山牌纯天然高山野菜、绵竹年画、德阳潮扇、竹编、玉泉板鸭、绵竹小磨芝麻香油、松花皮蛋、白糕、金花梨、白果、茶叶、食用菌、野菜、什邡卷烟等。

德阳的购物中心地带在德阳的长江路、彩泉街、下南街，大型商业城有德阳购物城、百货大楼、盛唐摩尔等。

绵竹年画

绵阳

绵阳土特产有安洲包盐蛋、茶叶、核桃、蕨菜、木耳、中药材、平武套枣、梅线、雪宝牛奶、江油的中坝酱油等，其中以中药材最为有名；工艺品有木雕漆器、仿古家具、壁挂、扎染、黄麻地毯、水磨漆器、玻璃画、扇子、竹禽等。

大观园是绵阳的一条购物街，虽然并不怎么宽敞，但人气很旺，街道两边都是服装店和一些小吃店面。步行街附近有很多商场，不管是附近的人还是游客都喜欢到这儿来扎堆。商场里品种齐全，类型也丰富。

娱乐

●观音香会节

遂宁作为中国观音文化发祥地，千百年来，到遂宁朝拜观音菩萨的信众和游客络绎不绝，特别是观音菩萨的出生日（农历二月十九）、出家日（六月十九）、得道日（九月十九）三个“观音香会节”，更是人山人海，每天达10万余人，还有日本、朝鲜以及东南亚各国和我国港、澳、台地区等地信众，不远万里来观音故里祈求平安。现在老百姓到观音故里来，除了追求神灵感应、消灾免难、福寿康宁，更多的是对真善美的一种向往。广德寺、灵泉寺 农历二月十九、六月十九、九月十九 市内乘坐13路公交车可以到灵泉寺；乘坐51、206路公交车可达广德寺

●龙泉湖度假

龙泉湖风景旅游区位于简阳西部龙泉山上，包括花果山、百工堰、龙泉湖、石径寺、成都桃花故里等景区景点，周边景点有龙泉洛带古镇、金堂五凤古镇，简阳樱桃沟风景区、简阳东来桃源景区等。景区内宾馆、餐厅、舞厅、度假村、篝火营地设施完善，水上机动游艇、手划船、足踏船、气垫船一应俱全，是野炊、度假、游览的理想之地。成都

龙泉驿区、简阳石盘镇各辖一半湖区

●瓦屋山杜鹃节

瓦屋山被誉为“世界杜鹃花王国”，是中国最佳的杜鹃花观赏景区，杜鹃花的种类多达40余种，面积达4万公顷。瓦屋山杜鹃节一般在每年4月底至5月初举办，形式多样，内容丰富，届时，瓦屋山景区将推出门票和食宿优惠政策。瓦屋山国家森林公园 4月底5月初 眉山汽车客运站有很多班车发往洪雅。到洪雅后可打车前往瓦屋山

●绵竹年画节

绵竹市地方节庆。每年1—2月期间举行，节庆时组织盛大的迎春活动，举行“金鼓开道”“喜报阳春”“狮子起舞”“社火平台”“年画人物踩高跷”“喜打春牛”等民俗表演，热闹非凡。德阳绵竹 每年1—2月

●绵阳科技博物馆娱乐风洞

绵阳科技博物馆左侧建有中国首个娱乐风洞，直径33米，高38米，其外形就像航天飞船的返回舱，由进气室、进气段、动力段、拐角段、收缩段、飞行区和排起段组成。“娱乐风洞”通过人工制造和控制气流，将体验者在一个特定的空间里吹浮起来，感受在天空翱翔的奇妙感觉，可以同时将4个人吹到6米高的半空中。绵阳市游仙区一环路东段232号 0816-2279991 乘坐3路、22路等公交车至仙人桥下

●羌族祭山会

羌族祭山会春秋两季各举行一次。春季祈祷风调雨顺，秋后则答谢天神赐予的五谷丰登，实际上是一种春祷秋酬的农事活动。举行祭山会的时间各地并不统一，有正月、四月、五月之分，每年举行1次或2～3次不等。大典多在神树林一块空坝上举行，一些地方祭山后还要祭路三天，禁止上山砍柴、割草、挖苗、狩猎等。绵阳北川羌族自治县 春、秋季

节日和重大活动

节日	位置	时间
3月桃花节	资阳乐至县童家镇乐善村	3月
金华山祖师庙会	遂宁市	农历三月初三至十七
楞严阁东岳庙会	遂宁市	农历三月二十八

杜鹃花节

发现者旅行指南

乐山

概览

亮点

乐山大佛

世界上最大的坐佛，来自1000多年前的初唐时期。大佛神态肃穆，临崖而坐，保乐山百姓千年行船的平安。

峨眉山

峨眉山秀甲天下，自古就是佛家名山，日出、云海、佛光、圣灯等可遇不可求的当世美景。

黑竹沟

这里生态原始、物种珍稀，藏有不少未解开的“谜”，被称为“中国的百慕大”。在高山能见到云海、佛光、日出日落等奇异景象。

嘉阳小火车

嘉阳小火车

世界上唯一的工业革命化石——窄轨蒸汽机车，沿途风景秀美。

罗城古镇

居住着汉、回、彝、满、藏、黎、苗7个民族的人，曾经是明清时期的军事重地，主街为船形结构，极具特色，被誉为“中国的诺亚方舟”。

线路

乐山休闲娱乐一日游

上午先去沙湾，这里是大文豪郭沫若的诞生地，参观郭老留下的珍贵文物和史迹；之后去乐山大佛景区，站在巨佛的脚下，瞻仰弥勒佛像，顿感人是如此渺小；中午逛逛美食街，享受美食大餐；下午前往天福观光茶园，在这里除了看茶景外，还能体验采茶、制茶的全过程，在浓郁的茶香中放松身心。

乐山经典二日游

第一天，前往乐山大佛

峨眉山

观景。乐山大佛景区位于乐山市郊，山上茂林修竹，终年葱郁如春，享有西南山水之冠的美誉。下午直奔峨眉山景区，夜宿仙峰寺附近，可观云海等景色。

第二天，起床吃早饭，有闲情逸致可以早起去看金顶的日出，之后自金顶坐索道下山，到乐山市区。

为何去

乐山山水

乐山地处四川盆地腹部，古称嘉州，历史上属古蜀国，有“海棠香国”的美誉。乐山市是国家历史文化名城、中国优秀旅游城市，2000年成为联合国城市管理中心在中国唯一的合作城市。

乐山是世界著名的生态和文化旅游胜地，与荷兰鹿特丹同时被誉为“森林在城市中，城市在山水中”的山水城市，这里有端庄肃穆的乐山大佛、秀丽辉煌的峨眉山古建筑群、规模气势宏大的犍为文庙、雕刻艺术精美的夹江千佛岩石窟、文人气息浓郁的郭沫若故居等无数自然与人文景观，其中，峨眉山—乐山大佛景区被评选为“中国最令人向往的地方”。庄严的乐山大佛、秀美的峨眉山，郭沫若的诗歌给这里增添了几许诗意，山水的灵气与丰富的人文相互辉映。

何时去

乐山大佛

乐山市属亚热带季风气候，具有四季分明、雨量丰沛的特点。因为地处四川盆地腹部，中部气候温和湿润，雨热同期；而东西部地区气温随海拔的变化而变化。每年的5—9月为降水集中时段，此时易发生暴雨、洪水等自然灾害。春秋季为旅游的最佳时间。

大渡河金口大峡谷

区域解读

乐山区号：0833

面积：12 720.03km²

人口：315.3万人

主要少数民族：彝族

地理 GEOGRAPHY

区划

乐山下辖4区（市中区、沙湾区、五通桥区、金口河区）、1市（峨眉山市）、6县（犍为县、井研县、夹江县、沐川县、峨边彝族自治县、马边彝族自治县）。

地形

乐山地处岷江与青衣江交汇处，是四川盆地向西南山地的过渡地带。市境地貌丰富多样，有山地、丘陵、平原三种类型，西南高，东北低，高差大。

境内海拔最高处为峨边彝族自治县马鞍山主峰，海拔4288米；最低处是犍为县新民镇马厂坝岷江出口，仅307米，相对高差3981米。

大渡河峡谷

气候

乐山以亚热带湿润气候为主，气候温和，雨量丰沛，四季分明，雨热同季。春季有寒潮或低温，秋季有绵雨，山区有霜冻，夏季可出现大风和冰雹。

但因地形高差大，因此气候差异具地域性。山区气候的垂直差异明显，降雨偏多，雨量丰沛，主要集中在夏秋季是暴雨的多发区，比较特殊的是西南山区，从山麓至山巅依次分布着中亚热带—暖温带—温带—寒温带的完整气候带。

历史 HISTORY

历史大事记

●先秦两汉

石器时代，市境在夏、商时属梁州之域，西周为杜宇氏蜀国南郡。

春秋中期（前6世纪），楚开明部族在其首领鳖灵率领下，沿长江而上，进入巴蜀地区，在岷江、大渡河汇流处的三角洲（今乐山城及其以南一带）建立城邑，是为蜀开明王朝在四川建立的第一个都城。其后开明部族以此为基地，北进成都平原，建立了古蜀国最后一个王朝——开明氏蜀国。

战国晚期（前3世纪），秦蜀郡守李冰凿岷江、大渡河交汇处的离堆（乌尤山），平整

峨眉山云海

岷江河中险滩“盐溉”滩，疏通了岷江航道，便利了水上运输。为秦从巴蜀出兵灭楚、统一六国创造了良好的交通运输条件。

西汉文帝时，南安（今乐山）人邓通得皇帝宠幸，被特许在今沙湾区铜街子铜山等地开采铜矿，私家就地铸造钱币，所铸钱称“邓氏钱”，通行全国。史称“邓氏钱半天下”，邓通因此富可敌国。

●隋唐时期

隋大业年间，嘉州洪水泛滥，危及嘉州城。嘉州太守赵昱领导嘉州军民抗洪护城。传说赵昱赴水斩蛟，平水患，保护了古城。后人为了纪念这位太守，在古城内九龙山上建成了一座龙神祠以供奉赵昱。

唐开元初年（713年），和尚海通欲借佛力以平水患，在岷江、青衣江、大渡河三江交汇处凌云山临江悬崖上开凿大佛。中经剑南节度使章仇兼琼续建，至贞元十九年（803年）由剑南西川节度使韦皋主持完工，并建大像阁覆盖全身。建造大佛前后历经90年之久，所成大佛通高62米，为世界第一大佛。

●宋元明清

南宋末年，宋军在四川构建山城防御体系，抵抗元（蒙古）军。嘉定为西川战区的中坚，宋军先后修筑嘉定城、三龟九顶城、紫云城等，进行抗元（蒙古）战争。最后以昝万寿率宋军降元，结束嘉定之战，西川战事同时宣告结束。

乐山大佛

明代开始，乐山所属井研、犍为开凿“卓筒井”技术不断提高，盐业发展。至清代乾隆年间，兴起了“犍乐盐场”，所产“犍盐”远销云南、贵州、湖北一带。其中嘉定府犍为县五通桥的永通厂盐井上万，居全川之冠。

明末，张献忠大西军入川，建立大西农民政权，其义子刘文秀及部下坚守嘉定，直至清统一四川。农民军在嘉定建立农民政权共达15年之久。

清雍正十二年（1734年），升原嘉定州为嘉定府，在府治置乐山县，取“城西南五里有‘至乐山’”为名，“乐山”之名沿用至今。

清乾隆丙午年（1786年），大渡河上游因地震引发山崩，进而形成特大洪水。洪水把乐山城南两条街全部冲毁，古城南墙被冲毁1000余米，著名的镇水铁犀也没入水中。此次大水漂没居民以万计，造成乐山沿大渡河两岸城镇人财的极大损失。

●近现代

抗日战争爆发后，武汉大学于1938年内迁至乐山城内，艰苦办学，直到1946年迁返武汉。在这一期间，武汉大学师生参与乐山社会、经济、文化各领域的活动，极大地推动了乐山社会、经济、文化的发展。

抗战期间，大批工厂、学校、机关内迁乐山，乐山成为抗战大后方的一部分，地位大大提高。

1939年8月19日至1941年8月23日，日本飞机先后三次轰炸乐山城和苏稽场。其中1939年8月19日轰炸乐山城造成人员损失最为惨重。日军出动36架飞机，投炸弹数十枚、燃烧弹100多枚，乐山全城大火，城市被毁1/2，死亡4000余人。此次轰炸给乐山人民造成了巨大的灾难，给乐山社会发展带来了难以医治的创伤。

名单 乐山历史名人

南宋诗人陆游

唐代诗人岑参

当代著名作家郭沫若

卓筒井

景点推荐

乐山大佛景区

AAAAA

乐山大佛景区位于乐山市郊，山上茂林修竹，终年葱郁如春，享有西南山水之冠的美誉。景区由凌云山、麻浩岩墓、乌尤山、巨型卧佛等组成，共有大小景点十几处，是国家风景名胜区，为中国旅游胜地40佳之一。

乐山市南岷江东岸凌云寺侧

80元；游船票70元

旺季（4月1日—10月7日）7：30～18：30；淡季（10月8日至翌年3月31日）8：00～17：30

乐山市内乘坐4路、13路公交车可达

0833-2355557

乐山大佛

唐代摩崖造像中的艺术精品

乐山市南岷江东岸

乐山大佛雕凿在岷江南岸的凌云山栖霞峰临江峭壁上，又名凌云大佛，为弥勒佛坐像。乐山大佛是唐代摩崖造像中的艺术精品之一，是世界上最大的石刻弥勒佛坐像。佛像开凿于唐玄宗开元初年（713年），直至唐德宗贞元十九年（803年）完工，历时90年。

大佛为双手抚膝正襟危坐的姿势，造型庄严，排水设施隐而不见，设计巧妙。大佛脚面可坐百人，被誉为“山是一尊佛，佛是一座山”。

玩家攻略

游船：如果不想进入景区，可从乐山港码头乘船在三江合流处看大佛，但往往要凑齐人数才发船。游程20～30分钟。游船二层甲板上隔出一个地方专门来收费拍照，20块钱1张，照片等下了船之后在售票处取。

乐山大佛

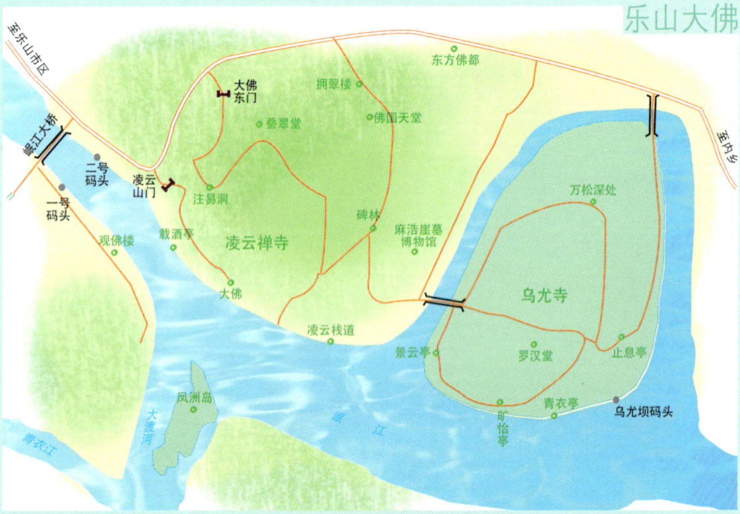

玩家解说

大佛开凿于唐代开元元年（713年），完成于贞元十九年（803年），历时约90年。在大佛两侧的断崖和登山道上能发现一些石龛造像，多为唐代的作品。其中有两尊身高10余米，手持戈戟、身着战袍的护法武士石刻最为明显。其实

乐山大佛

佛像雕刻完成之后，曾建有七层楼阁覆盖，时称“大佛阁”，后佛阁屡建屡毁，现在大佛并无遮挡。

佛像体态端庄稳重，双手抚膝，体态匀称，面容和蔼，尽带慈眉善目之感，又有神圣不可侵犯之势。

大佛头与山齐，足踏大江，倚群山俊秀，览大江东去。

大佛左侧有全长近500米的凌云栈道。

大佛通高71米，头高14.7米，头宽10米，发髻1021个，脚背宽8.5米，脚面可围坐百人以上。

大佛两侧的崖壁上，有两尊身高超过16米的护法天王石刻，与大佛一起形成了一佛二天王的格局。

自建成之日起，就有十三层楼盖覆盖于上，时称“大佛阁”，后毁于明末的战乱。

开凿乐山大佛的人是海通和尚。当年三江江水交汇处，行船在此容易出事。他要“易暴浪为安流”，所以要仰仗无边法力，才建了这座千年的大佛。大佛的坐姿，很能说明这一建造起因。大佛双脚自然下垂，坐姿平稳且安定，能给人战胜险滩的勇气。当然，海通法师最终未能看见大佛的建成。

乌尤寺

曲折高低 玲玲雅致

乐山市东岸

乌尤寺位于乌尤山上，始建于盛唐年间，与凌云寺相隔一水，吊桥可通。乌尤寺的建筑设计跟随山势，曲折高低外也显玲珑雅致。自唐代以来的乌尤寺也是几经起落，现存的庙宇建筑都属清后风格。

乌尤寺所在的乌尤山，据说早年因形有名，为“乌牛山”。宋代诗人黄庭坚前往乐山探访大佛，路经乌山，嫌山名不雅，于是提名“乌尤山”，亦赞其古木繁茂。

麻浩崖墓

东汉至南北朝的墓葬群

凌云、乌尤两山之间的溢洪河道东岸

崖墓是四川突出的一种墓葬形式，其特征是沿着浅丘，山谷的砂质岩层由人工凿成方形洞穴，然后安葬遗体和殉葬品。这种墓葬流行于1800多年前的东汉至南北朝时期，故称东汉崖墓。

麻浩崖墓位于凌云、乌尤两山之间的溢洪河道东岸，是乐山崖墓群中最集中、最有代表性的墓葬群，从外部看去，是一个个神秘的山洞。麻浩崖墓中保留了许多汉代画像石和出土的文物，为研究汉代的历史、文化、艺术提供了珍贵的资料。

玩家 解说

崖墓是一种独特的埋葬方式，其特征是沿着浅丘，山谷的砂质岩层由人工凿成方形洞穴，然后安葬遗体和殉葬品。从外部看去，是一个个神秘的山洞。

乐山睡佛

三山构成的山形奇观

乐山城侧的三江（岷江、青衣江、大渡河）交汇处

乐山睡佛是乐山的一个巨型景观。位于岷江、青衣江、大渡河汇流处，形态逼真的佛头、佛身、佛足分别由乌尤山、凌云山和东岩连襟而成，南北直线距离1300余米。

巨型睡佛的“佛头”最为惟妙惟肖，乌尤山为“佛头”，景云亭如“睫毛”，山顶树冠各为“额、鼻、唇、颌”，富有神采；凌云山栖鸾、集凤两峰为“佛胸”，灵宝峰是其“腹和大腿”、就日峰是其“小腿”，东岩南坡则为其“腿”。巨佛整体形态自然，是自然造就的奇迹。

玩家 解说

乐山睡佛早已存在了千百年，千百年来进香的香客和观光的游人不计其数，但从未有人悟出。1985年5月11日，广东顺德老农潘鸿忠于无意中拍摄得到一张照片，约半个月后洗印出来后，才忽然发现“山形如卧佛”。

乌尤寺庭院

灵宝塔

航船的标志

乐山市市中区凌云山九峰之一的灵宝山巅

灵宝塔耸立在凌云寺后的灵宝峰，塔建于唐代，塔形呈密檐式四方锥体，由砖砌而成，塔体中空，有石阶沿塔轴盘旋至顶，每级都开有窗眼，既可以采光，又能供游人四处眺望。

灵宝塔是嘉州古城的一座标志性建筑物。当年修筑该塔的目的，就是为了给船工们树立一个此地是三江合流处的标志，行船时要分外小心，才能安全渡过急流险滩。

凌云禅院

通往乐山大佛的九曲栈道的起点

乐山大佛景区内

凌云禅院由天王殿、大雄殿、藏经楼组成。天王殿前是参天古木楠树，殿外两侧分列着四座明清两代重修的碑记，殿内正中塑像为弥勒坐像。天王殿后为韦驮殿，供奉木雕装金的护法神韦驮。其后为明代建筑大雄宝殿，是僧众举行宗教活动的主要场所。寺内最后一重殿是藏经楼，原为寺内收藏佛教经卷的地方，于1930年新建。

玩家攻略

自凌云寺通往乐山大佛有一条著名的九曲栈道可供游客通行。自这条栈道可以凭栏俯瞰大佛，更可看到大佛头部各个部位的细微刻工。正因为乐山大佛就凿刻在凌云寺前，所以凌云寺还有一个俗称，就是大佛寺。

佛国天堂

仿唐式古建筑

乐山市市中区，乐山大佛左行不到200米之地，凌云山上

佛国天堂是一座巍峨壮观的仿唐古式宫殿，融古建筑、摩崖造像、雕塑、壁画、彩绘为一体，景色优美。仿唐式古建筑有天桥、天门、天梯、云台、云梯、三大宝殿等12个单体，弥勒金佛安坐，仙女飞天，巨龙盘绕，雕梁画栋。1000余米的石刻长廊镌刻有以《弥勒三经》和敦煌壁画为依据的弥勒佛生平和经变故事。

东方佛都 AAAA

展示国内外三千多尊佛像

乐山市市中区，距乐山大佛500米　¥80元

东方佛都是乐山大佛景区的主要组成部分，是一座仿古石刻佛像主题公园。该景区利用自然山体的延伸，采用摩崖圆雕、浮雕、雕刻、壁画等表现形式，仿制了国内外3000多尊佛像，可谓集经典佛像之大成，充分体现了中国佛教和东南亚佛教艺术的风格。这里还有占地800多平方米的佛教艺术精品陈列馆。

远看乐山大佛

景点推荐

峨眉山 AAAAA

峨眉山是世界文化与自然遗产，人文、自然景观无数，历史底蕴深厚，有“峨眉天下秀”的美誉。峨眉山是中国四大佛教名山之一，作为普贤菩萨的道场，主要崇奉普贤大士，有26座寺庙，佛事频繁，寺内珍藏有许多精美的佛教瑰宝。

峨眉山巍峨雄壮、缥缈如画，山上常年云雾缭绕，变化万千，素有“一山有四季，十里不同天”之妙喻。这里气候多样，植被丰富，有许多世界稀有树种。山路沿途有较多猴群，常结队向游人讨食，外形憨态可掬，惹人怜爱。

乐山市峨眉山

旺季160元，淡季110元。

全天开放

400-8196-333

玩家 行程

峨眉山景区较大，可安排2天时间游览。

第一天：从山门开车到五显岗停车场，约20分钟的车程，停车后步行到清音阁、一线天、生态猴区和洪椿坪等景点游览，然后返回五显岗停车场，可在途中的农家乐午餐。下午驾车前往万年寺停车场，乘索道游览万年寺后返回万年寺停车场，继续驾车前往雷洞坪停车场（1小时车程），再步行20分钟可到接引殿，坐缆车到金顶观金佛、晚霞、云海，夜宿金顶。

第二天：在金顶看日出、游华藏寺，然后返回到雷洞坪停车场开车下山。如果时间充裕，可以去山脚下的伏虎寺、秀甲瀑布游览，也可以在报国寺附近泡泡温泉，返程。

玩家 攻略

住宿：到峨眉山旅游通常不会住在市区，景区的住宿则集中在报国寺、清音阁、雷洞坪和金顶处。当然也可选择住在沿途的寺庙里面，山上几乎所有的寺庙都备有客房，其中洪椿坪和洗象池等大寺院住宿条件稍好。

报国寺景区：报国寺周围是景区住宿最多的地方，饭店宾馆主要集中在客运中心两侧，条件都差不多。

清音阁景区：清音阁是峨眉山半山腰的交通枢纽，住宿多为农家乐。

雷洞坪景区：雷洞坪是高山上的主要住宿地，食宿比金顶便宜，以私人小旅馆为主。

峨眉山金顶

金顶景区：住在金顶比较方便观赏金顶日出，不用辛苦早起爬山。不过金顶住宿不多而且贵，有金顶山庄和金顶大酒店等。

玩家 攻略

美食：峨眉山的素斋自成一家，以报国寺、伏虎寺、万年寺最为精于烹调素斋。峨眉更有诸多名小吃，如叶儿粑、三合泥、凉粉，还有豆腐脑、燕岗汪记抄手、串串香等。

峨眉素席：用豆制品、面筋、蔬果等为原料，仿荤席的品类、形状而做出的菜肴，不但仿其形，而且仿其味，可以以假乱真。斋饭的价格每个寺院不同。

豆腐脑：用骨头汤加调料熬制，川味十足，舀入碗中再加粉蒸牛肉或者粉蒸肥肠、油米花生、脆酥肉、芹菜丝、胡椒粉，淋点芝麻香油，浓香无比。

叶儿粑：用糯米细粉做皮，内用白糖、花生、核桃、芝麻等制成馅，用荷叶包好蒸熟后即可食用，味道鲜美，令人回味无穷。

三合泥：峨眉山小吃中一道有名的甜品，材料为黑糯米、黄豆、芝麻、油炸花生和猪油，用特制密法制作，吃起来香糯味浓。

农家乐：峨眉山有许多农家乐，如果想尝试农家菜，可以徒步前往伏虎寺、报国寺。农家院就餐，最便宜的只需5~10元，若想吃特色农家菜，人均消费则40~60元。

玩家 攻略

注意事项：峨眉山云低雾浓，降雨较多，应准备雨具，也可以到景区内购买一次性雨披；峨眉山部分山道比较滑，不宜穿光底或平底鞋；峨眉山海拔高，气温低，不管什么时候去游玩都要准备好衣物。

每年的1月至2月，峨眉山冰雪节会举办高山滑雪、趣味滑雪、花样速滑表演、雪地山地车、狗拉雪橇、雪地拔河比赛、雪塑造型比赛、家庭雪上飞碟比赛、冰雪圣诞狂欢夜等项目。

玩家 解说

相传东汉时期，峨眉山就有道教的宫观。东汉末期，山上开建佛寺，供奉普贤菩萨。东汉的佛家们相信，峨眉山就是普贤菩萨显灵和讲经说法的地方。自此之后，全山由道改佛，峨眉山也因普贤菩萨而扬名天下。特别是在明代，佛教日盛，驻寺的僧侣曾一度达到1700余人，全山共有近百座佛寺。

足足2000年的佛教发展，将峨眉山造就成了一个影响深远的佛教圣地。目前的峨眉山保留了近30座寺庙，僧侣300余人。这些寺庙中，最为著名的要数报国寺、伏虎寺、清音阁、洪椿坪、仙峰寺、洗象池、金顶华藏寺、万年寺八大寺庙。寺庙中供奉的塑像更是种类众多，但无论材质如何，木雕、玉刻、铜浇、铁铸或是瓷制，造型都非常生动。如万年寺的“普贤骑象”和保国寺内的七佛等，均为珍贵的佛教造像，犹以前者为佳。“普贤骑象”是宋朝的古物，距今已有千年。佛像重达62吨，高7.85米，是国家一级保护文物。

峨眉山日出

链接

峨眉旧十大胜景

清代诗人谭钟岳将峨眉山佳景概为十景：“金顶祥光”“象池夜月”“九老仙府”“洪椿晓雨”“白水秋风”“双桥清音”“大坪霁雪”“灵岩叠翠”“罗峰晴云”“圣积晚钟”。

峨眉山的佛门重宝

峨眉山作为佛门宝地，千年间传下的佛门重宝不少，珍贵的要数华藏寺的佛牙、大佛殿的贝叶经和万年寺的万历金印。

佛牙：华藏寺的佛牙与众不同，表面光滑如玉，有深浅不同的紫色条纹，长30厘米，宽12厘米，重7千克。佛牙为佛祖释迦牟尼的舍利灵骨，据说这是宋朝一位高僧自印度的斯里兰卡特别请来的，为此他走了整条南丝绸之路，可谓历经艰辛。

贝叶经：这部经书是明朝万历年间峨眉山高僧无穷禅师与性宽和尚向皇家化缘而来的珍贵物品。据说两位大师为了筹建大佛殿，特意前往京城，欲寻慈圣太后化缘。那时正有一位印度圣僧游至京城，并献上了一部《梵文贝叶经》。于是慈圣太后就将这部贝叶经赏赐给了两位大师，并为大佛寺布施了千两黄金。

万历金印：万历金印赐自明神宗，为赞颂峨眉山的普贤菩萨有求必应的一枚御印。当年明孝宗皇帝膝下无子，皇后千里迢迢前往峨眉山求子，回宫不久即有宋神宗。该印为铜质抹金，又因神宗即万历皇上，故称万历金印。

报国寺
峨眉山最大的寺庙

峨眉山市峨眉镇

峨眉山市区乘坐601路公交车，到报国寺站下

0833-5591811

报国寺坐落在峨眉山脚下，是入山的门户、游峨眉山的起点，同时也是峨眉山最大的一座寺庙，被称为“峨眉山第一景”。寺内殿宇掩映在苍松翠柏之间，建有亭台楼榭和精致的花园。

报国寺还设有峨眉山文物管理所，收藏各种陶瓷、玉石、文献、字画、金属器皿和战国时代出土的兵器、工器等。

玩家攻略

从报国寺左行约1千米、跨过虎溪桥，便到绿荫环绕的伏虎寺了。伏虎寺中有一座5.8米的紫铜华严塔，塔身铸有4700余尊小佛像和195 048字的《华严经》，是中国铜塔之最。

玩家解说

报国寺门前是露营的好地方，很多背包客在此度过了难忘的夜晚。要注意拜佛礼节，不懂之处可向导游请教。

万年寺
峨眉山八大寺庙之一

峨眉山市峨山镇

万年寺是峨眉山八大寺庙之一，相传为汉代采药老人蒲公礼佛处。该建筑400年来经历了18次地震却依旧安然无恙，被称为是中国古代建筑的一大奇观。殿中珍藏有一座宋代铸造的普贤菩萨六牙白象骑象铜像，高7.85米，重62吨，为镇殿之宝。

峨眉山洗象池

洗象池
象池月夜

峨眉山市峨山镇

洗象池位于峨眉山高山区，海拔2070米，四周白云缥缈，古木参天，皓月当空之时，月光映入池中，就形成了峨眉十景中的“象池夜月”。相传普贤菩萨骑象登山曾在池中汲水洗象，所以名叫洗象池。附近有寺院、留宿之所，客房数量较多，游客可将这里作为上下金顶的一个食宿点。

玩家攻略

1.从万年寺到洗象池的路上有华严顶，可以远望金顶、九老洞、万年寺等景。华严观云也是峨眉山的著名景色之一。

2.洗象池至金顶为高山区，气温比山下报国寺等处低12℃左右，有棉大衣供游客租用。

3.洗象池到雷洞坪一路上都是杜鹃花，每年3月底至4月，这一带是摄影的好地方。

4.雷洞坪车场右侧有滑雪场，每年的降雪期都会举办盛大的冰雪节，滑雪场最为热闹。另外，每年农历三月三，中峰寺举行佛事庆典，很是壮观。

雷洞坪
峨眉山景点之一

峨眉山市峨山镇

雷洞坪古名雷神殿，据载为汉时开建。一楼正中供一尊弥勒像，造型古朴庄重。寺右侧有一亭，亭前石碑刻有“雷洞亭”三字。雷洞坪旁边原来竖有一通噤声铁碑，禁止游人大声喧哗，否则迅雷惊电，风雨暴作。从雷洞坪到接引殿一带，有12种名贵杜鹃，是峨

眉山的特有花种。观赏雷洞烟云最佳时间是上午9：00～10：00、下午3：00～4：00。

玩家 解说

相传雷洞坪下有72洞，有龙神和雷神居住。每逢天旱，乡民都会来这里求雨，不过他们求雨的方式很特别：往岩下投死猪、死狗或妇人衣裤鞋袜，惹怒雷神，雷雨交作，求雨的目的也就达到了。另传72洞中还有“女娲炼石”“伏羲悟道”等洞府。

金顶

可观赏日出、云海、佛光、圣灯

峨眉山市峨山镇

金顶为峨眉山游程的最高峰，以一尊48米高的十方普贤铜像为中心，由金殿、铜殿、银殿和朝圣大道组成。登上金顶，成都平原尽收眼底，顿觉心情开阔。在峨眉山金顶，还可以欣赏峨眉的五大奇景：金佛、日出、云海、佛光、圣灯。这里有朱炳仁建成的高26米、总面积1614平方米的金顶及铜殿各一座，以及第一山亭铜亭一座。1983年被列为全国重点佛教寺院。

玩家 解说

金顶祥光是峨眉古十景之首，由日出、云海、佛光、圣灯四大奇观组成。金顶海拔3079.3米，能观赏到雄壮的日出，能观赏到云海，最为特殊的要算佛光和圣灯。佛光要等天气晴朗时，当金顶下方弥漫着雾气时，背对太阳的人，能在前下方的雾幕上看到自己的身影，周围有一圈彩虹般的光环。更神奇的是这个身影可以随人而动，且无论周围多少人，游客也只能看到自己的身影。佛光每年平均出现70余次，下午2～4点钟出现较多。

圣灯只能在无月的黑夜中才会出现，特别是舍身岩下。这里常常会飘浮起千万点绿色光团，似繁星跳跃在黑暗的山谷中，被人们称为“万盏明灯朝普贤”，是有缘人才能得见的峨眉胜景。

链接

万佛顶

峨眉顶峰万佛顶与峨眉金顶相邻，万佛顶海拔3099米，峰上有万佛阁、高山杜鹃林、黑熊沟、仙人回头等景点。万佛阁高21米，雄伟庄严，悬于楼顶的“祝愿古钟”庄重威严，“祝愿古钟”为峨眉山新十景之一。

峨眉山金顶

清音阁

集中了视觉美、听觉美、嗅觉美

峨眉山市峨山镇

清音阁位于牛心岭下，只有一个殿堂，阁前有“接王亭”。清音阁虽小，但地势险要，气势逼人，山环水绕，景色优美，其整体布局体现了“自然造化，天人合一”的意境，是我国佛寺园林建筑的典范。因深夜可听到黑、白二水汇流的潺潺流水声，“双桥清音”被誉为峨眉山十景之一。

圣积寺

入山第一大寺

峨眉山市峨眉镇

圣积寺位于峨眉城南2.5千米处，寺内环境清幽，文物众多，以普贤骑象铜像、八卦铜钟、铜塔等最为著名。八卦铜钟原悬挂于寺内老宝楼上，又名圣积铜钟。铸于明代嘉靖年间，此钟铜质坚固，重达1.25吨，为四川省最大的一口铜钟。

玩家 解说

当年别传禅师募铸好铜钟后，悬挂在圣积

寺的钟楼上，嘱咐弟子们：我去外地云游，三天之后，你们才可以敲钟，切记！谁知禅师离寺后不久，一个小沙弥急着想听钟声，不顾师父的叮嘱，抡起钟锤便敲，洪亮的钟声一直传到和尚的耳朵里。此时别传禅师才走出15千米，一听钟声，神色大变，惋惜地说：“如果三天之后再敲钟，那钟声将会随我传到已走了三天路程的地方啊。”

纯阳殿

殿内佛像均为清代文物

峨眉山市峨山镇

又名吕仙行洞，位于赤城峰下。寺庙坐南朝北，为木结构复合四合院布局。今殿内所供药师佛及日光菩萨、月光菩萨，均为铜质饰金，为清代文物。寺周古木参天，浓荫蔽日，环境幽静宜人。殿前不远处有一“普贤石”，相传是普贤登山时休息处。离纯阳殿几百米的山口处有慧灯寺旧址，在此处俯首可览诸峰，抬头可见金顶。

峨眉山博物馆

现代化地质性博物馆

峨眉山市峨眉镇

免费

峨眉山博物馆坐落在报国寺的凤凰湖畔，是中国风景区首座集地质、动植物、历史、宗教、民俗等内容于一身的现代化地质性博物馆。

博物馆展厅由两大类六个厅组成，展出地质标本、动植物标本和文物4000余件，还有活体标本、文物复制品、大型沙盘及模型、青铜造像，展厅外还建有20余公顷的峨眉山珍稀植物园。

峨眉山远眺

野生自然生态猴区

我国目前最大的野生自然生态猴区

峨眉山市峨眉镇

峨眉山野生自然生态猴区是我国目前最大的野生自然生态猴区，流泉飞瀑、茂林修竹，是猴群理想的栖息地。这里一共有6个猴群落，数量有1000余只，其中数峨眉山中山区的灵猴最具灵性。猴区内设栈道、亭子、索桥，方便游人观猴、逗猴。

玩家解说

峨眉防猴：峨眉山的猴子比较顽劣，喜欢抢游客的东西，所以一定要注意。不要手里提着塑料袋晃来晃去；不要把饮料捉在手里或者放在背包外面的网袋里；不要当着猴子的面吃东西；不要当着猴子的面打开背包；手里的东西最好一次尽数全喂，不要逗弄它们；喂完食物，可以拍手示意，表示已经没有了，防止它们耿耿于怀、惦念。

九老洞

峨眉山财神文化展示

峨眉山市峨山镇

九老洞位于九老峰下，洞口呈“人”字形，全长约1500米，高约4米，是峨眉山最大的天然溶洞。相传它是仙人聚会的洞府，又说这里是道教财神赵公明修炼的洞府，里面有一张石床，相传为赵公明当年用过的遗物。现为峨眉山财神文化的展示。

景点推荐 乐山旅游区

黑竹沟 AAAA

被称为“世界迷都”

乐山市峨边彝族自治县境内，距峨边县约100千米

0833-5225111 50元 8:30~17:30

乐山客运中心坐车可达峨边新车站

黑竹沟位于峨边彝族自治县，这里生态原始、物种珍稀，号称“死亡之谷”。由于黑竹沟藏有不少未解开的谜，当地彝族和汉族乡民把黑竹沟称为南林区的“魔鬼三角洲”，国内外广泛称为“中国百慕大”。

黑竹沟分布着以“天眼”“船湖”“杜鹃池”为代表的10余处高山海子，湖光山色相映成趣，构成了优美的风光。黑竹沟森林公园动态水景景观极为壮观，在高山能见到云海、佛光、日出日落等奇异景象。

玩家解说

景区内旅游设施基本完善，境内道路部分硬化，供电供水设施样样俱全，有专职导游服务，集餐饮、住宿、娱乐、购物于一身。游黑竹沟风景区，品原始生态，吸万亩氧吧，休闲健身，心旷神怡，飘然如仙境；观云海日出，赏千年杜鹃，饱览风光，回归自然，神秘似其幻；喝彝家泡水酒，吃彝家坨坨肉，听彝家姑娘的动听声音、看彝家小伙的豪放舞姿，围着篝火跳起彝家的达体舞，让你在秀美山川间领略古老神秘的彝族文化。

链接

三箭泉的传说

传说远古时有一位名叫牛批的彝族大力士，率众人在黑竹沟中打猎，他们在山中喝完

西坝古镇

了所有的水，三天后又饥又渴，一个个都昏倒在地。一位仙女来到牛批的身边对他说："英雄啊，请不要着急，鼓起勇气来，水是能找到的。"说完指着一处地方。牛批惊醒后顺着仙女指的方向望去，看到的是一堵陡岩，他想起仙女的话，毅然拉开神弓，连续射出三支神箭，霎时三股泉水从陡岩上喷涌而出，帮助乡亲死里逃生。这三股泉从此就被称为"三箭泉"。

郭沫若故居 AAAA

郭沫若少年时生活学习的地方

乐山市沙湾区文豪路315号

成都梁家巷车站可乘车直达　35元

郭沫若故居坐北朝南，由一中西合璧式的民房修葺而成，青砖灰瓦，朴素雅致，是为纪念出生于乐山沙湾的郭沫若而建的。堂前约10米的台阶上，屹立着一尊郭沫若全身铜像，高约3米。雕像旁立一支6.5米高的花岗石巨笔，直指蓝天，笔杆上镌刻女神、屈原、凤凰图案。沫若堂陈列着郭沫若生平事迹图片和各种著作版本，并展出有关郭沫若的研究成果。

玩家解说

乐山郭沫若故居，是郭沫若诞生的地方，也是他在少年时代生活学习过的地方。郭沫若早年的《早起》《茶溪》《村居即景》等作品就在这里诞生。

故居建造于清代嘉庆年间，不断扩建。郭沫若的父亲郭朝沛将该故居扩大至36间屋子后，房屋就一直维持原样。

西坝古镇

古代南方丝绸之路的重要驿站

乐山市五通桥区西坝镇

在乐山联运车站或新城南客运站乘车可达

西坝古镇建于秦惠王十四年，距今有2000多年的历史。明清以来，西坝就是南方丝绸之路的重要驿站，人称"西坝水码头"。

小镇至今古风犹存，镇上保留着上万间明清古建筑。这些古建筑均为雕花窗棂的青瓦屋，排列在一条窄窄青石板街道的两侧。

玩家解说

西坝物产丰厚，"西坝三绝"就是当地有名的特产。

一绝，西坝豆腐。有文字可考的西坝豆腐，可以追溯至明朝万历年间，已有400多年的历史。这种独到的豆腐工艺，在西坝代代相传，制成的豆腐白如玉、细若脂。有人曾赞道："四川豆腐甲天下，西坝豆腐冠四川。"

二绝，西坝生姜。明朝正统年间，西坝生姜就是皇家贡品，有肉厚、味浓、脆爽、无筋的特点。西坝生姜的外形有些奇特，有点像仙女的手，也被称作"西坝的仙女姜"。

三绝，西坝米酒。考古学家考证，西坝的米酒始于东汉时期。这种特别的酿制方法一直流传于西坝的民间。后来宋代的陈老祖曾在西坝的圆通寺隐居，他收集配方后又改进了工艺，出产的米酒酒质纯净又口感浓郁，味道很好。西坝古镇附近，有绵延数千米的古陶遗址为证。

大渡河金口大峡谷 AAAA

革命圣地、峡谷奇观

乐山市金口河区、雅安市汉源县与凉山彝族自治州甘洛县接壤部 免费 全天

大渡河金口大峡谷东西宽17千米，南北长26千米，最窄处仅20余米，最深处却有2675米，比美国第一大峡谷科罗拉多大峡谷还深542米。进入峡谷的大渡河变成一条咆哮的巨龙，人在其间，头顶的火车隆隆驰过，脚下的河水发出闷雷般的拍岸轰鸣，上下的声响撞击让整个峡谷都震动了起来。

两岸绝壁千仞，宛如一部“地质天书”，记录了10多亿年来地壳的神秘演进。峡谷内有许多胜景。

飞来殿

宋元风格建筑

峨眉山市稻山镇飞来岗上

飞来殿建于宋元时期，明、清时改建，具有相当典型的宋元建筑风格。

正殿是一座单檐歇山式木结构建筑，顶覆明清时后加的青瓦，外观绮丽。正面的檐柱是三开间，内柱分成五开间、进深五开间。大殿平面上的柱子分布呈减柱造法，檐柱上还施以栏额和平板格，平板枋上置有斗拱，斗拱都为六铺作单秒双下昂，上昂向上卷成象鼻形，下昂雕刻成龙头，十分精美。殿内保存有“宋淳化四年重修庙记碑”和“元泰定四年重修东岳庙记碑”。

玩家 攻略

前往飞来殿的道路并不好走，基本都是羊肠小道。另外，这里因为香火旺盛，所以停车位紧张。

天福观光茶园

体验茶文化的独特魅力

乐山市夹江县近郊成乐高速公路天福茶苑服务区

30元

天福茶园是一个茶业综合园区，园区内有亭台楼阁，流泉飞瀑，绿草如茵、茶香四溢，是成乐高速公路上一颗璀璨的明珠。

天福茶园现为农业部首批全国农业旅游示范点。该园长期让顾客免费品尝工夫茶和茶食品，各色茶品、茶食品琳琅满目。在天福茶博物馆内，除展示中国源远流长的茶文化外，还有精彩的茶艺表演。

东风堰—千佛岩 AAAA

首批世界灌溉工程遗产地

乐山市夹江县禅意小镇

0833-5672755

景区位于四川盆地西南乐山市夹江县城西3千米处青衣江畔，主要有东风堰、千佛岩石窟，以及藏羌彝文化产业园（禅意小镇）、聚贤街、古径口、千佛寺等景点。

东风堰为首批世界灌溉工程遗产，始建于康熙元年（1662年），距今已有350余年的历史，仍发挥着灌溉、防洪发电、城乡工业生活供水、城市环保等综合功能。

千佛岩位于青衣江畔，靠青衣江左岸的石壁上，排列着数量众多的佛龛和佛像，故名。佛像多为唐代所造，造型相当完美，保存良好，能看出当年精湛的雕刻技艺。

玩家 解说

据考古专家的推断，夹江千佛岩最早的造像为隋朝的手笔，最多的佛像则出自佛法昌盛的唐代，稍晚一些的为明清时代的造像。其中的弥勒坐佛、净土变龛、天王龛及多窟观音像龛，皆为盛唐造像的精品。

夹江手工造纸博物馆

全国第一家手工造纸博物馆

乐山市夹江县世遗广场望峨楼底楼

从乐山乘坐汽车到夹江，再换乘中巴可达

9：00～17：00

免费

四川夹江手工造纸博物馆，位于素有

“中国书画之乡”美誉的夹江县境内。博物馆的建立，意在以丰富的史料和独特的艺术手法，系统地展示造纸术的悠久历史以及夹江手工造纸的继承历程。

玩家 解说

夹江县的纸业创自隋唐，初时只是小小作坊，一家两家。纸业真正的兴盛期在明清。《夹江县志》介绍：“竹纸粗精大小皆备……皆售之下南川东等地，精者用作书签，粗者用作神楮。”夹江竹纸，在康熙年间被列为贡纸，后又于乾隆年间被定为“文闱卷纸”和“宫廷用纸”。

抗战时期，国画大师张大千先生曾两次到访夹江马村大槽户石子清、石国良家，只为研制新纸。这一时期的夹江，成为大后方纸张的重要产地。夹江县至今仍保留了1000多座古老的造纸作坊。2006年，夹江竹纸制作技艺成功申报首批国家级非物质文化遗产。

罗城古镇 AAAA

中国的诺亚方舟

乐山市犍为县新街

免费 全天

罗城古镇位于犍为县东北部，居住着汉、回、彝、满、藏、黎、苗7个民族，曾经是明清时期的军事重地，被誉为“中国的诺亚方舟”。

罗城古镇

古镇主街凉亭街俗称“船形街”，始建于明代崇祯元年(1628年)，今天老街仍保留着部分明清时代老四川文化的人文风貌，有三宫五庙等景观。凉亭街街道两侧为木结构的长排旧瓦屋，临街一面的屋檐异常宽大，形成了叫做“凉厅子”的罕见长廊，被誉为“晴雨市场”。

玩家 攻略

美食：古镇是回民聚居地，清真牛肉系列食品的制作已有200多年的历史，其中如干巴牛肉、金丝牛肉、灯影牛肉、麻辣牛肉等久负盛名；传统名食尚有三大炮、熨斗粑、酒米饭、叶儿粑、羊肉汤等，各具特色，到古镇旅游时值得一一品尝。

住宿：古镇周边有宾馆、酒店提供住宿。

玩家 解说

罗城古镇坐落在一个椭圆形的山丘顶上，主街为船形结构，东西长，南北短，从高处俯视，又像是一只搁置在山顶上的大船，街面是船底，两边的房屋建筑是船舷，中部的戏楼是船舱，东端的灵官庙好似大船的尾篷，西端的天灯石柱恰似大船的篙竿，灵官庙右侧长22米的过街楼(现存)犹如船舵。

如果你登高远望，会看见这只气势宏伟、奇异独特的大船正劈波斩浪，扬帆起航，因而罗城又赢得了一个美称：“山顶一只船。”

1982年，澳大利亚人受其奇特造型的影响，依此样在墨尔本建造了一座“中国城”，罗城古镇从此名扬海外。2001年联合国教科文组织官员称其为“中国的诺亚方舟”。

链接

明末崇祯年间，有个外地人张秀才来到此地，坐在茶馆里喝茶，看到茶客们一个个唉声叹气，一打听才知道这镇上缺水。急公好义的张秀才提出要造船，于是带领数百名能工巧匠大兴土木，拆旧屋建新房，不到三年时间，大“船”便修成了，蓄水能力也得到了大大提升。

嘉阳小火车

最后的蒸汽火车

乐山市犍为县城北15千米

0833-4092599

这辆蒸汽火车的轨道距离仅762毫米，比国家标准列车的轨距少了近一半，铁路全线仅19 284米，往返一次需2个小时，由于铁路沿线的几个乡镇所处地势陡峭的山区，加上一直没有通往山外的公路，所以，自铁路1959年建成通车至今50多年来，就一直是这里村民运送生产生活物资的主要交通工具。据统计，到目前为止，小火车的客运量累计已超过1100万人次。

玩家 攻略

最好搭早上6点的火车进山，铁路沿线的铁牛村卫生站是最佳摄影地点。

桃源山居旅游景区 AAAA

以高山溶洞群为特色

乐山市沐川县沐溪镇三溪村

景区为四川省环境优美示范村，一直致力于发展乡村旅游，保持农村特色，突出“原生态”，展现“农家味”，具有浓郁的田园风光、农家情趣，主要景点有乌蒙沐歌、四季长廊、农耕文化博物馆、沐川草龙等。

黄丹溶洞

发育完全的溶洞群

乐山市沐川县黄丹镇境内

黄丹喀斯特溶洞群景区内散布着几百个省内保存最完好、发育最完全的溶洞群。洞内除特有的石钟乳、石笋、石幔、石帘外，还随处可见石栏、石塔、石瀑布，另外还有一定规模的石林街、石林塔以及玲珑细巧的钙华梯田。

其中著名的大龙沟、小龙沟洞内宽敞幽深，怪石嶙峋，造型各异：或笋、或塔、或人、或牛猴，或贵妃沐浴、或五女拜寿……在彩灯的辉映下，多姿多彩，变化万端，因此有“山在峨眉、佛在乐山、洞在黄丹”之美誉。

嘉阳小火车

明王寺

彝族石佛

乐山市马边县建设乡永乐溪后村

始建于明代成化初年，该寺鼎盛时期为清道光年间，由于历史原因，加上岁月剥蚀，现仅剩佛殿和三清殿等308平方米的建筑。

钟鼓楼、天王殿、佛殿及后面的三清殿均为木结构建筑，殿内的神像已经损毁很多。在正殿的屋梁上，高过头顶的石佛，全部悬托在梁架上，离地面两米多高。正殿后面的三清殿里还有11尊这样的悬托石佛。据考证，这种悬托于大殿半空的佛像，在佛教寺庙中极为罕见。

玩家 解说

几百年来，明王寺虽然香火不断，但直到最近，这群石佛中还有彝族佛像的秘密才被人发现。1995年，由于明王寺三清殿十二尊悬托石佛被盗，后被马边公安机关从井研县追回，并将佛像存放在该县文化馆。最近文化部门准备将佛像请回明王寺，当人们用清水清洗佛像时，无意间才发现掩藏其间的彝族石佛秘密。

攻略资讯

- 交通
- 住宿
- 美食
- 购物
- 娱乐

交通

火车

横贯乐山的铁路有成绵乐城际铁路、成贵铁路、成昆铁路复线、乐雅铁路、乐自泸铁路。乐山有乐山站和峨眉山站等火车站。

乐山站：位于乐山市夹中区宝莲路。

峨眉山站：位于峨眉山市秀湖大道。

嘉阳小火车铁路

汽车

乐山目前已通车的高速公路：成乐高速（至成都）、乐宜高速（至宜宾）、乐雅高速（至峨眉、雅安）、乐自高速（至自贡）。以下3个汽车站每天有发往省内外各地的班车。

乐山客运中心站：位于乐山市陆游路586号。

乐山联运汽车站：位于乐山市龙游路东段526号。

峨眉山城北客运站：位于峨眉山市佛兴东路1052号。

住宿

乐山住宿主要集中在市中心地区以及乐山大佛、峨眉山景区周边，游客可根据行程自行选择，旅游旺季酒店最好提前预订，价格会伴随旅游季节浮动。

●乐山金叶大酒店

乐山金叶大酒店是一家集旅游、商务、餐饮、住宿于一身的三星级酒店，地处乐山市中心繁华地带，交通十分方便。乐山市嘉定北路199号 0833-2444222

●乐山大酒店（嘉兴路美食街店）

酒店集休闲、会议于一体，地理位置优越，交通便利。附近有嘉兴路小吃一条街，可

清溪镇全景

就近品尝火锅、中餐、日本料理、韩国料理、乐山特色小吃等。✉ 乐山市市中区嘉祥路1348号 ☎ 0833-6175555

●乐山金海棠大酒店

酒店地处乐山中心城区，比邻千年文庙、高校学府，文化气息浓厚；交通便捷，可乘公交直达乐山大佛；距乐山网红美食街，也只有三五分钟的车程。✉ 乐山市市中区海棠路512号 ☎ 0833-2128888

美食

乐山小吃久负盛名，许多成都名小吃均源于乐山，有乐山棒棒鸡、白斩鸡、来凤鱼、跳水兔、玻璃烧卖、蒸笼牛肉夹饼、豆腐干夹萝卜丝等，但是乐山小吃体系分散，尚无一街一巷。品种齐全。

乐山眺望重庆

乐山豪华餐厅不多，不少小食店环境卫生方面还可以，手艺也还不错。乐山数得上来的美食有西坝豆腐、苏稽跷脚牛肉、牛华麻辣烫、甜皮鸭、钵钵鸡、牛华豆腐脑、乐山烧烤、黄焖鸡、排骨面、腊肉粽子、砂锅、凉粉、苏稽香油米花糖等。

乐山美食

●西坝豆腐

西坝豆腐可分为红油型和白油型两大

钵钵鸡

西坝豆腐

类，其中红油型以麻、辣、烫、绵、软、嫩、香为特点；白油型则白嫩如玉，色彩油亮，淡雅清醇。两大类豆腐都是色、香、味、形兼备，多种形式的豆腐组合让人垂涎，满桌的豆腐宴既饱眼福，更饱口福。

西坝镇内有数家西坝豆腐店，五通桥西坝凉水井附近的西坝豆腐店都很正宗。

链接

西坝豆腐的传说

传说，张果老和曹国舅曾在西坝的山林间下象棋，厮杀正酣，倍感饥饿，于是一旁观战的吕洞宾向附近山民讨吃喝。淳朴的山民便推豆花招待，但几个时辰过去，豆浆却始终煮不开。吕洞宾掐指一算，原来是一修炼成精的金龟作怪，因为二仙下棋占了它每日晒太阳的巨石。于是吕洞宾与金龟展开激战，一时间天昏地暗。杀至凉水井，吕洞宾向一纳凉老妪讨水解渴，喝过之后功力倍增，斩杀金龟于真武山下。据传凉水井就是观音菩萨（老妪）洒下的圣水，滋养出西坝三绝——西坝豆腐、西坝生姜、西坝糯米酒。

●跷脚牛肉

跷脚牛肉就是烫牛杂。乐山市内简直就是跷脚牛肉店的天下，基本上一街数店。店面有老汤翻滚的一口大锅，可以选用牛肉、白肚、毛肚、肠子等，随烫随食。跷脚牛肉不贵，3~5元一碗。推荐易老八牛肉汤锅（百福路农民街）和马三妹跷脚牛肉（苏稽镇上）。

跷脚牛肉

●冷锅鱼

乐山河鲜多，冷锅鱼多用白鲢或花鲢鱼做原料，辣得够劲，味道鲜美。通常每0.5千克10元左右。岷江特色鱼火锅与冷锅鱼类似，不过在船上吃。渔船都集中在滨江一带。0.5千克25元以上。

冷锅鱼

美食去处

●张公桥夜市街

张公桥夜市街是乐山最具人气、美食种类较齐全的美食街，这里地处乐山城市新、旧城区的交会处，并连接着城市最具特色的滨江路，整条张公桥街长不到千米，但以张公桥街为中心的四周陆续开出了近百家大小餐馆、美食店。✉ 乐山市市中区张公桥街 🚌 乘坐1路、12路公交车可达

●嘉定坊

嘉定坊位于乐山大佛景区外，被誉为嘉

乐山夜市

州版“清明上河图”，古街全长500余米，内设有茶坊、酒楼、酒吧、戏台等娱乐和商业场所，融旅游购物、休闲娱乐、风味小吃和工艺品、土特产展销为一体。乐山市市中区嘉定坊 乘坐1路公交车可达

购物

乐山的商业中心集中在以下几个区域：时代广场、土桥街、玉堂街、泌水院步行街、牛儿桥。乐山最有名的特产是夹江豆腐乳、苏稽米花糖和犍为的干姜，这些特产在市区的超市都可以买到。

乐山特产

●峨眉山豆腐乳

四川省的名土特产之一。其历史悠久，足有500多年的历史。豆腐乳块小，质地细滑松软，表面橙黄透明、芳香浓郁、咸淡适中，味道鲜美奇特。

●竹叶青茶

竹叶青茶产于峨眉山，于20世纪60年代由峨眉山万年寺高僧研制成功，茶名乃陈毅元帅所取。竹叶青茶两头尖细，形似竹叶；以沸水煮之，慢现晶莹透亮的茶汤，再辅以微黄淡绿的色泽，初苦终甘。品者需潜心静气细品。

竹叶青茶

●苏稽牌香油米糖

该产品呈米黄色，光润饱满，香甜可口，酥脆化渣，营养丰富，是理想食物，亦是待客佳品。

●土门泡海椒

本产品采用海椒之乡峨眉山麓土门的辣椒。这种辣椒个大、肉厚、颜色红亮，所生产的泡辣椒色泽鲜红、口感醇正，在四川很受欢迎。

●峨眉山独蒜

独蒜，其特征是鳞茎只有一个，个大，色白，肉厚。峨眉山的紫皮独蒜，引山泉浇灌，施以牲畜肥料，不添加任何化肥。峨眉山独蒜自古就有“三江九叶灵芝草”之美称。

紫皮独蒜

购物去处

●泌水院步行街

泌水院步行街从嘉定南路路口起，至人民东路止，是乐山相对繁华的步行街，街道两旁商铺林立，商品丰富。同时周边以及张公桥区域有很多大型超市，乐山特色产品都可以在这一带购买。乐山市市中区泌水院步行街 乘坐1路、22路公交车可直达

●土桥街

土桥街是乐山最繁华的街道，街上专卖店、商场、珠宝店、小吃店等应有尽有，以及大大小小的饭店、商号、典当行、银行，共同构成了土桥街及附近街道的商贸景象。乐山市中区土桥街 乘坐1路、9路、12路、22路公交车可达

发现者旅行指南

川东南

（含内江、自贡、宜宾、泸州）

概览

亮点

罗泉古镇

中国100个千年古镇之一，有1700多年历史。该镇以古建筑的集中分布为特色。

恐龙博物馆

位于自贡的恐龙博物馆是国家 AAAA 级旅游区，也是世界三大恐龙遗址博物馆之一，极具参观价值和游览价值。

蜀南竹海

位于宜宾的蜀南竹海素有翠甲天下之名。各类翠竹覆盖了120平方千米的面积，以仙寓洞、翡翠长廊、七彩飞瀑等景色最为出众。

黑竹沟

这里生态原始、物种珍稀，藏有不少未解开的“谜”，被称为“中国的百慕大”。在高山能见到云海、佛光、日出日落等奇异景象。

必逛街道

自流井老街 老街全长1.5千米，是旧时运输井盐的古盐道，是寻幽怀古、休闲度假的理想之地。

线路

内江经典一日游

上午先到古宇湖风景区，下午参观隆昌石牌坊；最后到云顶寨看看，饱览一下中国古宅的风采。

自贡深度三日游

第一天，先到江姐故居参观，之后前往燊海井，然后去盐业历史博物馆参观。

第二天，上午先到吴玉章故居看看，下午到荣县大佛参观，晚上住在桫椤谷。

第三天游览桫椤谷。金花桫椤自然保护区面积较大，游客可以用一天的时间在这里驻足游玩。

宜宾周边三日游

第一天，自宜宾市区赶往蜀南竹海，晚上在竹海住宿。

第二天，在竹海吃过早饭，前往石海洞乡。上午可领略天泉洞等景色，下午如有时间可以看看周家溶洞景区，傍晚可到达麻塘坝一带。可夜宿附近的农家。

第三天，清晨就可起来观赏僰人悬棺，下午可转至苏麻湾。傍晚回宜宾。

泸州深度三日游

第一天，自泸州市区出发，前往参观泸州大曲老窖池和报恩塔。午餐后前往方山，朝拜世界上唯一的黑观音，而后转回泸州住宿。

第二天，清晨自泸州出发，前往玉蟾山，夜晚投宿佛宝古镇。

第三天早起，游览佛宝风景名胜，特别是天堂坝景区，夜晚回泸州。

为何去

天上宫

位于川东南的内江以亭台楼阁、塔影桥虹、古风旧居为特色，凸显的是朴素安然的生活与古风古色。自贡因盐设市，享有“盐都”之称，以恐龙化石、井盐、灯会“三绝”而享誉海内外。宜宾的蜀南竹海甲翠天下；石海洞乡怪石嶙峋；泸州以酒闻名，号称“酒城药乡”。沱江、长江两江交汇，使这里的景致具有春荣、夏艳、秋实、冬秀的江南特色。

何时去

蜀南竹海

川东南属于亚热带季风气候，冬春干冷；夏初高温多伏旱，并伴有大风、暴雨等自然灾害；秋季连续降雨，气温较低。夏末秋初为最佳旅游时间。夏天推荐去蜀南竹海避暑。

夕佳山民居

区域解读

内江区号：0832
自贡区号：0813
宜宾区号：0831
泸州区号：0830
总面积：约35 721km²
总人口：超过2000万人

地理 GEOGRAPHY

区划

内江下辖2区（市中区、东兴区）、1个县级市（隆昌市）、2县（威远县、资中县）。

自贡下辖4区（自流井区、贡井区、大安区、沿滩区）、2县（荣县、富顺县）。

宜宾下辖3区（翠屏区、南溪区、叙州区）、7县（江安县、长宁县、高县、珙县、筠连县、兴文县、屏山县）。

泸州下辖3区（江阳区、纳溪区、龙马潭区）、4县（泸县、合江县、叙永县、古蔺县）。

地形

川东南地形复杂，地势较西部低，地形主要为四川盆地及盆缘山地，四川盆地南缘向云贵高原的过渡地带，兼有盆中丘陵和盆周山地的地貌类型。境内最高点为屏山县五指山主峰老君山，海拔2008.7米；最低点为合江的长江出境河口，海拔203米。

石海洞乡三柱擎天

气候

川东南属于亚热带气候，气候温暖，雨量充沛，四季分明。春季回暖早，夏季湿度高，秋季多绵雨，冬季霜雪少。春秋气温适中，适宜旅游。

“恐龙之乡”——重回侏罗纪

早在侏罗纪时期，自贡这一带是开阔的滨湖地带，气候炎热，水草丰茂，大树参天。那样的景色我们现在当然不能一见，但是，在这儿挖掘的大量恐龙化石却向我们透露了遥远的侏罗纪信息。

自贡大山铺恐龙化石群是1.6亿年前的中侏罗世恐龙及其他脊椎动物化石的遗址。在已发掘的2800平方米范围内共发现200多个个体的上万件骨骼化石。其中有恐龙及鱼类、两栖类、龟鳖类、鳄类、翼龙类、似哺乳爬行类等18个属21种。

自贡的恐龙化石埋藏集中、数量多、门类全、保存好，有重大的科学价值。在发掘现场建成的恐龙博物馆面积巨大，蔚为壮

宜宾三江交汇

观，是世界三大恐龙博物馆之一，曾被美国《国家地理》杂志誉为“世界上最好的恐龙博物馆”。自贡恐龙博物馆馆形如岩窟，给人一种远古洪荒的印象。展览共分三个部分：第一部分为基础知识介绍，第二部分是大山铺各类恐龙化石的陈列，第三部分为发掘现场遗址。

历史 HISTORY

内江历史大事记

●上古至秦汉

3.5万~4万年前，今内江市所在沱江流域即有古人类生息繁衍，并逐步形成了原始部落群体。

周王朝时期，内江分属古蜀、巴两国。

秦昭襄王六年（前301年），秦平定蜀侯叛乱，并东灭巴国。内江随即纳入秦国版图，并且成为巴、蜀之间往来联系的通道。

汉武帝建元六年（前135年），设资中县。

元鼎二年（前105年），特制的“资中城”铭文汉砖亦在资中问世。

东汉顺帝永建年间（126—131年），分资中县地置汉安县，取意汉政权长治久安的意思，这是内江最早的名称。今内江市出现了历史上第一个经济大发展时期。

●隋唐至明清

581年，隋文帝为避父杨忠的讳，因县城在中水环绕之内，将中江县（原汉安县）改名为内江县。

627年，唐太宗即位，实现了贞观之治。内江步入了历史上第二个经济持久繁荣时期。

965年，宋太祖定蜀后，内江市的经济状况较唐五代时期继续发展提高。特色产品如陶瓷、建材制品，无论是品种还是工艺，都具有很高水平。

明太祖洪武四年（1371年），大将汤和、廖永忠等率师平夏，今内江市随川入明版图。明太祖、成祖采取多种有效措施，鼓励外省籍居民入蜀垦殖经营。

雍正五年（1727年），随着资州直隶州的建立，再经乾隆、嘉庆、道光三朝（1736—1850年）的发展，内江市人口已超过明中叶全盛时

内江城市风光

期，农牧渔蚕业和制糖等手工业亦达新的水平。内江、资州、简州、隆昌4地已成为川中南地区的主要物资集散地。

●近现代

清光绪年间，著名产盐地罗泉已有盐井1500余眼，所产的井盐于1925年获巴黎世界博览会金奖。如今，罗泉镇还留有一座保存完好的盐神庙。

1911年8月，著名的保路同志会“罗泉会议”召开，点燃全川武装起义烽火。

自贡历史大事记

●上古至秦汉

前2700年，始祖黄帝的长子青阳玄嚣封国于此，荣县尚存“青阳洞”“嚣台”，当时已有文化盛行。

秦昭襄王二十二年（前285年），诛蜀侯绾，国废，改立郡，是为蜀设郡之始。原巴蜀的荣县、富顺地区归于秦国版图之内。

东汉章帝时期（76—88年），自贡地区开始有井盐生产，为“盐城”之名奠定基础。

●北周至明清

北周武帝天和二年（567年），富世盐井及其附近地区置县设镇以井名置富世县，是为富顺境域立县之始。同期，在荣县境东部

自贡恐龙博物馆雕塑

建公井镇（因附近有著名盐井曰大公井，以井名命镇名），是为荣县境最早设立行政建制单位之始。

唐宋时期，自贡的井盐开始扬名于世。

明嘉靖十八年至三十三年（1539—1554年），在距富顺县城西去45千米的荣溪水滨（今自流井地区），以自流井为代表的一批盐井开凿成功，逐渐取代了因淡水渗溢而坍塌的富义、邓井等原主要盐井而成为富顺县新的盐业生产中心。明清时期，由于井盐业的发展，自贡产生了中国内地最早的资本主义萌芽。

清雍正八年（1730年），富顺、荣县分别在今自流井和贡井设立分县，派驻县丞，管理日益兴旺的盐务。

清乾隆四十四年（1779年），诞生了中国历史上最早的股票——“同盛井约”。

清咸丰三年（1853年），太平天国攻占南京，淮盐受阻，川盐得以运销两湖淮盐引岸市场。咸丰同治年间，自贡成为中国最大的手工业工场。

●近现代

清末民初，自贡的市政管理已经成为以商人为主体的管理系统。自贡地方议事会是中国第一个地方民主议会。

1937年抗战期间，受战争影响，海盐停滞，川盐再度崛起，有设市之需。

1939年9月1日，国民政府将川盐史上称为富荣盐场的东西两场——自流井和贡井从富顺、荣县划出合并而建立省辖的自贡市。

1942年，自贡盐工慷慨捐资，为中国购买了“盐工号”和“盐船号”两架飞机，支持抗日救亡。

1943年11月，冯玉祥将军在自贡率先主持了“献金运动”，希望支持抗战前线。自贡在国防经济上位置突出。

1972年，在自贡市东北郊约11千米的大山铺镇旁发现恐龙化石群遗址，它是一个盛

产1.6亿年前的中侏罗世恐龙及其他脊椎动物化石的遗址，是中国最重要的恐龙化石埋藏地，也是世界上最重要的古生物化石埋藏地之一。

宜宾历史大事记

距今五六千年前，宜宾地区原始农耕已有发展，出现了氏族部落。战国时期（前475—前221年），僰人聚居，从事农耕和育荔、种姜等园艺，并开道、筑路等。

秦孝文王时（前250年），李冰任蜀郡守，领兵沿江南下开发岷江下游。李冰用“积薪烧岩”之法拓宽航道，并劈山修通了通往宜宾的道路，使今宜宾与蜀郡各地直接沟通。之后，秦在此设僰道，为宜宾置县级政权之始，今市境大部已纳入其范围。

西汉高后六年（前182年），在宜宾设城，为宜宾建城之始。

宋政和四年（1114年），改僰道为宜宾，始称宜宾县至今。

南宋末，宋、蒙两军在宜宾县境反复争战达20余年，共有6次大战，即蒙军两陷宜宾县城的“宋蒙宜宾之战”。

清同治元年（1862年），石达开大战横江，太平军在双龙、横江一带与清军大战两月余，损兵折将近4万人，后石达开率残部渡横江退入云南。

1911年9月“成都血案”后，宜宾各地在同盟会员的组织领导下，举行群众性武装反清起义，成立了川南革命军。同年12月5日成立川南军政府，清王朝在宜宾的统治结束。同年12月21日，新政权遭滇军镇压失败。

泸州历史大事记

7000至1万年前，泸州境内已有人类活动。

周代，泸州地区属巴国辖地。周慎靓王五年（前316年），秦惠文王派张仪和司马错灭巴、蜀，同年设置巴郡，辖江阳在内的大片土地。

泸州城市风光

秦惠王至秦始皇时期，中原移民进入长江、沱江交汇处，把中原的生产技术和文化带来，推动了泸州经济、文化的发展。

汉武帝刘彻时，开发西南少数民族地区，派唐蒙从符关（今合江镇）到夜郎，说服其归附汉朝。

汉代时，泸州的盐业和农业已比较发达。

梁武帝萧衍时，建置泸州。

宋代，泸州成为西南要地，地方官府修筑泸城和寨堡。泸州作为富庶之地，号“汉、夷门户”、蜀南粮仓，酿酒业大发展，盐业发展规模大，有利用天然气煎盐的文献记载。与少数民族贸易互市。

元代，准许酿酒、制盐、制茶、分兵屯田，修筑马道、桥梁，开辟驿传，制造木船发展航运事业，沟通物资交流，发展农村商品经济。

明朝，泸州直隶省，15世纪初，泸州进入全国33个较大的商业及手工业城市行列。

清代，实行移民入川，促进泸州经济、文化发展，泸州成为川滇黔接合部的政治、经济、军事、文化中心。

民国时期，泸州开始有了现代工业，在

抗日战争的前期和中期，泸州经济繁荣。

名单 内江历史名人

明朝学士赵贞吉

清代状元骆成骧

民国时期书法家余夔阳

民国画家张善子

黄花岗72烈士之喻培伦

当代杰出新闻记者范长江

当代画家张大千

名单 自贡历史名人

明朝才子熊过

戊戌六君子之一刘光第

清末学者、诗人、书画家赵熙

反清烈士、"章左将军"谢奉琦

保路运动先驱龙鸣剑

厚黑学宗师李宗吾

英雄江姐（江竹筠）

名单 宜宾历史名人

北宋著名诗人、书法家黄庭坚

民主革命烈士谢奉琦

五粮液创始人邓子均

五卅运动著名领导人刘华

湘赣边界秋收起义领导人之一卢德铭

抗日民族女英雄赵一曼

哲学家、现代新儒学代表人物之一唐君毅

中国新文化运动的先驱者之一阳翰笙

名单 泸州历史名人

西周太师尹吉甫

蜀汉尚书令董允

蜀汉名臣董和

清末志士黄方，著名学者、教育家屈伯川

民国时期著名企业家、政治家刘航琛

文化 CULTURE

在"南国灯城"品味魅力灯会

自贡地区的年节灯会有着悠久的历史和鲜明的特色，这里自唐以后便有新年燃灯的习俗，到20世纪初，又渐形成节日的提灯会，更有放天灯、舞龙灯、戏狮灯、闹花灯等活动。民间最盛行的灯种是宫灯和纱灯。这些灯题材丰富，精美奇巧，以竹木作架，红色丝绸、布料、纸张等均可做灯衣。富豪之家在厅堂、门首悬挂的宫灯和纱灯十分讲究，有的镶金嵌玉，有的饰以彩穗，有的题写诗文。龙灯、狮灯、花灯等杂耍多用于纱灯伴舞。

灯会之时，满目灯山光海、珠阁琼楼、叠玉堆金、流光溢彩；更有鸟啭莺啼、龙游凤舞、灯景交融、瑰丽迷离，组成灯彩的大观园，灯光的交响诗。流连在灯廊灯亭中，徜徉在灯树灯花下，使人步入梦幻之境。

近年来，自贡灯会先后在北京、上海、

自贡灯会

南京、广州、港澳台等200多个国内大中型城市和地区展出，还远赴新加坡、韩国、日本、泰国、马来西亚、德国、澳大利亚、新西兰、加拿大等国家展出50余次。自贡的彩灯博物馆是中国彩灯收藏、保护、研究和展示的专门机构，在那儿能品味灯城历史，赏玩历代奇灯。

自贡盐帮菜

盐帮菜的特色就是讲究“味”，麻辣刺激，善用椒姜，猛料下锅，油亮鲜香。辣有辣鲜，咸有咸鲜，麻有麻鲜，种种香料都在刺激挑战着你的味蕾，让你不能忘怀。

小米椒兔丁、自煎碎米鸭中七星椒和小米椒的香辣，水煮田鸡、跳水花鲢中的姜辣，小煎鸡、小煎兔中的油辣，自贡酸菜鱼中的酸辣，光是辣品一味就幻化出无数种感受，特别而绝妙。自贡菜在川菜派系中被称为小河帮川菜，味道不是川菜中变化最多的，但绝对是最注重调味的。煎、煸、烧、炒，自成一格；煮、炖、炸、熘，各有章法。尤擅水煮，别有一番风味。

如今，盐帮菜的代表菜品不下百种，火边子牛肉、水煮牛肉、菊花牛肉、赵化粉蒸鱼、芙蓉乌鱼片、王井乌鱼仔、冬笋碎肉、酥锅魁油茶、巴人治灶串串香等都是盐帮菜中的精品。天德园、鹿鸣春、金谷园、吊皇楼、大码头、留芬酒楼、蜀江春、文兴园、新津菜社、岷江饭店、华北食堂等，都是吃正宗盐帮菜的好去处。

“立体史书”——隆昌古牌坊群

隆昌有很浓郁的青石痕迹、石狮、石桥、石板路、石牌坊，那些石头承载了不知多少的故事，一切都在古旧中焕发着迷人的色彩。这里的石碑牌坊鳞次栉比，远远望去，好不威严壮观。

隆昌素有“四川东大门”之称，现存石

隆昌古牌坊群

牌坊17座，大部分为清道光、咸丰、同治、光绪年间所建，距今已有500余年历史，被称为“立体史书”。其中主要的13座呈念珠状坐北向南一字排列，位于巴蜀古驿道隆昌城南北两端的驿道中央，其余4座则散布于市内响石、石燕桥及渔箭三镇。17座牌坊中有德政坊、节孝坊、功德坊、贞洁坊、孝子坊、百寿坊、山门坊、镇山坊、嵌瓷观赏坊九大牌坊种类。古牌坊成坊形式多样，有一人一坊，有多人一坊，还有男女混坊，其中节孝总坊旌表的节妇孝女达300多人。这儿的节孝坊也是全国唯一的多人节孝坊。

石坊遗迹为现代人提供了丰富的艺术历史资料，是融哲学、历史、数学、文学、力学、建筑学、美学为一体的明清建筑精髓，具有很高的科学艺术价值和观赏价值。如比较有名的“郭王氏功德坊”，建于1887年，高13米、宽8.6米，面积约50平方米。其顶端为火焰宝球圆雕，四周翘角斜飞刺天；檐下刻如意半拱，坊脊上刻有怪兽猛禽、左右分别为“仙子送来”与“大舜耕田”图案；横批“乐善好施”的顶上书有“圣旨”二字，以浮雕龙凤纹饰，以边框而显其华贵。隆昌市

2005年3月被中国乡土艺术协会命名为“中国石牌坊之乡”。

品味宜宾酒文化

酒，在人类文化的历史长河中，它已不仅仅是一种客观的物质存在，而是一种文化象征，即酒神精神的象征。在中国，酒神精神以道家哲学为源头，追求绝对自由、忘却生死利禄及荣辱，是中国酒神精神的精髓所在。

宜宾地处大西南名酒带中心，2000余年来名酿代出，是中国酒文化发祥地之一。从宜宾出土的大批汉代酿酒、取酒、饮酒器及沽酒陶俑和宴饮画像石刻等，证明此地名酒历史之悠久。宜宾自古是多民族聚居的地方，历代各民族分别创造了各具特色的历史名酒，先秦的清酒，秦汉的蒟酱，南北朝的咂酒，唐代的春酒、重碧酒，宋代的荔枝绿、姚子雪曲，明代的杂粮酒安乐、春泉、玉醴等名酒，让众多诗人也难以忘怀。

其中，“姚子雪曲”是现在的国窖名酒五粮液的雏形。“姚子雪曲”，即人们说的杂粮酒，它是宋代宜宾绅士姚氏家族私坊酿制，采用玉米、大米、高粱、糯米、荞子5种粮食。改革开放以来，五粮液更加焕发青春，先后在国内、国际评比中获各项金奖337次。宜宾酒业兴旺，促成了酒文化内涵更加充实。作为国宴酒，五粮液已成为国家交往的使者和桥梁；作为神酒，祭奠班禅大师用五粮液。

“东方活龙”——雨坛彩龙

龙舞是华夏精神的象征，是中国人在吉庆和祝福时节最常见的娱乐方式，气氛热烈，催人振奋，是中华民族极为珍贵的文化遗产。国内比较有名的龙舞有铜梁龙舞、湛江人龙舞、汕尾滚地金龙、浦江板凳龙、长兴百叶龙、奉化布龙和泸州的雨坛彩龙。

地处泸县、荣昌、隆昌三县市交界的龙洞山上的雨坛乡，自古以来就有设坛耍龙以求风调雨顺、五谷丰登的习俗，雨坛乡亦因此得名，雨坛彩龙也在民间作为吉利祥和的象征，口碑甚佳。

雨坛彩龙最重要的特点在于“活”，表演时舞者“动于中而形于外”，手随眼动，眼随心动，可以达到人龙合一的境界。龙舞的传统表演程序一般为：“请龙”“出龙”“舞龙”和“送龙”。舞龙人数少则一人舞双龙，多则百人舞一条大龙。在川剧打击乐的伴奏下，雨坛彩龙按连绵不断的太极图案行进表演，套路变幻莫测，表演活泼灵动，变化多端，或脱衣，或翻滚，或叹气，或擦痒，极显龙之性情。表演时音乐紧密配合龙的表现情绪和动作速度，既有旋律的可听性，又增强了龙舞场面的恢弘气势。

2006年5月20日，泸州雨坛彩龙经国务院批准列入第一批国家级非物质文化遗产名录。

雨坛彩龙

景点推荐

蜀南竹海 AAAA

都说蜀南竹海是“翠甲天下”，是我国最大的原始“绿竹公园”。景区内看点丰富，山水、溶洞、湖泊、瀑布应有尽有，拥有八大主景区、两大序景区，共134处景点，其中最著名的要数“竹海十佳”。

- 宜宾长宁、江安两县毗连的南部连天山余脉中
- 0831-8885199
- 门票100元；观光车票55元
- 全天开放
- 从宜宾南岸汽车站或宜宾高铁西站乘车皆可到达景区

玩家 行程

从西门进入景区，开车到忘忧谷景区停车场，这里的楠竹遮天蔽日，使整个山谷显得更加深幽。游览1小时后，开车前往竹海的最高点——观海楼（海拔880米），在这里临空俯瞰，万顷碧波、壮丽无比。然后去“色如渥丹，灿若明霞”的翡翠长廊寻找奇特的“人面竹”，清新的空气中饱含竹叶的清香，如置身世外。午餐后，驾车前往“竹海明珠”仙寓洞，途经海中海，划竹筏泛舟其上，寻找《卧虎藏龙》拍摄地。在仙寓洞停车场停好车，前往仙寓洞、天宝寨游览。随后驾车前往竹海最大的瀑布群七彩飞瀑，彩霞飞挂再现水帘洞奇景。下午从东门出景区结束游览。

玩家 攻略

自驾：长宁县到竹海西大门22千米，全程双车道水泥路面，路况很好。自驾车进入景区，需付进山费。竹海大门到景区中心地带还有18千米的盘山公路，弯道急，坡度也很陡，一定要小心驾驶。在七彩飞瀑、仙寓洞等主要景点设有大型停车场。

摄影：仙寓洞口适合拍摄全景。翡翠长廊两旁密集的老竹新篁拱列，遮天蔽日，与红色地毯式的公路交相辉映，形成秀丽壮美的画卷。

美食：以竹笋、竹荪蛋、竹菌、竹海腊肉、竹筒豆花等汇集的“全竹宴”是必须品尝的，价格不等。竹叶黄粑等小吃味道也都很不错。

住宿：景区内住宿条件比较成熟，多集中在万岭镇上，较为出名的有竹海人家（翡翠长廊

附近，电话：0831-4976666）。这里的酒店竹林环绕，很有格调，饭菜味道也不错。如果不赶时间，可选择在附近居住，体验大自然的风光及美食。

加油站：景区附近仅在西大门西边约8千米的相岭有加油站，景区内没有加油站，需提前加好油。如果确实需要驶出景区去加油，可以请售票员在票上盖章后再次进入景区。

玩家解说

相传，蜀南竹海所在的"万岭山"是女娲娘娘补天时遗落的赤石。金鸾仙子见万岭山荒凉，便私自下凡给此山编翠织绿，不料被抓回天宫治罪。看守金鸾的是南极天官的女儿瑶箐仙子，她同情和敬佩金鸾，于是偷走父亲南极天官的放行牌，送金鸾逃出南天门。不料双双重新被捉，金鸾被打入天牢。在众神求情下，玉帝将瑶箐贬到凡间，要她在"万岭山"编织绿波，将绿波接上九天，才可以回天庭与父亲团聚。南极天官心疼爱女，将七星蚊帚送给她。众仙姑也将各种翡翠玉器送给瑶箐做织翠编绿的种子。瑶箐下凡后日夜劳作，贫瘠的万岭山最终变成翠林竹海。

青龙湖

泛舟湖上，人入画里

青龙湖位于高耸险峻的插旗山下，是蜀南竹海东大门进入景区的第一个景点，以大型水面和历史遗迹为主，是葱茏竹海之中的最大湖泊。湖边的农舍点缀了青青的禾苗与翠竹，清澈的湖水映衬着岸边山头上稀少的竹林与荒坡，湖上可荡舟划筏，湖边亭阁可品茗小酌。

七彩飞瀑

绝美的视觉、听觉享受

七彩飞瀑又名落魂台，在当地山间数十条姿态各异的瀑布中，是最为壮观美丽的。七彩飞瀑处在石鼓山和石锣山之间的葫芦谷中，分为四级泻下悬，落差近200米，蔚为壮观。据说夜深人静时，雄浑的水声会夹杂钟鼓之声，令人震惊。

天宝寨

地形险要，曲折奇特

相传天宝寨是1862年地方官府为防御石达开太平军入川而建。这里地形险要，古寨长1500米、高20米、宽10米左右，洞的顶部均由岩石构成，多为半边洞，内有独具匠心的13道坚固的石寨门，易守难攻。洞的四周翠竹如海，犹如天然屏障。洞中凿有"三十六计"，为石刻巨幅图画，十分壮观。

龙吟寺

因滔滔竹声而得名

龙吟寺坐落在海拔980米的九龙山上，四周竹涛声声，恍若龙吟。龙吟寺建于明代万历年间（1573—1620年），现存有佛像41尊。正殿的莲花宝座上有三尊大佛，有近似西藏的内格，两侧的罗汉形态万千。前、后殿和两个廊坊还有阿弥陀佛、观世音、韦驮陀天、灵宫等塑像。寺后山门下的半山腰有个睡佛洞，洞内有石佛横卧着，工艺精巧。

翡翠长廊

翠竹掩映，瀑布飞流

翡翠长廊的路面由当地的天然红色沙石铺成，两旁密集的老竹遮天蔽日，红色地毯式的公路与绿色屏封的楠竹交相辉映，使长廊显得更加幽深秀丽，从而成为蜀南竹海最具特色的标志性景观。

仙寓洞

少见的石窟类寺庙

仙寓洞位于蜀南竹海景区南部悬崖峭壁的天然岩腔里，通往洞内的只有一条小路，地势险要。洞内有明代的摩崖造像和西游记故事浮雕群，洞外有流泉及大小瀑布等胜景，风景优美，被誉为“竹海明珠”。仙寓洞又是一个石窟寺庙，佛教和道教共存。

玩家 攻略

离仙寓洞不远处有一天宝洞，这里有一条长达1500米、开凿在悬崖峭壁上的古栈道，沿着栈道行走，有腾空走壁的感觉。

仙女湖

湖水清澈碧绿

仙女湖位于仙寓洞的山顶上，面积2万余平方米，湖水清澈碧绿。每当夕阳西下时，万道霞光照映在湖中，仙女湖犹如一个金色的湖盆，相当辉煌壮丽。湖深处，瑶箐仙子临波浴身，体态优雅；岸边临水建有竹亭、竹廊、竹寨，在翠竹掩映下若隐若现。

玩家 攻略

1.仙女湖距万岭小桥旅游集散中心12千米，与天宝寨、仙寓洞形成了仙寓洞景区环线。

2.竹海的仙女湖、海中海、青龙湖均有竹筏设施，春秋时节，乘上楠竹扎的竹筏，荡舟湖心，绿竹倒映，天高云淡，心旷神怡。

竹海博物馆

一家以“竹”为主题的博物馆

蜀南竹海博物馆位于竹海景点“忘忧谷”和“墨溪”交界处，是我国第一家以“竹”为主题的博物馆。博物馆主体建筑在墨溪河的水面上，川南民居风格，园林式布局，楼、台、亭、廊布局严谨，陈列展示了旖旎的竹海风光、丰富的竹类资源、灿烂的竹文化和竹工艺。

翡翠长廊

景点推荐 石海洞乡 AAAA

石海洞乡位于宜宾兴文县，该县石林、溶洞遍及17个乡，故有“石海洞乡”的美誉。景区地面怪石林立，地下溶洞纵横，集天下奇观于一身，成为“川南四绝”之一。

宜宾市兴文县石海镇梅岭

0831-8622078

80元

在回龙湾车站乘坐到兴文的车，然后转车至景区

玩家攻略

1.当地主要特色美食有苦笋乌鸡、板栗乌鸡、月母乌鸡、乌鸡豆花、清炖黄羊、猪儿粑、鸭儿粑、苦荞粑。

2.每年农历正月初一至十五或者端午节前后，兴文县当地的苗人会举办花山节活动，这一活动最为热闹，能看到一系列的风俗风情活动，如苗族对唱古歌、跳芦笙舞、竞技表演、交流情感等。

大坝鲵源景区

有奇特的绝壁、峡谷、溶洞等

大坝鲵源景区有小鱼洞、大鱼洞、朝阳洞、洞河、沙沟一线天、马踏井等景点。小鱼洞泉水冬暖夏凉，沿河茂林修竹，郁郁葱葱；大鱼洞盛产鲵鱼、细鳞鱼，可乘车观景；朝阳洞石笋、钟乳石、玉笋美不胜收；洞河号称地下龙宫，洞口水面似镜，风光秀丽；马踏井潭水深不可测，井水常年清澈碧绿，带有几分神秘的色彩。

天泉洞景区

世界上最大最长的溶洞

天泉洞景区是兴文石海洞穴群中景观最为丰富的溶洞，被世界地学家和探险家誉为最具科考、探险价值的绝佳洞穴。天泉洞景区有26个洞穴，天泉洞尤其高大奇伟，洞内地面干燥，空气清新，冬暖夏凉。

周家溶洞

景区内烟雾缭绕，扑朔迷离

景区有神风洞、神龙洞、神烟洞三个神奇的洞府。神风洞内景观雅致，进洞便可见“镇海神柱”，石柱、石笋、石帘、石梯田、石钟乳、石花比比皆是，形状各异，让人浮想联翩；神龙洞上段有10余人合围的巨大石笋，雄伟壮观；神烟洞常年烟雾缭绕，神秘莫测，洞中寒气逼人，石柱、石笋、石钟乳星罗棋布，一般人不敢靠近。

九丝山

兼具文化观光和史学考察价值

九丝山景区以九丝山为主，另有九丝飞瀑、玉屏山、飞来山、文印山、雷泡井等景点。

九丝山距兴文县城61千米，海拔1247米。山高险峻，当年有僰人（都掌人）在此依山筑城，修建宫殿等以抗明朝廷。直到万历元年，僰人大败后，又数次连败，被官兵剿杀殆尽。清嘉庆十五年（1810年），曾有富顺县士绅毛东山等九个姓氏的人到九丝山避乱，重修城垣、哨楼、寨门等，取名“永清寨”。不久又生战端，城中建筑被毁，仅剩城基、宫殿、房舍遗址。

周家溶洞

大漏斗

世界一绝

从天泉洞天窗往西沿洞阶而上可到天泉洞后厅天泉明宫，与天泉洞的后洞相连。后洞口出去就是被称为中国一绝的地质奇观——兴文大漏斗。

兴文大漏斗是一个碗形洼地。其直径650米，深208米，超过号称世界第一的美国阿里西波大漏斗（直径330米，深70米），堪称世界一绝。

玩家攻略

1.离大漏斗不远的山腰间有两块石头，大的石头像是一只憨态可掬的狗熊，小的那块像是一只精悍灵性的乌龟，小小的乌龟面对熊这一庞然大物却没有退缩，依然昂头进攻，反而将那只狗熊吓得目瞪口呆，这就是龟熊石，又叫做“金龟戏狗熊”，堪称石海一绝。

2.绕大漏斗环线走一圈需要30分钟。漏斗周围有回应寺、红军岩、僰人石屋遗址等大小景点10多个。

地表石海

地表石海，岩溶奇观

地表石海非常广阔，东起梅子坳，西至象鼻寺。远望如茫茫大海，蔚然壮观；近看山峰兀立，怪石嶙峋。有一高一矮似夫妻携手的夫妻峰，有直插云天、宛如仙女的七女峰，有形态生动、浑身雪白的白龙马，有深情呼喊情人归来的天涯望归人等。

景点推荐 宜宾市区景点

大观楼

素有“西南之最”之称

宜宾市翠屏区西街2号　免费

大观楼位于宜宾市区，是一座建于明代的古楼。整座楼分为四层。石砌底层，有十字形信道供车马通行；其上三层，全是斗拱木质结构，四角都是飞檐，殿内高挑明畅。二楼东侧，挂有“大观楼”三字匾额；西侧挂有“西南半壁”四字匾额。整个楼的建筑巍峨雄壮，沿袭了我国传统的建筑风格，现为宜宾市图书馆阅览室。

玩家解说

大观楼建于明代，据说登高远眺可以见如画江山、双江若带。清时，大观楼经修缮后，更引得各方文人前来。清人邓时敏在《叙郡谯楼记》中将大观楼誉为“西南之最”。

传说大观楼下是阴传河，常有恶龙肆虐，将宜宾化为一片汪洋。故而经术士指点，起了大观楼以镇龙头，又在县府街修建了小鼓楼以镇龙尾，另在东街修了九道牌坊以镇龙身。

中华人民共和国成立后，政府曾多次拨款修缮大观楼，比之前更加雄伟壮观。游人既可以登上楼内的图书馆看书，又可以登楼欣赏精湛的古建筑艺术。

真武山古建筑群

明代宗教建筑群

宜宾市翠屏区真武山

真武山古建筑群以明代建筑为主。该

真武山古建筑

庙群依山取势，建筑面积约4000平方米，集楼、殿、坊、廊、桥、池、洞、台于一身。

现存的8座庙宇中，玄祖殿为主殿，建于明万历二年（1574年），建筑面积156平方米。殿前有清建木石结构如意斗拱牌坊。

玩家 解说

真武山海拔396米，是川南的道教名山。真武山又有别名，唤作仙侣山、师来山、元武山，也都源自一些神仙传说。《宜宾县志》记载："昔有人浮舟于此，忽见一道人自空而降峰顶，即之不复见，土人呼道人为师，故名师来山。本名仙侣山，相传杨道人升仙之地，山产仙茅，杨仙遇郁姑于此。"

明代万历二年（1574年），开建真武祠。到清代中叶时，山上已经形成以道教宫观为主，融儒、佛、道为一体的宗教建筑群。曾有飞来寺、牛王庙、半边寺、遇仙楼等庙宇12座，历经数百年，仅剩8座庙宇。这些庙宇的建筑工艺十分精湛，可与青城山的宫观西相提并论。

翠屏山景区 AAAA

全国最大的人造森林公园

宜宾市翠屏区西郊

在宜宾市区乘坐8路、53路公交车至翠屏山下

0831-8030155

翠屏山景区地处翠屏山，是我国城市近郊第二大森林公园。翠屏山海拔507米，因满山树木苍翠且临江而得名。山上森林茂密，生态环境好。山上有古迹千佛寺、神仙庙、赵一曼烈士纪念馆、哪吒行宫等景点。

玩家 解说

旧日县志曾如此描述翠屏山：山上竹木森列，四时山色常青，故名翠屏。民国时期的翠屏山，算遭逢大难，所有的树木都被砍伐殆尽。直到1953年，政府在山上建立了国有林区，次年起开展大面积的造林活动；1958年翠屏山被辟为公园；1984年的翠屏山，仅次于南京紫金山被列为全国城市人工造林第二名。目前山上植被良好，现植树28科60种，并广布松、杉、柏等树木。平日里清晨上山锻炼者有上千人。

新建有百草园、动物园、哪吒行宫、三友亭、三江一览楼、盆景园、儿童乐园、茶园、露天影剧场、赵一曼纪念馆、翠屏山庄等游览点。

翠屏山仍有"翠屏晚钟"的景致，这也是宜宾八景之一。每到天晴时，自翠屏山顶可以俯瞰宜宾全城，更可极目远眺至著名的"叙府三塔"。

流杯池公园 AAAA

有众多历史文化遗迹

宜宾市翠屏区，岷江北岸天柱山下

全天

免费

流杯池公园位于宜宾岷江北岸的天柱山下，因流杯池而得名。公园占地面积157公顷，有涪翁亭、吊黄楼、点将台、观音阁、荔红亭、景园等古迹。园内的"曲水流觞""点丹地"均为宜宾八景之一。

玩家 解说

流杯池公园中的景点，多数与北宋大书法家黄庭坚有关联。流杯池是黄庭坚建造的，意在塑造王羲之《兰亭集序》中"流觞曲水"的意境。他当年在流杯池附近读书会友，挥就大好文章。现在出名的《苦笋赋》《荔枝绿颂》等文章，也就出自流杯池。该池也曾于元末荒废，又于明朝景泰年间再度修复。

旧州塔

建造方法独特，无石砌塔基

宜宾市翠屏区北郊3千米的旧州大坝上

旧州塔建于北宋大观三年（1109年），系印缅塔式建筑风格，屹立于滨江旁。该塔为四方形砖塔，高29.5米。塔基用砖砌成，用泥土黏合。塔内的壁画具有相当浓厚的宗教色彩，后遭风雨侵蚀，1979年四川文化局曾拨款维修。

玩家 解说

旧州塔历经900余年的战乱仍旧保存完好。1941年，当梁思成等一行古建筑专家前来考察，就特别指出旧州塔的建造方法独特，不同于同时代的其他砖塔。盖因该塔没有使用任何石头作为塔基的材料，而是直接用砖在凝结的鹅卵石上砌成。

宜宾市内不只这一座古塔，还有白塔和黑塔两座，年代久远。相传，这三座塔的塔顶都镶嵌有一颗十分耀眼的宝石，晚间在翠屏山上可以同时看到三颗宝石的光芒。后清朝灭亡，宝石就再无踪迹了。

旧州塔

李庄旅游度假区 AAAA

万里长江第一镇

宜宾市李庄镇文星街1号

李庄距今已有1400多年的历史，是宜宾东郊长江边上的千年古镇，素有“万里长江第一古镇”之称。

李庄古为渔村，后来成为明清水运商贸之地，古镇建筑群规模宏大，布局严谨，院落间有幽深的小巷，比较完整地体现了明、清时期川南民居、庙宇、殿堂等建筑的特点。镇上酒肆茶楼，商店林立，现仍保存明、清古镇的格局和风貌。

玩家 攻略

李庄还保留着许多明清时期传下的习俗，例如舞草龙、放龙灯、划花船、表演“牛儿灯”、川剧清唱等，犹以“舞草灯”最为热闹。

古镇中，有“一花二黄三白”的特色美食。一花，是李庄花生；二黄，是李庄的黄辣丁和黄粑；三白，是白肉、白酒和白砂糖精制的白糕。

李庄花生精选本地花生为原料。先用盐浸泡，再采用多种重要香料配置，采用10道传统工艺加工而成，香、酥、脆、盐味足，味道独特。

李庄的黄辣丁是产自长江的鲜嫩河鱼，个头10厘米长短。烹以红烧或者下火锅，味道鲜美无比。若是加上竹笋做汤，就是汤中极品“二黄汤”。

李庄的黄粑是宜宾的著名小吃。用红糖和本地黏米、糯米混在一起，再用良姜叶包裹，置入笼屉，蒸而食之。出锅后色泽金黄，香甜糯软且带有相当浓郁的香味。待到冷却，还可以切片油煎。

李庄的白肉，精选上等猪肉，讲究原料，讲究烹饪的火候。原料取自生长8~10个月的猪后腿上约3千克的“三刀”肉；煮时水温要恒定在90℃左右，其间更要保证肉的内外受热均匀。白肉还讲究刀工，好的刀工手可将1千克猪肉片成长20厘米、宽15厘米，厚1~2毫米的肉片50余片，堪称一绝。食用白肉时，必定要用蒜泥椒及上好的酱油和白糖作为调料才能入味，食后令人难忘。

李庄白酒素有李庄五粮液的美称。它以本地高粱为酿酒主料，也是经传统工艺酿造而

成。李庄白糕是适合老年人食用的特色小吃，具有香甜软糯和入口即化的特点。它选材于优质糯米，炒熟之后再加入能帮助消化的中药材，继而磨成细粉加入白糖，后用磨具压制成形。

文昌宫

文昌宫位于古镇附近的石牛山上，建于明代万历二十四年（1596年）。该建筑设计相当独到，在力学的运用方面更是颇为娴熟——八面均用斗拱承重，且皆由右侧旋转至顶，呈螺旋状。故而文昌宫也有另一名号“旋螺殿”。

梁思成曾多次前来考察，赞道：“其梁柱结构之优，颇足傲于当世之作。”他以旋螺殿为原型，并将其原理运用到1945年参加的联合国会议大厦顶部的设计中。他更是将旋螺殿精巧地设计写入了《中国建筑史》的古建筑实例中，引得许多建筑学家前来参观学习。

惠光寺

原名禹王宫，建于清道光十一年（1831年），是李庄现存最大的清代建筑。殿宇坐南朝北，由一主一次两个四合院构成。

九龙碑位于惠光寺内，碑上刻有九条遨游在云海中的神龙，石碑雕刻手法精湛，均可细细分辨出头、身、尾，龙口中还含有宝珠。

张家祠

张家祠堂是清道光十九年（1839年）时，由张氏从族人手中买下的大宅，目的是为表达张氏子孙爱敬祖先之心。

叙府龙芽科技园

全国农业旅游示范点

宜宾市翠屏区

叙府龙芽科技园地处宜宾北面，是以推广茶文化为主题的生态茶园。园内山水相映，茶园连绵起伏，景色清雅。园内还设有现代茶叶加工车间可免费参观。

玩家 攻略

叙府茶叶科技园内的茶食很有特色。所谓茶食，就是用茶作为原料或者辅料制成的菜肴和小吃等，在制作手法上独树一帜。园内餐厅还特别推出了全茶宴，有兴趣领略不同茶料理的游客，不妨尝试。

龙芽桂花笋：取以竹笋、鸡蛋、叙府龙芽茶叶以及现摘的嫩茶叶为原料，下锅翻炒，再加入叙府龙芽茶汁调味。整道菜入口清香、爽脆。

南国相思：先用铁观音茶泡制红豆，再煮熟，继而和铁观音茶叶一并下锅，先炒后炸。口感酥脆，茶香浓厚。

茉莉香排：在蒸笼上先铺上大把的新鲜茶叶和叙府碧螺春，再装入裹上米粉和香料的猪排，上笼屉蒸熟。排骨微辣，但被清新的茶香裹着，别有风味。

茶香竹鸡：将茶汁点入卤水卤香，先装入竹鸡下锅油炸，后放入铁观音茶一并炒。竹鸡外酥内脆，混有铁观音的香味。

五粮液旅游景区 AAAA

酿酒圣地

宜宾市岷江西路150号

五粮液旅游景区被誉为“十里酒城”，由501明清古窖池群、503明代古窖泥活态保护群落和江北总部基地三大片区构成，是全球规模最大、古老与现代完美结合的酿酒圣地。其主要景点有五粮液酒文化博览馆、安乐神泉等。

玩家 解说

五粮液是大曲浓香型白酒，也是中国名酒。这种酒用小麦、大米、玉米、高粱、糯米5种粮食发酵酿制而成，酒味醇厚，入口甘美醇香。而宜宾，就是五粮液的故乡。

早在宋代，宜宾古城就有姚氏家族开了私坊酿制“姚子雪曲”，这就是五粮液最早的雏形；1368年，宜宾人陈氏继承姚家的产业，提炼秘方后制成“杂粮酒”，后为晚清举人杨惠泉改名为“五粮液”。酒名就此流传下来，现由宜宾五粮液集团有限公司酿制。

论及宜宾地区的酿酒历史，那要追溯到更早之前，比如先秦时代僚人酿制的清酒、秦汉时期僰人酿制的蒟酱酒、三国时期鬏鬏苗人用野生小红果酿制的果酒等，都有着自己独到的酿造方法。但南北朝时期彝族人的咂酒，开创了多种粮食酿酒的先例。

在酿造时，先将小麦、青稞或玉米等粮食混合煮透、晾干，再加上酒曲拌匀，盛于陶坛中，用稀泥将坛口密封，并用草料覆盖，让其发酵，10余天即成。

叙府龙芽科技园

景点推荐

宜宾周边景点

石城山
理想避暑地

宜宾市叙州区横江镇境内

石城山山势由西南向东北倾斜，地貌呈浅丘状，高低错落250米以上，其方圆20多千米，其特殊的地理位置易守难攻，自古为兵家必争之地。

石城山错落有致，气势磅礴，气候温和，四季分明。山中气温低于山下6～7℃，是理想的避暑胜地。

红岩山
神秘险峻的丹霞地貌

宜宾市主城区南郊，高县东北部

红岩山主体呈北东—南西走向，由云风寺为主体的几十座小山峰组成，因整个山体呈红色而得名，为典型的丹霞地貌。发育始于第三纪晚期的造山运动。

红岩山山体神秘险峻，植被繁盛。景区风景秀丽，旅游资源得天独厚，自然与人文景观协调，融山、水、林为一体，是人们游玩休闲的好地方。

玩家 攻略

山中有许多景点，山顶上有摩崖造像可供欣赏。山下有红岩人家等农家乐提供舒适、幽静的住处和农家的特产及食物。在桃、李、柿等各种果实成熟时，还可供游人观赏采摘。

塘坝茶文化主题公园
一个街跨两省，一步3000年

宜宾市筠连县塘坝乡

沿成自高速宜宾可下景区

塘坝茶文化主题公园是全国首个融茶园观光、茶叶采摘加工、茶艺表演、茶马古道体验、茶风情特色游为一体拥有完整产业链的茶文化景区。

作为南丝绸之路上的塘坝乡，有着保存较为完好的茶马古道和旧时驿站，景区内生态环境优美、植被丰富、溪水潺潺、山清水秀，让人感受“好山好水出好茶”和“一街跨两省，一步3000年”的塘坝风情。

玩家 解说

筠连是一个古老而神秘的县城，是一个充斥着现代文明却又处处可见历史文化沧桑的川南古城。南丝绸之路——秦五尺道，茶马古道，是跨越川滇的重要驿站。是“四川最美乡村之一”，峨眉电影制片厂《槐花几时开》的拍摄地。

筠连全县1/3地域为苗族、彝族等少数民族区域，融丰富多彩的民族文化与美丽的田园风光、如诗如画的山水景致为一体。

南溪古街 AAAA

川南休闲第一街

宜宾市南溪区 免费

南溪古街是南溪悠久历史和厚重文化的诉说平台。作为川南休闲第一街，其不仅是南溪千年文化的博物馆，同时也是当代南溪的会客厅。

历史文化与现代商业结合，古典与时尚元素并存，是这座千年古城历史、现在与未来的融合点。在游客感受川南民俗文化、巴蜀人居特色的同时，也能充分体会到现代南溪人民热情、质朴、包容和与时俱进的民风。

玩家 解说

古街建筑理念上体现“巷穿城、水融街、楼重院”的思路，将南溪民俗文化和码头文化巧妙地融为一体。

古街建筑风貌上体现了从明清到民国时期的川南建筑风貌，完整保留了骑楼、天井、马头墙等各地方传统建筑元素，并做到了“千楼千面”，原汁原味地体现了川南巴蜀传统人居特色。古街经常举办一系列民俗活动，如同一幅充满生活气息的川南民俗风情画卷。

佛来山

风景秀丽的佛教名山

宜宾市长宁县开佛乡 全天

佛来山海拔694米，由80多个小山组成。景区面积达14平方千米，主要有石燕子、佛临三潭、水口、佛顶四大景区。

玩家 攻略

在梨花盛开的时节，有雅兴的人可以在长宁开佛乡下车，一路步行上佛来山。两侧田园山水风光和梨花争胜的美景，足以让人心旷神怡。

前往来佛山，也可自驾车，道路条件很好。自宜宾到开佛乡，只需40分钟。

南溪古镇

玩家 解说

佛来山曾是佛教名胜。早在唐朝，山上就已建造了佛寺西明禅寺，又于明洪武年间重新建造。山上寺庙的规模到清朝达到鼎盛，香火也极其旺盛——有庙宇近10个，占地2.7公顷，僧侣200余人。

僰王山景区 AAAA

省级重点风景名胜区

宜宾市兴文县博望山镇 0831-8659218

僰王山是宜宾的一座古名山，地处蜀南竹海和石海洞乡两大风景区之间。历史上山中最早的土著居民为一支神秘古老的南方少数民族——僰人（五斗夷）。至今，山上还保存着僰人的战场遗迹。

僰王山植被葱翠，清幽静雅，山门沟谷溪流、瀑布湖潭、洞穴奇石等自然景观浑然天成。

僰人悬棺 AAAA

古老神秘的墓葬形式

宜宾市珙县洛表镇麻塘坝村及曹营乡海棠村邓家河北岸

可从宜宾乘火车至珙县，再换乘汽车到悬棺最集中的麻塘坝和苏麻湾等地参观

宜宾地区的“僰人悬棺”，目前已发现并保存265具，多是明代之物。这些棺木，大多头大尾小。棺木取材整木，用子母扣和榫头固定住。当时的人们会用麻布裹尸，仰身直肢葬法，脚下会放一些随葬品——陶瓷器、木竹器、铁器和麻织品等，以麻织品数量最多，丝织品最少。

玩家 攻略

珙县有一道独特的地方小吃，叫洛表猪儿粑。这道小食已有数百年的历史，入口不粘牙，其味清香，很有弹性，多食不厌。

玩家 解说

说起僰人，最初的记载就要提到《吕氏春秋》。僰人身上的标签一直都和骁勇善战有关，

僰人悬棺

如彪悍、善骑、勇武等。周朝时，僰人助武王伐纣，立下战功，率先在“无君”的西南建立了“僰侯国”。立国之后，僰人开始在这片土地上繁衍生息。直到明朝的中后期，僰人整个种族消失，但其消失之谜却未曾解开。有一说是僰人与朝廷发生战端，整族被剿灭，幸存者都纷纷隐姓埋名，远走他乡。

僰人主要以渔猎和种植业为生，其文化独特，以悬棺最为神秘。从考古的实物分析，可以知道最早的悬棺可以推算至距今1000多年的宋代，而最晚的悬棺可以推算至距今400多年的明朝中后期。

1935年，僰人悬棺开始引起注意，有一位美籍学者葛维汉（Dcgraham）专程从成都前往珙县考证，并撰写了《川南的“白（僰）人坟”》这一科研文章；1941年春，梁思成、林徽因、刘敦桢、陈明达一行前往曹营乡苏麻湾考察，都一度引发了研究热潮。

芙蓉山

以山林湖泉等景观取胜

宜宾市珙县珙泉镇西郊 从宜宾到珙县可搭乘火车，也可在南岸汽车站搭乘班车前往

芙蓉山风景区面积22平方千米。因山上的石头表面均为烟墨色且山形好似株株芙蓉，山也由此得名。山上曾是川南佛教圣地之一，有数十座寺庙，现存遗迹多处。

玩家 解说

芙蓉竞秀是珙县八景之一，最能体现“竞秀”之感的地方是山腰的大洞沟一带。这里山形很像马头、马嘴、马鞍。这里晴日能看朝晖晚霞

的层林尽染，雨天能看云雾缠绕显现的万马奔腾，气势壮观。

夕佳山古民居 AAAA

明代古民居群

宜宾市江安县夕佳山镇境内　全天

从宜宾乘汽车或轮船到长江边的江安县城，再换乘公共汽车前往，江安至夕佳山车程约40分钟

夕佳山民居为庄园式民宅，是我国目前保存最完整的古代民居建筑群之一，被誉为“中国古民居活化石”。

民居由若干个大小不等的四合院落构成。夕佳山民居建筑装饰很有艺术价值，窗棂、板壁上雕刻楼台亭阁、山水人物、花卉瑞草等图案，有着浓郁的地方特色。

玩家攻略

江安最佳的游览季节应是夏季6—10月，那里绿树成荫，正是避暑的好地方。

玩家解说

古民居的建造相当用心，注意细节，在门窗、脊顶、斜撑、柱础、墙饰部分的雕刻都很用心思。比如正厅的28扇木制窗门，正中4扇是“渔”“樵”“耕”“读”四幅镂空雕的图画，下面配“福”“禄”“寿”“喜”4个木刻篆字。这正是黄家家训，要求子孙后代要不忘耕读，才能年年有余。至于后厅院墙上的雕塑，以蝙蝠、铜钱和龙凤为主，则寓意“眼中有福，福运滚滚”。

双腾岩溶风景区

以溶洞、温泉、峰丛等景致为主

宜宾市筠连县双腾镇　40元

双腾岩溶风景区，位于筠连县境内。景区面积达130平方千米，以溶洞、温泉、峰丛等景致为主，主要景点有岩溶峰丛、仙人洞、沐井温泉等。

岩溶峰丛：这一带是川南溶蚀洼地发育最为典型的地段之一，岩溶石峰主要分布在巡司河的上游和中游一带。

仙人洞：位于腾达乡境内。洞前有溪流，并在洞口跌落成水帘。虽说终年流水不断，但水量充足时景致更佳。

沐井温泉：位于巡司河西岸。这是四川盆地内现水温最高、流量最大的温泉，涌水状溢出，水温52℃～56℃。

老君山

自然、人文景观齐全

宜宾市屏山县

老君山位于宜宾市屏山县，因当地民间传说太上老君在此修道成仙而得名。

这里有着大量的古生物群落，还有丰富的人文景观，如古立佛、古石刻、古墓群、古营寨、古寺庙、古场镇等。整个景区森林资源十分丰富，被誉为“阔叶树博物馆”。

夕佳山古民居

景点推荐

内江旅游区

内江大千园旅游景区 AAAA

为纪念张大千而建

内江市东兴区东桐路圆顶山

0832-2255773

大千园旅游景区主要为纪念被誉为“五百年来第一人”的张大千而建。景区自然与人文荟萃，拥有张大千纪念馆、张大千博物馆、张大千美术馆、张大千故居、西林古寺、鹭澜洞崖墓群、太白楼、西林古渡等景点，是一处以书画文化、名人文化、宗教文化为主题的文化旅游景区。

张大千纪念馆展出了数百件照片、实物、诗笺、书信、画稿、画集、书籍及书画作品，展示了张大千的生平事迹、艺术历程、艺术特色、艺术成就等。

圣水寺

有“中川第一禅林”之称

内江市市中区西郊3千米的沱江之滨

圣水寺号称“中川第一禅林”，因其历史久远，古迹遍刹，高僧大德辈出，在四川佛教界享有崇高的地位。圣水寺初建于唐代咸通年间（860—874年），宋代始名兴慈禅院，后因寺后山有泉水流出，且终年不涸，甘甜无比，被视为灵泉，故更名为“圣水寺”。

玩家 解说

千手观音石刻造像，高、宽各8米，代表了唐代石刻艺术的风范。圆觉楼里的十二圆觉像，代表了宋代石刻造像风格。此外，明代所建的石拱桥和放生池以及藏经楼前经幢都具有很高的史学价值。同时，圣水寺内的书法作品更是琳琅满目，美不胜收。特别是明代的“名相大儒”赵贞吉所书“圣水寺”和“书圣水岩石”豪情奔放，飘逸俊秀，具有很高的艺术价值。

隆昌石牌坊群 AAAA

素有“立体史书”之称

隆昌市金鹅镇南北二关　40元

9：00~17：00　乘坐1路、3路、7路公交车可达

隆昌石牌坊群是明弘治九年（1496年）至清光绪十三年（1887年）间“奉旨”建造，距今已有500余年历史。目前，石牌坊在我国各地都很少见，只有隆昌的石牌坊群是呈规模、分类别出现的，而且建造工艺精湛、造型端庄、雕刻精细、保存完好，实属全国罕见，具有很高的民俗史料价值和完美的艺术价值。

玩家 解说

从古代南北朝到隋唐以来，隆昌因地理位置优越，一直是商贾云集、文人辈出的地方。随着时间的推移，一些官吏或者名流，本着“万古流名”或“惩恶扬善”的目的，开始兴建牌坊，到明清时期为最。

隆昌石牌坊群

链接

警示牌坊的传说

从前，隆昌有个强盗出身的绿林好汉，领了一帮兄弟占山为王，后来好汉遇到一次注定的机缘，在一位高人的指点下，他弃恶从善，兄弟们也放下屠刀，在他的领导下做起了生意。再后来这帮好汉居然经商成功，过上富足的生活。为了纪念他们这种强烈的“反差”，人们修起这座“警示牌坊”，教育后人要知错就改。

云顶镇

素有“古寨之乡”的美誉

隆昌市云顶镇

云顶镇是全国两大古寨之一。云顶古寨始建于明朝洪武四年（1371年），距今已有600多年历史，是隆昌最具特色的旅游资源，在四川乃至西南都具有唯一性。

玩家 攻略

云顶寨城墙下的云顶场是一处古老的小集镇，著名的“鬼市”即是这里。其来由是以前怕土匪骚扰，农民赶集都在半夜，故形成了“鬼市”的集市传统。那里的赶集时间是农历的二、五、八，如果有赶集的兴趣，务必在一、四、七就要赶到山上，才能有幸光顾。

玩家 解说

云顶古寨被国家文物部门誉为“千年古城堡、万担收租院、方圆百平方千米庄院的微缩景观、民俗文化的活化石”，郭氏家族在云顶寨聚居600多年，发展成为一个与安徽桐城方家齐名的大家族。云顶古寨是郭氏家族垒石成墙、筑寨自保的族居地，寨墙规模宏大，高大雄伟，寨楼、炮台、兵棚、马房、仓库、武器库、蓄煤池等一应俱全，内容和形式构成上同欧洲的古堡有异曲同工之妙，在国内实属罕见。

铁佛古镇

有深厚的文化渊源

内江市资中县城西24千米处

铁佛古镇因镇内有铁佛寺而得名。清乾隆五十三年（1788年）建成，古镇由上街、中

罗泉古镇

街、下街、禹王街、猪槽街、新街组成。此外，古镇还有禹王宫、四川人建的川主庙、万寿宫、林家祠、王家祠等古建筑物。另有保存基本完好的七道榨子门。

玩家 解说

古镇名铁佛，与佛教有关。清乾隆五十三年（1788年）建成，嘉庆、咸丰、光绪年间相继续修。铁佛镇最初名老店子，仅有几间店铺。清康熙三十九年（1700年），人们将近在1千米外太平场的一尊铁佛（该寺已毁）迎到附近的新津寺，佛为明代万历三年（1575年）铸造，高1.4米，当搬运途经老店子歇息时，铁佛生根，再也搬不动了。于是僧人融亮在此建庙，取名铁佛寺，小镇因铁佛寺而得名。

罗泉古镇 ⓧ

优雅古朴，形制婉若游龙

内江市资中县罗泉镇

罗泉镇是四川省的历史文化名镇，罗泉又名“罗泉井”，古镇又名“龙镇”，该镇始建于秦朝，已有1700多年的历史。该镇以古建筑的集中分布为特色。古镇的建筑大部分是明朝末年、清代和民国年间的建筑，整个罗泉镇布局呈龙形。

链接

罗泉由来

三国时，蜀丞相孔明兴师南征曾扎营罗泉镇营盘山，因连续干旱无雨，山上水源奇缺，孔明遂派兵在珠溪河畔挖井取水，只几天工夫，挖井成功，井底涌出泉水。孔明接到兵报大喜，亲自到井边察看，只见井中泉水清澈透明，即命侍卫官取水试用，侍卫官饮水后感觉甚好。呈孔明品尝，孔明饮后灵性即来，他见井中泉水涌出，井似箩筐大小，即命名此井为箩泉井。而后清朝时一姓罗的府衙不满资州一姓竹的州官比他官大压在他的头上，便将箩上的竹头去掉，简称“罗”，并将“罗泉井”作地名使用，后又将“井”字去掉俗称罗泉。

翔龙山摩崖造像

世俗化的袖珍石刻画廊

内江市市中区翔龙路3号

免费

翔龙山摩崖造像始凿于唐代，现存造像61龛，有大小造像368尊，高者达8米，小者仅数厘米，俨然一处世俗化的袖珍石刻画廊。造像人物形态各异，造型精致，栩栩如生，体现出不同历史时期的雕刻造型艺术风格，具有重要的艺术价值。

资中文庙、武庙 ⓧ

布局严谨、造艺精湛

内江市资中县城北郊重龙山麓

20元

9：00~17：00

内江汽车站乘坐汽车可达资中县

资中文庙、武庙位于资中县城北郊，两

者相距仅约百米，二庙对峙而立，全国罕见。文庙原来在大东街，清道光九年（1829年）迁到此地，仿照曲阜孔庙修建。武庙始建于明嘉靖年间（1522—1566年），是古代供祀三国时关羽的庙宇。

玩家 解说

文庙的主要建筑都是覆琉璃瓦，正脊饰宝鼎、蟠龙，翼角飞翘，轻盈飘逸，极具南方古建筑俏丽精巧风格。大成殿内藏有清康熙、雍正、乾隆、嘉庆、道光、咸丰、同治、光绪八位皇帝书写的匾额及民国时蒋介石、林森题写的匾额，有全国在大成殿内唯一的一尊孔子站像，以及镂空雕刻九龙二凤盘绕金底黑字、全国最大的明“至圣先师孔子神位”。明成化年间有“御制重修孔子庙碑记”、清康熙皇帝御书“大学碑”。最具资中地方特色的照壁壁间七孔镂空壁塑，图案精美，由云海波涛、蟹虾鱼龙、坊塔石树、鱼跃龙门等构成，寓意古代仕子如江河中之鱼，只有不断努力进取，经尊孔尊儒的教化，才能最终跳龙门由鱼成龙达到人生的光辉顶点。

重龙山风景区

文物荟萃、风景如画

内江市内江古城东北隅

9：00－18：00

重龙山风景区位于城东北0.5千米处，

资中文庙

自古以来为游览胜地。重龙山古木参天，全是大可合围的楠木合香樟树，植被茂盛，空气清新。山上名胜古迹甚多，大都保存完好。之后公园还建有茶园、陈列室、动物园、饭馆等，是一处文物荟萃、风光如画的旅游胜地。

玩家 攻略

重龙阁下有一个游乐园，园内奔驰着各式各样的电动车，家长可以带孩子们去玩一下。

佛尔岩

四川最大的弥陀接引佛

内江市威远县东联镇境内

威远县城每天有公共汽车直通佛尔岩

佛尔岩大佛为唐代摩崖造像。大佛身高11.82米，是已发现的四川省内最大的弥陀接引佛。大佛身披袈裟，袒胸裸肘，腰系宽大褶裙，左手托舍利于胸前，右手长垂，倚北面南站立于莲台之上。佛像方正丰硕，两耳垂肩，慈眉善目，庄严古朴。

大佛左侧有四座摩崖佛龛，造型精美。佛龛之下有山泉涌出，终年不断，水质清澈透明，口味甘醇，大佛下方新建有大雄宝殿，富丽堂皇。每逢庙会，游人络绎不绝。

船石湖

山水如画

内江市威远县连界镇

船石湖因大坝左侧半岩崩裂下塌，一巨石坠入湖中形如渔船而得名，湖区群山环抱，奇山怪石点缀其间，令人浮想联翩，孕育出许多神奇的传说和动人的故事。

正面陡峭的山崖上人工凿壁打造出长20余米、宽2米左右的“相思洞天”。洞内有浮雕10余幅，讲述着“湖底石郎鱼做伴，湖岸红豆泪洗颜”的动人故事。

景点推荐

自贡旅游区

自贡恐龙博物馆 AAAA

三大恐龙遗址博物馆之一

自贡市大安区桑海井路4段268号

0813-5801235

40元

8:30~17:30(17:00停止售票),全年开放,无休闭馆日

自贡恐龙博物馆是在自贡“大山铺恐龙化石群遗址”上就地兴建的一座大型遗址类博物馆,是世界上收藏和展示侏罗纪恐龙化石最多的地方之一,我国第一座专门性恐龙博物馆,被誉为“世界上最好的恐龙博物馆”“东方龙宫”。

玩家 攻略

普通话讲解:1~7人,300元/场;8人及以上40元/人。

外语讲解:1~10人,600元/场;11人及以上60元/人;须提前一周预约。

玩家 解说

1.藏量巨大。馆藏恐龙及鱼类、两栖类、龟鳖类、蛇颈龙类、鳄类等个体200多具。其中恐龙种类包括原蜥脚类、蜥脚类、兽脚类、鸟脚类和剑龙类等,数量占全四川总数的1/2,占全国总数的1/6。

自贡恐龙博物馆

2.种类丰富。这里的化石是一个从鱼类、两栖类、爬行类到哺乳类至少由5个纲、11个目、16个科、40余个属种组成的门类齐全的脊椎动物群组合。目前，共有古脊椎动物36属47种，其中恐龙21属26种。几乎囊括了侏罗纪早、中、晚期的所有恐龙类别。

3.遗迹壮观。馆内的化石埋藏厅是世界上可供观览的最大规模的化石埋藏现场之一，化石富集程度为世界之最。同时，在遗址上还保留着一条较完整的地质剖面，更有其特殊的地质意义。

4.完整度高。馆藏恐龙及其他古脊椎动物化石完整度都很高，大部分为关联保存在一起的完整骨架。在已发掘出的200多个个体中就有40多具完整率在60%以上的骨架，完整率在80%以上的骨架有10多具。

5.精品荟萃。除保存完好的恐龙外，还有恐龙皮肤、恐龙蛋、恐龙足迹、恐龙尾椎等稀有的遗迹化石，以及翼龙、蛇颈龙、鳄、鱼、龟和桫椤、银杏等许多与恐龙同时代的动物和植物化石。

6.价值特殊。博物馆所拥有的中侏罗世恐龙化石在恐龙演化史上具有填补空白的重要意义。在大山铺恐龙动物群发现之前，早、中侏罗世的恐龙化石仅零星见于北非、东亚、西欧和澳大利亚，以致在恐龙进化系列上不能很好地衔接，存在“盲区”。大山铺这一丰富的中侏罗世恐龙化石群的发现，恰好填补了恐龙演化史上的这段空白，对研究恐龙及其相关古动物的系统演化、生理特征、生活环境等具有十分重大的科学价值。因此，这里被学界誉为“世界恐龙化石发掘研究史上近二三十年来最大的收获”“世界侏罗纪恐龙研究的圣殿”。

7.景致优美。恐龙博物馆主馆造型独特，园区内有大量的铁树、银杏、松柏等中生代植物，特别是移植了30余株与恐龙同时代有“活化石”之称的植物——桫椤，充分地营造了恐龙生活的史前环境。

三多寨

川南寨堡之冠

自贡市大安区三多寨镇牛口山

三多寨海拔436米，占地1.25平方千米，建成于清咸丰九年（1859年）。该寨的名字是合三姓共建之功，寓庄子三多之意，有“多福、多寿、多男子”的意思。三多寨整体布局严谨，寨内设施齐备。

三多寨寨墙、寨门、府第大部分已毁

坏，现仅存西寨墙几百米。近年来当地政府已恢复寨墙1000余米、寨门2道，配备了必要的娱乐休闲设施。此外，三多寨近13万多平方米梨园内的1万多株梨树也别具特色，三多寨已成为自贡市重要景点之一。

富顺文庙 AAAA
建筑精美的宋代建筑

自贡市富顺县城中心

自贡乘坐3路、7路公交车在大南门下

富顺文庙是我国保存完好、规模宏大、建筑精美的宋代建筑。在四川省所有文庙中，富顺文庙以其建筑规模、保存完好以及独特的建筑、雕刻艺术而独树一帜。其坐北朝南，背靠神龟山，面向沱江，不仅符合古代风水学的原则，还具有皇宫气派。

玩家 解说

富顺文庙有“五绝”。一是棂星门由3组石坊组成，中间一组石柱高达22.65米，为各地文庙所罕见。

二是大成殿面积532平方米，共用大圆柱50根，殿高30米，整个梁枋、檐板都是精雕的龙凤麟狮、虫鱼花鸟。

三是孔子石刻像奇。此像不着冕旒，线条简洁明朗，衣着飘逸自然、形象逼真，是稀世珍品。

四是龙的世界。文庙内有大大小小各具形态的雕龙300多条，有浮腾在20余米高空的巨龙，有蜿蜒于泮池“状元桥”上的九龙，大成殿屋脊上有飞龙。

五是崇圣祠上的裸体男陶人至今是个“谜”。

荣县大佛寺 AAAA
中国第二石刻大佛

自贡市荣县旭阳镇大佛寺1号

0813-6161156　40元（淡季），50元（旺季）

8:30~17:30

荣县大佛寺景区位于自贡荣县城区，以大佛寺为中心辐射分布有许多景点。大佛禅寺始建于唐代，内有四川第二大佛，气势雄伟，衣纹流畅，神韵飘然，是中国石刻遗存之艺术瑰宝。

荣县大佛

玩家 解说

相传从前有一年农历四月初八，一对师徒相约用一晚上的时间比谁凿刻的佛像又多又好。师傅到天亮时刚好刻完1000尊佛像，与徒弟会合时，徒弟已在恭候，他问徒弟刻了多少尊，徒弟说：“刻了1尊。”师傅当即给了徒弟一耳光，气愤地下山了。他边走边想：“徒弟学艺已成，怎么会只刻了1尊呢？”于是便到徒弟刻像的地方去看，一看惊呆了：佛像头与山齐，十分壮观。自己刻的佛像高的不过十几米，千尊也比不过徒弟的1尊。等他缓过神来跑回去时，却发现徒弟已被自己打死了，他抱着徒弟的尸体放声痛哭，最后气绝身亡。师傅刻佛像的山崖，因有千尊佛像，俗称千佛崖，而徒弟所刻的佛像就是今天的荣县大佛。

吴玉章故居 AAAA
为纪念吴老诞辰110周年所建

自贡市荣县城双石镇蔡家堰村18组

0813-6900299

吴玉章故居位于荣县南部，国家拨专款在旧居之西重建吴玉章故居和陈列馆。故居由吴玉章故居陈列馆、公墓、树人苑三部分组成。

陈列馆是砖木结构的四合院，中间是吴老半身胸像，故居内陈列有徐向前元帅亲笔书写的“革命先驱”手迹以及吴老生平事迹照片、史料，吴老用过的实物，全国各界知名人士书写的字画等2400余件。现在已经成为自贡市的爱国主义教育基地。

盐业历史博物馆

中国唯一的盐业历史博物馆

自贡市自流井区解放路173号

0813-2205577

35元

8：30～17：30

在自贡乘坐10路、35路公交车可达

盐业历史博物馆原为到自流井经营盐业的陕西盐商集资兴建的西秦会馆，始建于清乾隆元年（1736年），道光七年（1827年）大规模扩建过一次。

博物馆设计精巧，融明清两代宫廷建筑和民间建筑为一体，规模宏大、金碧辉煌。博物馆展出各种古代钻井、治井、找捞工具，真实地再现了千年盐都井盐生产技术的演进和变革。

玩家 解说

该馆曾被联合国教科文组织以《盐都自贡技术博物馆》为题向世界各国介绍。馆内收藏、陈列有大量的有关井盐发展的史籍、文献、实物，展示了自李冰开凿广都盐井以来，2200多年中四川盐业生产的进程，对研究古代盐业史、科技史、经济史具有十分重要的价值。

燊海井 AAAA

全国重点保护文物

自贡市大安区阮家坝山下

0813-5106214 全天

市内可乘坐3路、35路公交车到达

自贡燊海井坐落在大安区阮家坝山下，井深1001.42米，是世界上第一口超千米的大井。该井开凿于清道光三年（1823年），历时13年凿成，黑卤、天然气产量巨大，为世界罕见。燊海井灶几度更名，先为元昌灶、

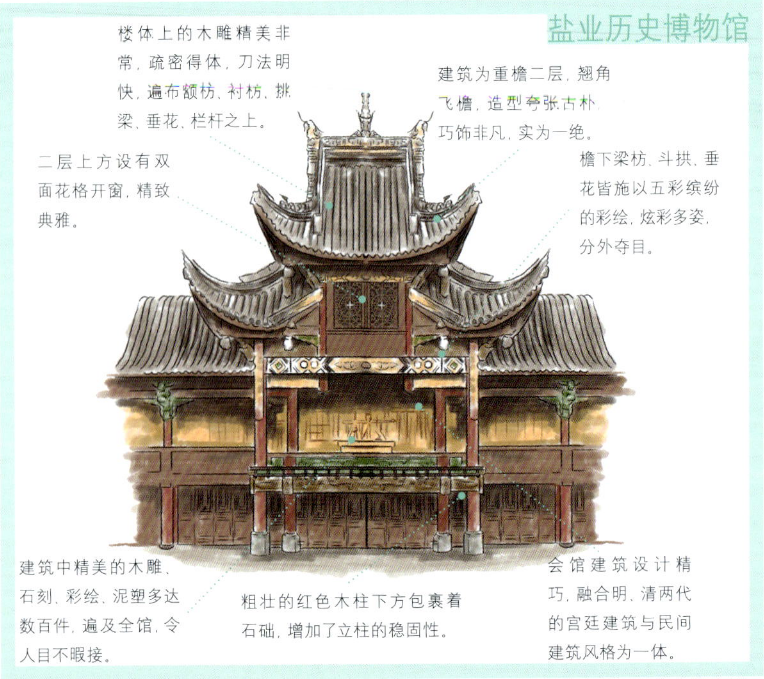

荣华灶、乾元灶、四义灶，后改名益记德新灶、新记同森灶、君记同森灶、益记同森灶、金和德星灶、福记同益灶、建记同森灶7个灶名。

如今，燊海井灶修葺一新，恢复了当年用牛汲卤、用井里产的低压天然气熬盐的真实情景；保留了那巍然挺立，用一根根圆木、篾索捆制而成的、高达18.3米的“天车”；运用杠杆原理，由数人在碓架上一脚脚蹬踩冲击打井的木碓架。这座古盐井的旧遗迹对外开放，供中外游客参观。

中国彩灯博物馆

中国唯一彩灯博物馆

自贡市自流井区公园路6号

0813-2305061

免费 9:00～16:30

中国彩灯博物馆是中国乃至世界唯一的关于彩灯文化的专业博物馆，是自贡“南国灯城”形象的重要标志，被誉为“天下第一灯，世界第一馆”。整个博物馆建筑尽显彩灯艺术特色，曾获中国建筑设计最高奖“鲁班金奖”。

玩家解说

每年的农历新年前后一个月当地会举行盛大灯会，期间有放天灯、舞龙灯、戏狮灯、闹花灯等活动，规模宏大，各式各样的彩灯十分耀眼。

更多本旅游区景点

仙市古镇：位于自贡市沿滩区釜溪河畔，是釜溪河当年盐运重要码头之一，素有“中国盐运第一镇”之称。

尖山自然风景区：该景区位于贡井区西部荣边镇境内，以林地和湖光山色为主要特色，一年一度的“三月桃花会”为自贡市重大的旅游活动和“旅游套餐”之一。

贡井天池寺：位于自贡市贡井区天池路188号，因寺内有一个大池而得名。该寺建于明朝洪武年间，距今已有600多年历史。

刘光第墓：原在赵化镇罗汉寺，1984年迁葬于县城五府山革命烈士陵园后部，供后人凭吊。赵朴初为刘光第墓题写了墓碑。

高石梯森林公园：位于自贡市荣县铁厂镇，早在清光绪三十三年（1907年）就被基督教会华西教区列为外国人在四川的四大避暑胜地之一。

金花桫椤自然保护区：位于自贡市荣县金花乡，景区目前生长着15 700多株成片的桫椤群，具有较强的观赏性，是与恐龙化石配套的自贡极珍贵的旅游资源。

双溪湖风景区：位于自贡市荣县旭阳镇北郊，以湖光山色清幽秀美为特色，成为荣县最有特色的旅游胜地，是商务洽谈、旅游观光、度假休闲的理想场所。

自贡灯会

景点推荐

泸州旅游区

方山风景区

有蜀南最大的佛教丛林

泸州市江阳区方山镇

0830-3710264

可乘坐376路、387B路公交车前往

方山旅游区是川南历史上著名的佛教圣地和旅游胜地，因景区林木葱茏、奇峰隽秀，自古就有“小峨眉”的美誉。方山植被丰富、空气清新，主要树种有桢楠、梓树、柏木、檫树等，还有索道、旱地雪橇等项目。

玩家解说

论起面积，方山并不算大，但满山66万多平方米的古木和常青的松柏翠竹，特别是上万株的古桢楠，给方山打下了不输他山的气势。

当然，万山区域足够容下数十个寺庙，有当

方山

年诗句为证："方山云峰四八寺，黄瓦红墙绿海中。"只是沧桑历尽，这些寺庙也大多完成了传法的使命，消失于历史的尘烟中。

张坝桂圆林 AAAA

中国最大的桂圆林种植基地

泸州市江阳区茜草镇境内

0830-3322222 免费

泸州市内乘坐275路公交车至张坝景区西门下

张坝桂圆林风景区位于泸州城东郊，是中国北回归线上最大、最古老的桂圆林。主景游览区以游览桂圆林生态环境为主，同时结合人工园林，绵延十余里，全是绿树掩映，茂木繁盛，空气极为清新。

桂圆林边上，每逢枯水季节，就有一个66万多平方米大小的沙石滩出现。石滩中的奇石多不可数，造型各异，具有极大的收藏与观赏价值。桂圆林的尽头，则是中国唯一一个淡水桃花水母湖。这种自15亿年前就存在的海洋生物桃花水母，每到春节便聚集于湖中，欢快畅游。

玩家攻略

入景区前可自带防蚊虫叮咬的药水，以防止皮肤过敏。

泸州大曲老窖池

中国第一窖

泸州市江阳区下营沟21号

泸州大曲老窖池始建于明代万历年间，有4口窖池纵向排列。这窖池均为鸳鸯池，即每口窖池内为2个地坑，中间以池干分开，粮糟发酵时，2个池坑作为一个窖池，以提高容量。

大曲老窖池更是中国浓香型大曲酒的发源地，有"中国第一窖"之誉。

张坝桂圆林

玩家 解说

相传明代万历年间泸州出了一位舒姓武举人。他曾在外为官，嗜酒如命，晚年卸职还乡后，便开始在泸州城南的运沟首制窖池酿酒，作坊牌号为“舒聚源”，此后易主相传。

这便是泸州以酒城扬名天下的初端，也是第一个成名前的步骤。而泸州的大曲老窖池，无疑是中国现存建造最早、持续使用时间最长、保存最好的酒窖池，也是唯一被作为全国重点文物保护单位的窖池。

泸州老窖旅游区 AAAA

泸州老窖发祥地

泸州市江阳区南城街道

0830-2393388

50元

09：00～17：30

市内乘坐148路、29路、209路等公交车均可到达

泸州老窖旅游区是中国浓香型白酒代表——泸州老窖的发祥地，景区内有物质文化遗产暨全国重点保护文物“国宝窖池群”、国家级非物质文化遗产代表作“泸州老窖酒传统酿制技艺”，还有蕴藏中国浩瀚渊源酒史文化的国窖1573广场、独特洞藏文化的天然储酒洞——纯阳洞、泸酒集中发展区等生产、观光现场。

泸州老窖旅游区

玩家 解说

购买50元的门票不仅有讲解服务，还可以品尝到国窖1573原浆酒，喜欢品酒的游客不要错过。

凤凰湖 AAAA

被誉为“西蜀玉珠”

泸州市纳溪区平桥村

0830-4699106

免费

凤凰湖景区是整个川南地区最大的天然氧吧，融湖光山色、高山峡谷、奇石怪崖、飞瀑洞宫为一体的风景名胜区。

黄龙堰是古代人工挖掘而成的渠堰，穿越龟蛇二山的陡崖险谷，就横卧在龟山的绝壁之上。两山之间，更有坠自堰口的银白色水帘，铺开了一场宽38米，高50余米的盛宴。

九狮山

泸州近郊旅游胜地

泸州市龙马潭区安宁镇

九狮山，景区占地面积11.2平方千米。景区景点繁多，有颇具传奇色彩的状元山、石雕一绝的千狮坛、长148米的铁索桥横跨醒狮湖，余者尚有十多个景点。

据说站在状元山上远眺，能看见非常独特的山势——九条雄狮引颈长啸迎面赶来，非常之壮观，九狮山也正得名于此。

玉蟾山景区

有“川南明珠”的美称

泸州市区以北泸县建政街

20元

9：00～17：00

从泸县县城乘车即可到达

玉蟾山在历史上曾是川南佛教名山，山上寺庙林立，庙宇巍峨，气象万千，每年观音盛会，川南各地香客游人云集于此，盛况空前。

如今圆通寺遗址上幸存的佛像石刻和摩崖造像400余尊依然吸引着现代善男信女，以佛教传说和民间故事为题材的明代石刻，大小不一，神采各异，风格独特。山上松、杉等古树参天，茶、桐、桃、李、梨遍野，大约有树木240余种，郁郁葱葱，环境舒适宜人。

龙脑桥

精雕细琢的古石桥

四川省泸州市泸县Y286

龙脑桥位于泸县县城福集镇北郊九曲河上，为泸州至隆昌的古驿道所经之地，修建于明代早期的洪武年间，距今有600多年的历史，它是中国最大的龙雕石梁板桥，中国古建桥梁专家评价龙脑桥是一座可以和卢沟桥和赵州桥相媲美的中国古代桥梁。

佛宝古镇

红石绿树相映的美景

泸州市合江县境内

全天

泸州客运中心每天向合江滚动发车

合江佛宝景区内有碧波浩瀚的竹海，有溪涧纵横、飞瀑流泉的水景，有起伏的群峦，是树种保存完整而丰富的常绿阔叶林带。

龙脑桥

回龙街

回龙古街（四川方言剧《傻儿司令》拍摄点）含多条古建筑保留完整的景点。佛宝古镇回龙桥建于道光二十年（1840年），桥街全用大青石铺就，栏杆是大青石雕刻成歇山式房顶式样，是当时福宝大漕河唯一一座石拱桥。

三宫八庙

三宫八庙即清源宫、万寿宫、天后宫，五祖庙、土地庙、张爷庙、禹王庙、火神庙、灯棚、王爷庙、观音庙。除王爷庙、灯棚、观音庙未在回龙街外，其余庙宇占整个回龙街庙宇数量的2/5。

惜字亭

惜字亭位于一棵大黄角树下，该亭虽不宏大壮观，但于浓荫下也颇显古朴。惜字亭共六层八方，每层每方都刻有深浮雕图案，且不相同，是"天后宫"烧钱化纸的地方，所以又叫"字库"，俗称"化钱炉"。

佛宝古镇街巷

法王寺

曾经的皇家寺庙

泸州市合江县西龙会乡

在合江乘坐到赤水和九支方向的车，在二里站下车，可以沿盘山公路走上山

法王寺始建于宋、元之际，兴于明、清。寺院内的所有建筑都是由整凿成的228根红色石柱托起，整个寺院全部选用红色石料筑基。巧匠在石料上的雕刻手法精湛，此处的石雕素有"天下石工第一"之誉。

玩家解说

法王，佛教教义中即是如来佛主。法王寺，即为如来佛主之寺，名号极大。故而千余年来，逢至农历四月初八——佛祖诞辰，该寺必定早晚钟磬相闻，集八方信徒朝拜。

法王寺始建于何时，目前尚无定论。史籍有言："欲知梵刹之因肇启兴，崇于宋元，历乎明，千有余岁。"据此推测，法王寺的建立当在756年唐肃宗之前。法王寺可谓历经兴衰，唐末战乱，宋末兵祸都将法王寺一损再损；元明时再创，又毁于明末兵燹和匪乱；等及战祸终平，庙宇仅剩大殿和三石田产，可谓损伤惨重。但万幸的是，乾隆年间有当地大姓人家，派人去成都延请高僧主持，重振法王寺。

笔架山景区

自然风光优美

泸州市合江县合江镇郊区5千米

笔架山的三峰耸立犹如笔架。自赤水河畔仰视此山，就好似笔架横亘河岸。山上有白鹿洞、九连洞、观心洞等古迹，自然风景秀美。有古庙云石寺一座，寺前寺后均有千株广柑、万棵楠竹相伴。墙上有清人重书宋黄庭坚《游安乐山记》。

玩家解说

隋朝道教盛行时，笔架山原称古安乐山，曾

有张天师画天符树一说。宋代苏轼得闻此事，登山赋诗："天师化去知何在，玉印相传世共珍。故国子孙今尚死，满山秋叶岂能神？"

唐代笔架山改名为少岷山。《名胜志》称："笔架山，山形挺拔秀丽，苍葱翠绿，山上云遮雾绕，烟霞锁谷，群山低伏环卫，长江、赤水百舸争流。"历代文人游览后，认为有青城之幽，大岷（峨眉古称大岷）之秀，可与大岷媲美，于是赠名"少岷山"，取其可与"大岷共存之意"。直至清代后才改名至笔架山。

笔架山地势险要，平地一山突起，长江、赤水河、习水河绕山而过，四周都是悬崖峭壁。南宋嘉熙年间，泸州曾在山上筑城，合江县址亦曾建于此。山中尚留存着当年的遗迹。

笔架山的山体，具有十分典型的红色丹霞地貌特征。此地红色砂岩发育良好，出露整齐，有良好的观赏效果。红色砂岩成形不易，岩面形成于1亿年前侏罗纪时代的湖相沉积岩，山脉隆起大约有400万年历史。因地处亚热带的关系，山顶风化作用严重，也才有了笔架山的山势。

尧坝古镇 AAAA

川南古民居的活化石

泸州市合江县尧坝古镇

0830-5633001

免费

全天

团队旅游可在合江包车前往

尧坝古镇历史悠久，是合江最早的六大古寨和八大古镇之一，并居六大古寨之首，如今已是享誉川黔的文化名镇、影视基地、佛教圣地，汇集了川、黔两省的浓厚历史文化和古风民俗，形成独具特色的川黔古镇。

尧坝旅游资源丰富，同时，古镇山水纵横，四季繁花争艳，被誉为"彩林之乡"。

玩家攻略

1.古镇的黄糕粑和红汤羊肉值得尝试。

2.古镇大小宾馆不少，可以去体验过去岁月的古镇家庭驿站。

3.源自明末清初的油纸伞，是尧坝的著名招牌，是有着400年历史的手工制品。

尧坝古镇牌坊

链接

杨家将后裔传说

相传家喻户晓的杨家将自南宋后，有一个后裔迁来尧坝，以看风水为生。一年，在尧坝以南7.5千米的莲花山葬一祖坟，这座山拔天而起，像观音坐莲台，山顶上有一块巨大的罐子石，左面山上有莲花石，四周万山环抱。杨家认为：如有福分，罐子石和莲花石都不倒，则朝朝代代能出将军，如无福分，如罐子石不倒，莲花石必倒。谁知刚葬下不到一月，莲花石未倒，罐子石却倒下了，还把墓中棺木打出数丈之外。至今杨家仍居住在龙挂山，却未再出将军，莲花石也和以前一样。

黄荆老林风景区 AAAA

令人向往的绿色宝库

泸州市古蔺县黄荆乡

58元

黄荆老林风景区所在的古蔺县西北部，

森林覆盖率达96%以上，是世界同纬度唯一保存完好的亚热带原始常绿阔叶林区，被誉为地球北纬28°线最后的处女地。

景区峰峦叠嶂、古树参天、沟壑纵横，环境幽雅，空气清新，是一个巨大的天然氧吧和令人神往的绿色宝库，也是天然植物王国和野生动物的乐园，国家珍稀动植物随处可见。游玩其间，深得山林之乐。

玩家 解说

景区会不定期举办皮划艇竞速赛、英雄会溯溪比赛、山地自行车赛过河等活动，如果想参加可以拨打咨询电话提前咨询相关信息。

太平古镇 AAAA

著名的革命老区

泸州市古蔺县太平镇

0830-7400170

免费

全天

太平古镇地处古蔺河与赤水河的汇合处，依山靠水，街道呈阶梯分布，沿街是古色古香的店铺，是著名的革命老区。1935年，红军长征到此四渡赤水，留下了诸多红色遗址。境内有红军长征时期四渡赤水战役中

太平古镇

二、四渡的重要渡口——太平渡和九溪口渡口、毛泽东同志休息处、荣盛通盐号及长征街等红军驻地遗址30余处，四渡赤水太平渡陈列馆内珍藏文物700余件，已成为川南、黔北旅游大环线中的重要旅游目的地。

玩家 解说

位于太平景区游客中心内的红色文化传播公司是古镇的纪念品中心，主营各种特色红军纪念品，如红军草鞋、红军布包等，同时还经营各种古蔺特色旅游品，如赶黄草等。

天仙洞 AAAA

一山两重天　三谷九飞瀑

泸州市纳溪区乐登乡境内，距泸州市中心19千米

免费

泸州市内乘坐27路公交车可直达景区

天仙洞风景区冬暖夏凉、气候宜人，生长着桢楠、香樟、红木等多种名贵树种，森林覆盖率高达76%。景区内飞鸟群集、古木参天、飞瀑高悬、山石千奇百怪；在沿山的岩石上有明代石刻浮雕，造型优美、构图别致，极其生动，堪称川南石刻艺术精华。

二郎镇

名酒名镇

泸州市古蔺县东部

早在2000年前，古夜郎人就已开始酿酒，二郎镇地处川黔交通要道，与贵州名酒产地茅台隔赤水河相望，相隔不过几十里。北宋年间，二郎镇一带酿出了优质大曲——“凤曲法酒”。明代赤水河畔出现了酿酒的“回沙工艺”。清代二郎镇已有大小酒坊、糟房20余家，酒师、酒工数以百计，除生产著名的“凤曲法酒”外，还酿造各种曲酒、白酒、果酒和杂粮酒。

二郎镇也因当地生产郎酒及红军四渡赤水而得名，镇内也是有名的旅游胜地，有美酒河、天地宝洞等国家级非物质文化遗产。

链接

美酒河漂流节

古蔺美酒河户外运动俱乐部(古蔺一群热爱户外运动的有志青年自发组建的民间组织)在二郎镇河边建了漂流基地，每年10月份举行“美酒河漂流节”，每年10月，全国各地的漂流爱好者聚集在美酒河，举行盛大的漂流活动。

红龙湖

高山人工湖泊群

泸州市古蔺县城北部

泸州市区有专门到景点的旅游车，公交车也可直达

红龙湖与黄荆景区紧密相连，整个湖区由红龙湖、月儿湖、琴蛙湖等大小7个湖泊组成，形成川南独有的高山人工湖泊群。

公园地理环境独特奇险，景区植物繁茂，古木参天，景观秀丽，环境幽静，气候宜人。奇峰怪石密布，高峡平湖罗列，奇禽异兽众多，是一块叹为观止的神奇宝地。

玩家 攻略

游船：湖区四周青山环抱，绿树掩映，水如明镜，乘小船湖中边漫游边赏美景，定当令人心醉神迷。

美食：当地的豆花、腊肉、鲜鱼远近闻名，味道不错，值得尝试。另外，叙永桃片、古蔺牛肉干、麻辣鸡、古蔺、叙永的李子干竹笋，都是购买的佳品。尤其是笋中之王苦竹笋，具有清热开胃益脾之效。

住宿：景区附近有酒店和宾馆可以住宿，环境优美，价格实惠。

箭竹大黑洞景区 AAAA

喀斯特地貌景观

泸州市古蔺县箭竹乡

景区为喀斯特地貌，拥有独特的溶洞、森林、草场等自然和苗族传统文化人文景观。其主要景点有苗寨民俗文化区、大黑洞秘境观光区、游客中心休闲运动体验区、哆彩苗岭休闲游憩区等。

值得一提的是，站在观景平台，可眺望大黑洞洞口全貌和巨大的天然漏斗，颇为震撼。

丹山集凤亭

丹山

道教兴盛宫观之地

泸州市叙永县城东6.5千米处

丹山风景区无景区班车，可选择包车，40分钟左右到达

丹山为典型的丹霞地貌，土石皆赤，高出万仞，故称红崖山。丹山自古便是道教兴盛宫观之地，从宋天宝初年开始修建；始建玉皇观，明清时先后增修了三清殿、祖师殿、十二圆觉洞和三重天门等建筑，形成了规模宏大、蕴含着丰富的道家文化气息的道教建筑群，并享誉云、贵、川三省，是西南地区规模最大、影响最广的道教宫观。

玩家 解说

山上石壁间有宋代大书法家米芾书“第一山”“灵石苍然”“红云捧帝”石刻题字。景区崖间、石壁上有历代文人墨客留下的石刻书法“疆福地”“别有洞天”“锈锁双城”“红云一朵”“天外奇峰”“高望蓬瀛”“仁静智流”“群山俯首”“碧落红泉”等佳句妙言，加上财神殿后的历史碑文等，为后世留下了宝贵的书法文物古迹。

攻略资讯

- 交通
- 住宿
- 美食
- 购物
- 娱乐

交通

飞机

●宜宾菜坝机场

宜宾机场位于宜宾市区菜坝镇，是军民两用第四大机场，目前开通了至北京、上海、深圳、昆明、丽江等地的多条航线。可从市内南门大桥坐机场快线01路。

●泸州云龙机场

泸州云龙机场位于泸州市龙马潭区与泸县交界处，距离泸州市区约17千米，是一个军民合用机场，是川南地区第一大航空港。截至2023年夏秋航季，机场共已开通40多个国内城市的直达航班。

火车

●内江

内江地处成渝两个大城市之间，是西南各省交通的重要交会点。

内江有内江站、内江北站、内江东站三个火车站。

●自贡

成昆铁路横贯自贡全境，自贡市只有自贡

宜宾西站

内江城市风光

站、1个火车客运站，在这里乘坐火车可直达成都、重庆、昆明、贵阳、广州、杭州等大城市。

●宜宾

宜宾是川南铁路交通枢纽城市，内昆铁路、宜珙铁路、金筠铁路等穿境而过。

宜宾目前有宜宾西站、宜宾站、宜宾东站、翠屏站4个火车站。

汽车

●内江

内江高速公路密集，汽车出行十分便利。

内江市目前有内江高速客运中心、内江综合客运中心站两个汽车站。

●自贡

在自贡乘坐高速客车可直达成都、重庆、宜宾、内江、攀枝花等省内城市，到省外许多城市也有高速直达客车。

自贡汽车客运总站位于丹桂大街。

●宜宾

宜宾已建成通车的公路有内宜高速（北接成渝高速）、宜昆高速（宜宾—昆明)、乐宜高速（乐山—宜宾）、宜泸高速（宜宾—泸

内江市区风光

州），另外还有213国道、国道主干线GZ40经过境内。

目前，宜宾市正在运营的汽车站有：宜宾市高速公路客运站、宜宾西门汽车客运站、宜宾高铁西站赵场客运中心、宜宾南溪金鸿客运中心、宜宾市南岸汽车站、宜宾市临港车站。

●泸州

泸州是国家公路枢纽城市之一，整个泸州城区共有3个汽车站：泸州客运中心站、泸州城西车站、纳溪河东车站。

住宿

内江

游客可以就近住在古湖景区云顶场梁家小店，也可以选择到内江市内住宿，市内住宿条件好，设施设备较完善。

●圣尔时尚酒店

圣尔时尚酒店是一家综合性能极强的商务型酒店。酒店采用欧式园林建筑风格，

自贡街道

有独立停车场。✉ 内江市市中区小东街87号 ☎ 0832-8799999

●内江运亨大酒店

运亨大酒店是一家涉外旅游酒店，酒店内设有风格各异的客房，房内可免费拨打国内长途及市内电话。酒店还设有商务中心和购物中心。✉ 内江市双苏路123号（成渝高速公路内江出口处300米） ☎ 0832-5855333

自贡

在自贡，游客很容易找到合适的宾馆，这里拥有各种档次的宾馆，适合各个层次的旅游者，无论下榻何处，都能得到令人满意的服务。有一些不错的酒店，从普通的，三星的到四星的都不错。

●自贡檀木林宾馆

酒店已有1950多年的历史，交通便捷，距离彩灯博物馆、盐业历史博物馆皆不远；设计新颖，装修豪华，房内服务设施齐全。✉ 自贡市自流井区塘坎上路62号 ☎ 0813-5333333

宜宾

宜宾的住宿条件不错，近年来新开了不少星级宾馆，多集中在翠屏区和南岸片区。而经济型住宿多集中在翠屏区，复兴街的西苑宾馆、马常街的宜宾大酒店常常爆满，需提前预订。另外，蜀南竹海景区的住宿相当发达，有各类型酒店可供选择。

●宜宾华邑酒店

宜宾华邑酒店坐落于长江之畔、风光秀丽的白塔山之下，依山傍水，风光优美。酒店设计新颖，意境独特，令您仿佛置身于丛林感受雨水滴落。另设有各种高品质客房、风格迥异的餐厅和酒廊等，可满足游客各种需求。✉ 宜宾市翠屏区黄桷坪路1号 ☎ 0831-6660999

泸州

泸州市景点主要位于市区周边地区，故住宿也以市中心为主。

●泸州江畔大饭店

江畔大饭店为泸州地标建筑，属泸州城市中心。其建筑风格传承了老窖厚重的酒文化历史底蕴。客房部拥有142套精美典雅新中式风格房间，能满足不同客人的需求。宽敞的大、中、小会议厅可容纳500人开会需求。是您会议、出差、旅游、休闲的理想下榻之处。泸州市江阳区桂花街46号 0830-6669999

●钟鼓世家酒店

泸州钟鼓世家酒店紧邻钟鼓楼，步行可至泸州商业步行街、忠山公园、国窖广场，地理位置优越，交通便利。泸州市江阳区花园路43号（近花园路和江阳北路交叉口） 0830-8882666

美食

内江

内江的风味小吃品种繁多，选料考究，口味独特，最具代表性的有：内江宾馆的金丝牛肉、水煮蹄花、鲜肉汤圆；内江民乐贸易的蜜味汤圆、大千红烧牛肉面；隆昌的羊肉汤，资中清代风味餐馆的周蒸笼、谭鸭子、罗抄手等，是到内江旅游不可不吃的特色小吃。

内江菜点注重地方特色风味，在调味中重用豆瓣酱、辣椒、花椒，还辅之以糖或醋，

金丝牛肉

能调制出不同层次、不同风味的家常味，内江人喜爱甜食，也善于烹调甜食。

自贡

自贡盐帮菜十分有名，特色美食有郑抄手、担担面、庆荣森豆腐脑水粉、谢凉粉、燕窝粑、糍粑、泥鳅粑、豆花饭等。其中，牛肉食品很有风味，其中火边子牛肉、水煮牛肉、菊花牛肉火锅、火爆黄喉、牛头、牛尾汤等都值得一尝。

推荐去处有天德园、鹿鸣春、金谷园、新津菜社、岷江饭店、华北食堂、盐商菜、私家菜、盐都会馆菜、南国宴、蜀南宴、蜀江春、阿细、留芬酒楼、盐帮传人等。

水煮鱼

●鲶鱼

鲶鱼有20多种做法，水煮鲶鱼、麻辣鲶鱼、大蒜烧鲶鱼、滋补鲶鱼头等很受欢迎。其中水煮鲶鱼不是很辣，但肉质细腻鲜美。麻辣口味的大蒜烧鲶鱼，则是香辣诱人。如果有花旗参、沙参、党参、淮山药、大枣、枸杞等做调料，既有滋补效果又美味可口。

●独头蒜炖干贝

独头蒜炖干贝是华夏六大“怪吃”之一。做法：用四川独头蒜一枚放入盅中，上放五六粒发过洗净的干贝，高汤炖四五个小时，食时弃干贝而食蒜。

宜宾

宜宾的特色美食有燃面、竹海名菜、李庄白肉、叶儿粑、泥溪芝麻糕、柏溪潮糕等。其中最能代表宜宾美食的是大名鼎鼎的宜宾燃

面，宜宾燃面不仅是宜宾美味的招牌，更承载着宜宾饮食文化的内涵。对水产感兴趣的朋友，不妨沿着江边走走，那里有用岷江、金沙江、长江汇流而来的特产制成的川式美味。

金沙广场周围散布着许多夜宵摊点，有香味四溢的烧烤摊。菜品还有干锅系列、兔火锅系列、香辣虾、火爆田螺、活水鱼、凉拌毛肚、卤菜拼盘……每一样都有滋有味，绝对是夜宵一族的首选。除了夜宵摊点，广场上也有上得台面的中高档餐馆，能够满足食客需求。

●宜宾燃面

这可是宜宾最具特色的小吃。面条油重面干，引火即燃，故由此名。以黄芽菜、小磨麻油、芝麻、花生、核桃、辣椒、花椒等调和而成的料直接浇在面上，色泽鲜红，清香扑鼻，入口更是麻辣。

宜宾燃面

●葡萄井凉糕

宜宾近年兴起的小吃，大街小巷中都能找到。据说糕点用水讲究，乃是提出葡萄井的活水。凉糕入口细嫩清爽，且物美价廉。

葡萄井凉糕

●宜宾炖鸡面

选用上等鸡肉制作，色泽奶黄，入口爽滑。炖鸡面曾在1990年8月获得“四川省风味小吃”金牌，平日里排队者众多。

●伦教糕

据传为近代英国伦敦传教士在泸州传教的时候创制的小吃，后沿用至今。主要原料为大米粉子，吃起来嫩、香、甜，常用来宴请宾客。

伦教糕

●猪儿粑

糯软而不粘牙，分为咸馅、甜馅两种。用八成上熟糯米、二成饭米磨浆吊干后的粉子做原料，煮熟可吃。刚出锅的猪儿粑，洁白而有光泽。

猪儿粑

泸州

泸州最鲜明的美食就是烤鱼了，几乎到处都可以品尝到美味的长江鱼。泸州滨江路旁到处都是大大小小的坝坝鱼馆子，江上有专为想尝试船上吃鱼的朋友准备的“墩船鱼馆”。鱼头火锅推荐大山坪和三星街的“五味轩”。

泸州独特的风味名小吃有白糕、伦教

糕、黄粑、猪儿粑、窖沙珍珠丸、两河桃片、合江烤鱼、姜氏卤菜一绝、老牌鸭子、朱氏炸酱面等，进餐馆饭店可以点这些特色菜。

泸州市江阳区沿江有一条休闲美食街，每到夜幕降临就变得十分热闹。街上有很多酒店、茶楼、饭馆，如老地方茶楼、大蓉和酒店、茶马古道、品香居、牡丹园饼屋等，十分热闹。

购物

内江

内江旅游工艺品品种繁多，名优特产风味独特，尤其以隆昌釉陶、夏布、内江蔗糖、蜜饯、资中“风源牌”冬尖、威远“威宝牌”酱萝卜、新店七星椒、复立茶叶、白马米花糖、大红袍红橘等最为有名，是到内江旅游不可不买的旅游商品。

六段锦位于内江大洲广场旁，西起沱江三桥头，东至大洲广场，长约1千米，是一条融休闲、娱乐、餐饮、购物为一体的滨江休闲长廊。六段锦有6大功能板块：民俗风情街板块、全江景特色餐饮板块、地下电影城板块、风情酒吧街板块、多功能综合板块和茶艺馆板块。吃喝玩乐，在这里无所不包。

自贡

自贡市龚扇、剪纸、蓝印花布三大工艺美术品在国内久负盛名，称自贡三大特产。可到九鼎购物广场、日月购物广场、蜀龙购物广场等处购买。

自贡扎染

●自贡扎染

古称“蜀颉”的扎染，是天府之国的工艺奇葩，自贡为主要产地。自贡扎染工艺性强，以针代笔，色彩斑斓，款式多样，扎痕耐久。近年研制的棉、麻、丝绸、绒等质地的多色套染，永隽雅秀、韵味天成，图案设计富于情趣，特色浓郁。

宜宾

宜宾物产丰厚，如宜宾红茶、金丝牛肉、五粮液等早就打出了自己的天下，扬名国内外。除此之外，宜宾的竹制工艺品和苗家刺绣、蜡染等也极受游客们的欢迎。

宜宾东街夜市融商业、餐饮、娱乐和宜宾本地文化为一体，是极具宜宾特色的旅游步行街区，是游客们购物、休闲、夜生活的好去处。宜宾大观楼街市会集了国内外各种风

宜宾白酒

格别致的旅游工艺精品，每当华灯初上的时候，这里成为宜宾城最热闹的地方。

●竹笋、竹荪

产自长宁、江安、兴文、筠连等县的竹荪和冬笋，都因味道鲜美而大受欢迎。至于盐笋、清水笋更是大批出口国外。

●宜宾红茶

宜宾红茶有两种，四川工夫茶和红碎茶。前者以早白尖一级工夫红茶品质最佳，后者是由鲜嫩茶叶经揉紧切碎而成为匀整的颗粒状茶，味道特别醇厚。无论哪一种，都能和“祁红”“滇红”齐名。

泸州

泸州最有名的特产要数泸州老窖和合江荔枝了。400多年的老窖池使得其出产的泸州老窖酒浓郁醇香、回味无穷，其中以国窖1573最为著名，在泸州老窖景区购买既便宜又正宗；另外，泸州郎酒有着国酒茅台的一些品质，也非常值得购买。

买荔枝当然要到张坝桂圆林了，这里产的桂圆鲜嫩香甜、风味独特，价钱也不贵。

除此之外，泸州还有叙永桃片、古蔺牛肉干、麻辣鸡等，还有古蔺、叙永的李子干竹笋，还有江阳区的分水纸伞。分水纸伞十分特别，它以皮纸、桐油、竹木为原料，纯手工制成，小巧精美，深受国内外游客的喜爱。泸州还出产奇石——长江雅石登，此外享誉盛名的国窖酒、郎酒、篁泉酒更是销量极好。

娱乐

内江

●赏花节

每年3月下旬，隆昌市圣灯山、普润乡都要举办赏花节。在车水马龙、人头攒动的热

张坝桂圆

闹场景中，人们一边享受着大自然的自然风光，观赏着含苞欲放的桃花和盛开的梨花，一边观看着为赏花节助兴的歌舞节目。赏花节期间可以欣赏到地方戏种川戏、民族民间音乐、舞蹈及木偶、杂技、清音、评书等艺术表演，另外还有赶庙会、龙舟赛、舞龙灯、狮灯、车灯、花灯、旱船等民俗活动。

隆昌市圣灯山、普润乡

3月下旬

●云顶“赶鬼市”

云顶“赶鬼市”也叫“赶鬼场”“强盗场”“天亮场”，习俗由来已久，极富当地民俗特色。每逢农历三、六、九便是赶场期，凌晨三四点钟，人们举着灯笼、火把接踵而至，街头巷尾也是灯火齐明，买主卖主讨价还价，主人客人争多论寡，喧闹之声不绝于耳，到天亮约六七点钟便人走场空、烟消云散。这其实是集市交易的一种形式，因为像极了鬼魅夜半活动，所以才叫“鬼场”“鬼市”。

隆昌市城南云顶寨

每月逢农历三、六、九

自贡

●自贡灯会

自贡灯会历史悠久，早在唐宋年间就

自贡灯会

有新年赏灯的习俗，清中叶便有了“狮灯场市”“灯杆节”“提灯会”“瞒天过海”等灯会活动，富有浓郁的地方风情和民间色彩，形成了厚重的文化积淀，被誉为“天下第一灯”。

自贡市彩灯公园

每年春节期间

宜宾

●兴文苗族花山节

花山节又名踩山节，是苗族青年男女寻找知音、中老年人互相祝福的一个传统节日。花山节有其传统的仪式，其中最庄重的仪式是敬花杆。将一根10多米长的花杆高高地竖立在花山场上，花杆上装饰绿叶，又称花树。花杆原是苗族人祈祷生儿育女的供物，后来敬花杆渐渐成为踩花山活动中最吸引人的中心活动。敬花杆仪式结束后，便开展一系列的风俗风情活动，如苗族对唱古歌、跳芦笙舞、竞技表演、交流情感等。

宜宾市兴文县

5月

泸州

●泸州酒城乐园

泸州首家融趣味性、冒险性、刺激性为一体的综合主题游乐园，不仅有川内最大的88米高的幸福摩天轮，还有惊险刺激的挑战者之旅、极速风车、飓风飞椅、梦幻木马等20余种游乐设施，还不乏合家欢的儿童游乐项目，如逍遥水母、儿童爬山车、回旋蜜罐和水果旋风等。

泸州市江阳区春景路

138元

乘坐264路公交车可达

●苗族赶场节

每年春秋两季，都有苗族传统的赶场节日，具体时间每个地方略有不同。合乐、西湖、震东及古蔺县邻近的苗族在农历六月二十三日赶三岔河场，二月初二、七月初二赶震东场；寨和、海风、赤水河及古蔺、毕节两县邻近的苗族在农历二月初二、七月初二赶麻城场，二月初三、七月初三赶摩尼场。赶场节这天，苗族青年男女都会穿上漂亮的服饰，会集场上，成群结队，手牵着手，吹奏着芦笙，笑语欢声地在场上尽情欢娱并借机会亲访友。

泸州市苗族聚居地

因地各异

节庆和重大活动

名称	地点	时间
踩山节	各苗族村寨	每年正月初一至十五期间
赠带节	叙永县下东一带	农历二月初五
赶苗场	叙永县、古蔺县一带	农历二月十三日和七月三日

发现者旅行指南

川东北

（含广元、南充、广安、达州、巴中）

概览

亮点

■ **阆中古城**

保存完好的中国四大古城之一。古城中古街古巷众多，明清古宅院保护得相当完整。

■ **华蓥山**

素有“小峨眉”之称，是一座博大的天然地质陈列馆。

■ **邓小平故里**

广安协兴镇是邓小平同志的故乡，现已建成邓小平故里景区。景区以图片、实物、文献、多媒体等形式全方位再现了邓小平同志辉煌的一生。

■ **光雾山**

秦巴山区第一旅游胜地，也是川北重要的生物基因库，风景优美。光雾山红叶优美。

■ **皇泽寺**

皇泽寺是唐代开元年间武皇武则天的祀庙。寺中供有女皇真身，更有别具一格的中心柱窟。

■ **剑门关**

剑门关自古就是“一夫当关，万夫莫开”的雄关。前山险峻，后山葱郁秀美，适合怀古之游。

■ **必逛街道**

金泉路是南充最有名的美食街，中餐、快餐、西餐、火锅应有尽有。美食街街口所矗立的食神雕像憨厚的形态，会更加挑动你的味蕾。

线路

■ **川东北三日游**

第一天，上午参观邓小平故居和邓小平纪念园，下午可以到佛手山风景区。晚饭过后到思源广场欣赏一下广安市的夜景。

第二天，早上吃完饭以后奔向华蓥旅游区，细细品味众多景点。

第三天，整个一天都在中国四大古城之一的阆中古城游玩，可以到四川贡院参观，还可以登川北第一楼——华光楼。

■ **古剑门四日游**

第一天，从成都出发，前往广元市区，参观皇泽寺。下午可以先去千佛崖，之后前往明月峡。

桓侯祠的敌万楼

第二天，自广元市区出发，前往昭化古城。之后直奔剑门关。

第三天，自剑阁县出发，上午去牛头山，下午去鹤鸣山和觉苑寺。

第四天，自觉苑寺出发，经过翠云廊折回广元。一个上午都可在绿荫道路上行驶，风光秀丽。

为何去

这里有迷离灿烂的三国文化，平实朴素的将帅故里；有布局精巧的摩崖造像，也有被载入史册的红军根据地；既有源远流长的巴文化，也有清新怡人的山水，朴素安然的生活。这里是女皇故里，也是蜀门重镇；有“剑门天下奇”的自傲，也有“蜀道难”的唏嘘长叹；有三国古战场的刀光剑影，也有红军的艰辛不懈。历史在这里演绎，留下了悠悠山水与时空中的建筑做见证。

华光楼

何时去

南北气候有着明显的差异。冬天干冷少雨，夏天雨热同季，在阳光明媚的春季时而会有倒春寒天气发生，在五彩缤纷的秋季也会伴随绵绵秋雨。因此，由气候的角度来考虑，旅游的最佳时间莫过于春末夏初和仲秋季节。

光雾山

皇泽寺大佛楼

区域解读

南充区号：0817
广安区号：0826
达州区号：0818
巴中区号：0827
广元区号：0839
总面积：
约64 065km²
总人口：约2800万人

地理 GEOGRAPHY

区划

南充下辖3区（顺庆区、高坪区、嘉陵区）、1市（阆中市）、5县（南部县、营山县、蓬安县、仪陇县、西充县）。

广安下辖2区（广安区、前锋区）、1市（华蓥市）、3县（岳池县、武胜县、邻水县）。

达州下辖2区（通川区、达川区）、1市（万源市）、4县（宣汉县、开江县、大竹县、渠县）。

巴中下辖2区（巴州区、恩阳区）、3县（通江县、南江县、平昌县）。

广元下辖3区（利州区、昭化区、朝天区）、4县（旺苍县、青川县、剑阁县、苍溪县）。

华蓥山石林

地形

川东北地势北高南低，主要地貌类型有丘陵、平坝、低山三大类，北部山势陡峭，中南部为低缓丘陵。区域内海拔最高点为海拔2507米的南江县光雾山，最低点为海拔185米的御临河谷。

气候

川东北气候属于亚热带湿润季风气候类型，气候温和，四季分明，光照充足；降水充沛，但分布不均，多集中在秋季。冬季多寒潮低温天气，夏季多伏旱和洪涝、大风、冰雹，秋季多连绵阴雨。水量丰富，流速急、落差大，水能资源丰富。

历史 HISTORY

南充历史大事记

南充开发较早，新石器时代就有先民居住。2009年4月，南充市文物普查队在嘉陵江沿岸发现嘉陵区李渡镇羊口街古遗址，在遗址采集到打击石片、夹粗砂褐陶罐、夹砂黑陶盆等新石器时代遗物。

南充地区夏代为“有果氏”之国，殷商、周分别为巴国、巴子国属地。秦惠文王更元

风景如画的广安

九年（前316年）灭巴，统一了巴蜀地区。

前202年，汉高祖刘邦析阆中县置安汉（今南充）县，南充始建制。

1250年，蒙古大军由汉中出发克阆中、铜鼓寨，进逼运山城，运山城军民利用有利的地理优势，同心固守，迫使蒙军退兵。

1259年，蒙古军克蓬安运山、南充青居山后进逼合州，在钓鱼城下遇到了合州知州王坚的坚决抵抗。王坚利用钓鱼城坚固的城防，机动灵活的战术，激战几个月，击毙了蒙军前锋主帅汪德臣和蒙古大汗蒙哥。

1933年8月23日，红军攻占仪陇城，之后乘胜西进，相继攻占元坝子、红土关、千佛岩等要点，迫敌西撤至尹家沟至九花岩一线。9月6日，在阆南建立苏维埃政权。

1935年3月下旬，红四方面军主力强渡嘉陵江成功，同月31日攻克阆中县城，在阆中建立苏维埃政权。

阆中自古即为巴蜀要冲、军事重镇

广安历史大事记

公元前11世纪，聚居在湖北武落钟离山的巴人西迁川东，建立以地缘为纽带的部落联盟，后建立巴国，定都江州（重庆）。巴人的一支板楯蛮族沿嘉陵江、渠江水道向上游拓展，在茫荒的江河两岸逐水而居，过着渔猎、农耕的原始生活，他们是广安这一片热土的最早开发者。

广安初属巴国。秦灭巴国后，移秦陇之民万家入蜀，带来了先进的中原华夏文化。

广安賨人的蚕麻织物称为“巴布”，工艺精湛，世代相传。唐代，川中蚕桑业发展迅速，广安等地已成为川中蚕桑重要产地。

佛教传入广安市，华蓥山逐渐成为中国著名的佛教圣地，并以“川东峨眉”之美誉影响华蓥山周围各县。

宋太祖开宝二年（969年），于渠江县境秀屏山（亦称翠屏山、银顶山）下的浓洄镇置军，取“广土安辑”之意，命名为广安军。广安一名，遂由此始，历代沿用。

明朝初年，湖北、湖南大量移民四川。清朝初年，两湖、两广以及江西、福建之民大举入川（史称“湖广填四川”），带来了先进的文化和农业、手工业技术，并极大地改变了广安的民族结构，促进了社会、经济、文化的发展。

明成化年间（1465—1487年），广安城西甘泉建立书院，为全市最早的学堂。随后，全市各县开始有了书院，清初又出现义学。清同治年间，各地大办私塾，广安市文化得到了极大发展。

达州历史大事记

达州地区发现有宣汉罗家坝巴人文化遗址，距今约4000年。东汉和帝永元二年（90年），置宣汉县，以宣扬汉王朝德威故名，为达州建制之始。

公元815年，元稹贬谪达州地区任司马，他励精图治，清正廉洁，政绩斐然。

818年元稹调任河南，民众便于正月初九元稹离任当天，全城父老登上城南翠屏山和城北凤凰山，万民送别，依依不舍。达州从此留下了“元九”登高的传统习俗。

宋乾德三年（965年），改原通州为达州，达州之名始于此。因此地联络金房，翼带汉沔，西出渠阆，东下夔巫，地居四达之路，故名达州。

巴中历史大事记

巴中发现有新石器时代遗址，表明在新石器时代巴中就有人类活动。春秋时，巴中为巴子国地。巴子国受封于周武王，据此推知，巴子封国迄今已有3050年历史。

巴中风光

东汉和帝永元年间（89—105年），始置汉昌县，为巴中建制之始。

北魏宣武帝延昌三年（514年）首置巴州，巴州之名历代沿袭，此地州一级的建制由此开始。

土地革命战争时期（1927—1937年），巴中曾是中华苏维埃共和国的第二大区域——川陕革命根据地的中心。有12万巴中儿女参加红军，4万多人为中国革命献出了宝贵的生命，为共和国培养了27位将军和86名省部级领导干部，徐向前、李先念等老一辈无产阶级革命家都曾在这里留下战斗足迹。

广元历史大事记

旧石器时代末，广元境内已有先民栖居生息。古蜀道至今已有3000多年历史，是保存至今人类最早的大型交通遗迹之一，比古罗马大道的历史更为悠久。剑门蜀道取用始于西周之前，迄于民国（川陕公路贯通之前），至今有些路段仍在使用。

西周时，巴、蜀、苴、氐先民在嘉陵江、白龙江合台地上，建立奴隶制式国家“鄁”。

公元前316年，因“苴蜀相攻击”，秦惠文王趁机伐蜀并苴，在苴侯都邑（今昭化）设葭萌县。后代又改葭萌县为利州。

唐宋以来，许多文人名士，如杜甫、白居易、李商隐、韦应物、刘禹锡、颜真卿、陆游等，慕名寻访过广元并留下了大量题咏碑刻。

元代，改利州为广元，并将“川陕行中书省”由咸阳迁至广元。广元之名沿用至今。

1933年到1935年，广元市境内曾建立1363个村级苏维埃、295个乡级苏维埃、10个县级苏维埃政权，是红色革命老区。1934年12月以后，整个川陕苏区的首府，于巴中迁入广元旺苍，使广元成为当年川陕革命根据地的政治中心。

广元皇泽寺

女皇故里

武则天(624—705)是中国历史上唯一一个女皇帝,也是继位年龄最大的皇帝(67岁即位),又是寿命最长的皇帝之一(终年82岁)。女帝武则天于唐高祖武德七年(624年)生于今四川省广元市,因而广元也是名副其实的女皇故里。

在广元,有许多纪念武则天的文化景观,如皇泽寺三重大殿、武氏家庙、楼台水榭、武则天陈列馆、则天雕塑群、唐文化长廊、则天书画院、唐文化一条街、凤凰楼等,体现了当地人民对武帝的纪念之情。其中,凤凰楼为广元市的城标。

名单 广安历史名人

南宋淳熙进士安丙

民主革命党人张百祥

民国时期革命家杨森

无产阶级革命家、政治家、军事家、外交家邓小平

名单 南充历史名人

蜀汉大史家、《三国志》作者陈寿

三国名将张飞

汉代著名辞赋家、文学家司马相如

汉代天文学家落下闳

南宋抗金名将、岳飞爱将佳婿张宪

无产阶级革命家、政治家和军事家朱德

无产阶级革命家、军事家罗瑞卿

共产主义战士张思德

名单 达州历史名人

唐代著名诗人元稹

十六国时期成国帝王李雄

明朝帝师唐瑜

明末清初抗清将士李长祥

明末清初思想家、政论家唐甄

名单 巴中历史名人

宋代天文学家张思训

无产阶级革命家刘伯坚

文化 CULTURE

民间的喜乐神——川北灯戏

“一堂歌舞一堂星，灯有戏文戏有灯；庭前庭后灯弦调，满座捧腹妙趣生。”川北灯戏以它独有的艺术魅力，被列为国家级非物质文化遗产。

川北灯戏是四川的一个地方剧种，又称“农民戏”，特点是诙谐幽默，风格明快，有灯有戏有歌舞。灯戏分为地灯与天灯两大类。地灯是在堂屋等室内演出的，以歌舞为主；天灯是在广场、院坝等室外演出的。

传统的川北灯戏的演出是晚上在院坝进行的，农民围场观戏，通宵达旦，演员们提灯、舞灯、跳灯。戏中代表角色使用的龙灯、狮灯、牛灯或蚌壳灯，不仅是道具，还是精巧的民间工艺品。传统剧目有《回门》《请长年》《借亲配》《竹篮记》等，现代川北灯戏的代表剧目有《灵版迷》《闹隍会》《郑板桥买缸》《三张借条》等。在南充大剧院和南充市北湖公园可以一睹川北灯戏的神采。

巴渠童谣

每个人的童年都伴随着童谣长大。在古代的时候，王侯将相也不忘用童谣宣传自己的政治主张或生平事迹，因为童谣是传播面最广的一种民间艺术形式。每个地方的童谣都具有当地的特点，巴渠童谣则充分体现了在大巴山南麓的达州民间，巴渠儿童在不同历史时期接受教育、享受童趣、成长进步等方面的内容。

巴渠童谣自古以来就有，影响深远。《太平寰宇记》曾记载，巴渠居民在民俗聚会击鼓、踏木牙、唱竹枝，并以此为乐，这说的就是巴渠童谣。巴渠童谣意蕴丰富，不只是朗朗上口的小孩子玩笑，更是教孩子做人、做事，树立正确价值观的一种艺术。童谣中也涉及很多历史政治事件、科学文化知识，用这种易记诵、易传播的方式，也是一种很好的文化普及和传承方式。

20世纪70年代以来，达州本土的陈官煊、邓元杰、喻德荣、彭万洲等一批儿童文学作者，吸收巴渠童谣营养，创作出了享誉全川、全国的一批优秀儿童文学作品。现在巴渠童谣已作为非物质文化遗产，被收集、研究和保护。

云童舞

云童舞是产生并流传于四川东北部、华蓥山西麓广安市辖区内渠江、嘉陵江流域、长江中上游的一种民间舞蹈，已流传1200多年，《宕渠云童舞》《晋书》《广安州志》对

南充北湖公园的广场常能看见川北灯戏票友表演

华蓥山朝圣寺也是云童舞表演的重要场所

云童舞均有大量记载。两个男童捧着香盘、宝灯，左右飘舞，有节有序，有板有眼，随佛教信徒组织的架香一道，边走边舞，去华蓥山宝鼎朝山拜佛，形成了独特的民俗舞蹈风貌。

20世纪50年代，云童舞代表广安参加了四川省第三届民间舞会演并获二等奖，同时赴京参加第二届全国民间舞蹈会演获全国民间音乐舞蹈优秀节目奖。现在云童舞是非物质文化遗产，正在被抢救和保护。

川北薅草锣鼓

川北薅草锣鼓主要分布在广元市四县三区境内，其中尤以青川薅草锣鼓最具代表性。薅草锣鼓以其率真质朴的音乐个性，数千首曲目的丰富蕴藏量，明快简洁的音乐语汇而为世人称道。锣鼓曲中保留了大量古代体力劳动中的音乐文化信息，具有较高的学术研究价值，被列为世界文化遗产。

川北薅草锣鼓把民间文化与音乐融入艰苦的劳动中，主要作用是指挥劳动、活跃现场气氛，为劳动者鼓舞士气，统一步调，消除疲劳。敲锣打鼓者多为地方有知识、有威望的老者或有培养前途的年轻人。薅草锣鼓一天的表演过程大致分为牵线子、扎盖子（起歌头或排歌头）、安五方（或拜五方）、说正文、耍歌子、办交接等步骤，其代表曲目有《韩湘传》《八仙图》《鹦哥记》《清官图》《十二枝花》《牧牛打虎》《延九锤》等。

巴山背二歌

在古代，巴山人会组成庞大的背运队伍，往返于川陕两地，传输粮草和武器。在长途背运中，人们打杵歇气时，唱起歌来，自然地在山水间抒发自己的情感，作为一种放松的方式，从那时传承下来的富有韵律的民歌，便是“巴山背二歌”。

巴山背二歌起于秦汉，是巴山人精神文化的一种体现，也是记录社会发展的活典籍和研究巴山人历史的真实依据。其代表性曲目有《背起背子难上坡》等，歌词大都为二二三结构的七言格律诗，其写作手法多用赋、比、兴。往往是一人领唱众人和，或者众人齐唱。衬词常用实词，调式为征调式，曲式结构为上下两个乐句的单段体，唱腔高亢悠扬，风格粗犷豪放，结束时为长吁短叹的一声甩腔，那歌声似能翻山越岭、穿云钻雾，极具地域特色。

由于现代化进程加剧，背运业由原来的长途背运演变为今天的短途背运，且从业人数越来越少，“巴山背二歌”正逐步失去生存和发展的空间，濒临灭绝，急需保护。

景点推荐 广元旅游区

皇泽寺 AAAA

一代女皇祀庙

广元市利州区皇泽路97号

0839-3607013

50元

8：30～17：30

皇泽寺是中国唯一的武则天祀庙，创建于北魏晚期，历经北周、隋、唐后渐成规模。武则天称帝始赐名“皇泽”，寺庙从创建距今已有1500余年的历史。寺内还保存着开凿于北魏至明清的6窟、41龛、1203躯皇泽寺摩崖造像及其历代碑刻，具有极高的观赏和研究价值。

玩家解说

最早的皇泽寺叫乌奴寺，也叫川主庙。武则天当政后，因其出生于广元，故而当地乡绅取江景甚佳的乌奴寺，于后蜀广政二十二年（959年）兴土木扩殿宇，为武则天修建了这样一座保留至今的祀庙。皇泽的取名来自乡民的期许，是祈望“在天之灵”能泽被乡梓。

皇泽寺位置很好，寺邻悬崖，依崖修造，可俯瞰滔滔嘉陵江。至于殿宇之内更是雕梁画栋，布局也极为精巧用心，苍翠之中透着一股巍峨的气势。

平乐寺

川北第一丛林

广元市昭化区202省道

免费

8：00～17：30

乘坐广元11路公交车可达

广元平乐寺坐落在群山之间，寺周群山环绕，林木葱郁，满山松柏苍翠欲滴；两侧山

皇泽寺

势高大险峻，就像飞腾而来的巨龙，形成九龙捧圣之势。寺侧石锣石鼓相对（相传耳附于地，朝可闻锣鸣，暮可听鼓响），是潜心修行、研习佛法的佛教圣地、风水宝地。这里还是川北地区最大的佛教寺院，有“川北第一丛林”的雅誉。

玩家 解说

相传大唐末年，平乐寺外平安场有毛家（现住小寺山）、黄家（现住柳桥八、九社）两个大家族，多年经商，有钱有势，为使子孙人丁兴旺、飞黄腾达，花巨资暗请地仙（风水先生）寻找真龙穴地。黄姓地仙从终南山的地脉步访到此地后，在地穴处埋下了一枚铜钱作为记号；毛姓地仙也寻访至此，埋下了一枚金针为号。毛黄两家择地后都秘而不宣，秘派家丁暗中守护。后来才发现选的是同一个地方，两家人互不相让，遂告到官府以求公断。巡按实难解决此案，遂作出“此地不为任何人所有，归为佛产”的判决，并令两姓共同出资修建寺院，直到宋绍兴年间才得以建成。

红军文化园

以红军石刻标语为主体

广元市利州区广永路

免费

红军文化园位于广元市城区南山森林公园内，主要展示了红四方面军1933—1935年在广元地区开展革命武装斗争的光辉历程，融教育、休闲、娱乐为一体。

红军文化园以广元市内现存的2000多块红军石刻标语为主体，园区风格为仿川北民居式的现代园林建筑，陈列分为3个单元9组，将人文景观融入自然环境之中。

红军标语碑林

学习中国革命史的重要资料

📍 广元市西嘉陵江西岸皇泽寺侧

红军标语碑林在嘉陵江畔的皇泽寺右侧，属四川省革命文物保护单位。这座朱红色殿宇式建筑中保存有1933—1935年红四方面军在川陕革命根据地广元境内留下的标语上百条。

玩家 解说

1973年至1976年间，原广元县文物管理所将分布在县境内的110多条红军石刻标语汇集，并于皇泽寺旁特别建馆陈列。原国防部部长徐向前元帅为其亲笔题写的"红军石刻标语碑林"匾额，高悬在正殿之上。

千佛崖摩崖造像 AAAA

四川境内最大的石窟群

📍 广元市利州区的嘉陵江东岸

📞 0839-3290080

¥ 50元 🕘 8：00～17：00

🚕 广元市区打车即到

千佛崖摩崖造像位于嘉陵江东岸的古栈道石柜阁旁，距今已有1400多年的历史，造像规模宏大，气势雄伟，从南到北全长417米，高45米，造像龛窟重叠13层，密如蜂房，现有龛窟400多个，大小造像7000多尊，以大云古洞为中心，分为南北两段。

玩家 解说

千佛摩崖造像，是古时工匠创造的人工奇迹之一。在近1500年的时间内，高45米、南北长200多米的崖壁就被凿刻了重重叠叠足有12层的造像龛窟。1854年，曾有碑文对全崖造像的数量有过记载，文中记"一万七千有奇"。但这些造像在1935年修筑川陕公路的时候被毁去40%左右。现仅存龛窟400多个及大小造像7000余尊。

千佛崖摩崖造像

大云洞

大云古洞是千佛崖最大的洞窟，窟的正中是弥勒佛立像，石像后边是锥形的石壁，两边雕刻有众多小龛及排列有序的菩萨像，左右壁凿出两个深龛，内雕一佛、二弟子、二菩萨、二力士共7尊造像。南北两壁采用半圆雕法，刻出观音148尊，都脚踏云莲，气势不凡。

大佛洞

大佛洞和三圣龛内的佛祖容貌清秀，眼小唇薄，表情淡雅，两耳各悬有一条飘带，从莲台、佛龛等造型特征来看，都与其他龛窟的风格不同，是南北朝时期的作品。

莲花洞

莲花洞因为藻井的正中有一朵直径1.2米的莲花而得名。莲花周围的牡丹是宋人绘制，莲蓬绘成中国道教的"八卦太极图"。洞的东、北、南三壁各雕造一个大龛，内刻一佛二胁侍。窟龛的北壁浮雕有两组佛"自焚金棺"的故事，是唐代石刻造像的杰作。

天曌山 AAAA

道教名山

📍 广元市利州区西北部米仓山南麓

📞 50元 ¥ 0839-2302918

🕘 9：00～17：00

天曌山国家森林公园森林覆盖率92%，夏无酷暑，冬无严寒。景区以其茂密的森林、优美的风景、清新的空气和悠久的佛教与道教文化而闻名，此外还有山牛、苏门羚、黄

鹿、灵猴、金雕、云豹、林麝、貉、锦鸡和画眉等珍奇动物。

玩家 解说

天曌山自古就是著名的宗教活动圣地，道教、佛教、儒教三教合一。前山佛教庙宇居多，后山道观为主。前山道教现仅存玄通府一座宫观。后山的灵台观有占据天曌山制高点的真武宫、慈航殿；八卦亭造型的太清宫、三清宫、别具一格的亭式灵官殿；大气雄壮的药王殿，还有密林中绝无仅有的金轮廊桥，令人流连忘返。优美幽静的天池湖，山上的寺庙道观，女皇武则天父亲亲手种植的5株古柏，形成天人合一的绝妙奇观。

蟠桃石

蟠桃石是一块形似仙桃的巨石，其倒立于地，四周无依，大风吹来，摇摇晃晃，顶部可站立10多人，只要几人齐力推动，就可以使这石块摇动。现如今蟠桃石已被“5·12”汶川地震震倒。

读书台

距蟠桃石百余步，有一块立在悬崖边的巨石，顶上十分平坦，可容10余人，巨石与平台相距约2米，纵身可跃上巨石。巨石周围是高大的树木遮掩，环境清静，在此下棋读书清幽无比，不是神仙胜似神仙。据说这里是司马光曾经读书的地方，谓之“读书台”。

听涛石与盆景

读书台不远处就是听涛石，在这里漫步轻游，举目环顾四周，如果从天上往下看，就会发现悬崖峭壁的天曌山四周都是连绵不断的环形山峦，从而形成这个巨大的盆地，好像是托起险峻天台的“盆景”，天曌山就坐落在“盆景”正中央。

东河口地震遗址公园 AAAA

第一个地震遗址保护纪念地

广元市青川县

0839-7705009

免费　全天

东河口地震遗址公园位于广元市青川县，是汶川大地震中地质破坏形态最丰富、体量最大、伤亡最为惨重的地震遗址群，也是第一个地震遗址保护纪念地。

该地震遗址公园集中展示了地震造成的崩塌、地裂、隆起、断层、褶皱等多种地质破坏形态。而山体运动造成的滑坡和泥石流还形成了石板沟、东河口、红石河等36个形态各异的堰塞湖。

鼓城山·七里峡景区 AAAA

风光旖旎 地质奇特

广元市旺苍县北部鼓城乡境内

50元

8：30~17：30

0839-4203225

鼓城山·七里峡风景名胜区位于旺苍县北部鼓城乡境内，鼓城山景区以山景为主，因山体似鼓而得名，分东西两鼓。七里峡景区以水景为主。白龙宫景区以钙华溶洞景观为主。

玩家解说

游览鼓城景区，春、夏、秋皆可；七里峡景区，以夏季多水季节最佳。

原先的七里峡还含有南区四奇和北区五秀，前者指的是岩缝口、穿眼子、塔地洞、华盖石，后者指的是铁佛寺、干河坝、门扇岩、大水潭和大岩河瀑布。

鼓城山自然保护区

鼓城景区以山景为主体，森林景观、野生动物、地下景观相辅相成；云景气景四时不同，绚丽多彩。鼓城山四周峭壁如垣，高达150~200米，山顶宽广平缓，方圆2万~3万平方米。

七里峡

七里峡

七里峡是两岸高山之间形成的一道幽长、幽静、幽深、幽美的峡谷，七曲九弯，谷壁陡峭，绿树交织，藤蔓缠绕，溪水清澈纯净，深潭绿如碧玉。峡谷呈南北走向，两岸山壁陡峭对峙，窄的地方只有一丈多。峡谷里碧水潺潺、怪石嶙峋，两边奇峰罗列，溶洞无数。

白龙宫

白龙宫是一个融山、水、洞为一体的旅游风景区，这里的洞奇、山青、水秀，自然景观比较丰富，其最大特点是原始、自然、古朴，除了神态万千的钟乳石，还有暗河划船。洞尾瀑布飞花溅玉，充分展现出溶洞的神奇景观。

链接

白龙宫的传说

相传当年哪吒闹东海，用乾坤圈打死白龙敖丙，后经太乙真人用舒筋藤白松皮救活后，白龙便潜入地底，另造宫殿重新修行后得道飞升上天，留下这神奇的白龙宫。白龙宫内石钟乳、石柱等造型各异，仿若人物形态，与封神演义神话人物相似，被誉为“天然封神演义艺术宫”。

曾家山景区 AAAA

天然氧吧

广元市朝天区曾家山民俗文化广场

0839-8675129

45元

淡季（11月20日至翌年3月31日）8：00~17：30；旺季（4月1日至11月19日）8：00~18：00

曾家山景区位于广元市朝天区，森林覆盖率74%，空气质量好，是绿色的天然氧吧。曾家山以喀斯特地质资源为主要特色，观赏性强，享有“溶洞王国”“石林洞乡”的美称。旅游区居民建筑极富地方特色，美人靠、吊脚楼等川北风格民居比比皆是，有着浓厚的民族特色。

玩家 解说

作为四川省首批十大消夏度假旅游区，该景区年均气温12℃，夏季平均气温23℃，是春踏青、夏避暑、秋观红叶、冬赏雪的旅游休闲胜地。

白龙湖

四川第一美湖

广元市利州区212国道

白龙湖，位于青川县和广元市中区境内，是一个大型的人工湖泊，是新开发的景区，以阳平半岛为中心，分成了5个景区。景区湖串山也串湖，湖湖相通，湖岸线相当曲折。

玩家 解说

白龙江自甘肃流到四川，在广元市汇入了嘉陵江。宝珠寺水电站一建，大坝才拦出了一个

白龙江

青溪古镇

白龙湖。最佳游览方式便是乘船游，看景区内的“湖中湖、湖外湖，大湖连小湖，湖湖相通，变化无穷”。

青溪古镇 AAAA

千年古道名镇、川北世外天堂

广元市青川县青溪镇

免费

全天

青溪古镇是我国古阴平道上的重要关隘，自东汉以来就成为王室与地方势力相互攻战的重镇，是历代兵家必争之地。由于青溪所处地理位置的重要，历代王朝都派将把守，修池建廊，所以如今看到的古镇遗存以军事防御建筑为主。古镇历史悠久，文化积淀厚重。

阴平廊桥

阴平廊桥是到青溪古城的一座古朴典雅，雕花精湛的木式长廊。站在桥上可遥望山上葱郁的树林。廊桥旁边是游客集散中心，可以体验从落衣沟至青溪古城8千米的惊险刺激漂流。

小东街

经过廊桥就步入了小东街，街道两旁皆是具有汉、回民族结合的房屋，坐在门口晒太阳的回族老人，楼廊上挂满了玉米、花生、盆栽，置于这特色建筑里，别有一番特色。

星月广场

经过小东街就是星月广场，古城很多大型演出和露天活动都在这里举行。星月广场的白雕花柱子上雕刻着星星和月亮，它们是回族人民吉祥的标志。

唐家河风景区 AAAA

美丽的原始森林

广元市青川县清溪镇

0839-7809136

55元

唐家河国家级自然保护区地处岷山东北麓，动植物资源均比较丰富，国家重点保护植物有珙桐、连香树、水青树等；国家重点保护动物有大熊猫、金丝猴、羚牛、云豹、绿尾虹雉等20多种。

玩家 攻略

游览线路：毛香坝—红军桥—摩天岭。

可乘坐景区观光车。该线路是区内“春赏百花秋望叶，夏享凉风冬听雪”的最佳去处。该线路还可参观第四纪古冰川遗址，体验漂流。如果你想更亲近大自然，还可以在瓦舍坝露营地和桂花沟露营地搭建帐篷体验野外生活。

住宿：唐家河风景区内也有酒店客栈可提供住宿，如唐家河大酒店、听涛阁、兰华阁等。

美食：景区内的特色美食如跑山土鸡、核桃花、烟熏老腊肉、清溪豆腐等不可不尝。

玩家 解说

区内海拔高差大，在不同的海拔、季节、时段出现日出、云海、彩虹、佛光、雾凇、满天繁星、日月同辉等气象、天象景观。景区盛产野生蜂蜜、蜂蜜酒、竹荪、青川黑木耳、七佛茶叶等特产。

生物景观

保护区内名贵中药材有羌活、天麻、贝母等50余种。保护区3月中旬始见开花植物，4—5月草、木植物速生，牛羚下到河谷采食，金丝猴在桦树林分布地带采食幼芽。6—7月河谷地带鲜花盛开，蜂蝶飞舞，小羚又返回原始森林及高山草甸。8月黑熊下移至河谷地带

青川唐家河

采食果实。9月树叶变红，漫山遍野。10月中旬高山降雪。12月中旬，大雪纷扬，大熊猫游荡于山坡采食冻僵的箭竹。

人文景观

保护区内有许多处关隘要塞，阴平古道上有很多古迹传说，有摩天岭、北雄关、孔明碑、写字崖、磨刀石、虎盘石、落衣沟、落衣桥、红军桥等古迹遗址。

民俗风情

青川自古便是羌、氐、汉、蕃杂居之地，生产、生活、婚嫁、丧葬等习俗均带有显著的回族特色，饮食文化更是十分丰富，“酸菜豆花饭”（三色饭）、“金裹银”（炒炒饭）、玉米羹（蒸蒸饭）、荞凉粉、杂面、灰搅团、甜浆饭、青川老黄酒食等令人终生难忘。

苍溪红军渡·西武当山景区 AAAA

红军战斗遗址

广元市苍溪县城东3千米的塔子山下

0839-5281001 免费

8:30~18:00

红军渡·西武当山景区是红四方面军长征出发地、强渡嘉陵江战役纪念地，是一个以“红土地、绿山水、梨乡情”为主题，融红色旅游、绿色旅游、梨乡民俗风情、道教文化旅游为一体的综合性旅游区。

红军渡

苍溪红军渡是苍溪县境内嘉陵江畔的一处古渡口，这里依山傍水，地势险绝，林木葱茏，嘉陵江经此地由北而南，景色宜人。景区融人文景观和自然景观为一体，环境十分优美。

西武当山

西武当山为中国道教风景名胜区之一，

苍溪红军渡

属道教名山，因形似笔架，古又称“笔架山”。苍溪县自古以来道风鼎盛，道教宫观遍布城乡，千百年来一直是中国西部道教的主要活动中心。

更多本旅游区景点

九龙山：位于广元市苍溪县境内，以九龙潭为界，又分为九龙前山和九龙后山，森林浩瀚，山体秀灵，天象多彩，自然景观富集。春赏花海，夏看山水，秋观云海，冬踏傲雪，100个大小山峰星罗棋布，错落有致，还有众多的湖库犹如一颗颗宝石镶嵌其中。

水磨沟：位于广元市朝天区东北部，景区内有着上好的原始生态环境，有近千亩的高地草原，集森林、峡谷、草原、瀑布等于一身。

景点推荐 剑门蜀道

剑门关风景区 AAAAA

一夫当关，万夫莫开

广元市剑阁县河东街64号

0839-6750978

105元

夏季8：00～18：30，冬季8：30～17：30

可在剑门关客运站乘坐7路公交车直达景区

剑门关景区由剑门关、翠运廊两个紧邻景区组成。李白名作《蜀道难》中所描述的“剑阁峥嵘而崔嵬，一夫当关，万夫莫开”就是说的这里。剑门关景区融三国文化、蜀道文化、关隘文化、红色文化为一体，集雄、险、奇、幽于一身。

剑门关在1982年被国务院列为国家级风景名胜区。入剑门关后约500米的幽深峡谷，可见前人留下的“天下雄关”“第一关”“剑阁七十二峰”等碑刻。

玩家 攻略

1.3—10月最适宜前往。

2.剑阁县城住宿点多，如位于城区小东街的广元剑阁宾馆条件较好。

3.剑阁县城的豆腐极负盛名，已成为一类独立的菜系。此外，剑门绿茶、剑门火腿、剑门蝴蝶猪头、木耳、剑阁柴胡等都属当地特产。

4.游览剑门关，最佳路线为徒步登山。自大剑山有缆车可上石笋峰，然后攀登崖壁小径，顺环山天梯抵达山巅梁山寺和翠屏峰；或从后关门的环山天梯抵达石笋峰，再从石笋峰攀崖壁小径抵达山巅。

玩家 解说

综合历史的诸多说法，剑门关应是先有剑门蜀道，后有剑门关。

剑门蜀道，即俗称的金牛道，自广元起经剑

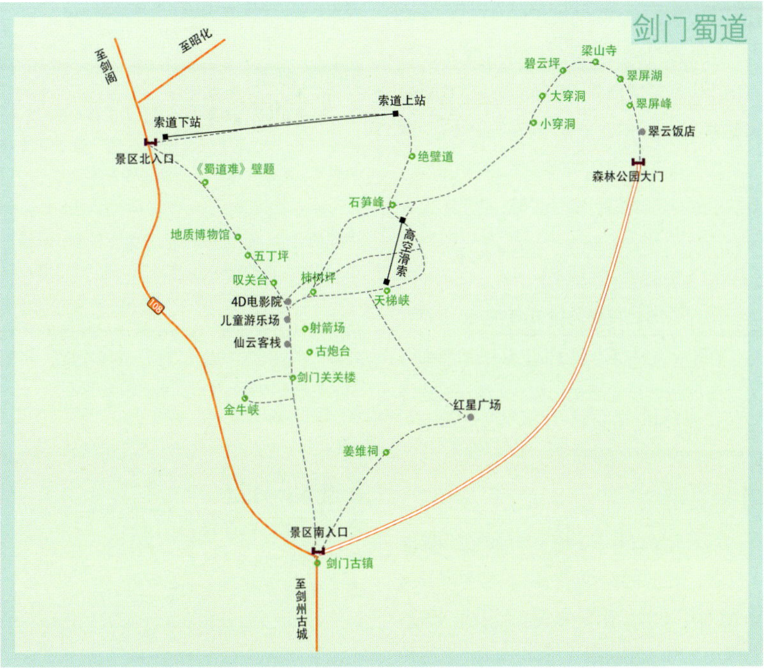

阁、梓潼、江油到绵阳200千米的川陕公路。战国时期，古蜀国因地势险峻，大军难进。秦惠王谎称赠五金牛、五美女给蜀王，蜀王中计，派身边五丁力士，劈山开道，入秦迎美女、金牛，故而这世间才多了一条金牛道。

剑门关则与三国的诸葛亮颇有渊源。当年诸葛亮率军北出，路经大剑山，见地势险峻，便令军士凿山岩、架飞梁、搭栈道。在蜀魏相争的这段岁月中，诸葛亮曾六出祁山，大剑山就曾是蜀国的屯粮、驻军、练兵之所。大剑山断崖之间的峡谷隘口，两旁断离，两壁相对，诸葛亮特在此设下关卡，修筑关门，并派兵防守。诸葛亮的先见之明，在钟会率兵10万进汉中取蜀时起了极大的作用。蜀国大将姜维仅凭三万兵马就守住了剑门关。杜甫《剑门》诗有“惟天有设险，剑门天下壮”。自此“壁立千仞，穷地之险，极路之峻”的剑门关也有了剑门雄关的美誉。

剑阁道

剑阁道上有两条短线道路，一条是马鸣道，一条是景谷道。今马鸣道已毁，仅剩景谷道为剑阁道中的一段。剑阁道上名胜古迹很多，除闻名天下的剑门关、翠云廊之外，还有钟会故垒，即当年钟会率军攻打剑门关的屯兵之地，位于剑门关外的志公寺旁，是一片开阔的坡地，两边临溪，一边靠山，与剑门关遥遥相望。

平襄侯祠

平襄侯祠始建于明正德年间，分前后两院，前院塑刘、关、张坐像，名武圣宫；后院正殿塑姜维坐像，名忠勤祠。现在看到的姜维祠是2009年在原址上重建的，重建的姜维祠基本保持了原有的建筑风貌。

红星广场

红星广场是红军血战剑门关的遗址。1935年4月2日，红四方面军经过激战，一举攻克川北军事要塞剑门关，红军血战剑门关创下了战争史上的奇迹，是红四方面军的著名战例之一。

梁山寺

梁山原为梁武帝修真之地，因此山上建有梁山寺和梁武帝祠。梁山寺位于海拔1180米的舍身崖上，始建于唐，经过历代修葺，清时扩建为两进四合院，建筑面积947平方米。寺院周围有松林成片，重峦叠嶂，景色迷人。

剑门关地质博物馆

剑门关地质博物馆建筑面积300余平方米，采用现代科技表现手法，直观展现剑门关丹霞地貌地质发展史，现为全国一流的丹霞地貌科普教育基地。

翠云廊

翠云廊是古蜀道中较为险峻的剑门蜀道的一段，历经2000余年形成。广义的翠云廊分为西段、北段、南段，蜿蜒三百余里，道路两旁全是修长挺拔的古柏林，号称“三百长程十万树”。狭义的翠云廊指的是剑门蜀道的核心景区之一，是一处国家森林公园，翠云廊最大、最有名气的几棵树都在这里。这里空气清新、环境优美，是当之无愧的蜀道明珠。

玩家 攻略

翠云廊需要静品，最好是早晨或傍晚前往。漫步为最佳游览方式，约一个半小时。

玩家 解说

翠云廊，以剑阁城为中心，东南至阆中，西南至梓潼，向北至广元昭化。这是一段非常传统的表述，将翠云廊的范围描述得非常清楚。

翠云廊的名字，起于清代，是剑州知州乔钵取的名号，沿用至今。清代的翠云廊，松柏更多。比起现在的8000多株古柏，清代“三百长程十万树”是更令人向往不已的场景。当然，现在虽没有10万株古柏，但中华人民共和国成立后栽种的柏树也不下数十万株，若是养好了，百年乃至数百年之后又能出现当时的盛况。

鹤鸣山

中国四大道教名山之一

广元市剑阁县普安镇东

从剑阁县城乘坐中巴可到

鹤鸣山，道教创始人张陵在此跨鹤仙去而得名。据说此地乃是张陵开创五斗米教的发祥地，是道教圣地中的魁首，被称为“道国仙都”。山中保存着“唐代三绝”，李商隐撰《剑州重阳亭铭》碑文、《大唐中兴颂》摩崖石刻和摩崖道教造像铭文。

玩家 攻略

去鹤鸣山的交通状况十分好，一般无须安排住宿。附近的美食也很多，如文彩排骨、文清

翠云廊

鸭蹼、庄园鱼丝、石磨豆花、泡菜等。

觉苑寺 文

建于唐代的古寺

广元市剑阁县武连镇武侯城，距县城43千米

从剑阁县城乘坐中巴可到

觉苑寺，始建于唐贞观年间，清康熙年间重修。该寺坐北向南，建筑面积达1957平方米，寺内现存三重殿及两侧配殿，以大雄宝殿为主体，天王殿在前，观音殿居后。寺内壁画很有名。觉苑寺历经数次兴衰，目前留存的三重殿及两侧配殿都属不同朝代修复的建筑。

链接

觉苑寺壁画

觉苑寺内，大雄宝殿中的佛传壁画内容广博，是相当精美的珍品，对研究军事、体育、医药、服饰、建筑、文艺等，有重要的参考价值，对研究我国社会风情更是难得的宝贵资料。

殿内四壁高3.5米，其上绘有精美的十六铺，即二百多幅《佛传》故事彩画。这是明代英宗天顺初年（1457年）大殿重建时绘制而成，总计170多平方米。每幅壁画均以四字墨书为题，内容自《摩耶托梦》开始，一直绘制到释迦的涅槃。

此处佛传壁画的绘制者众说纷纭，有说是集民间能人之大成，也有说是吴道子一夜之间绘就。在行家眼中，觉苑寺的壁画的确属于吴道子的画风。构图严谨，给人以一气呵成之感。而幅与幅之间仅以山、水、云、树、屋宇相隔，上连下接，环环相扣；更用工笔线描绘来充分刻画人物面部那些微妙的喜怒哀乐。

昭化古城 AAAA

有三千多年历史的古城

广元市元坝区

0839-8310919

45元

8：30～17：30（淡季）；8：30～18：30（旺季）

昭化古城是迄今国内保存最为完好的唯一一座三国古城，有“天下第一山水太极”自然奇观之美誉。古城四面环山，三面临水，山清水秀，古遗址、遗迹众多，民风古朴典雅，建筑群布局合理，现存的四条大街、

昭化古城

五条小巷均用当地青砂石板铺就，带有明显的军事防御特色。因扼守要道，昭化一直都是战祸触及之地，留下不少三国遗迹。

玩家 解说

昭化古城兴自三国，是古蜀道的要冲。历史上曾有人对三国蜀汉的兴亡简单概括为“兴于葭萌，灭于剑门”，这葭萌二字指的就是昭化城。在小说《三国演义》中，张飞挑灯夜战马超的故事，老将黄忠、严颜勇退曹兵的桥段就在昭化城，甚至姜维兵败牛头山的故事也都发生在此地。许多游客也是因为三国的故事，才引发了对昭化古城的向往之心。

玩家 攻略

昭化黑桃、黑木耳最有名，是旅客喜欢采购的特产；古城内的住宿可选汉寿客栈和辜家年夜院，房间价格都控制在100元左右。

牛头山

三国古战场

广元市昭化区昭化镇西郊，距昭化镇约7千米

自昭化古城西门出，沿古蜀道爬山而行。包车只需20分钟

牛头山，山形似一颗巨大的牛头，因《三国演义》中“姜维兵困牛头山”而出名。景区内山势陡峭，森林茂密，以古迹类景点

出名。

玩家 攻略

在山上可看到山下有三江交汇的精彩奇观——天然太极图，山上能俯瞰整个昭化古城，还能远眺秦巴山脉。

玩家 解说

牛头山脚下，还有蜀汉大将军费方的墓地。青石筑就，长约2.5米，宽约1.5米，高约1米。费方算是一位悲情人物，于254年昭化古城贺新春摆酒之时被曹魏降将郭循袭杀。将士就将费方的遗体埋在牛头山下。而后清雍正十三年，果亲王入蜀经昭化，曾手书“深谋卓识”于墓碑上。

云台山

中国道教名山

广元市昭化区大朝乡，距昭化古城20千米

自广元昭觉寺车站有车可达

免费

云台山海拔1254米，是周围诸峰之首。民间相传此山乃是三国魏将邓艾被冤杀后的人头所化而成，故又称“人头山”。云台山的风景以峻秀著称。

景点略险的是一线天，也叫才君洞，民间传太上老君曾在此处炼丹。山上观音殿的建筑构思极为新颖，将山石内的泉水从观音像手中的玉瓶中缓缓倒出，长年累月不断。

云台山

山上建有望远楼和川主庙。前者取登高望远之意，后者奉的是李冰父子，老百姓四时朝拜，意在祈求风调雨顺。民间传言此处求佛甚为灵验，唐明皇也曾到访，于是许愿的信徒络绎不绝，大朝乡的名字也由此得来。

玩家 攻略

运气好的话，能在雨过天晴后看到山顶的彩霞，农历正月初五和六月二十四为庙会日，四方香客都到此敬香，最为热闹。

明月峡 AAAA

先秦古栈道遗址

广元市朝天区明月峡景区

0839-8624777

70元

8:30~17:30（冬季）；8:30~18:00（春夏季）

明月峡位于广元西陵峡东段，峡两岸山岩多呈银白色，和青峰、江水交相辉映，整个峡江好像镀上了一层朦胧的月光。明月峡有2300多年历史，被誉为“中国道路交通博物馆”和“中国道路交通发展的活化石”。

玩家 攻略

1.明月峡基本没有投宿之所，可乘车前往朝天区，朝天区有旅店和酒店可供住宿，约10分钟车程。

2.朝天豆腐极为有名，火锅虾就是一绝。朝天还出产很多天然名贵淡水鱼。

3.要纵观明月峡，乘船观赏较有美景全局感。

4.推荐自皇泽寺—千佛崖—明月峡栈道的游览路线。

玩家 解说

明月峡风景区是剑门蜀道的起点和重要组成部分。李白曾作有一首著名的诗《蜀道难》，其中所指的蜀道主要就是指明月峡这一段道路。杜甫、陆游、李调元等古今名士也都曾在此留下诗句，共有300余首。

明月峡被誉为“中国道路交通博物馆”和“古今交通的活化石”，盖因此处呈现着不同类别的道路遗迹。其中最具代表性的便是古蜀道遗迹——先秦古栈道遗址。

蜀道难，难于上青天。在这种艰难的地貌上开凿道路，是相当耗费人力的。之所以大部分道路都被称为蜀道，是出自诸葛亮的手笔——当年为了北伐曹魏，特地在此开辟的军事要道。在此之前，都是一些陡峭小路，全是乡民为了物资交换开辟出的小道而已，很容易产生死伤事件，特别是暴雨季节。

龙门阁 AAAA

金牛道上最有名的栈阁

广元市朝天区朝天镇北10千米的川陕公路旁

龙门阁因石洞如门，有溪水奔腾而入得名，为三国时期诸晚葛亮北伐中原的重要陆栈。唐宋诗人杜甫、岑参、陆游等均曾途经此地，皆留有题咏。

相传山顶原先建有九重庙堂，现在只留下了一座“陆游宫”遗址。此外，龙门山上可极目远眺，远处的营盘梁、朝天关、筹笔驿等也都可以尽收眼底。

玩家 解说

龙门阁是适合怀念的地方，特别是怀念唐代诗人杜甫。当年他游历四方，见到龙门阁后诗兴大发，留下了一首得意诗篇：“清江下龙门，绝壁无尺土。长风驾高浪，浩浩自太古。危途中萦盘，仰望垂线缕。滑石欹谁凿，浮梁袅相拄。目眩陨杂花，头风吹过雨。百年不敢料，一坠那得取。饱闻经瞿塘，足见度大庾。终身历艰险，恐惧从此数。”

龙门阁其实不似杜甫说的如此艰险，就是一块高数十丈的石穴。乾隆时代的张邦伸曾在《云栈记程》中亲口言道：“龙洞背一名龙门山，有石穴高数十丈，其状如门，潜水奔流其中，声甚厉，穿山腹而出。分为三洞，水迳二洞出，三洞西南流入嘉陵江。”这才是对于龙门阁最为精准的描述。

明月峡古栈道

筹笔驿

古代入蜀的重要驿栈

广元市朝天区016县道

筹笔驿因三国时期诸葛亮北伐曹魏在此运筹帷幄而得名。它是古金牛道上的主要驿站，相传《后出师表》曾于此地写就。

玩家 解说

筹笔驿，古驿站，前临嘉陵江，背靠汉王寨。有梅家河自东向西绕过古驿站，朝北直入嘉陵江。筹笔驿在历史上非常有名，因诸葛亮名扬天下，“旗杆梁”“擂鼓台”“饮马溪”“白马池”“营盘梁”“校场坝”“仓坪”“陈家营”“戍军坝”“军师村”“军师庙”“军师街”等名称也都沿用至今。

据传228年，诸葛亮一出《出师表》，便开始整军北伐。那些取三城、破羌兵，出陇上、奔剑阁、巧施空城计、造木牛流马的作战方案便是在筹笔驿制定的。故而数千年来的大文豪一到筹笔驿便大有感触，如杜牧的“永安宫受诏，筹笔驿沈思”，再如宋代陆游的“运筹陈迹故依然，想在旌旗驻道边”等。

这些诗句中，要算李商隐的《筹笔驿》最有恨意：“猿鸟犹疑畏简书，风云常为护储胥。徒令上将挥神笔，终见降王走传车。管乐有才终不忝，关张无命欲何如？他年锦里经祠庙，《梁甫吟》成恨有余。”

景点推荐

阆中古城 AAAAA

南充阆中古城至今已有2300多年的建城历史，我国的春节文化就发源于这片神奇的土地。阆中素有“阆苑仙境”的美誉，自古以来，阆中形成了丰富多彩的巴文化，游人在这里可以观赏到饶有特色的巴文化艺术表演。

- 南充市阆中市阆水中路33号
- 400-100-9255
- 110元
- 5月1日—10月7日为8：30～18：30；10月8日至翌年4月30日为8：30～18：00
- 在南充城北汽车站乘车到阆中汽车站，票价40元，每票当天下午6点前有效，行程2小时10分钟

玩家解说

传说远古时期，一只巨鸟从远方叼着一只大钟一路北飞，飞到阆中时不小心掉了下来，钟掉下的地方就得名“阆中”了。老人们还说，这口钟就在古城外的嘉陵江里，发洪水时还会发出钟鸣声。

链接

川北小吃在阆中

若你是吃货，则别错过了堪称一绝的阆中小吃。华珍五香牛肉干、牛羊杂碎面、川北凉粉、热凉面、油茶馓子等地道小吃，既具有四川小吃的色、香、味，又具有浓厚的地域特色，常食不厌，余味满口。

阆中的美食文化源远流长，由回、汉、满多民族饮食文化构成，风味小吃花色、品种众多，烹调技艺高超。其中最为有名的当数白糖蒸馍、张飞牛肉。除此之外，阆中油馕馍馍、盛传的“神童子水饺”和保宁三绝汤都是不可错过的当地美食。

汉桓侯祠

为纪念三国名将张飞而建

📍 阆中市古城区西街59号

🚌 乘坐阆中3路公交车可到

汉桓侯祠俗称张飞庙，是全国重点文物保护单位，至今已有1700多年历史。据史载，张飞死后即建起桓侯祠，历经损毁，明代时在墓冢四周增筑近10米高的围墙。如今看到的桓侯祠为明清时重建的四合庭院式古建筑群，为三国文化的一大胜迹。

玩家 解说

汉桓侯祠，唐为“张侯祠”，明时“雄威庙”，清代至今才叫“桓侯祠”，只因张飞死后追谥为桓侯。

滕王阁

有唐代建筑遗风

📍 阆中市城北3.5千米处的玉台山腰

🚌 乘坐阆中5路、阆中6路公交车可到

滕王阁是一座唐代风格歇山式双垂檐屋顶的古阁楼。屋台之上，24根朱红色的巨柱托举着层楼，十分气派。阁后为青石崖，崖上有洞，洞上刻有明朝邵元善《滕王亭子》一诗的行书；阁右侧是一座新建的四合院——玉台山庄。

玩家 解说

南充的滕王阁建于唐代。当年唐高祖李渊的第22子滕王李元婴，于679年由寿州调隆州（阆中），嫌“衙役卑陋”，便在城中建“隆苑”（玄宗时改“阆苑”）又在玉台山建玉台观和滕王亭，供其游乐。

巴巴寺
伊斯兰教建筑艺术的明珠

阆中市市区蟠龙路5号

免费

巴巴寺是伊斯兰教嘎德耶教门穆斯林的圣地。巴巴，即阿拉伯语“祖先”之意。康熙年间，沙特阿拉伯麦加城穆斯林华哲·阿卜杜拉希在阆中传授伊斯兰教时，去世而安葬于此并建寺，至今已有300多年的历史。巴巴寺为国内少有的伊斯兰建筑群，其建筑工艺精妙，周围环境清幽，是阆中景区一颗带有浓郁宗教气息的明珠。

中天楼
雄伟傲立的过街楼

中天楼又名四排楼、凤凰楼，阆苑十二楼之一，是阆中古城的风水坐标，地处阆中古城中心地带，为武庙街、西街、北街、双栅子街交会处。

东山园林
阆中名胜荟萃之处

阆中市城东嘉陵江对岸

阆中乘坐阆中2路公交车可直达

8: 30~17: 00

东山园林现有省级文物单位两处（唐代大佛、北宋状元洞），市级文物单位一处（明代白塔）。东山园林茂木幽深，高山飞瀑与小桥流水并存，是人们游览休憩的好去处。

玩家解说

北宋状元洞，也叫读书洞。据说这是北宋年间阆中有名的三陈（陈尧叟、陈尧佐、陈尧咨）少时读书的地方。其中尧叟、尧咨先后中状元，尧佐为宰相，故此处又称“状元洞”“将相堂”。

川北贡院
高等级科举考场

阆中市学道街12号

清代四川贡院是清朝会试的考场，由山

中天楼

门、廊道、考房、大殿、二殿、后殿和考生宿房组成。廊道两旁的有两排考室，至今保护较好，是全国仅存的两处考棚（清代考棚，是川北道贡院的俗称）之一。

龙门

跨进贡院大门，迎面的是龙门，有鲤鱼跳龙门之意。龙门后面是至公堂。至公，最公正的意思。

考场

贡院前院是考场，四周都是号房。考试时按天、地、玄、黄等编号，每间号房有进出小门一道。考生进场之前，先进行“摸图测运”，以保佑接下来的考试能顺利完成。参观贡院的游客，还可以乔装参与科举考试，成绩优秀者可以披红戴花，作弊者则会被“羁押”甚至“判刑”。

弥封所

北宋始行试卷糊名。清沿明制，贡院外联设弥封所，负责把所有试卷上写有考生姓名、履历的前页折叠起来封好，糊名，连同所备誊录用卷编上相同红号，弥封处加盖印信。待录取后，再对照红号折看。

会经堂

会经堂正中有孔子塑像。会经堂本是考官阅卷的地方。

锦屏山

阆中仙境、天下第一江山

阆中市阆南桥街

阆中锦屏山风光秀丽，有“天下第一江山”的美誉，历代都曾在山上建造精美的楼阁亭榭，历经风雨洗礼，现在尚存的景点主要有张宪祠、九曲长廊、吕祖殿、怀飞亭等。

川北贡院

张宪祠

为一黄色琉璃瓦的四合院，坐西向东，一楼一底。院内塑张宪武像，正堂挂有著名画家赵蕴玉绘制的张宪画像，两侧竖立原“昭忠祠”石碑，两壁挂张宪生平功绩画图和诗文对联。堂下两厢为武将馆，陈列阆中历代武将画像，并有文字介绍其生平业绩。

碑林

重要碑刻有张飞《立马铭》、吴道子《行道观音》《黎学锦重修锦屏山记及锦屏全图》等，不但有很高的艺术价值，还有地方历史文化的重要研究价值。

更多本旅游区景点

落下闳故居：阆中市古城区马王庙街20号。故居坐北朝南，木质穿斗结构，雕花门窗，青瓦屋面。这是为了纪念西汉文学家落下闳而复建的一座串珠式二进民居院落，于2006年1月正式对外开放。

老观古镇：位于阆中市老观镇，是一座拥有千年历史的古镇。这里完整保留着1.5平方千米的古建筑街区，包括古建筑群、古街、古民居等，古色古香。

天宫院：位于阆中市天宫镇，始建于唐，为纪念唐代天文学家袁天罡、李淳风而建，明天顺三年（1459年）重建。

景点推荐

南充旅游区

金城山

道教中天下七十二福地之一

南充市高坪区胜观镇境内

免费

全天

金城山是道教中天下七十二福地之一，这里的松林竹海、九十九险峰、四十八奇洞、三十六清泉、钟声古刹构成一幅幅美妙的自然图画和人文景观。

南京门

“南京门”是金城山寨的西门，同时也是金城山四大奇观之一“金门锁雾”的最佳观赏处。每当天将下雨或雨后初晴时，烟云涌起在金城山腰缭绕，但总不会超过“南京门”，形成烟雾被“锁”在南京门下的奇景。

金城寺

金城寺始建于唐代，最初寺名叫宝莲寺，规模宏大，曾经香火鼎盛。后来佛像被毁，仅存四合院殿堂。1993年再度修葺，便是现今的金城禅院，成为金城山四大奇观之一的“宝莲晨钟”所在之处。

磨儿滩水库

磨儿滩水库四周群山起伏，水面碧波荡漾，乘舟徜徉其间，令人心旷神怡。库区边缘及库内岛上都有柑橘果园，水库中鱼类繁多，因此这里的全鱼席和野味席非常有名。

嘉陵第一桑梓 AAAA

最浪漫的休闲家园

南充市蓬安县相如镇

0817-8608996 免费 全天

从南充坐火车，到蓬安车站下车，车站前面就有201路公交车，一直坐到景区站下车

嘉陵第一桑梓被誉为“最浪漫的休闲家园”，这里分为4个功能片区，分别是嘉陵江码头古镇观光休闲片、浪漫家园漫滩生态观光休闲片、水上观光游乐片、新农村参观游览片。13个景区包含周子古镇、龙角山、凤凰山、慕蔺山、嘉陵江畔270多公顷的原生态漫滩湿地、2座130多公顷的江心绿洲太阳岛、月亮岛等。天下第一奇观百牛渡江令人叹为观止，景区绿草如茵，白鹭翻飞，野鸭成群，组成一幅美不胜收的山水画卷。

玩家 解说

如要购买纪念品，姚麻花、吴馓子、曹氏豆干、相如香兔、利溪粉丝、河舒豆腐、杨家手工面、锦橙100号、石孔贡米、葛根粉等都是很好的选择。

凌云山风景区 AAAA

山水秀美 气候宜人

南充市高坪区老君镇

0817-3310666

南充市内乘坐19路公交车可直达景区

凌云山风景区内松柏苍翠葱郁，群峰云涌雾绕，山水秀美，气候宜人，四季如春。凌云山自然景观的左青龙、右白虎、前朱雀、后玄武与中国古代风水天文所称的“四象五行”玄机契合，浑然天成，形成中国传统风水模式中的景物奇观。

凌云大佛

凌云大佛位于凌云湖边，为依岩摩崖石窟像，是凌云山最著名的景观。能科学地排水、隔湿、通风，可防止侵蚀性风化。佛像左右两侧山体及附近山头均设有若干观测点，以方便游人敬仰朝拜。

三清殿

三清殿是道教标志性建筑，内塑有道家三清真人。现存大殿为2001年旧址重修建筑的，殿内壁画、壁饰均为道家经典故事、文化背景图案；后殿塑有高5米的后三清真人塑像，栩栩如生。

天然睡佛

凌云山有两尊天然睡佛，白山睡佛长约2千米，马岩山睡佛长约1.5千米，相传为佛陀显化而成，方位与释迦佛祖当年圆寂的方向一致。相比乐山睡佛，凌云山睡佛神态更为安详。更为神奇的是，唐宋以来，高僧大德便在两睡佛头部建有庙宇参禅悟道。

朱雀山

朱雀山外形神似展翅欲飞的大鹏，四周分别雕凿有卧佛（释迦牟尼涅槃像）、观音三十三化身、五百罗汉（部分）石刻艺术像。

卧佛石窟为世界最长石刻艺术像，雕刻内容为释伽佛祖圆寂的故事。在观音三十三化身石窟艺术像中，每一个化身都含有一个经典的佛经故事。五百罗汉石刻艺术像分布于朱雀山南侧，神态各异，手法传神。

白山寺

凌云山白山寺距今有1800余年的历史，周边及顶上建有数座大小寺庙，香火旺盛，被当地称作“小西天”。白山寺三面均为悬崖，在崖壁上密布着一排排古石崖墓群，另存汉、唐时期舍利塔、碑刻30余处。

西山风景区 AAAA

西山秀色

南充市顺庆区

5元 8：30～18：00

0817-2585309

西山风景区宛如一道绿色屏障，环抱市区西面。山脚的西河缓缓流过，形成山水相接、林木葱郁的自然美景图，素来被誉为“西山秀色”。

西山风景区融自然生态、三国文化、川北风情为一体，南充古八景就有三景于此。西山集中了汉代以来的大量文物古迹，展现了南充市历史足迹，是一座天然博物馆。

南充西山

玩家解说

西山风景区引进的荷兰郁金香有30多个品种，共100万株，建成了西南地区最大的郁金香园。春暖花开的时节，红、黄、蓝、紫、白、黑等多种颜色，煞是好看。从每年3月份开始，郁金香的花期将持续约40天。另外，西山风景区每年都会举办春节大庙会、三月三登山节、五月槐花节、十月三国文化节和清明、端午、中秋等民俗节庆旅游文化活动。

开汉楼

开汉楼位于西山之巅，登楼远眺，可以看见南充被嘉陵江与西河像玉带般缠绕，风光极其旖旎壮观。

东大门

西山风景区东大门实际上就是万卷楼庭院的东大门，为汉代城门式建筑风格，汉砖墙面，上为雉碟造型。城楼建在城墙中部上方，楼高12米，有上下两层。整个城门气势恢宏，古朴典雅。

万卷楼

万卷楼始建于三国蜀汉时期，庭院中央耸立着陈寿青铜塑像，形态逼真。纪念堂中陈列的资料详细地介绍了陈寿的坎坷经历、著书史实及其对后世的影响。

西充张澜故里 AAAA

典型的川北民居

南充市西充县莲池镇观音堂村

免费

9：30～17：30

0817-6956522

张澜故居是一座始建于清代的复式三合院建筑，民主革命家张澜先生就诞生在这里，如今是青山环绕、翠竹拥抱，环境很是清幽。“张澜故居·玫瑰花谷”种植有玫瑰、千层金、迷迭香、薰衣草等花卉苗木，春天到来，花海荡漾的景象就呈现在游客眼前。

朱德故里景区 AAAAA

红色旅游景区

南充市仪陇县马鞍镇

0817-7555022

朱德故里景区是缅怀朱德同志丰功伟绩，进行爱国主义教育和革命传统教育的红色旅游景区，由琳琅山、柏杨湖、蓬莱阁、插旗山景区和马鞍古镇五部分组成。其中，核心景区为朱德故居、朱德同志故居纪念馆。

朱德故居

朱德故居坐南朝北，是一座清嘉庆末年修建的三合院农舍。故居主要陈列少年朱德的学习和生活遗物，如朱德少年读书时用过的条桌、桐油灯盏、装书的背篮、算盘、砚台等历史遗物。

玩家攻略

离故居不远处，有堪称川北客家第一庄的丁式庄园，以及被保存得相当好的马安镇清代老街。

朱德同志故居纪念馆

朱德同志故居纪念馆主体建筑1818平方米，由5个展厅和书画厅、接待室组成，展厅通过文物、文献、图表、照片等反映了朱德的生平事迹，配以宽大的回廊、假山、喷泉以及园林花草点缀，显得古朴典雅，庄严肃穆。

琳琅山朱德故居

升钟湖风景区 AAAA

被誉为“西南第一湖”

南充市南部县升水镇 0817-5906123

免费

全天

升钟湖风景名胜区位于南充南部县，区内风景秀丽，环境宜人，自然和人文旅游资源丰富。

升钟湖最漂亮的水域要数凤凰岛区域，该岛由多个大、中、小岛屿组成，少数岛屿有人居住，在修建的大型观景台上可以看到天然风光。

玩家攻略

升钟湖是垂钓天堂，景区内有渔具租赁、出售，云淡风轻时是垂钓的好时光。

玩家解说

升钟湖项目是20世纪70年代的杰作。当时为了解决川北人民十年九旱和饮水困难，国务院批准将嘉陵江一级支流——西河拦腰截断，自此有了13.39亿立方米库容的高峡平湖，又叫升钟水库。水库灌溉面积极大，控灌下游10多个县、市（区）纵横5500平方千米的13.87万公顷耕地。当地政府对其进行旅游品牌的升级打造，将其发展成“休闲的天堂、垂钓的乐园、体验的胜地”。这里有着永久性钓鱼基地，还建成了7个标准游客码头、250个钓鱼台。2009年和2010年成功举办了中国升钟湖钓鱼大奖赛。另外，大坝泄洪的场景非常壮观，值得一看。

禹迹山大佛旅游景区

嘉陵第一名山

南充市南部县碑院镇

0817-5925009 免费

禹迹山位于南部县，因大禹治水留下足迹而名，大禹胜迹至今犹存，被誉为“嘉陵第一名山”。

禹迹山大佛高17.5米，腰宽6.13米，为四川第一立佛，也是中国最大的石刻圆雕立佛，与乐山坐佛、大足卧佛并称为“巴蜀三大佛”。

周子古镇

嘉陵江上最后的码头古镇

📍南充市蓬安县

周子古镇，又名周口镇、舟口，与相如故城（今锦屏镇）隔江相望。周子古镇兴于唐宋年间，千年积淀，孕育了厚重独特的码头古镇文化，被誉为嘉陵江上最后的码头古镇。“水、形、文、史”在古镇和谐交融，浑然天成。被专家、学者称为“百年不动一砖一瓦原汁原味的原生态古镇”。

玩家 解说

周子古镇兴起于南朝梁武帝析安汉县设相如县之后，始称舟口，是具有千年历史的古码头。古镇由下河街、上河街和红军街组成。唐初起陆续建成有财神楼、武圣宫、万寿宫、濂溪祠、洞仙观、鱼娘庙、南华宫、文昌宫等。

北宋庆历二年（1042年），时任合州通判的周敦颐来舟口开延讲学，影响甚大，人们便将舟口改名为周子镇以表纪念。古镇三条坡形古街长共约千米，现保存有明清时期的古民居5000余套（间），所有古民居建筑首尾相连，错落有致，粉墙黛瓦，古色古香，别具情调。

太蓬山

何处飞来海上山，两蓬高峙白云间

📍南充市营山县城东北45千米的太蓬乡

太蓬山古称绥山，因山状若海中蓬莱而得名，曾为川北佛教圣地，素有“蜀北名山”之美誉，“太蓬仙迹”之称。

山中有岩，岩上有洞，岩壁上有石刻群，山上遗有古刹五座和数以百计的摩崖石刻造像，与古刹和题龛造像交相辉映的有飞仙桥、朝阳洞等34处胜迹。其中尤以杨贵妃马嵬还魂终老太蓬山的杨贵妃墓、安禄山题龛著名。

玩家 攻略

到太蓬山，可从东、南、北门拾级而上，也可乘车经北门从西门直上山顶。游客可当日往返，也可安住太蓬。山顶环境幽静，集吃、住、玩、游于一身的农家小院可供游人休憩。太蓬山山腰东门场镇和牛心堡场镇及消水河畔消水镇上，有可接待数百游人的不同档次的餐饮、住宿设施。

更多本旅游区景点

白云寨：位于南充市蓬安县南部的白云寨景区，为南充市最大的林区，林区内花草芬芳四溢，灌木丛随风逐浪，苍翠欲滴，风景优美，景点众多。

龙角山：龙角山景区位于蓬安新县城西北部，与周子古镇景区紧紧相连，是蓬安县城周边的制高点。其山犹如一条卧伏于嘉陵江边饮水的龙，山顶犹如龙角，人们因此呼为龙角山。

望龙湖：坐落在川北营山县城南郊7千米处，原名茶盘水库，因湖面和周围群山形状如龙而得名。

周子古镇爱莲池

景点推荐

广安旅游区

邓小平故里 AAAAA

典型的川东特色民居

广安市广安区协兴镇

0826-2413858

免费　8：30~17：00

火车站乘坐8路公交车可达景区

广安是邓小平同志的故乡，现已建成邓小平故里景区。景区以大量图片、实物、文献、多媒体以及世界一流的数字化电影，全方位再现了邓小平同志辉煌的一生。

邓小平纪念园

位于广安市广安区协兴镇，是一座以邓小平故居为中心的纪念园，园区集山、水、池、林、亭、路等于一身，景色优美。邓小平故居里新建了很多园林景观，纪念园中有邓小平故居陈列室、邓小平铜像广场等多处景点。

邓家老井

邓家老井是明朝时邓家先祖迁入广安时挖掘的，距今已有500多年。老井直径约1米，井水常年充沛，水面始终高出地平面60厘米，溢出井沿终年不断流淌。井水冬天温润，夏日甘洌而冰凉，且水质纯净，清润可口，养育了邓小平一家人。

邓小平故居陈列室

邓小平故居陈列室是经中共中央批准建设，由上海现代设计集团邢同和大师领衔设计，投资超过1亿建立的。其中陈列室的三个斜坡屋面寓意小平同志三落三起不平凡的革命历程，中间高耸的建筑为“丰碑”，表示着小平同志辉煌的历史功绩及邓小平理论的伟大旗帜。

协兴老街

协兴老街距邓小平故居约1.5千米，已有100多年历史。协兴场自古都是交通要道，从广安城出发，古时官道的北干路必经协兴。如今的川鄂公路也从中穿越而过。

协兴镇是四川省百个小集镇建设试点镇之一，基础设施建设日新月异，旧貌换新颜。

玩家攻略

1.老街总长约100米，现有100余住户，是典型的清末民初的建筑风格，非常古朴，适宜拍照。

2.在协兴镇政府院内临老街处，有一间木结构的老房子，是邓小平同志少年时代曾就读的北山小学校址。

邓小平故居

佛手山风景区

景区位于广安市邓小平故居西南方向3千米的地方，邓小平同志的家族先儒们就安葬在这里。虽然经历了数个春秋的洗礼，仍保存得完好如初，拜谒了邓小平故居后，可驱车来到这里，领略佛手山的秀丽风景。

肖溪古镇

以“十古一江”闻名

广安市广安区肖溪镇，与渠县交界处

肖溪古镇是一个保存着明清风格的古镇，肖溪古镇古称“龙凤州”，又称“肖家溪场”。明末清初湖广的人到四川时，有姓肖的人家移民到这里，故称肖家溪。肖溪古镇的历史文化名胜和自然景观众多，主要的是“十古一江”。此外，肖溪古镇的老街、新街、半边街也保存完整。

玩家攻略

1.广安辰北车站有滚动发往肖溪古镇的中巴车，全程时间在2个小时左右。

2.肖溪古镇依山傍水，人们进去游玩，就感觉进入了世外桃源一般，这里到处都有一股古老的气息。来到这里，最好不要错过渠江水上游。可以乘上一叶扁舟，边看两岸的美景，边唱上几句川剧，或者唱一段四川民歌，别有一番情趣。

华蓥山 AAAA

一座庞大的天然地质陈列馆

广安市华蓥山红岩高顶村

0826-4330178

门票95元，往返观光车40元

8：00～18：00

华蓥山景区位于华蓥市境内，主峰高登山1704米，为四川盆地底部最高峰。景区内枝叶繁茂、郁郁葱葱，是川渝两地休闲避暑的好去处。华蓥山有九峰，气势雄伟，被誉为“小峨眉”。

玩家攻略

1.冰雪节：每年冬天景区都会举办冰雪节，游客不仅可以赏雪景参加自由式滑雪、拉雪橇、雪地碰碰车等各式各样的活动，还提供美食等奖品。

2.上山过程中常有“团团雾”出现，开车要小心；山上天气多变，自备雨具很重要；华蓥山多溶洞，没专业人士陪同，不要擅自探险；大山中地广人稀，森林茫茫，当心迷路；林区严禁烟火，不能吸烟。

石林

石林景区位于华蓥山的最高峰高登山下，是典型的中亚热带“林中林”景观，绿树掩映中湖泊水清如镜，波光粼粼；漏斗与溶洞相连，成因奇特，引人入胜；起于唐代的普贤殿、高登古刹、观音寺和大吉祥平安朝圣寺是朝圣者的圣地；更有双枪老太婆的指挥洞、存粮处、打靶场、瞭望台等华蓥山游击队留下的遗址。

天意谷景区

天意谷景区原名华蓥山大峡谷，景区内冬暖夏凉、四季如春，十分适合避暑休闲。整个峡谷蜿蜒曲折、陡峭幽深，飞瀑、溶洞、茂林、修竹和各种奇形怪异的岩石遍布其中，构成了大峡谷美不胜收的壮丽奇观。

链接

天意谷的传说

天意谷洞中天河是华蓥山中一条4000米的河谷，其中被称为融天母、天佛、天河为一体的“三天洞”酷似天母像，洞口有一天然巨佛，洞底一道天河从天而降，据传曾是巴王子躲避秦军、重新振兴之地。古人称“天意谷里拜三天，人生低谷得天意”，因此游天意谷洞中天河，要过三关、跨九坎，三拜天母、拜天佛、过天河。

天池湖

在海拔640多米的华蓥山中，有一处天池湖，素有“小西湖”之称。天池湖四周高山环绕，湖水碧波荡漾，湖中百鸟群集，湖光山

华蓥山石林

色景致怡人。天池湖中有一个全岛、两个半岛，其中最大的岛屿形似月牙，名为月亮岛，岛上植被茂密，建有人行步道、环湖步道，风景如画。

链接

天池湖的传说

传说在很久很久以前，玉帝的三女儿在天庭上梳妆打扮，她俯瞰着下界华蓥山的美景秀色，如痴如醉，一不小心将玉镜跌落在了华蓥山中，宝镜沾上了华蓥地气，怎么也取不回去了，这样，就形成了美丽的天池湖。

安丙家族墓地

安丙家族墓地是南宋四川宣抚使、少师安丙及其家族墓地，是迄今为止国内保存最好、规模最大、级别最高、最具艺术价值的一处宋代家族墓地。墓内发现的大量精美石刻和珍贵文物，堪称13世纪文物的精粹，展示了大量南宋时期的建筑、美术、音乐、历史资料。

华蓥山宝鼎

华蓥山宝鼎始建于唐代，先后兴建了光明寺、黄龙寺、南宗堂、观音寺等百余座寺庙，是山岳型自然风景区和宗教礼仪建筑群，为全国八大佛教圣地之一，享有“西朝峨眉，东朝宝鼎”的美誉。

中国酒文化博物馆

华蓥山·中国酒文化博物馆陈列有数千件名酒实物，还展出了历代名人有关酒的诗词歌赋，以及中国不同历史时期使用的酒具酒器。人们走进"猿猴造酒""仪狄、杜康酿酒"的时空隧道，可尽情欣赏古老酒文化。

宝箴塞 AAAA

封闭式川东民居建筑群

广安市武胜县宝箴塞镇方家沟村

0826-6492303

40元

8：30～18：00

宝箴塞始建于清朝宣统三年（1911年）秋，历时40多年建成，至今已有百年历史，被誉为是"穿越百年时空的军事活化石"。

要塞综合了传统民居建筑布局的要领，是一座融军事防御、居住、休闲、娱乐为一体的多功能建筑群。

玩家解说

段家大院是宝箴塞的重要组成部分。段家大院建有朝门三道，戏楼、看台、花园三座，以及天井、水井、饭堂、仓储、厕所等生活设施。院坝由1.5米的条石铺成，数十米的回廊让整个大院连成一体，构成了一座大型四合院落，是古院建筑中的典范。在宝箴塞，还有一块石牌，书法流畅，而且雕刻得很精细，挺拔遒劲，碑文详细地记载了该塞的建筑始末，至今保持完好，是考证宝箴塞不可多得的文史资料，也是旅游参观一个极为重要的景点。

宝箴塞

神龙山巴人石头城 AAAA

用石头在石头上建起来的石头城

广安市城南公园街188号

0826-2888999

45元

7：00～18：00

广安市乘坐1路公共汽车可到达

神龙山巴人石头城位于广安市新城南郊，展现了巴人文化与宗教、战争与和平的历史，是举世无双的历史文化遗产。巴人石头城的建筑特色鲜明，由数万块重以吨计的条石构建而成，是"用石头在石头上建起来的石头城"，建筑风貌雄浑刚直，有东方特洛伊城的美称。神龙山巴人石头城高81米，为广安城区最高点，山势突兀险要，易守难攻，曾为古巴国要塞。

更多本旅游区景点

仙鹤洞：位于华蓥山溪口镇六池堡，有"西部第一洞"的美誉，以喀斯特溶洞群景观为主，是集高山瀑布、峡谷溶洞、森林彩湖于一身的省级森林自然保护区。

冲相寺摩崖造像：位于广安市广安区肖溪镇。俗称"定光崖石刻"，崖长100多米，最高处达22米，离地17米高岩孔中，有石刻四层，上层的正中间是定光佛，又称"太阳菩萨"。

顾县古镇：位于广安市岳池县顾县镇，是历史文化名镇。古镇依山而伴，绿水萦绕，清澄的金城河迤逦东流，呈现了一派典型的"小桥、流水、人家"的农村田园风光。

岳池农家生态文化旅游区：位于岳池县城西侧，分为婚俗展示、农俗体验、休闲观光、生态康养四大主题功能区，是还原陆游《岳池农家》一诗中所描绘的场景，融文旅、农旅于一体的生态文化旅游区。

景点推荐

达州旅游区

龙爪塔

藏书2万多册供游客阅览

达州市通川区朝阳中路377号

龙爪塔风景区因龙爪山（又名玉印山）上的龙爪塔而得名，龙爪塔属四川省重点文物保护单位，相传由鲁班修建。该塔据考证建于唐朝年间。据传因崖壁有石纹，下面又挨着深潭，影似龙爪而得名。

景区以观赏白塔、朝山拜佛、阅览佛教文化书刊、品味素餐为主要特色，还有藏书2万多册的佛教文化阅览室供游客阅览。

真佛山 AAAA

远近闻名的佛教圣地

达州市达川区福善镇

9：00～17：00

真佛山原名关帝庙，始建于清嘉庆十五年（1810年），后仿佛寺改建。全寺分前、中、后三殿，互不相连，规模宏大壮观，古庙、石塔、林海、秀峰、溶洞、湖水浑然一体，是一处远近闻名的佛教圣地。

玩家攻略

每年农历六月十九是真佛山的传统庙会，

届时从各地赶来朝山拜佛的香客摩肩接踵，人山人海，场面十分火暴。

玩家 解说

据达州县志记载，清乾隆年间，农民蒋德化一面修行悟道，一面行医种药，人们都管他叫“蒋善人”“蒋活佛”，他自己还建立了一座寺庙，叫“德化寺”。后来，绥定府知府孙某来到这里求子，没想到很灵验，真的有了后代，他觉得很灵验，就用“乃真佛也”的话来称赞他，并且下令扩建了这个寺庙，还亲自书写“真佛山”刻在了寺院的门上，从此以后，真佛这个名字就这样流传开了。

红三十军政治部旧址

爱国主义教育基地

达州市通川区梓桐镇

红三十军政治部旧址占地1200平方米，建筑面积约620平方米，现存房屋10间。此处原名“杜府草堂”，新中国成立前是梓桐乡伪团总杜光亭的庄园。该建筑始建于民国初年，后经逐年维修，遂成为一座具有川北农村特色的四合大院。

宝泉塔

达州市重要文物景观

达州市开江县453乡道南50米

巴山大峡谷

宝泉塔始建于明代，坐北朝南，平面呈八角形，为七级楼阁式砖木塔。由于塔建在宝泉山山巅，周边为平原大坝，塔仗山雄，山因塔秀，塔表呈白垩色，故又有“白宝塔”“百里见宝塔”之称。

巴山大峡谷 AAAAA

国家地质公园

达州市宣汉县渡口土家族乡

0818-5886666

景区位于四川盆地大巴山南麓，是大巴山国家地质公园、国家级森林公园、天然褶皱造型博物馆、野生崖柏保护地、古巴人文化的富集地。这里风光独特，奇峰怪石、褶皱断层、急流飞瀑、云海佛光、岭脊峰丛等，令人目不暇接。

五峰山 AAAA

竹海公园

达州市大竹县月华乡五峰山

0818 6931318

50元

7：00-18：00

五峰山国家森林公园位于大竹县东部，俗称“竹海公园”。景区为喀斯特低山岭谷地貌，到处分布着岩溶槽谷、洼地、落水洞、溶洞、石林等景观。公园内植物繁茂，以竹为主题，主要景观为遮天蔽日、苍翠挺拔的楠竹景观。景区入口旁有一百岛湖温泉，出水口水温达51℃，水质富含多种矿物质元素，是难得的地热医疗矿泉水。

玩家 解说

景区内竹海宾馆集休闲、度假、住宿、餐饮于一身，可同时容纳80余人住宿，此外还有接待中心餐厅、翠竹山庄等可同时接待400余人就餐。可以品尝这里的竹笋宴席，包括竹荪、竹笋土鸡、烤全羊、五峰山老腊肉、野菜、野味等。

杨烈水乡

杨烈水乡

川东第一村

达州市宣汉县城西部

达州火车站有公交车可直达洋烈水乡景区

杨烈水乡又叫洋烈新村，其三面环水一面靠山，四周山势绵延起伏，山间云雾笼罩，宛然一座世外桃源。然而，由于地势较低，河流纵横，自2003年以来，宣汉县君塘镇洋烈村接连遭受了5次洪灾，根据洋烈整体搬迁重建规划，重建的洋烈新村占地8公顷，将原址房屋拆除后，整体抬高11米后建设。同时，配套建设了广场、农贸市场、学校等功能配套设施，被称为“非地震灾区灾后重建的样板工程”和“川东第一村”。

玩家 攻略

美食：您可以边欣赏水乡湿地风光边品味农家美味。村里有众多正宗川味农家乐可供选择，如刘氏农家乐、杨烈新村广场农家乐、杨烈子农家乐。

特产：杨烈新村的特产也不容错过，有宣汉桃花米、老君香菇、徐鸭子手撕鸭、九顶雪眉、宣黄连、“百里峡”牌老腊肉等。

八台山 AAAA

有“川东小峨眉”之美称

达州市万源市八台镇 0818-6080999

120元

八台山因地貌呈层状梯级有八层之多而得名，主峰新八台有巴山第二峰美誉。八台山雨量充沛，因此水汽很重，配合着充足的光照，形成独具特色的八台山日出、佛光、云海、云瀑等气象景观，被人们称为“川东峨眉”，是四川最先看到太阳升起的地方。

玩家 攻略

在雨后天晴的日子，天未破晓就登上山顶，将会看黎明驱散黑夜的景象，整个山体仿佛浮游在云海中，雾气如滚滚波涛，等待日出时可以看到只有在峨眉金顶才能看到的云海、日出、佛光等壮丽景色。

鱼泉山

有“十里画廊”的美称

达州市万源市官渡镇711乡道东50米

0818-8622456

20元

8：00～18：00

鱼泉山风景区位于万源市梨树乡，属于

鱼泉山

花萼山国家级自然保护区缓冲区。景区融峡谷、奇峰、飞瀑、鱼泉、溶洞、神龙庙为一体，春可赏花，夏宜避暑，秋观红叶，冬看雪景，俗称“十里画廊”。

玩家 攻略

住宿：景区附近有酒店提供住宿，价格适中，也可选择在达州市内住宿。

美食：鱼泉水中自然生长一种珍稀食品，人们称之为“水耳”，是鱼泉山的特产，凡食之者皆赞不绝口。

玩家 解说

仙女石的传说：传说曾有七位仙女下凡游玩，因恋此地美景，乐而忘返，玉帝知道后将其贬到人间，其中四位虔心忏悔，得以重返天庭。余下三位“执迷不悟”，被化为石人，至今留在人间。其中一尊高数十米，形如仙子，亭亭玉立，被称为“仙女石”。

二仙洞的传说：相传有两个如花似玉的仙女曾经在二仙洞内修行，人们带上布料和针线爬上洞口，点上香、磕个头，过几天去洞内就能取到漂亮的衣物。二仙洞下的溪沟有一天然大石板，中间有个很像浴盆的石窟，盆内水清澈透明，二仙洞内的仙女经常在这里洗浴，因此称“二仙潭”。

花萼山

四川境内的第二高峰

达州市万源市

花萼山又叫花岳山，景区面积40平方千米。花萼山景区以自然景观为主。景区内主要河流有庙坡河、曹家河、花萼河、蒿坝河、玛瑙河、寨子河等。

玩家 解说

景区里面有很多奇特的自然景观，其中“花萼烟雨”“巴山夜雨”是全川之冠。景区里面有很多大大小小的漏斗，其中主峰东北面的万树坪漏斗，壁高约500米，底宽2万多平方米，形状就像是山间小盆地，这是目前四川境内最大的漏斗。

落水洞遍布峰岭之间，洞口大小不一，形状各异，深不可测，把石头投进去，根本听不到回声；鱼泉洞多分布在河谷底部，洞与河相连，洞中有很多鱼，因为洞里面很黑暗，鱼出洞后在强光刺激下，在河中乱游，人们一伸手就可以捞到。

景区里面林木葱郁，最具特色的是在海拔1800米以上数万亩的原始沙棘林，秋末冬初，漫山红遍。此外，还有成万亩的木竹林，主峰上有“花萼贝母”，野生天麻以及五颜六色的杜鹃。景区内野生动物种类繁多，是达州市珍稀动物最多、最集中的地区。

清河古镇

中西合璧的大型建筑群

达州市大竹县北，距县城23千米

清河镇是爱国将领范绍增的故乡，该镇的“三点一线”景点颇有特色，“三点”指

清河古镇

渠县汉阙群

的是“将军街”古建筑群，大竹第一峰“万里坪”，有“海螺碧珍龙、蓬莱小岛峙中峰”“两水夹明镜、双桥落彩虹”之美誉的中峰岛。“一线”是指公路沿线，在去万里坪、中峰岛及主要的公路两旁，种植一些松、柏、槐、杨、竹等风景树。

渠县汉阙群

我国保存最完整的仿木结构建筑遗存

达州市渠县

免费

全天

渠县是川东北文化的起源地，汉晋时期，有钱人厚葬之风盛行，渠县六处汉晋石阙正是这种背景下的产物，因此被命名为“中国汉阙之乡”。

渠县汉阙群是我国现存地面上时代最早、保存最完整的仿木结构建筑遗存，是我国古代建筑的“活化石”。建造风格稳重朴素，造型生动优雅，独具一格，充分显示了汉代高超的建筑艺术技巧。

玩家 解说

汉阙有石质“汉书”之称，是我国古代建筑的“活化石”。汉阙由阙基、阙身、枋子层、介石、斗拱层、屋顶6个部分组成，是一座完整的石质仿木结构建筑。阙基为整块石料凿成，平面呈矩形。阙基之上矗立着用砂石做成的阙身，楼部由4层大石块叠就，其建造风格稳重朴素，雕刻简练精致，造型生动优雅，独具一格，充分显示了汉代高超的建筑艺术技巧。

賨人谷景区 AAAA

川东小九寨

达州市渠县龙潭乡老龙村

49元

0818-7432111

賨人谷风景区被誉为“川东小九寨”，因賨人在此定都而得名。据说賨人又称寅人，能征善战，早在春秋战国之前，便建立了自己的国家，在中国历史上曾经无比辉煌，后神秘消失。因此，这里才被称为“賨人谷”。

链接

賨人夕仲、度灵的爱情传说

传说賨人是龙的子女，相传天地千年之初，賨人的祖先们在部落首领夕仲的带领下，走进了川东大地。一次渔猎中，賨人小伙夕仲在江边偶遇了美丽的少女度灵，一见钟情，爱情之花悄悄绽放。夜色美酒中，他们互传爱意，盟誓对天，私订终身。可这时伐纣战役爆发了，夕仲奔赴战场后杳无音讯，绝望的度灵最终倒在了山冈上，化成一朵思念的黄花。战争后，身负重伤的夕仲回到家乡，死在了那朵黄花旁，他的鲜血也化为了一地的黄花。

老龙洞

溶洞群中，以老龙洞的规模最大、最奇。洞中有暗河和地下湖，可以划船荡舟；河水奔腾激荡，拍击洞壁，声若惊雷；洞顶悬吊形状各异的钟乳石，欲坠未坠；顶壁滴水如细雨霏霏，水雾迷蒙。洞中有一高达500余米的“通天洞”，逐级盘旋而上可达山顶。

青蛙石

该石从正面看如一只巨大的青蛙，形态逼真；从右侧看，又似一只天狗，端坐在崖前，神态活现，故名“天狗望月”（又称“神犬啸天”）。这一大自然的杰作，巧夺天工。其规模之大，形状之奇，神态之活，在四川省内的天然奇石中实属罕见。

更多本旅游区景点

开江金山寺：位于达州市开江县城西塔坝乡金山山腰，距县城8千米。金山寺因山势宛若“金”字，故名金山寺。金山寺以禅林宽旷、殿堂建筑优美、神像高大、文物荟萃而著称于世。

凤凰山公园：位于达州城北，凤凰山因其山形如凤凰而得名，是达州市面积最大的城市公园。

莲花湖：位于达州市通川区西北角，由众多岛屿组成，是达州城区的后花园及“天然氧吧”。

观音峡：位于万源市，距市区5千米处。观音峡总面积25平方千米。观音峡具有独特的地貌特征，方圆5千米范围内属石灰岩层，周边高中间低，构成深层溶蚀谷地。

大竹河风景区：位于万源市北部，大竹河系汉江最主要的一级支流，发源于重庆市城口县境内大燕山下的“三棵树”，区内四季景色各有千秋。

三汇古镇：位于达州市渠县东北部，巴河、州河、渠江汇合处。三汇古镇兴于北宋，清末民初，镇上已有主要街道18条，小巷6条，并有“五宫、三庙、一庵、一寺”，还有14座庭院式住宅坐落其间，是一座依山临江的古镇。

景点推荐 巴中旅游区

诺水河风景区 AAAA

秦巴山区第一胜地

巴中市通江县诺水河镇牛角嵌

0827-7646001

一线路票120元；龙湖洞80元

8：30~16：30（淡季）；8：00~17：00（旺季）

诺水河风景名胜区位于通江县北部，区内奇山秀水、怪石丛生，关隘、峡谷、飞瀑、溶洞、暗河比比皆是。

中峰洞

中峰洞是目前国内进行旅游开发最大的一个溶洞，被誉为“地下岩溶博物馆”，现已开发的洞道面积约25万平方米。

中峰洞分上、中、下三层，具有“雄、险、奇、幽、深”五大特点。中峰洞内的1600米时空隧道、10 000余米的洞内水域加上洞外的空中栈道，恢宏壮观，令人叹为观止。

龙湖洞

龙湖洞位于诺水河风景名胜区“别有洞天”中心，分上、中、下三层，每层风格各异。龙湖洞是历朝以来川陕边境地方官和老百姓天旱求雨之地，洞内完整地保存着数百条明清以来的取水题刻。

狮子洞

狮子洞位于牛角嵌北3500米，可游览面积约7万平方米，由三殿、七庭和“洞中西海”“洞中栈道”等十二大景观组成，其中“乳石莲花”“定海神针”“珍珠玉盘”“金龟戏水”和古水文线遗迹堪称绝景。

宋家洞

宋家洞位于牛角嵌西北1000米，呈半月形，入口和出口从同一方向上进下出，可游览面积约3万平方米，全洞分三室、八庭，因为洞中曾经发现有巴人的遗迹，当地群众称该洞为“远古穴居”。

光雾山 AAAAA

川北重要的生物基因库

巴中市南江县北部光雾山镇彭家坝村

0827-8861279

40元

光雾山景区以秀丽奇特的群峰为代表，其主峰气势雄伟，因常年云雾缭绕而得名。景区内胜景众多，可集中概括为峰奇、石怪、谷幽、水秀、山绿五绝，景色秀丽，气候宜人，是一处旅游胜境。

玩家 行程

光雾山景区面积较大，景点间距离较远，至少需要安排2天时间游览。

第一天游大坝景区：驾车从铁炉坝入口进入，游览天然画廊，再换乘观光车到黑熊沟、香炉山（看日出、云海）等地游览。大小兰沟距离大坝停车场约6千米，可驾车前往。夜宿牟阳故城。

第二天游十八月潭景区：早餐后驾车前往十八月潭景区。从陈家山进入景区，经九角山、玉印台，到十八月潭上入口停车场。沿着木栈道步行，从上往下游览珍珠沟密布的18个仙潭，其中赵公潭最负盛名。清溪、幽潭、飞瀑、彩林、奇石等漂亮的景致基本都分布在上半段，下沟口的路段只有婚纱瀑布一个大景点。游览完再返回停车场取车，返程。

玩家 攻略

最佳季节：光雾山观赏红叶的最佳时间是每年的10月25日左右。最佳观赏点有大坝景区的天然画廊、黑熊沟、大小兰沟、香炉山以及十八月潭景区。

最美路段：从光雾山镇到十八月潭沿途缤纷的红叶在秋阳的映衬下格外绚丽，仿佛是在油画中穿行。

摄影：光雾山拍红叶，重点是十八月潭和黑熊沟。其中，最佳观赏点是大小兰沟至魏家坝沿途20余千米的红叶长廊。

住宿：光雾山红叶节期间（10月18日—11月

光雾山

18日），住宿都较紧张，最好提前预订。旺季标间价格240~260元，农家乐住宿100元左右。光雾山镇、牟阳故城（大坝景区）住宿方便，但十八月潭景区只有一家宾馆、几处农家乐。

十八月潭

“月潭赛九寨，红叶天下绝”的十八月潭森林茂密，瀑潭众多，环境幽静，被称为“川东北的九寨”，主要有九角山、玉印台、十八月潭、十九瀑等景点。

玉印台位于十八月潭腹心地，峰峦叠嶂，烟波浩渺，红叶映天。位于景区东北方向的九角山因相互拱卫的九座山峰而得名，九角山重峦叠嶂，峰回路转，颇为壮观。一到秋天，层林尽染，万山红遍；山顶上一株极为怪异的“夫妻树”，形似恩爱夫妻，令人叫绝。

玩家 解说

1.十八月潭这条沟比较长，但最漂亮的景致都分布在上面沟口到盆景滩的路段上。陈家山—玉印台—九角山—十八月潭这一线，路上山林、瀑布密布，早上的阳光打在树叶上，金光灿烂，非常适合拍摄。

2.光雾山拍红叶的重点主要是十八月潭和黑熊沟，它们一个大气，一个精致。日程紧张的摄友建议集中在十八月潭和黑熊沟这两处拍摄，足够拍出好照片了。

玩家 攻略

在十八月潭拍摄时要注意时间，山里只要太阳一下山很快就会天黑，山上林间全是小路，看不见时很容易迷路，建议带上手电筒，以备不时之需。

桃园

桃园位于景区的腹心地带，清朝时期为纪念三国的刘备、关羽、张飞在桃园三结义而得名。这里古木参天，绝壁如画，有着奇特的崖石，两岸山峰陡峭险峻，集合了雄、奇、秀、幽等特点。

大坝森林公园

大坝森林公园拥有2.67万公顷古森林，是一个动植物王国，有上百种珍贵动植物。林区以高山观林海、低坝赏清泉为特色，枯枝落叶厚达一米多。夜宿林区，有时可听见野兽咆哮，倍感大自然的亲切。

韩溪河

燕子岩的西面便是韩溪河，这里河道斗折蛇行，有细流，也有深潭，两岸是青山林海，古木参天，老藤缠树。黑龙潭美不胜收，普陀山秀雅妩媚，古刹隐没山间，其西北原始林中有一洪荒神秘的万字格，人入其中，如陷迷宫，极有科研观赏价值，令人神往。

章怀山

风景秀丽　气势磅礴

巴中市恩阳区茶坝镇

0827-5520333

35元

8：00～18：30

巴中市区打车即到茶坝镇

章怀山景区内有72座山、82个洞、92条山缝，风景秀丽，气势磅礴，是一个融风景览胜、休闲度假、餐饮娱乐为一体的风景名胜区，供游客游山玩水、寻古探幽、休闲度假、回归自然。

链接

章怀山名字的由来

章怀山原名天平山，唐朝皇太子李贤触犯朝廷，被武则天借端流放至此。李贤太子饱览群书，胸怀大志，感于时事，作了一首《黄台瓜辞》，不久传入京都长安武则天耳里，认为李贤触犯了她的威严，令其自尽。武则天驾崩以后，李贤被追封为章怀太子，修建庙宇即称为“章怀寺”，山也因此更名为章怀山。

章怀山

恩阳古镇 AAAA

传承灿烂古朴的巴中文化

巴中市区西南17千米处

恩阳古镇面积8平方千米，具有1500年的悠久历史，这里留下了红军的大量文物和遗址，均属市、县级重点文物保护单位。1992年恩阳镇被命名为四川省历史文化名镇，2002年入选四川省十大古镇。

巴人古镇历史遗存丰富、乡态环境独特，反映了川东北地区城镇发展的脉络和古巴人传统遗风，是一笔宝贵的文化遗产，有很高的科研和建筑艺术价值。

南龛景区 AAAA

古今文明汇集一园

巴中市巴州城区西南2千米南龛山上

南龛山苍松挺拔，翠柏常青，以保存有历代摩崖造像闻名。南龛景区由南龛摩崖造像、川陕革命根据地博物馆、川陕苏区将帅碑林等景点组成。整个景区内覆盖着水杉、雪松、黑壳楠、银杏、露经柏、苏铁等150多个品种的乔木、灌木及名贵花卉。

南龛石窟 文

规模宏大　雕嵌玲珑

巴中市巴州区

40元

8：00～17：00

市内打车即到

南龛石窟位于巴城南1千米的南龛坡山后，岩石壁立，高十余丈，长数百尺。南龛造像始创于南北朝，随庙不断增镌，形成了规模宏大的石窟群。造像大部分是盛唐前后的作品，形象地反映了不同时代的美学标准，为研究历代政治、经济、文化等提供了十分有价值的资料。

南龛石窟

玩家解说

巴中南龛古窟造像的特点是身躯健美，面容丰满，衣饰富丽，这些造像多采用高浮雕的刻法，衣纹和璎珞用流畅和明快的阴刻线条，刀法纯熟，洗练。不但表述了不同内容的佛传式“经变”故事，而且还形象地反映了不同时代的美学标准和社会生活面貌。形式和内容的统一，充分体现了古代匠师的聪明才智，为研究历代政治、经济、文化等提供了十分有价值的资料。

红四方面军总指挥部旧址 文

川东北保存较为完整的明清古建筑

巴中市通江县诺江镇文庙街29号

免费

红四方面军总指挥部旧址纪念馆位于通江县城，1932年12月25日，红四方面军解放通江城后，设总指挥部、总政治部于此。李先念、许世友、王树声等在此地指挥了一系列重大战役。

这里原是通江文庙，始建于宋嘉祐七年（1062年），后毁，现保留了原建筑的基础及大木结构。该建筑依山就势，呈梯形布局，具有很高的艺术性和观赏性，是川东北保存较为完整的明清古建筑之一。

空山国家森林公园

多功能生态旅游胜地

巴中市通江县空山镇

空山森林公园由地貌、生物、人文、天像、水体五大景观组成，是川东北地区融生态观光、避暑度假、登山探秘等多功能为一体的生态旅游胜地。

园区森林覆盖率90.6%，有2667公顷原始森林和1334公顷竹海，生存着1000多种植物、1032种野生动物，其中稀有生动物达50余种。

玩家攻略

因为公园所处位置独特的地质风貌，人们在这里能够看到丰富多彩的天象景观。如在卢家垭，可以观赏到壮丽的朝霞日出；挂宝岭则是观赏瑰丽夕阳的好地方；空山坝能够看到神奇的日华；而在鹰爪岭又能看到浩瀚的云海；在黑森林里可以尽情地欣赏缥缈流岚；在山盆里又很容易看见飞驾的美丽彩虹；如果在冬天的时候来到这里，更可以一览这里形态各异的冰雪，真是别有一番情趣。

链接

空山天盆

“空山天盆”的地表深处，的确是空的，山坡上有许多深不可测的地窟窿，所以就算山洪暴发，洪水也会在瞬间消失，进入林区的大石缝里无影无踪。有趣的是，在龙池村有一个水洞，地下水位永远与洞口持平，雨季不会外溢，旱季也不会下降，当地群众称它是空山的生命源泉。“空山天盆”的四周被很多山峰包围着，总共有137个，每个山峰都有自己独特的景观，很有特色。

米仓山国家森林公园 AAAA

西部生态旅游新亮点

巴中市南江县北部西北72千米处

米仓山国家森林公园地处秦巴山区（秦岭—大巴山）的米仓山南麓，古有“巴西外户、蜀北岩疆”之称，今有西部生态旅游新亮点、川陕鄂渝森林旅游“金三角”之誉。

牟阳城景区：不仅有原始珍稀的森林景观，更有古老奇异的地貌景观和底蕴深厚的人文景观。

大小兰沟自然保护区：该自然保护区被中外林学和生态环保专家赞誉为四川省盆周山区的“聚宝盆”“森林百宝箱”“生物万花筒”和“珍稀物种种质基因库”，属原始森林生态区。

玩家攻略

秋天是米仓山最美的季节，这里的红叶景观值得一看，如果赶上10月来这里，红叶奇观一定不要错过。米仓山的红叶有多种颜色，一般的红叶是以红色为主，而这里的红叶颜色是逐渐递减变化的，主要以蓝、绿、黄、橙、红为主。米仓山红叶的周期也很长，在这里观赏红叶的时间一般从每年的10月中旬至11月底，长达一个多月之久，第一个阶段可以看红叶五彩斑斓，第二个阶段可以看红叶层林尽染，第三个阶段可以看红叶万叶飘丹。

在游乐项目开发上，这里开辟了十八月潭跋涉游、中坝森林淋浴、焦家河水上漂流游和大元坝滑雪（草）游等，能够让广大游客有着不一样的感受。

更多本旅游区景点

佛头山森林公园：位于巴中市平昌县通平路。景区山坡陡，岭道窄、峭壁绝。这里已经成为人们休憩、观光、避暑、疗养、登山、朝圣以及进行爱国主义教育和社会实践活动的最佳去处。

阴灵山：位于巴中市北枣林乡境内，历史悠久，自北魏以来就是道教、佛教圣地。阴灵山上有很多怪石，而且很多都是因它们的形态而命名，如“人头石”“飞来石”“低头石”“晒经石”“老君石”等。

光雾山小巫峡景区：小巫峡景区位于川陕交界的南江县城东，融奇峡、秀洞、雄峰、怪石、湖泊、云海为一体。一丛丛千姿百态的菊花石屹立在深水处。菊花石青底白花，是制作石山和文房饰品的好石材。

米仓山秋色

攻略资讯

- 交通
- 住宿
- 美食
- 购物
- 娱乐

交通

飞机

●南充高坪机场

南充机场位于南充市高坪区，目前已开通到上海、北京、广州、深圳、昆明、西安等航线。

●达州金垭机场

达州金垭机场位于四川省达州市达川区百节镇、石板街道和金垭镇交界处，为4C级国内支线机场、达州河市机场的迁建机场。2022年5月19日，达州金垭机场正式通航，与此同时，达州河市机场关闭。

●广元盘龙机场

位于广元市利州区盘龙镇，距市区13.4千米，为4C级国内支线机场。现已开通直飞北京、广州、西安、成都、九寨沟等地的航线。

火车

●南充

达成铁路横贯南充东西，兰渝铁路纵穿南北，另外经过南充的铁路线还有达成铁路复线、兰渝铁路南高支线。

南充火车站有南充站和南充北站在

巴中高速

运营。

●广安

广安市有广安南站、广安站两个火车站在运营。

●达州

达州正在运营的火车站有达州站、石梯站。

●巴中

巴中火车站有巴中站、巴中东站。

●广元

宝成铁路、广旺铁路、广元至万州铁路广巴段都经过广元。广元市仅有广元站在运营。

汽车

●南充

经过南通的高速公路非常多，交通非常便利。

南充市目前有南充客运站、南充市马市铺车站、南充市城北汽车站、蓬安汽车客运站。

●广安

广安是西部第一个县县通高速公路的地级市，境内210、212、305、318国道及203、304省道和县、乡、村公路纵横交错，公路网络四通八达。

广安市有广安客运枢纽站（南站）、广安区肖溪汽车站、广安汽车总站（城北）、龙台汽车站、广安汽车站花桥分站正常运营。

●达州

达州是全国179个公路运输主枢纽之一，经过达州地区的国道有210、318、347、542国道，高速公路有达渝高速、达陕高速、达万高速、达巴高速、南大梁高速。

达州市目前正在运营的汽车站有汽车西站、汽车南站、汽车北站、宣汉南坝汽车站。

●巴中

巴中五区县均有高速通达。

巴中市有江北客运中心、恩阳马鞍汽车站、兴文汽车客运中心3个汽车站在运营。

●广元

京昆高速公路绵广段、广陕段、兰海高速广南充段、兰海高速广甘段、万广高速公路广巴段、G108和G212国道经过广元。

广元市目前有广元市长途客运站、广元市客运站（南河）、青川客运中心站、广元宝轮客运站、广元朝天客运站正常运营。

住宿

南充

南充市的旅游住宿设施完善，除了大量低价旅社和招待所外，高档酒店宾馆也不在少数。住宿场所多集中在南充市区和阆中古城区域。

●南充宇豪酒店

宇豪酒店设有不同规模、不同格局的会议厅，川、粤大厨每月精心制作20多款随季应景的创新菜肴。酒店还提供营养丰富的中、西菜式自助早餐，多达40余种，有新鲜水果、餐后甜点和冷、热饮。 南充市顺庆区文化路1号 0817-2266666

●北湖宾馆

北湖宾馆位于南充市核心商务区，紧邻北湖公园，环境优美，宾馆出门左手边就是小吃一条街。宾馆正对面是大型超市家乐福，还有夜店和环形消夜一条街。宾馆配备健身房及茶坊，能让住客在这里享受到一份悠然惬意、感受不一样的旅途时光。 南充市文化路301号 0817-2266302

南充晨景

达州红旗大桥

广安

广安地处华蓥山及嘉陵江、渠江两岸，环境优美，空气清新，是休闲游乐的好地方。住宿方便，宾馆饭店近50家，多集中在市县中心。

●良港商务酒店

良港商务酒店位于广安城南市中心建安中路紫金街，毗邻广安标志性建筑思源广场。酒店周围环境优美，交通便利，出行购物十分方便，是家庭度假、旅游的好地方。

广安市紫金街49号　0826-2232555

达州

达州旅游资源丰富，各种中高档酒店齐备，价格不一，各个酒店设施齐全，服务周到。

●华夏大酒店

华夏大酒店是国家定点旅游饭店，坐落于达州市中心黄金地段。位于酒店2楼的海鲜大酒楼，主打川粤名菜；3楼娱乐城装饰豪华；4楼为酒店办会区和会展中心，有大小会议室各一个，5楼为休闲茶楼，6~13楼为客房。达州市通州区大北街172号　0818-2128888

广元凤街

广安风光

巴中

作为旅游城市的巴中，有各种规模不同的旅馆，游客可以根据需要选择自己的理想住所。

●东华宾馆

巴中市东华宾馆位于商贸繁华中心的东城街，南邻风景如画的南龛公园，是融餐饮、住宿、娱乐、会议、停车、商贸、信息服务、旅游服务为一体的多功能涉外宾馆。巴中市东城街90号 0827-5237777

广元

广元住宿相对比较便利，市区众多规格的宾馆供游客挑选，住宿主要以市中心为主。

●广元锦园大酒店

酒店毗邻广元火车站、长途汽车站，交通便利，集客房、餐饮、会议、茶坊、娱乐、商务休闲于一体，以客为尊，诚信为本，是您休闲度假、商务旅游的极佳选择。广元市利州区蜀门北路二段238号 0839-3355666

美食

南充

南充知名度最高的美食是色、香、味俱全的川北凉粉，其次，要推荐阆中特产的张飞牛肉、保宁醋。当然，在南充，还有松花皮蛋、营山板鸭、南部鸭脑壳、蓬安河舒豆腐、南充狮子糕等特色美食。

南充最具特色的美食一条街是嘉陵美食街，由“中国丝绸文化主题公园”和光彩美食带两部分组成，借嘉陵江风光、嘉陵江文化、美食街景饮食文化，将优秀文化与饮食融为一体。

●顾县豆干

顾县豆干选用优质黄豆，细磨成浆，过滤取汁，放在锅里烧沸加盐卤成豆腐，再倒入放有过滤布的木箱中榨去一定水分，经五香（八角、山柰、茴香、丁香、花椒）水煮后晾干，再上卤香花椒油。因色、形如牛皮，又称顾县牛皮豆干，其光洁油亮，芳香可口，质软而绵，回味无穷。

豆干

广安

广安名特小吃丰富，独具特色的腌腊制品小块腊肉、板鸭、盐皮蛋、御临榨菜令人食之难忘；岳池米粉分羊肉、牛肉、鸡肉、鳝鱼、肥肠、炖鸡、豌豆等，色、香、味俱全，颇受好评；鸳鸯蒸饺、欧抄手、红鼻子抄手味道独特；烘糕、油麻元、焦饼甜而不腻，芳香扑鼻；糟蛋既有醪糟的纯味，又具鸭蛋的特点，蛋黄尤其爽口；珍珠粥、竹筒饭、桐叶粑清香宜人，是营养佳品。在各旅游景点及农家乐，游人还能品味到以邓家菜为代表的川东农家菜肴的独特风味。

●粉蒸鲶鱼

广安市肖溪镇的粉蒸鲶鱼堪称一绝，其色、香、味俱佳，是前往肖溪古镇游览的客人必须品尝的美味佳肴。大河鱼的鲜嫩与可口，这就是宋代史书中记载的“鱼蒸”。

●胭脂红萝卜

广安市肖溪镇的胭脂红萝卜，又叫“透心红”，该产品特点是色泽鲜红，而且里面、外面都红透了。如果洗净了生吃，会觉得嫩甜可口；腌制泡菜，清脆异常，且盐水呈血红色；加工成榨菜，清香扑鼻。是提取天然色素、打造绿色食品的上乘原料。

胭脂红萝卜

达州

达州的美食名吃可谓一绝，灯影牛肉、雀舌、羊肉格格、谭板鸭、大风羊肉、石锅鱼等，光是听听这些美食的名称，便可让人口舌生津。特别是灯影牛肉，几乎在达州本地小吃店、饭馆、酒店都可以看到它的影子。此外，米豆腐、豆笋豆干、大竹东柳醪糟等都值得品尝。

达州最著名的美食街当数“三圣宫美食文化街”，它是达州的美食文化招牌，街道中间位置还竖立着“三圣宫三圣像”石碑。这条街上聚集了众多特色商户，有的小吃甚至不用多大的店面，一个摊位就足够了，每天都吸引很多顾客光临。

●大竹东柳醪糟

东柳醪糟酿是传统土特食品，以优质精糯米、泉水、米曲精酿而成。其味道很鲜美，不加糖而甘甜如蜜，且具有滋阴补肾、生津止渴的功效。

东柳醪糟

●灯影牛肉

该食品选用黄牛后腿部净瘦肉，不沾生水，除去筋膜，修节齐，片成极薄的大张肉片，牛肉片薄如纸，色红亮，味麻辣，细嚼之，回味无穷。

巴中

巴中的腊肉是一绝，陈香扑鼻，咀嚼时满口生津，令人食欲大开。民间用杀年猪的鲜血和豆腐、糯米等加工制成的血丸，也别有一番风味。此外，川北凉粉、鸡丝豆腐脑、李记汤圆、担担面、金钩包子等都是巴中美食，通常这些餐饮在路边小店里都能找到。

●香菇炖腊肉

香菇炖腊肉是以巴中特有的腊肉和通江香菇为主料，辅以当地名贵山珍精制而成。它是将猪肉加工成块，用盐浸泡一月左右，再吊在火塘上用柏丫枝烧火烟熏。这种腊肉香味可口，而且保存一两年。民间还将杀年猪的鲜血与豆腐、糯米加工制成血丸，做待客的风味菜。

●曾家十大碗

曾家十大碗有10碗5盘共15道菜，其中凉菜5道，热菜10道。上席的菜肴以蒸扣为主，习惯称为“三蒸九扣”或“十大碗”，原是出自清代红白喜事的酒席，沿用至今。

●串串

串串是著名的巴中小吃，它是用干净的竹签将切成小块的食物穿起来，然后在放有各种香料熬了很久的老汤里煮熟，再根据自己的口味配上喜欢的调料。

串串

广元

广元美食取材广泛、味重香浓，既具有正宗的川菜特色，又将神秘的古蜀文化和浓郁的民俗风情孕育其中，可谓风格独具，尤以剑门豆腐最有特色，不仅是美食佳肴，而且是历史的见证和文化大餐，还有特色小吃酸菜面、女皇蒸凉面也是美味佳品。另外，千层核桃饼也是广元的特色美味，松脆酥香，浓郁可口，上河街清真寺旁的马家核桃饼据说是最好吃的。

●剑门豆腐

剑门豆腐有鲜豆腐和豆腐干两个品种。鲜豆腐颜色雪白，质地细嫩，软硬适宜，韧性极强，不散不碎，味道鲜美。豆腐干整齐均匀，质地密实，醇香可口。

剑门豆腐

●核桃脆薄饼

广元核桃很好，个大皮薄。核桃饼就是选用其中上等的核桃仁，加适量的芝麻磨成浆状，发酵后涂上辣椒、食盐做成圆饼，入炉烤熟。核桃饼松脆酥香、色泽金黄，令人垂涎欲滴。

● 女皇蒸凉面

也叫夫妻米凉面，这种凉面耐嚼、爽口，有着自己独特的做法和吃法。吃法多样，碗内放凉面，加入酱油、香醋、辣椒、辣油、香油、白糖、花椒面、蒜泥等调料，搅拌后有酸、甜、麻、辣、香5味。

蒸凉面

购物

南充

南充可以购买的特产比较多，阆中礼拜寺街是批发、零售一条街，可买到张飞牛肉和保宁醋等众多特产。

南充模范街是闻名川东北的商业街，始建于20世纪20年代，相当于南充的“春熙路”。模范街位于南充市五星商业中心地带。

● 张飞牛肉

本叫“保宁干牛肉”。这种干牛肉表黑心红，干而不硬，润而不软，味道十分鲜美。1912年，张飞牛肉在四川省劝业会上评为“上等食品”，至今十分畅销。

张飞牛肉

● 保宁醋

中国四大名醋之一，是阆中的传统名产。保宁醋至今已有300多年的历史，其色泽棕红、酸味柔和、酸香浓郁，具有杀菌、防感冒、开胃健脾、清心益肺、降血压、增食欲等多种功效。另外，保宁醋是中国唯一的“药醋”，有防癌抑病的功能。

● 黄龙贡米

产于岳池县黄龙乡，因在历史上曾供皇室食用而得名。米质细长，有香味，口感极佳，是四川四大名米之一，稻米富含铁、钙、锌、锶等对人体有益的微量元素。

广安

广安市有很多风味小吃和特产，不仅种类繁多，而且各自都有自己的风格，如岳柚5号、中和陈醋等。广安盐皮蛋、广安松针茶叶、华蓥山银耳、岳池特曲、竹丝绣帘系列产品等都是当地特产，可以带回去自用或馈赠亲友。此外，这里的特产还有竹席、草席、奎阁特曲、广安烘糕、椒盐桃片、武胜麻辣牛肉、中华猕猴桃等。沿口古镇也有不少土特产品。沿口菜刀和太极宝剑，远销东南亚。广安大型商场、超市都可以购买到这些特产。

达州

达州以桐油、生漆、柑橘、白蜡最为著名。此外，各个地区的名优特产有：万源的旧院黑鸡、黑木耳、核桃，通川的灯影牛肉，渠县的名产三汇特醋、果醋，宣汉的黄牛、山羊板皮，以及大竹县的茶叶、柑橘等。

达州市内的购物商场和超市多集中于市政府及通川区政府和区委所在的荷叶街、通川路、来凤路、柴市街上，另外，位于州河北岸的箭亭子街和会仙桥街也是达州市的繁华地段，是旅游购物的好去处，另有沃尔玛、新世纪、北山等大型超市。

●达州橄榄油

达州橄榄油是采摘油橄榄树鲜果，在常温下压榨而榨取的植物油，也是目前世界上唯一用鲜果冷榨取得的植物油。

●四川藤器

四川达州、乐山等地的藤器品种有沙发、躺椅、餐椅、办公椅、圆桌、茶几、屏风等。坚固、轻便、美观、耐用是四川藤器的特色。手艺高超的巧匠们还能在藤器上编出各种花样，如菊花、花瓣子、麻花、铜红、环扣等，配上不需经纬、自行穿编而形成的“结花”，疏密相间，精美别致。

藤编艺术品

巴中

巴中的特产有通江银耳、川明参、龙头面、翡翠米、金银花等。通江银耳是中国著名的土特产，还被做成银耳羹、银耳糊等罐装食品等出售。这些特产可以在巴州区商业街、红旗超市等地方买到。

●巴山银杏

银杏俗称白果，营养丰富，药食两用。通江百姓用白果做食疗历史悠久，有银杏止咳汤、白果银耳粥、白果腊八粥等。“巴山银杏”是优良的用材林树种，其木材结构匀称、纹理致密，不翘不裂，耐腐蚀性强，是工艺雕刻、精美家具、豪华建筑以及室内维修的优良材料，素有“银香木”之称。

广元

广元物产丰富，名土特产众多。民间工艺品有麻柳刺绣、白花石刻、剑阁手杖，山珍类有广元杜仲、青川竹荪、青川黑木耳，水果类有苍溪雪梨和苍溪猕猴桃，当地的朝天核桃、广元油橄榄、富硒富锌绿茶、核桃饼和剑门火腿也十分著名。这些特产在昭化天下蜀道特产博览园都可以买到。

●苍溪雪梨

苍溪雪梨是当地的特产优质水果，有400多年的栽培历史，在全国都享有盛名。雪梨肉质细嫩，水分重，含糖量高，甜中带香，十分可口。

●苍溪猕猴桃

苍溪猕猴桃是新培育出的红心猕猴桃，皮薄多汁。如果用小刀将它切为两半，会发现当中的果心有着放射形状的红色条纹，就像是初升的太阳。

●麻柳刺绣

刺绣的方法独特，一般使用黑、白、红土布和彩线，配以不同明暗的冷暖色块，用全挑、全绣、半挑半绣等绣法绣出各类生活用品。多数作品都很生活化，或耕种收割，或婚嫁礼仪、爱情婚恋，或人物猛兽，等等，有着典型的川北风情。

●白花石刻

四川广元地区出产的富有特色、细密柔润的石料。在猪肝色和墨绿色的石块中呈现出白色、灰白色、淡绿色的石层，这就是白花石。白花石刻取材于白花石，因材设计，雕刻成色彩分明的山水、人物、花鸟、禽兽等石屏、砚台、笔筒、花钵、笔架等。

娱乐

●南充丝绸节

南充丝绸驰名中外，每年9月25日前后南充市会举行以丝绸为主题的盛会。节庆期间，展出展销南充丝绸商品，演播关于丝绸的剧目和电视片，举办大型丝绸展览和丝绸时装表演。全国各地游客、商家云集，或洽谈生意，或慕名欣赏各种丝质服装，同时遍游南充名胜古迹，领略川北风光。

●川东农家文化节

从2002年开始岳池县每两年举办一次川东农家文化节。整个文化节自始至终都充满着川东民间文化艺术的氛围，民间艺术游行表演荟萃岳池民间艺术精华。

●元九登高节

达州元九登高节这一传统已沿袭千年，每年正月初九，数十万人倾城出游，这一壮观

南充丝绸节

苍溪梨花节

景象在全国也属罕见。相传815年，唐代诗人元稹被贬到达州任司马，励精图治，清正廉洁，为当地百姓干了不少好事。818年，元稹调任河南，临别当天，全城父老登上城南翠屏山和城北凤凰山送别，依依不舍。达州从此留下了“元九”登高的传统习俗。每年元月初九这一天，达城男女老幼在城外登山，登高远望，纪念这位好官，而且风雨无阻，一直延续至今。

节日和重大活动

节日	位置	时间
川东农家文化节	广安市岳池县	9月底（两年一次）
三月三庙会	江油市窦团山云岩寺	每年农历的三月初三
苍溪梨花节	广元市苍溪县	3月18日至25日
女儿节	广元市	每年农历九月一日
桃花节	达州	每年3月（每隔两三年举办一次）
百里峡漂流节	达州宣汉县	7月下旬
剑门庙会	广元剑门山地区	几乎每个月都举行
登高节	达州	农历正月初九

发现者 旅行指南

雅安

概览

亮点

碧峰峡

两条峡谷形成的V形景区，据传为女娲身躯所化。景区中瀑布众多，景色雅致。

上里古镇

四川十大古镇，保存着相当良好的明朝时代民居。镇中古桥和古泉颇有来历。

蒙顶山

蒙茶之乡，有源自汉代的古老茶园——皇茶园，有茶叶祖师吴理真结庐的天盖寺，有香火鼎盛的永兴寺。

贡嘎雪山日出（牛背山扎营）

牛背山

牛背山四面环山，有360°全方位的“中国最大的观景平台”和“绝佳摄影胜地”的美称。在不同的季节，可以看到不同美丽的景色，让人感到自己已经步入仙境。

线路

雅安经典三日游

第一天，自雅安市区出发去碧峰峡，午饭后转至高颐墓阙，品赏汉代古阙的雕刻艺术。晚饭前转回雅安市区。

第二天，自雅安市区出发，前往上里古镇，午饭后出发至蒙顶山，领略茶文化。

第三天，早起看日出。早饭后出发去夹金山，主要游览木尔寨沟的“十里不同天”。

青衣江娱乐二日游

第一天，从雅安市区出发到青衣江樱桃山庄渡口，乘机动船渡过青衣江，抵达樱桃山庄，在依山傍水的农家品尝美味纯天然的农家大

青衣江晨雾中的划船人

餐。午餐后乘车至野营基地，晚上安排自助式沙滩烧烤，在这里狂欢到深夜。晚上野营住双人帐篷。

第二天，早餐后，可尽情展现自己的英姿，打沙滩排球及进行过湖夺旗、划竹排、亲密接触、拔河等拓展训练活动。下午进行青衣江漂流。

为何去

彝族舞蹈

雅安古属梁州,历史悠久。或许正因为这一点,雅安有一种大气,像一个见过世面的望族女子,有骨子里的端庄与雍容。“雅雨”“雅鱼”“雅女”并称“三雅”,是这个城市的特色。

雅安北辖区内民族资源丰富多彩,既有古朴的彝族风情,又有令人痴迷的泸沽湖情怀;既有雄浑的藏族神韵,又有热情欢歌的傈僳族风情,这些都吸引着游人前往。

何时去

雅安属湿润型热带季风气候,气候宜人,冬无严寒,即使是最冷的一月份,其平均气温也在5℃左右,夏无酷暑。四时皆可前往雅安,或探寻大自然原生态的真谛,或追寻少数民族风情神韵。

另外,雅安降雨偏多,被人称为“雨城”,丰富的降水促成了雅安绚丽多姿的自然景观,有碧峰峡、蒙顶山、二郎山、田湾河、夹金山等景韵独特的秀丽山川。景区内森林茂密,飞瀑似练,花香袭人,鸟语清唱。迎着清新的空气和徐徐的山风走入雅安,会有种回归原始、融入自然的感觉。

雅安青衣江大桥夜景

区域解读

区号：0835

面积：15 046km²

人口：143.3万人

地理 GEOGRAPHY

区划

雅安下辖2区（雨城区、名山区）、6县（荥经县、汉源县、石棉县、天全县、芦山县、宝兴县）。

地形

雅安市位于四川盆地西部边缘，长江上游，是青藏高原向成都平原的过渡地带。雅安地势西高东低，有山地、丘陵和平坝三种地形。雅安市北为邛崃山，西部为二郎山，西南部为大雪山。南部和东南部有大相岭与小相岭。

岷江水系中的大渡河、青衣江穿过雅安境内，其大小支流近百条。大渡河有松林河、南垭河等重要支流，青衣江有宝兴河、荥经河、雅安河等支流。

牛背山

气候

雅安属于亚热带季风性湿润气候，是四川降雨量最多的区域，因此有“雨城”“天漏”之称。雅安年均气温为14.1℃~17.9℃，十分温和，除高寒山地外，一般地区冬无严寒，夏无酷暑，降水集中于夏季，多夜雨。去雅安旅游一定要带好雨具。

历史 HISTORY

历史大事记

●秦代以前

距今1万多年前的旧石器时代晚期，雅安就有人类活动。汉源的“富林文化”是我国南方的旧石器晚期重要文化遗址。新石器时代的遗址、遗物，雅安发现有多处。

公元前312年，秦置严道县，隶属蜀郡，这是雅安最早的建制。秦在雅安开青衣道，置邮传。羌人沿青衣江徙入雅安，即青衣羌国故地。

●唐宋明清

国势日盛，疆域日扩，为了巩固其统治

大渡河

和对外扩充，雅安成为重要的军事、交通要道。为了对边地民族招抚内附，唐王朝还设立了50多个由少数民族首领管辖的“羁縻州”，以便对少数民族进行治理。

清廷正式收缴了天全高、杨二土司印信封号，实行改土归流，结束了760余年的土司统治。

●近现代

1869年，法国传教士戴维在宝兴县发现了世界上第一只大熊猫，并制作了第一具模式标本，雅安成为大熊猫发现地和命名地。

1935年，红军长征从石棉县安顺场强渡大渡河，在名山区进行了百丈关大战，后在雨城区、芦山区等地建立了苏维埃政权。

名单 雅安历史名人

补天神女女娲

汉代世界茶祖吴理真

东汉巴郡太守樊敏

汉代名臣高颐

文化 CULTURE

雅安三绝

“雅雨在头上，雅鱼在江中，雅女在心中。”雅安人无人不知这雅安三绝。

上古英雄女娲在雅安炼五彩石补天，造福于民，殚精竭虑。其身体化为“碧峰峡”，其剑坠入雅安周公山河变成了“雅鱼”；又因天缝未及时补牢，细雨常年飘洒，如云似雾，恍若轻纱，故称“雅雨”；雅雨滋润下的雅安女孩肤洁如瓷，秀丽清纯，文雅娴熟，即“雅女”。“女娲补天”是个美丽的传说，“三雅文化”是其美妙的延伸。

雅雨为三绝之首。如云似雾，恍若轻纱，似有若无，温润的空气掺和着大量的负氧离子。无论在哪个季节，只要在雅安住上几日，都有可能亲历飘飘洒洒的雅雨，雅安的雨温文尔雅，不怒不狂，不横不躁，温温和和，潇潇洒洒。

雅雨飘飘洒洒进了雅安的河、塘、小溪里，里面的鱼儿受益匪浅。其独特之处就在于其颅腔内有一把剑形的鱼骨。用荥经砂锅烹制的“砂锅雅鱼”“雅鱼全席”被誉为雅安名菜、川味上品。杜甫曾诗云“鱼知丙穴

雅安多雨

尤为美”。雅鱼因其悠久的历史文化、独特的生理构造、绝佳的鲜美口味而久负盛名。

一方水土养一方人，雅安的“雅雨”“雅鱼”，养育了雅安的姑娘们。这里的姑娘，肤白如雪，性格温柔，或如出浴的荷花，或如带露的玫瑰，不仅秀丽清纯，而且温雅良善。与人交流话语如悠悠雅雨，唱的歌也多是抒情优雅，如莺莺鸣吟。雅安美女大都身材窈窕，面容娇俏，闻名遐迩，传说皆为女娲后裔。

《补天记》《女神颂》等本土音乐作品的推出，更是对雅安文化的进一步宣传和升华。

世界茶文化之源——蒙顶山茶

“蜀土茶称盛，蒙山味独珍。”雅安人工栽培茶树已有2000多年历史，是世界上人工种茶最早的地区。蒙顶山茶因其品质优异，工艺精湛，自唐代起被奉为贡茶，20世纪50年代被评为全国十大名茶。而蒙顶山也成了茶文化圣山。

蒙顶甘露外形紧卷多毫，嫩绿色润；内质香气馥郁，芬芳鲜嫩；汤色碧清微黄，清澈明亮，滋味鲜爽，浓郁回甜；叶底嫩芽秀丽、匀整。茶圣陆羽在评价名茶时曾说：“蒙顶第一，顾渚第二。”

雅安是茶马古道的起点，是历史最悠久、数量最大的藏茶生产基地。早在西汉甘露年间，蒙顶就有了种茶的记载，享有“仙茶”的美誉，之后蜚声中外，载入史册。蒙山茶传统制作的主要器具包括：柴火灶，以草木薪作为燃料；烘（炒）锅，以铁锅最适宜；树枝，用于在热锅中翻炒青叶（新鲜的茶叶）；背篼、篾簸，制茶基本工具；白蜡，用于润滑锅；木炭，烘干成品；草纸、麻绳，用于包装成品。古时采制蒙顶茶极为隆重而神秘，而且茶种类繁复，名头甚多。东汉有“雷鸣茶”“吉祥蕊”“圣扬花”等茶问世。唐代是蒙顶茶发展的黄金时期，当时进贡长安的散茶类有雷鸣、雾钟、雀舌、鸟嘴、白毫等，紧压茶类有龙团、凤饼。宋代是蒙顶茶和名山边茶发展的极盛时期，蒙顶茶的质量有很大提高，制茶技艺进一步完善，创制出万春银叶、玉叶长春等贡品。现在蒙顶山茶更是跻身于国际市场，深受美国、日本、泰国、瑞士、斯里兰卡等国人民青睐。

蒙顶山现有优质茶园8.8万公顷，优质茶产量居四川第一。在蒙顶山上的茶园可以一品蒙顶茶的香醇。

蒙顶山茶园

景点推荐

雅安市区景点

碧峰峡 AAAA

女娲文化的汇集地

雅安市雨城区下里乡碧峰镇

0835-2318091

100元（含大熊猫基地+峡谷+大巴观光车+电梯）；碧峰峡野生动物园180元

夏季9：00~16：00；冬季8：30~15：30

可到雅安旅游车站乘坐直达碧峰峡的旅游专线车

传说碧峰峡是补天神女娲幻化而成，景区内林木葱茏，四季葱茏，景区60多个景点都和女娲有关，颇为神秘。景区由两条峡谷构成，峡谷呈“V”字形，是一个封闭式的可循环游览景区。

在碧峰峡，能呼吸到群山幽谷的芳醇空气，还能寻找到万古犹存的补天遗迹，峡谷内的险、奇、秀、幽等着游人去欣赏。

玩家 攻略

吃：碧峰峡景区中餐厅提供中、高、低档美食，有系列生态创新菜品，特色酱肉、汤锅等。生态美食演艺广场是融烧烤美食、中西式快餐、特色糕点、互动歌舞、民族风情演艺等美食、休闲元素为一体的美食娱乐休闲场所。雅鱼、雅笋、蒙顶山茶都是景区内特色美食，不可不尝。

住：碧峰峡景区有各类档次的客房数百间，有温馨的套房，也有豪华的别墅。其中碧峰峡的观景别墅坐落在生态动物园外侧，别墅区有修竹掩映的青石小径，悠扬动听的背景音乐，参天的古木和奇花异草。

娱：景区内娱乐活动丰富，您可在碧峰峡美食演艺广场观看歌舞表演；也可参加碧峰峡晚会，来一次视听感官与身心交融的纯美体验；还可以体验古装摄影、5D电影、亲子碰碰车、露营等。

玩家解说

传说很久很久以前，天漏了。女娲炼出了可以补天的五彩石，又引了七星针缝云衣，昼夜不停地补着天，直到气血耗尽，终于倒下。她倒下的这片土地就是雅安。她的身躯渐渐地化成碧峰峡的幽幽峡谷，一双玉手也化作峡中的10座山峦，因此就有了“十指补天峰”之说。

据说，当时没有日历，也没有文字。人们采用着结绳记事、刻石记日的方法。据说千层岩瀑布上的那1028道短痕，便是女娲补天的日数。

此外，碧峰峡中有不少羌人的后裔。他们是大禹的支裔，他们相信若是将死者挂在绝壁的悬棺中，使肉身悬空，灵魂就能上天。所以在峡谷中仍能看见不少羌族岩葬习俗的产物——悬棺。

碧峰峡瀑布群

碧峰峡内有瀑布、溪潭50余处，有的一泻千里，有的层层叠落，构成了碧峰峡景区里的一道独特风景线。其中，白龙潭瀑布高30米，宽10多米，从悬崖奔涌而下，如白龙腾飞，寒气袭人，瀑声震撼峡谷，产生强烈共鸣。

黄龙峡

黄龙峡长4000米，最窄处仅30米，陇西河蜿蜒盘旋在谷底，水流湍急。悬崖峭壁间飞瀑垂挂，山泉潺潺。黄龙峡内屹立着一座山峰，像一尊垂手端坐的佛像，五官清晰，面容慈善，人称“黄龙巨佛”。

野生动物园

碧峰峡野生动物园是西南第一家野生动物园，也是全国第一家生态型野生动物园。园区由猛兽车行观赏区和温驯动物步行观光区组成，园内共放养各类野生动物400多种，11 000只。园区还有篝火、探险活动等。

大熊猫基地

大熊猫基地是融大熊猫饲养、繁殖、科研、珍稀野生动物救护和科普教育为一体的大熊猫生态保护机构。

基地划分为大熊猫饲养区、繁育区、科研区、办公区四大功能区。2008年5·12地震后，卧龙大熊猫全部迁入碧峰峡基地，这里成为了中国大熊猫保护和科研的核心区域。

女娲池

女娲池位于景区白龙潭瀑布下，是瀑布多年冲刷形成的开阔潭池，传说是女娲沐浴的地方。池长80余米，宽约30米，四周青山翠绿，花香鸟语，池水清澈见底，碧蓝如镜，是休养生息的好地方。

女娲之手

也叫青云梯，是世界最高的景区观光电梯。它倚崖而筑，高120米，如巨手擎天，也被称为女娲之手。

千层岩瀑布

也叫三叠映秀。宽为10米的瀑布自120多米的绝壁顶上奔泻下来，分成三段坠落。山壁两旁藤蔓缠绕，常年绿意不减。

碧峰寺

碧峰寺始建于唐朝，是数度毁于战火又数度修复的千年古刹。虽然位居深山，但传言在此许愿十分灵验，因此香火极盛。尽管山势陡峭，许多游客仍坚持上来一探究竟。

悬棺

雅安为汉族和羌族的杂居地，所以这里留有悬棺的遗迹，悬棺也是羌族人岩葬风俗的实证。羌族的先民是大禹的支裔，认为将死者挂在绝壁的悬棺中，可以使肉身悬空，灵魂便能上天，获取神力，庇佑子孙。岩葬是羌人对神力的一种崇拜。

高颐墓阙

全国现存最完整、最精美的石阙

雅安市雨城区姚桥镇口碑村

高颐墓阙建于东汉建安十四年（209年），是双阙格局。两阙相距13.6米，西侧是东汉益州太守高颐的墓阙，是主阙；东侧是高颐弟弟高实的墓阙，为子阙。

两阙都是重檐五脊式的仿木结构建筑，自东汉保留至今，是全国现存地面保存最完整、最精美的石阙，有相当高的建筑艺术价值和雕刻艺术价值。

玩家解说

据《隶释》所录碑文，“建安十四年（209年）八月卒官”，因此高颐墓阙的初建时间也应在这一时期。

墓阙雕刻精美，属汉代晚期建筑，这在多本古籍中都曾有记录。1983年四川省注资开展修复工程。

上里古镇 AAAA

四川十大古镇之一

雅安市雨城区半边街68号

全天

上里古镇是四川历史文化名镇，也是昔日南方丝绸之路的重要驿站。这里依山傍水，环境优美，现仍保留着许多明清风貌的吊脚楼式木结构建筑，街道主要呈“井”字形布局，两边均是老式铺面，现在这里成了许多影视作品的外景拍摄地。

玩家攻略

1.上里古镇中比较有特色的招牌菜是山药炖乌骨鸡，味美滋补。

2.上里古镇大部分景点都是免费开放。

上里古镇

玩家解说

早在2000多年前的西汉时期，上里就成为南方丝绸之路重镇，这里也是唐蕃古道上重要的边茶关隘地，当时的茶马司就设立于此。中国工农红军长征时曾经过上里，至今上里还有数十幅石刻红军宣传标语。

上里古镇有个俗名叫五家口，因为古时镇中有5家大姓人家在此居住——韩、杨、陈、许、张。古镇的街道设计取了一个井字，寓“井中有水，水火不容”之意，以水制火孽，祈愿小镇平安。

二仙桥

二仙桥位于上里古镇西约200米处的陇西河上，为高卷拱单孔石桥，桥面两侧有石栏，周围为山峦、河水、田野。桥南田野间耸立着数十个馒头状小山包，人称“十八罗汉拜观音”；桥北为天台山，晴天时可以观赏到天台山脉构成的巨型卧佛。

链接

二仙桥的传说

相传二仙桥竣工之日，附近州县名士前来祝贺，宴罢人们来到桥头准备给桥取名字，不料有两位乞丐坐在桥头拦住众人。众人大怒，两个乞丐跳入水中，立刻显出两个“石包”，众人醒悟过来，认定这两个乞丐是两位神仙，于是便将此桥定名为“二仙桥”。

上里古镇双节孝牌坊

白马泉·白马寺

白马泉始建于唐朝，是全国独具特色的十大恒温间隙泉之一，起潮落潮时仿佛能听见马蹄的声音。

白马寺始建于唐代末年。寺内现存的巨石石雕观音、唐代凿挖的古圣井尤为罕见；另有终年不枯的喷珠泉，随时可见串串珍珠般的气泡从池底喷出。

韩家大院

上里古镇保存完好的韩家建筑群有两处，一处位于四家村，一处位于古镇内。大院始建于清代嘉庆年间，院内雕刻历经三代人才得以完成。雕刻内容以戏曲和历史典故为题材，其独特的镶嵌式雕刻工艺，为世间罕有。

双节孝牌坊

双节孝牌坊建于清朝时期，是当时朝廷为褒扬韩家姑媳二人守节特赐的节孝牌坊。牌坊结构为四柱三间，采用当地优质石英红砂岩石建造，自然古朴，造型灵巧，栩栩如生。坊前30米处竖立一对12米高的六棱四方双斗石桅杆，显得气势雄伟。

蒙顶山

中国仙茶故乡

雅安市名山区蒙顶山镇

0835-3232089

45元

8：00～18：00

蒙顶山是茶的发源地，被誉为“世界茶文化圣山”景区。景区现存建筑古刹永兴寺、千佛寺、净居庵等寺庙，坐落在茶园翠绿间，情趣别致。中山以上是森林地带，林木覆盖绵延至整个后山，四季葱茏，有千年古树，高大挺拔，春夏如巨大苍穹，遮天蔽日。

蒙顶山农家乐

玩家 攻略

蒙顶山山顶的景区宾馆价格较高，附近分布了许多农家乐，有一些提供长期性的避暑住宿。

玩家 解说

蒙顶山在古时颇为出名，一为佛寺，二为茶。

蒙顶山历代就高僧辈出。三国时期有一佛家盛事，唤作“梵人之茅”。因天竺僧人空定大师传教，结庐于蒙顶山，也就有了“大梵音院”。朝代更替，佛寺也几经更迭，自“大梵音院”到“永兴寺”，佛家一脉照旧广行禅门宗风，生生不息。宋代蒙顶山住持甘露法师辑成的《蒙山施食仪》和《大忏悔文》，依旧在信徒口中广泛流传。

蒙顶山是中国茶文化的发祥地。西汉时期，吴理真开始在蒙顶山驯化野生茶树，开始了中国人工种茶的历史。自此，蒙顶山就与茶连在了一起。蒙顶山的茶，曾被白居易赞誉：“琴里知闻唯渌水，茶中故旧是蒙山。”孟郊、韦处厚、欧阳修、陆游、梅尧臣等也留下不少赞誉诗文。到了明清时期，关于蒙顶茶的华章佳句更是不少。

天盖寺

天盖寺位于蒙顶山顶，创建于汉代，宋代重修，占地8000平方米，四周环绕12株千年古银杏。寺中为明代建筑石柱大殿，大殿塑有吴理真大师全身坐像。寺内有展示蒙顶茶史的图文、实物等。

皇茶园

皇茶园坐落在蒙顶主峰的五个小山头之中，周围峰形似莲花，皇茶园正好落在王峰中心，形成“风水宝地”，汉代蒙顶茶师祖吴理真植“灵茗之种”7株于此，唐代开始在此采摘贡茶，宋时被命名为“皇茶园”。

甘露石室

位于皇茶园左侧的甘露峰，是一座明代建筑。这是典型的双坡顶单间建筑，全石结构，石柱、石殿、石斗拱、石屋面，设计风格甚为独特。

茶史博物馆

茶史博物馆位于天梯古道起点处，馆内存列着有关蒙顶茶的文献、碑碣、诗词、标本和茶具，还有各类名茶、边茶的实物与历代形态各异的茶具。

景点推荐 雅安南部旅游区

牛背山

绝佳摄影胜地

雅安市荥经县 免费 8：00～17：30

从雅安坐车去荥经后，到车站下车不出站，坐面包车可到景区

牛背山位于雅安市荥经县境内，山顶海拔3600米，因山顶一面悬崖有巨石突出，酷似牛头，山脊细长貌似牛背而得名。

牛背山在地质构造上属大渡河背斜，包括野牛山、大野牛山、光头山、马场梁、娘娘山、大矿山等主要山峰。

牛背山四面环山，有360°全方位“中国最大的观景平台”和“摄影胜地”的美称。在不同的季节，可以看到不同的景色。

玩家 攻略

1.从冷碛镇到牛背山45千米，路况复杂、弯道多、坡度大，只有越野车和当地的矿车可以上山。想徒步上山顶，可先驾车至牛背山“云海人家”客栈，再走两三个小时可到山顶。

2.如果车技不够自信，建议在山下租车上山。

3.从三合乡到牛背山的路更难走、更长、补给更难，不推荐。

住宿：牛背山上住宿条件有限，山顶只有几家山顶客栈，条件简陋，要提前预订。

玩家 解说

牛背山有六绝。

日照金山：贡嘎雪山矗立于牛背山的正西最高点，晴朗的日出时分，日照金山，辉煌壮观。

日出：当太阳的光芒划破了漆黑的夜空，投射在一望无际的云海上，整个云海被染成一片金黄。

云海：浓密而均匀，时而平缓，时而汹涌，让人感觉置身于云中。16：00左右会有大量云雾向山下溢流，还会形成壮观的云瀑布。

夕阳：夕阳给这片金色的海洋增添了更多的绚烂色彩，那些随着山峦翻滚的云海更为这美景增添了几分神韵。

佛光：云海中，经过阳光的投射，形成圣洁的光辉。不过与它相遇，还是要碰运气。

星空：早上5点多日出前1个小时，形成了红蓝两色的天空，再配上云海和满天的繁星，美极了。

安顺场 AAAA

红军强渡大渡河革命纪念地

雅安市石棉县　0835-8871777

全天

免费

安顺场是太平天国著名的军事将领翼王石达开全军覆灭的地方，也是中国工农红军强渡大渡河的革命纪念地。

石达开兵败大渡河后建的翼王亭立于石儿山上，亭为六角形，四方有吴王靠和坐槛，竖"翼王亭记"石碑。大渡河渡口建有中国工农红军强渡大渡河纪念碑，塑有红军战士头像，周围苍松翠柏。另建有红军强渡大渡河纪念室，陈列红军用过的兵器、马灯等实物，还有刘伯承、聂荣臻等老一辈革命家的题词。

玩家 攻略

1.建议住在石棉县，推荐二星级的石棉大酒店。

2.石棉县内交通以中巴和出租车为主，市内5元足够。

3.当地的大渡河鱼和老腊肉很出名，味道鲜美，吃了叫人念念不忘。

田湾河

有白唇鹿、金丝猴等珍稀动物

雅安市石棉县田湾彝族乡

从县城乘坐短途客车前往

田湾河风景区位于蜀山之王贡嘎山的南坡。整个景区占地380平方千米，非常具有观赏价值，瀑布、温泉、高山湖泊、森林、冰川峡谷等诸多景色集于一身。野生动植物资源丰富，珍稀动物有白唇鹿、金丝猴、小熊猫等20多种。

玩家 解说

田河湾是贡嘎山最大的河流，最好看的就是水。景区内有几十条瀑布飞岩而下，大小温泉更是数不胜数。

该景区还在初步开发阶段，至今仍保持着原始风貌。

安顺场

景点推荐 雅安北部旅游区

喇叭河 AAAA

有众多国家珍稀动植物

雅安市天全县

8: 30~18: 00

50元

0835-5995999

喇叭河森林公园建于1963年，总面积234.34平方千米，地处典型的深山峡谷地带。这里是地道的原始森林，珍稀保护品种数不胜数。

玩家 攻略

喇叭河的水来自山上融化的雪水，水质通透清凉，可以直接饮用。

景区附近有一些小巧干净的旅馆，每晚30元。农家的蔡鸭子，可以尝试。

玩家 解说

夏季的喇叭河景区，能看得到许多野生动物的活动情景，如百鹿舔盐。百鹿舔盐大多发生在晚上10点前后的鹿苑。鹿群会越聚越多，自顾自地舔盐、戏水，并不会受游客近距离观察的影响。观看夜间的野生动物活动，要严格遵守景区的相关规定。喇叭河景区是原始森林，夜晚容易碰到野生动物。

二郎山 AAAA

险峻清幽的川西胜地

雅安市天全县

二郎山因著名的人物传说"二郎担山赶太阳"而得名。山中既有上古冰川，也有雪峰奇观，对于原始森林的状态，也存在着人工景致的痕迹——如长达4176米的二郎山隧道。

最特别的是景区中的水生动物化石群落，一共有两个：一个是海龟化石群，一个是鳄鱼化石群。据考证，这些露出地面的化石，都是几亿年前的产物，是沧海桑田的明证。

玩家 解说

二郎山海拔3437米。每年四五月最美。在二郎山的观景台上可看大小杜鹃争艳，看“千树万树槐花开”，看冰川层叠庄严。1940年的二郎山，曾吸引了画家张大千、叶浅予到此写生。20世纪50年代的歌曲《二郎山》，将二郎山唱出了名气。

灵鹫山

原始森林茂密，生物种类繁多

雅安市芦山县芦阳街道

灵鹫山，古名芦山，盛产茶叶。景区景色以秀美为主，有群瀑相伴。山上风景很好，可以西眺贡嘎山，北看夹金山，青衣江、沫水河的涟涟水色也可尽收眼底。

大雪峰是灵鹫山主峰，海拔5364米，终年积雪。近可赏雪。南天门海拔2800米，大半年积雪。游客可以在此滑雪。飞人瀑布位于南天门之下。瀑水坠崖时被分为左右两道，似“人”字。

玩家 解说

除了灵鹫山之外，芦山县还有不少文物馆藏场所，如东汉石刻馆和芦山县博物馆。前者珍藏有樊敏阙及石刻，属全国重点保护文物，建于东汉建安十年（205年）；后者收藏有新石器时代至红军长征时的文物。因芦山县汉代文物众多，故而芦山县也被誉为“汉代文物之乡”。

蜂桶寨邓池沟景区 AAAA

珍稀野生动物的天然乐园

雅安市宝兴县蜂桶寨乡

景区是大熊猫、金丝猴等珍稀野生动物的天然乐园，也是珙桐、连香树等模式种植物的植根之地。

邓池沟被誉为“大熊猫的起源地”。早在1869年，西方传教士戴维便在这里发现了首只大熊猫，从此掀起了“熊猫热”。景区内主要有戴维曾居住过的邓池沟天主教堂、蜂桶寨国家级大熊猫自然保护区、蜂桶寨自然博物馆等景点。

宝兴熊猫古城景区

熊猫故乡

雅安市宝兴县　免费

全天

宝兴是世界上第一个发现大熊猫的地

二郎山老路

方，因此是当之无愧的"熊猫故乡"。宝兴是全球唯一一个以熊猫为主题的古镇。

来熊猫古城，不得不去熊猫广场走一走，广场中有熊猫主题情景雕塑、涂鸦墙、立体画、熊猫主题电影馆等，含有多种熊猫文化元素，很有看头。

神木垒 AAAA

春天是杜鹃的海洋

雅安市宝兴县硗碛藏族

旺季，52元；淡季，40元

0835-6868999

神木垒是夹金山风景名胜区的一部分，海拔2300~4300米。主要有森林、雪山、溪流、高山草甸等景观。春天的神木垒是高山杜鹃的海洋；夏天这里又是避暑纳凉的好去处；秋天云杉红了，五彩斑斓的景色让久居都市的人们久久不愿离去。

东拉山大峡谷 AAAA

高品位自然生态风景区

雅安市宝兴县陇东镇

0835-6823840

旺季（4月1日—11月30日）50元

淡季（12月1日—3月31日）40元

8：00~20：00（旺季）；8：00~18：00（淡季）

东拉山大峡谷位于龙门山脉邛崃山脉南部的宝兴段，是一处极为罕见的高品位自然生态风景区。

景区观赏核心区海拔1800~2200米，集险峻和辽阔于一身。东拉山大峡谷风景区内景点丰富，山中奇峰异景，溪流飞瀑，让人目不暇接。

玩家 解说

因为是峡谷景区，所以进入东拉山风景区后，请注意自身安全，严格遵守景区安全规定，注意景区内指示和警示标志，禁止进入的地方千万不能进入。

神木垒秋韵

攻略资讯

- 交通
- 住宿
- 美食
- 购物
- 娱乐

交通

汽车、铁路

雅安虽然没有机场，但雅安的公路、铁路交通还是比较便利的，成雅高速、乐雅高速、国道318线和108线贯穿雅安全境，雅安站也是川藏铁路等交通枢纽的重要组成部分。

雅安目前正在运营的汽车站有雅安汽车客运站、雅安西门汽车站、名山区汽车站。

雅安大桥

住宿

雅安市旅游资源丰富，旅游业较为发达，住宿主要集中在市中心以及各大景点周边，各种规模的宾馆可供游客选择。但是在旅游旺季住宿最好提前预订，价格会随季节和节假日浮动。

●雅安尚稷·安雅酒店

酒店位于碧波荡漾的青衣江畔，紧邻周公山、碧峰峡、蒙顶山等旅游风景区，距汽车站、廊桥、彩虹桥仅百米之遥，交通十分便

雅西高速

雅安夜景

利，是游客在雅安旅游的理想下榻酒店。

雅安市雨城区南一路22号 0835-2662688

●广元锦园大酒店

宾馆坐落在张家山公园，与刘文辉公馆遗址和西康博物馆毗邻，集会议、住宿、餐饮、娱乐、休闲、度假等多功能综合服务为一体，是雅安一家“金叶级”绿色饭店。宾馆拥有百余间各种风格的客房，另有健身房、零点餐厅、宴会厅等，值得信赖。雅安市雨城区公园路10号 0835-3667888

美食

雅安城不大，档次比较高的酒楼、餐厅都在市区中心。在雅安不去吃小吃是最大的遗憾，比较出名的有中大街大菜市里的程凉粉和伍抄手。到了晚上，吃的地方更多，一般卖烧烤和铁板烧的都集中在人民路川农大门口和解放路以及沿江西路，卖串串的则集中在康藏路的巷子里面，价格实惠。

●周记祖传棒棒鸡

雅安荥经县周记祖传棒棒鸡始创于清朝末年，历四代艰辛，融百年技艺，汇川菜精华，深受雅安人民的喜爱，现已成为家喻户晓的美食佳肴。棒棒鸡又称椒麻鸡、钵钵鸡，以祖传的工艺，选用上等土公鸡，整鸡煮熟后，用木棒敲打，切片分明，刀刀见骨，盛入盘钵中，罗列成开屏孔雀，尤为漂亮。再淋上各种不同作料，形成椒麻鸡、山珍鸡、青椒鸡、怪味鸡、白油鸡片等不同口味的美味佳肴。

串串

棒棒鸡

购物

雅安购物主要可以分为特产和工艺品两大类。雅安特产主要以雅安茶叶、雅安水果和雅安山野菌菇为主，其中茶叶以蒙山仙茶和荥经边茶最为出名。雅安较为独特的水果主要有汉源县的雪梨、樱桃和多营的猕猴桃等，而以汉源樱桃为原料酿制的雅斯曼樱桃酒更是闻名海内外。雅安天然的山野菌菇以及蒙顶山的空心白果、千佛菌、雅笋、天全蕨菜和香菇等较为有名。雅安工艺品主要有根雕、泥塑、石砚和彝族服饰、银器等。

在雅安市区内，购物场所主要分布在雅安市委市政府所在地的青衣河南岸，大多集中于雅安西、中、东大街和新民街、羌江南路一线和新康路上。

●蒙山茶

自唐以来久负盛名，其品种繁多，有黄芽、石花、甘露、万叶、银叶和玉叶长春等。其中产于雅安凤鸣乡的峨眉毛峰，曾在1985年优质食品评选博览会上获得金奖。

●雅笋

春秋雨季的雅安竹笋，白嫩香脆，鲜美无比，现已被加工成“炭白笋”“火白笋”和盐渍笋及罐头鲜笋等畅销国内外。

●宝兴腊肉

宝兴特产。取藏民在深山中散养的土猪为原料，用多种调味料秘方腌制后，以松柏、香樟等树木枯枝熏烤制成。因这些土猪仅以荞麦面、玉米面、野生草果为食，因而味道鲜美，营养价值也高。

娱乐

●藏族菩萨节

“菩萨节”又称藏家转山会。正月十七这天清晨，藏家人披红戴绿，从四面八方汇集在夹金山公园的喇嘛寺前，参加一年一度的抬菩萨活动。整个活动充满神秘色彩，先是诵经、膜拜、受洗，之后由4个精壮的藏族小伙子抬着菩萨沿神龙岗而下。前面由戴着脸谱、舞龙耍灯的队伍和喇嘛开路，沿途数千藏民加入抬菩萨的行列中。此时，诵经声、锣鼓声震天，整个活动场面热闹非凡。

●周公山楠水阁温泉

周公山自汉唐以来就已是中国名山，山上庙宇众多，古建筑鳞次栉比，风光秀丽。楠水阁温泉水质优良，有8种矿物质及微量元素，达到国家《医疗热矿水水质标准》规定的医疗热矿泉水浓度标准，具有极高的医疗保健价值。

雅安市周公山温泉公园

雅安风光

发现者旅行指南

凉山·攀枝花

概览

亮点

西昌卫星发射中心

有“中国休斯敦”的美誉，中国的第一颗通信卫星就是在这里发射的。

螺髻山

这里是得天独厚的自然风景区，有“第四纪古冰川天然博物馆”的美誉。

邛海泸山

四川省第二大淡水湖，也是中国有名的天然渔场、水上运动场。

格萨拉生态旅游区

这里融生态旅游、文化观光、猎奇探险、民俗大观为一体，构成了独具特色的生态旅游、文化旅游胜境。

邛海

二滩风景区

号称川南地区的旅游明珠，景区包括二滩国家森林公园和二滩水电站。

必逛街道

观海路：位于邛海湖畔，是游人理想的休闲场所。在这里能够欣赏最美的西昌夜景，还可吃到邛海的海鲜烧烤。

金瓯广场商业街：金瓯广场商业街沿街布局了大型超市、电影院、咖啡厅、茶楼、餐厅等数十种商业业态，是游人品味时尚生活的最佳场所。

线路

凉山泸沽湖二日游

第一天，乘车到了泸沽湖以后，中午在湖畔民居的地方吃饭。晚上可以和摩梭人一起跳锅庄舞，晚餐可在摩梭人家用餐，或参加摩梭人的篝火晚会。然后住在价格便宜的摩梭山庄。

第二天，先到泸沽湖观看八岛十四湾的景致，进入沿湖摩梭人的族村，了解走婚阿夏习俗。然后乘船游览泸沽湖。

攀枝花经典二日游

第一天，上午到二滩风景区参观，尽情享受一下二滩国家森林公园里面的美

二滩

景，然后再看看二滩水电站的规模。下午着重参观攀枝花钢铁公司，一睹中国重要的钢铁生产基地风貌。

第二天，上午到龙潭溶洞逛逛。龙潭溶洞也是攀西第一洞，一洞两景，前面像是龙宫，后面像是天宫，洞里面有很多瀑布。下午最好泡泡红格温泉，红格温泉被人称之为“川西名泉”，是一个让人解除疲劳的好地方。

为何去

碧波荡漾的邛海、千峰叠翠的螺髻山、妙趣横生的土林、“瑶池仙境”的泸沽湖，杆杆酒的微醺诱人、火把节的歌舞狂欢，可以让心飞起来。凉山的美丽、粗犷、豪爽，让人忘却尘世烦扰。而攀枝花既可以体验长江漂流的惊险，又可寻找奇异的溶洞风情，漂流的刺激与美景的震撼，在阳光中奇特地融会在一起。

长江漂流

何时去

因地处川滇两省的交界处，气候类型为亚热带气候，无明显的四季之分，全年可分为冬、夏两半年。其中冬半年，即每年的11月至来年的3月，此时气候温暖少雨，无明显的灾害性天气。

西昌彝族火把节

夏季为降雨季节，但当地最具特色的彝族火把节（每年8月）却处于此季节中，此时前往还可欣赏金沙江和雅砻江犹如雷霆万钧般的奔泻咆哮壮观景象，但要做好防雨准备。

邛海观海湾

区域解读

凉山区号：0834
攀枝花区号：0812
总面积：67 840km²
总人口：610.7万人
主要少数民族：彝族、藏族

地理 GEOGRAPHY

区划

凉山州下辖2市（西昌市、金理市）、14县（盐源县、德昌县、会东县、宁南县、普格县、布拖县、金阳县、昭觉县、喜德县、冕宁县、越西县、甘洛县、美姑县、雷波县）、1个自治县（木里藏族自治县）。

攀枝花下辖3区（东区、西区、仁和区）、2县（米易县、盐边县）。

地形

凉山州和攀枝花市地处四川省西南部，有高山、深谷、平原、盆地、丘陵等多种地貌

螺髻山

类型，地貌复杂多样。境内海拔最高为5958米的木里恰朗多吉峰，最低为305米的雷波大岩洞金沙江谷底。境内水资源丰富，金沙江、雅砻江、大渡河穿过凉山、攀枝花境内，这三大支流流域面积较大。

气候

凉山州和攀枝花属于亚热带气候，日照充足，冬半年天气晴朗，干燥温暖；夏季多雨，凉爽湿润。全年无冬，是天然的大温室。秋冬适宜旅游。

历史 HISTORY

凉山历史大事记

●上古至元朝

考古发现证明，早在距今4000多年的新石器时代，凉山州境内就已有人类活动。迄今在凉山州境内，已先后发现数十处新石器时代文化遗址，约相当于中原的殷商时期，至少安宁河流域地区也已进入青铜时代。

早在2000多年前，盐源就已产盐。史志记载摩梭人先民采用大口浅井技术产盐，是世界上最古老的制盐技术，而且井盐制盐技术也是当时世界四大制盐技术中最先进的。盐源黑盐井是我国少数民族最早开发的盐井。此外，凉山的制瓷业、造纸业、印刷术、

泸沽湖

纺织业也开发较早。建昌马、水牛自宋元以来就远近闻名。

秦汉时期，中央王朝就在凉山设置郡县，委派官吏进行管理。汉代司马相如“通灵关道，桥孙水，以通邛都”，沟通了中央王朝与古邛都国的往来和汉朝与西南少数民族的联系，开辟了一条“南方丝绸之路”，为汉武帝在凉山设置郡县奠定了基础。

元朝时，意大利旅行家马可·波罗曾作为元朝特使出巡各地，到达凉山、西昌一带，将这里的风土人情载入《马可·波罗西行记》。

●近现代

1950年，凉山获得解放。1952年10月，凉山彝族自治区成立（后改为州）。1956年，凉山实行了民主改革，奴隶得到解放，这是凉山历史上开天辟地的大事件，凉山实现了从奴隶制社会到社会主义社会“一步跨千年”的飞跃。

1970年，始建西昌卫星发射中心。1984年，西昌卫星发射中心发射中国第一颗通信卫星。

攀枝花历史大事记

●上古至明清

距今约1.8万年至1.2万年前攀枝花即有人类文明出现，现攀枝花市内有回龙洞寺古人类遗址。

清初，大西军在蜀抗清。顺治三年（1646年），张献忠病故，孙可望、李定国、刘文秀与南明军联合抗清；南明亡，吴三桂反，又与吴三桂联合抗清。孙可望从云南进入攀西与清军战，攀西裂谷成两军拉锯之所。战乱不休，民生凋敝，生产遭大破坏，直到1679年康熙平三藩全面统治云贵川，攀西才免去战祸。

雍正时，实行“改土归流”，中央的权力随之伸入这片地域的腹心区。乾隆时，内地大批移民进入攀西，带来了封建生产关系、生产力、生产方法及技术、先进生产工具、种子。同时，移民们带来了采矿冶炼的技术，使这里的地下矿藏铁、铜、锌、铅、金、银、煤得到初步开发。又开通了攀西通昆明的骡马通道，开展四川、云南两省商贸物资交流，使西昌、会理成为川滇两省的物资集散地，商业、运输业也随之兴起。

西昌卫星发射中心

●近现代

民国时期，攀西成为川滇两省军阀争夺的势力范围，当地豪强各自购买枪弹据守。

山区少数民族奴隶主、土酋在领地内遍种鸦片，用以换取银子、枪械据堡自强。四处土匪蜂起，人民生活困难。

抗日战争爆发，日军占领大半个中国。1938年，修通下关至畹町的滇缅公路，接着又修通了乐（山）—西（昌）、西（昌）—祥（云）公路，连通滇缅公路。滇缅公路成为盟军援华生命线，攀西的西昌、会理成为攀西商贸中转物资交流集散地，攀西出现了短期的商业繁荣。

日本投降后，攀西地区又陷入战乱之中。1950年春，攀西地区解放，迎来了共和国的春天。

1964年5月，党中央作出了开发建设攀枝花的决策，攀枝花开始大规模兴建。1965年，党中央将攀枝花列为三线建设重点。为建设新城攀枝花，大移民、大迁徙，全国各地5万多名技术人员和产业工人进入攀枝花，建成了新兴的钢铁、能源基地，攀枝花成为川西南一个新兴的中等工业城市。

攀枝花的发现

“这里得天独厚。”这是1965年邓小平同志视察攀枝花时曾说的话。攀枝花，这片荒野之地得益于丰富的矿藏，才得以建立发展。

攀枝花

关于攀枝花的发现，历史上众说纷纭，学界比较认同的说法是我国著名地质学家常隆庆教授于20世纪三四十年代首先发现攀枝花。常先生曾六度出入攀西地区，在设备并不完备的情况下画线路图，采集标本，虽然行程很慢，但这并不阻碍老一辈地质学家的坚定信心，尤其是看见当地地质情况很合乎金属生成的条件，便更加细心地找矿。在此期间，常先生和他的同事著成《宁属七县地质矿产》一书，详细介绍了当地矿产的情况。也正是那个时候，常先生发现“安宁河流域，当为国内极佳之工业区”，这也为攀枝花的发展奠定了基础。

1965年，5万多名职工从全国各地迅速汇集到攀枝花，在这荒山野岭、干旱酷热、人烟稀少的河谷地带，建设者们住席棚子，喝江河水，吃干咸菜。北京、辽宁、山东、河南、安徽五省各派出一支300辆卡车的车队运送钢材，30万军民打通成昆铁路，在一年多的时间里完成了钢钛联合企业及煤炭、电力、水泥、铁矿、石灰石等厂矿的基础工程建设。

3月4日是攀枝花的开发建设纪念日。在没有铁路和航运的前提下，攀枝花边修建市区主干线，边运输物资，可谓是“车轮上的工业基地”。攀枝花地区复杂的地质条件也曾是困扰建设的主要因素，“象牙微雕式”的设计为山区建设大工业走出了一条新路。攀枝花不但在建设上有所创新，在科技上也迈出了很重要的一步。当时，钒钛磁铁共生矿的冶炼是世界上未解决的技术难题，而中国科技工作者依靠自己的力量，攻克了普通高炉冶炼高钛型钒钛磁铁共生矿的技术难关，将“死矿”变成了“宝藏”，这不可不说是一个奇迹。就这样，攀枝花一步一步从一个不毛之地变成一个新兴工业城市，其中的艰辛可见一斑。外国冶金专家赞誉攀枝花为“世界冶金史上的奇迹”。

如今的攀枝花是四川攀西地区最大的城市，也是四川南部地区最富裕的城市。作为四川省重点打造的四座大城市之一，是典型的资源开发型城市、工业城市、移民城市、山地城市。

目前，攀钢的钛制品也已经形成一定的规模，不仅供应国内市场，还出口到国外。

名单 凉山历史名人

东汉著名教育家任安

五代民间画家姜道隐

南宋政治家、军事家张浚

南宋理学家、教育家张拭

两晋名贤宇文之邵

“戊戌六君子”之一杨锐

革命烈士王翼

文化 CULTURE

西昌普格的火把节

彝族是一个崇拜火的民族。自汉唐起，就有了火把节的风俗，至今已沿袭了1000多年。火把节古时又称星回节，最初是彝族先民用火把来驱虫辟邪、企盼丰收的民间习俗。后来，这种习俗逐步演变成今天的民间文化体育节日。

在西昌普格，火把节保留了最纯粹、最原始的风味，完整、隆重而独具特色。普格是火把节的发祥地，相传在远古时候，天上的大力神思惹阿比和地上的大力士俄体拉巴比赛摔跤。思惹阿比战败后上天搬弄是非，天神大怒，于是撒下众多害虫糟蹋庄稼，粮食颗粒无收，民不聊生。于是，英雄俄体拉巴率领人们点燃火把驱虫除害，最终战胜了天神。为了欢度人战胜神这一伟大的胜利，人们相聚在一个叫“日都迪散”的高原平坝（如今称火把场），狂欢三天三夜，于是就有了火把节。

西昌火把节

凉山彝族火把节一年一届，其主会场一般设在普格县或布拖县，凉山彝族自治州首府西昌市设分会场。火把节是彝族传统文化中最具标志性的象征符号之一，也是彝族传统音乐、舞蹈、诗歌、饮食、服饰、农耕、天文、崇尚等文化要素的载体。

毕摩文化

四川凉山彝族自治州是彝族最大的聚居区。彝族是一个拥有祖灵崇拜、自然崇拜、家神崇拜的古老民族，其博大精深的核心文化被称为“毕摩文化”。

毕摩是彝族民间宗教活动的主持者和组织者，也是彝族宗教和信仰的代表人物。在彝语中，毕摩意为专门替人礼赞、祈祷、祭祀的人，学界大多称他们为祭司，而彝族人认为毕摩是智者之意。毕摩识古彝文，通晓彝文典籍，通过念诵经文等形式和神、鬼沟通，充当人们与鬼神之间、祖先之间的矛盾调和者，并通过象征性极强的祭祀、巫术等行为方式处理人与鬼怪神灵的关系，以求得人丁安康、五谷丰登、六畜兴旺。概括来说，其主要任务是主持祭祀、除灾祛祸、治病疗疾、主持盟誓和传播知识。

早在上古时期，彝族居木乌伍之祖维勒邛部时代，毕摩就已十分流行，并有很多文献记载。关于毕摩有着许多古老而神秘的传说。彝族传说毕摩是洪水泛滥时天神派来拯救民众的人。他们传诵经书，布置祭坛，救天民于水火。此后毕摩代代相传，每一代的毕摩都是伟大的人物，从而形成了彝族特有的毕摩文化。毕摩撰写和传抄包括宗教、哲学、伦理、历史、天文、医药、农药、工艺、礼俗、文字等典籍，作为知识的传承者，承载着彝族的希望。彝族族体内部，毕摩的传承和延续有一套非常严密的体系，这也是这个重要而神圣的职业能一直流传到今天的原因。

摩梭文化

在美丽的泸沽湖畔，生活着古老而神秘的摩梭人。摩梭人是宁蒗古老的民族之一，现存5万余人，有文字可考的历史可以追溯到西汉元鼎六年，迄今已有2000多年。四川摩梭人归为蒙古族的支系，云南摩梭人归为纳西族的支系。

作为母系社会，摩梭人至今还保留着神秘的走婚习俗。走婚是摩梭人的 种婚姻模式，男子若是对女子倾心的话，在日间约好女子后，会在半夜的时候到女子的房间，骑马前往，爬窗而入，再把帽子之类的物品挂在门外，表示两人正在约会，叫其他人不要打扰。然后在天不亮的时候就必须离开，这时可从正门离开。所生子女皆属女方，血缘按母系计，财产按母系继承，男子只负责抚养自己姐妹的孩子。“走婚”的独特习俗使得摩梭人被称为“东方女儿国”。在摩梭人的日常生活中，亲属关系只有母亲和舅舅的称谓，再无其他。这种独特的习俗形成了摩梭人稳固的家庭结构，并且成为了人口增长速度最慢的民族。

摩梭人最初信奉达巴教，这是一种驱鬼除邪、祭祀祈福的原始宗教，后因毗邻藏区，又信仰藏传佛教，并形成两种宗教共存的现象。藏传佛教不仅有着更严密的教义，它也更深刻地影响着摩梭人的生活。扎美寺是摩梭地区现存最大的藏传佛教寺院落。摩梭人喜食粗粮和新鲜蔬菜，酥油茶为家中必备之物，男女老少皆喜喝苏理玛酒。每年农历七月二十五日的转山节，是摩梭人一年中最盛大的节日。在这个朝拜格姆女神山的日子，人们到山上烧香磕头，悬挂彩色经幡，敬献供品，祈求女神福佑。转山节主要祭祀天地神、日月神、山神、水神和格姆女神。群众联欢主要是唱歌、跳舞、结交阿夏等活动。届时摩梭喇嘛们都头戴鸡冠佛帽，身披新袈裟，带着佛事活动的用具，骑着马，吹着大号和唢呐，到格姆山下烧香念经。他们祈求佛神来帮助格姆女神，保佑摩梭人生活的地方吉祥如意、家庭和睦、幸福美满、六畜兴旺、五谷丰登，而这也是一年一度的摩梭情人节，很多美丽的爱情也在此时产生。

摩梭游船

景点推荐 西昌旅游区

西昌古城

成都的后花园

凉山州西昌市境内

西昌古城位于凉山州中部，自古便是祖国西南边陲的一个重镇，自秦汉始，历代政权均在此建立过郡、州、司府、委派过官吏。

城门： 西昌古城在山坡上，有东南西北四个门以及城墙围绕着。北门处于西昌城的最北端，是进出往来的必经之路，目前仅仅存在门洞和很少的城墙。南门，又叫大通门，是保存最为完好的城门。

凉山民族风情园： 凉山民族风情园位于西昌城南开发区健康路与海河交会处，风情园全面展示了凉山州民族文化的精髓。风情园有以支格阿尔雕塑为主题的入口广场，以彝族碉楼为主题的入口门楼等。

建昌古城

西昌历史文化缩影

凉山州西昌市中心胜利大桥西北侧

免费

全天

建昌古城位于西昌市境内，其文物分布多达2400余处，是西昌各民族人民500年历史的一个缩影。在建昌古城以东2千米外的姜坡顶上，还遗存着当地人所称的“月鲁城古堡”，古堡是元末明初的军事城堡，至今古堡上仍保存着战时的工事、石炮等遗迹、遗物。

邛海泸山风景区 AAAA

兼具高山湖泊湿地特色

✉ 西昌市海滨中路28号

✆ 0834–3950720

邛海是四川省境内最大的湖泊之一，是有名的天然渔场和水上运动场。湖四周群山环抱，绿树成荫，环境优美。湖水常年清澈，四季都适合游泳、泛舟、垂钓。泸山位于邛海之滨，海拔2317米，与邛海构成川西南一大景区，被誉为“川南胜境”，亦被誉为“蓬莱遗胜”。

玩家 解说

邛海边上酒店较多，无论农家乐还是高档的邛海宾馆，价格都不高。推荐观海湾的同福山庄，环境好、老板热情，走出房间就可以到山庄自己的观景平台，尤其是晚上，一边吹海风、看月亮，一边喝上几瓶啤酒，简直是人生一大乐事。

邛海

邛海宾馆：位于海滨中路115号，依山傍水，有总统套房、海景套房、海景单间、海景标间等300余间，床位近500个。宾馆还有大、小餐厅19个，可提供中西自助餐、海滩露天酒会、月光烧

烤晚会、凉山民族品牌“彝皇盛宴”等。电话：0834-3952096。

西昌邛海湾柏樾酒店：位于海南乡，坐邛海拥泸山，位置得天独厚。整个酒店模仿东南亚海边酒店风格，拥有着一股浓浓的东南亚风情，同时结合了沙滩、海水、湿地和清新的空气。酒店内部提供早餐，价格合理，味道还不错。电话：0834-8888899。

邛海公园

邛海公园位于邛海西岸中部，是邛海泸山山水景观的览轴中心。公园以自然景观塑造为主，同时兼有厚重人文历史沉淀的人文建筑，为西昌市的城市后花园。

玩家 解说

邛海是高原湖泊，以恬静著称。四季景色各有各的特色。春天，这里水天一色，一片浩瀚波光闪耀在苍山碧野之中，颇有“舟行碧波上，人在画中游”的意境，岸边柳眉桃腮，燕语呢喃。夏天湖流水盈盈，彩霞耀眼，山寺渔村，相映生辉。秋日天高气爽，落霞孤鹜，秋水天长，使人流连忘返。冬季这里天净水明，红枫翠柏，倒映湖面。

观鸟岛湿地公园

观鸟岛湿地公园位于泸山之麓、邛海之滨，在这里可以亲昵邛海旖旎，可与鱼儿形影相随，与鸟儿谈天说地。悠闲信步观海步道，海鸟闲游，彩舟笑语，鹤云蓝天，百舸扬帆……

月亮湾

月亮湾位于邛海北岸，因长年受河水冲积，形成酷似月亮的海湾；傍晚湖上明月，景色极为别致，故名月亮湾。月亮湾四周古木参天，环境幽雅恬静，游人能尽情感受回归自然的情趣，是休闲观光的理想场所。

泸山

泸山以其“半壁撑霄汉，宁城列画屏”的气势与邛海共享“川南胜境”的美誉。

泸山第一座古刹光福寺是泸山最大的建筑群，也是主庙，始建于贞观十五年（641年）。寺内有清乾隆二十三年（1758年）铸的铜钟一口，重达1吨多，还有古色古香的碑刻、香炉、铜铸佛像等，反映出了泸山古刹的千年兴衰。

顺着光福寺拾级而上，就到了泸山独特的景观——西昌地震碑林。地震碑林中的碑文详细地记载了西昌三次大地震发震的具体时间，根据地震碑出土地点的分布情况，还可以观察到三次地震的受灾范围，推测出地震的震中。

玩家 攻略

1.摄影：泸山各寺庙都建有望海楼，因地势不同而观景各异。在光福寺内的望海楼吟云阁凭栏远眺，海阔天空，渔舟点点，岸柳、村落历历在目，适合拍全景照。

2.泸峰春晓：在泸山峰顶的五祖庵极目四望，泸山各个庙宇因地就势，布置各异，各有千秋。群山叠翠，邛海如镜，渔舟点点，山光水色浑然一体，被誉为“泸峰春晓”，是西昌八景之一。

泸山森林迷雾

3.泸山有索道和滑道，乘上索道可以观看泸山的秀色，俯览邛海的美景。泸山滑道，全长1180米，高差100米，有单人车、双人车和母子车。整个滑道随山就势盘旋而下，心跳刺激有惊无险。索道单程20元，往返25元；滑道单程25元，往返30元。

西昌卫星发射中心

被誉为"中国休斯敦"

西昌市冕宁县境内

0834-3234100

100元

8：30～17：30（黄金周时期会适当延长时间，在有任务时期闭馆）

西昌旅游集散服务中心乘坐中巴到沙坝，可在沙坝包车到卫星基地

西昌卫星发射中心始建于1970年，位于西昌市西北约60千米处，1984年1月发射中国第一颗通信卫星，是亚洲规模最大、设备最先进、具有大功能发射航天器基地能力的新型卫星发射基地，西昌也因此被誉为"中国航天城"。

玩家攻略

参观人员凭票参观当日卫星发射实况，如因故延期发射，可凭本票再次参观，但须另交25元往返车费。

控制大厅

距发射城几千米以外的山湾里

指挥控制大厅集中了中国航天技术水平的各种先进仪器。大厅正前方是一面20余平方米的彩色电视屏幕，旁边还有许多状态显示板组成的长18米、宽6米的显示大屏。大厅内还分布着总指挥台，各种控制台、记录仪和显示器。

发射塔

西昌卫星发射中心目前拥有两个发射塔架，分别是3号工位、2号工位。3号工位：1978年年底竣工，1984年1月29日首发长征三号遥一火箭，2007年重建以满足发射"嫦娥一号"的需要，又称为新3号工位，目前主要用于发射长征三号甲火箭。2号工位：1990年投入使用，早期用于发射"长二捆"与长征三号甲火箭，目前主要用于发射长征三号乙或长征三号丙火箭。

西昌卫星发射中心

螺髻山 AAAA

第四纪古冰川天然博物馆

凉山州普格县

0834-4779326

90元（门票+摆渡车）

全天

从西昌汽车站乘坐巴士，经1个小时左右行程到达螺髻山脚下仙人洞景点，由此上山

螺髻山是位于西昌城南的一处胜境，主峰海拔4359米，因似少女头上青螺状发髻而得名。景区树木茂密，繁花似锦。螺髻山是我国已知山地中罕见的保持完整的第四纪古冰川天然博物馆，古冰川风貌尤为壮观。螺髻山历史上还曾是我国较早的佛家圣地，因四周碧水幽谷，烟云缥缈，被佛家称为仙境。

玩家 攻略

螺髻山周边地区，如西昌、德昌、普格、布拖、昭觉等县市，是我国最大的彝族聚居区，也是我国最晚结束奴隶制的一个地区。这里有着古朴独特的民族风情，如绚丽多姿的民族服饰，风趣的彝族婚礼，热闹非凡的火把节、达体舞、摔跤、赛马、斗羊；别具风味的彝族食品烤乳猪、砣砣肉、杆杆酒、苦荞馍、酸菜汤；还有建筑独特的彝族村寨等。

仙人洞

仙人洞是一处长达10千米以上、规模宏大的岩浆溶洞。洞中钟乳石千姿百态，各具特色，当地彝民称仙人洞为“神仙居住的地方”。仙人洞洞中有洞，洞下有河，河上有桥，飞瀑暗流，宛若置身仙境，给人无限遐想。

玩家 解说

站在洞口，首先映入眼帘的是两侧石壁上刻着的对联“洞穿日月千秋景，石展乾坤万古情”，横批是“深幽奇险”。进入洞口是一个不大的洞厅，一阵阵清爽的凉风迎面扑来。随厅拾级而下，慢慢地在这里漫步，真是让人大饱眼福：妙趣横生、奇形怪状、大小不一的一挂挂石钟乳倒悬壁顶错落排列；星星点点的石针如繁星密布；破土而出的石笋随处可见，石芽、石花、石幔、石蘑菇、石柱各展风采，争奇斗艳；点缀在它们上面的晶莹透亮、大大小小的水珠，在五颜六色的灯光装点下，更是风韵千般，简直就是一件件精美的艺术精品。

螺髻山彝寨

坐落在螺髻山脚下的螺髻山彝寨是凉山彝族自治州集中展现彝族民风民俗和传统建筑风格的寨子。独特的人文景观与雄奇峻险的自然景观，构成了一道亮丽的旅游风景线。

螺髻九十九里

螺髻九十九里是螺髻山的核心景区。百

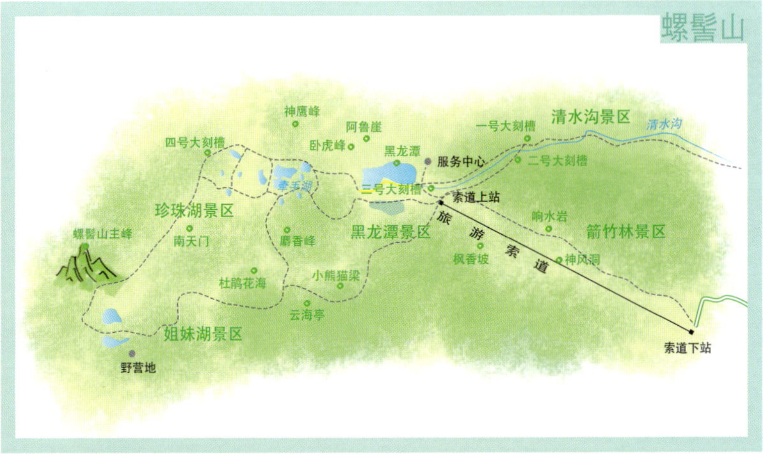

瀑谷林木葱郁，飞瀑流泉形态各异。九十九里温泉瀑布是难得的温泉浴场，其水温常年保持39℃左右，列入螺髻山五绝之一。

古冰川刻槽

螺髻山上的古冰川刻槽是迄今世界上发现的最大的古冰川刻槽，刻槽是由古冰川带夹坚硬的岩块，以强大的力量撞碾冰川底部的两侧岩石而形成的。

大槽河温泉瀑布

大槽河温泉瀑布位于普格县城西北部荞窝镇“螺髻·九十九里”4A级风景区内，为螺髻山五绝中的第五绝。大槽河的瀑布温泉，不仅是难得的温泉浴场，而且是天然的皮肤病“防治所”。

西昌土林
大型土雕艺术展览地

西昌市黄联关镇

西昌土林面积约200公顷。土林造型各异，结构独特。土林的地表原为黄土和砂岩的胶结层，来自螺髻山区的水流或急或缓汇集于安宁河中，河谷不断下沉，加上雨水的冲刷和经年累月的风化，便塑造出了这些独具魅力的柱体艺术品。

礼州古镇
古代南方丝绸之路的一大驿站

西昌市北部

礼州镇古称“苏祁县”，是西昌市稻麦黍薯及经济作物主要产区之一。礼州古镇是古代南方丝绸之路的一大驿站，也是红军长征走过的地方。现在的礼州古镇建于明代，城镇内外有七街八巷、四大城门、三处古城和新石器遗址，以及祖师庙、西禅寺、胡家大院等多处明清建筑。礼州古镇是西昌的北大门和各民族进行政治、经济、文化交流的重镇。

玩家解说

礼州古镇多为清代建筑，大多为砖木或土木结构。走进古镇，可以看到明亮的天井，高大的风火墙，弯曲的美人靠，精巧的吊脚楼，这是古镇独有的建筑特色。走进礼州民居小院，可以看见小青瓦覆盖的屋面，穿斗式的梁枋，镂空雕花的门窗，显得格外古朴高雅。

西昌土林

景点推荐 凉山西部旅游区

泸沽湖 AAAA

东方古老神秘的女儿国

凉山彝族自治州盐源县

0834-6390302

70元

全天

泸沽湖位于四川云南两省边界，湖水清澈蔚蓝，是云南海拔最高的湖泊，也是云南第二深的淡水湖。湖边的居民主要为摩梭人，也有部分纳西族和普米族同胞居住。湖中有5个全岛、3个半岛和1个海堤连岛，其形态各异，翠绿如玉。

玩家攻略

1. 泸沽湖周边修有环湖公路，如果要环游泸沽湖可以租用当地人的面包车，从里格村出发，环湖一周或观赏部分景点也可。

2. 游览湖中小岛可在落水村坐船，摩梭人独特的“猪槽船”极具特色，是将一根粗壮的圆木镂空，两头削尖而成，因其状如一只长长的猪槽而得名。

3. 环湖徒步是游览泸沽湖最好的方式。徒步能真正体验盐湖的风光和民俗风情，可以随

猪膘肉

时到摩挲人家里参观祖母屋，和老人们聊聊天，也可以跟当地人去采摘苹果、梨等。

4.猪膘肉是泸沽湖畔摩梭人家特有的一种佳肴，肉色、香、味俱佳，是待客、馈赠的佳品。酥理玛是摩梭人家用传统工艺酿造的美酒，到了美丽的泸沽湖畔，随便进入一间木楞房，好客的主人都会敬你一碗酥理玛。

5.泸沽湖边有很多住宿点，四川境内的泸沽湖镇上有不少宾馆，达祖村和五支洛村有很多客栈。云南境内的里格村、大洛水村和小洛水村是客栈集中区。

6.在泸沽湖附近的银饰店，可以买到精美的银饰品。如果想买摩梭服装、民族饰品等，可以到泸沽湖镇农贸市场购买。

玩家解说

进入泸沽湖可以选择从四川和云南两个方向，两边都设有门票站。从云南南边进入景区可途经大洛水村、摩挲尼俗博物馆、情人滩、里格半岛、里色情人树、格姆女神山索道、杨二车娜姆博物馆等景点。从四川进入泸沽湖由东向西依次有草海、走婚桥、王妃故居、喇叭庙、王妃岛、后龙山、女神湾、祭祀台、亮海等湖滨景点，并可遥望安娜俄岛、里务比岛。

链接

泸沽湖的传说

很久以前，泸沽湖曾是一片村庄。村里有个孤儿每天到山上放牧，一天他在一棵树下睡着了，梦见一条大鱼对他说："善良的孩子，以后你就割我身上的肉吃吧。"小孩醒来后，在一个山洞里发现一条大鱼，他就割下一块鱼肉烧着吃，香喷喷的。第二天，他发现昨天割过的地方又长满了肉。这事被村里一个贪心的人知道了，他要把大鱼占为己有，就找人用绳索拴住鱼，让九匹马和九头牛一齐使劲拉，鱼被拉出洞，洞里的洪水喷涌而出，顷刻间淹没了村庄。那时，一个摩梭女人正在喂猪，见洪水冲来，急中生智把两个孩子抱进猪槽，自己却葬身水底。两个孩子坐在槽里乘着水漂流，后来，他们成了这个地方的祖先。人们为了纪念那位伟大的母亲，就拿整段木头做成"猪槽船"，泸沽湖也因此被称为母亲湖。

泸沽湖

草海

草海位于泸沽湖东面，是罕见的"生物大观园"。草海内芦苇如墙，水路错综，红衣白裙的摩梭姑娘划着猪槽船出没其中，令人如痴如醉。

格姆女神山

格姆女神山海拔3754.7米，是泸沽湖四周最高的山峰。在摩梭神话传说中，此山是格姆女神的化身。泸沽湖形如半月，只有登临女神山才可窥见泸沽湖全景。转山节期间，摩梭人都要上女神山祭祀女神。

女神湾

位于后龙山西侧，是看泸沽湖日落最美的地方，这里有一片宁静美丽的湖湾。去女神湾有两条路可以走，一条是从中洼村的岔道一路驶向山下，然后上山到祭神台之后再下到女神湾。另一条是从洛洼半岛出发，沿着码头右边的上坡小路，一路走到博瓦湾，然后沿着山路翻越后龙山脊下到女神湾，这条路是看山水的最佳线路，也是摩梭人的转山古道。

黑喇嘛寺

建在草海旁的黑喇嘛寺，是藏传佛教最古老的"本波教派"（黑教）的宗教场所，也是泸沽湖唯一的黑教寺庙。寺庙按律举行的法事活动，成为摩梭人盛大的节日。

亮海

亮海是后龙山以西的水域，岸边就是达祖村。亮海的海面十分平静开阔，在这里可以看到蓝天、白云、树木的倒影。站在后龙山上，一边是亮海，一边是草海，四川境内的泸沽湖美景可尽收眼底。

木里大寺

藏传佛教格鲁派寺院

凉山州木里藏族自治县042县道

木里大寺曾经是康巴藏区规模最大的格鲁派喇嘛寺庙之一，在藏区具有特殊的地位。该寺由饶迥巴·桑登桑布仿拉萨哲蚌寺的格局奠基并主持修建，历时3年，占地8万余平方米，藏语全称“木里葛丹喜珠曲勒朗巴吉瓦林”。

木里大寺有前、后两座大殿，一座小殿及数百间僧房。大殿建筑堪称藏族建筑艺术的杰作。这里曾是名扬国内外的“木里喇嘛王国”的政治、宗教、文化中心，是康藏地区较大的格鲁派寺院之一。

玩家解说

木里大寺每年都有很多法会，十月份的燃灯节是木里大寺一年之中最盛大的一次法会。藏历十月二十五日，是纪念藏传佛教格鲁派的创始尊者，藏传佛学家宗喀巴大师（1357—1419）圆寂的法会。从藏历十月十六日至三十日期间举行15天的纪念活动。特别是二十五日这天夜晚，全寺各殿堂、僧舍内外、屋顶点燃无数盏酥油灯供佛，故称该纪念法会为“燃灯节”。

康坞大寺

木里三大寺之一

凉山州乔瓦镇Z020县道

康坞大寺地处高原牧区，海拔3060多米，是木里的第二大寺院，离县城30多千米。

寺院坐落在两条山溪水之间的山坡上，四周有茂密的原始森林，古木遮天蔽日。成群的牛羊，悠扬的牧歌，伴着朝钟暮鼓，古刹巍峨，宝相庄严，梵天香海，名山神境，把游人带到神话般的世界。

瓦尔寨大寺

瓦尔寨大寺

藏传佛教格鲁派寺院

凉山州木里藏族自治县216省道

瓦尔寨大寺建于1584年，是木里三大寺之一，也是最早传入木里境内的藏传佛教格鲁派的寺院。

在离瓦尔寨大寺约800米外有座十分幽静的小寺——多基日楚，是由第六世活佛昂翁降别德勒甲措主持修建的，寺院内繁花似锦，万紫千红，令人赏心悦目，心旷神怡。

寸冬海子

不染纤尘的方外净土

凉山州木里藏族自治县县城西北部海拔3404米的康坞山顶

海子呈南北走向，四面环山，山上森林茂密，绿草成茵，古木参天。山环绕着水、水倒映着山，形成了山中有水、水中有山的奇特景观。春夏秋冬四季，景色各异，各具特色。春季满目苍翠，一片生机盎然。

景点推荐 凉山东部旅游区

彝海景区 AAAA

休闲度假天堂

凉山州冕宁县

8: 30～18: 30

20元

彝海终年碧波粼粼，清澈如镜，四周青松苍翠，树木众多，芳草盖地，各种山花争芳斗艳，湖面有野鸭成群结队，景观生机盎然，十分协调。闻名于世的“彝海结盟”的历史事件就发生在这里，湖边有彝海结盟纪念馆、纪念碑，向人们展示中国工农红军长征的光辉历史篇章。

灵山

层峦叠嶂、神韵天成

凉山州冕宁县Z014

灵山背靠小相岭，傍依安宁河，主峰海拔4140米，屹立于灵山寺后。寺庙周围层峦叠嶂，云蒸雾锁，绿荫青翠欲滴，清泉石上飞流。登临山顶，北可望阳落雪山雪景，西可眺牦牛山雄姿及安宁河两岸的千顷沃野，往东还可见绵亘百里的大凉山千峰及星罗棋布的彝家山寨。

景区由“鹦哥山咀”到灵山寺院山门，为4.7千米的石级古道，沿途林荫蔽日，泉水潺潺，一步一景。虔诚香客肃静的神态，燃起袅袅香火，给灵山旅游景区更添了一份神秘。

链接

鹦哥山咀传说故事

灵山中有一个景区叫“鹦哥山咀”，这是一个美丽的传说：这里原有一只满身翠绿的鹦哥栖息在一棵大树上，只要看到香客进山，它就飞到寺中报信，寺内就做好迎客的准备。鹦哥老了便化成为这座山，路边一喙形巨石就是鹦哥的嘴。

会理古城 AAAA

素有“小春城”之美称

凉山州南部会理县

会理古城面积4500平方千米，人口40多万人，是座有2000多年历史的文化古城，现为省级文化名城。

钟鼓楼：位于城内十字大街，建于清雍正十二年（1734年），高22米。钟鼓楼雕梁画栋，朱柱挺拔，镂空雕花，做工精细，造型优美，十分壮观。瀛洲公园位于城内西街，原为明代邓指挥水牢所在地，清末，由几个省会馆辟为园林，1980年修复一新，新建驻鹤亭、金镜阁、藕香桥、玉华池等。

会理会议旧址：1935年5月，中国工农红军途经会理时，党中央就在现会理的仙人洞小岛召开了继遵义会议之后的第一次政治局扩大会议——会理会议。为纪念此次会议，中华人民共和国成立后修建了会理会议纪念碑，会理县城建有红军长征纪念馆。

大风顶自然保护区

主要保护对象为大熊猫

凉山州美姑县城

0834-8241356

美姑大风顶国家级自然保护区属森林生态系统类型自然保护区，主要保护对象为大熊猫等珍稀野生动植物及其栖息环境。保护区有珍稀动物大熊猫、牛羚、白鹤等30余种。珍稀植物有珙桐、银杏、连香树、红豆粉等10种。保护区还盛产天麻、贝母、牛膝等名贵药物。

大风顶云海

马湖景区

小凉山深处一颗璀璨的明珠

凉山州雷波县境内　0834-8821126

免费　全天

风景区距县城47千米，可乘坐巴士前往

马湖景区由马湖、金沙江峡谷、原始密林等部分组成，是小凉山深处一颗璀璨的明珠。马湖属高原大型天然深水湖泊，无任何污染。湖周沿岸由茶园和森林环绕，林木苍翠，湖光山色交相辉映。金沙江峡谷山体陡峭，江水湍急，绝壁高耸，极为险峻。区内为彝族聚居地。马湖景区内分布着大量原始森林，古树参天，藤蔓缠绕，地衣苔藓遍地，充满了原始古朴气息。

链接

金龟戏水的由来

马湖中有一座孤岛，岛上建有海龙寺。传说马湖原是一片沼泽，住着一只金色大龟，附近山洞里住着一条蓝蛇。一天，蓝蛇说："我可以请来东海龙王，把这里变为茫茫大海，我就成了海龙，周围变成鱼米之乡。"金龟不信，反以恶言顶撞，说："你若能成了海龙，我愿意驮着你遨游四海。"第二天，蓝蛇果然请来了龙王，绿水顷刻涌流，沼泽荒坡成了万亩龙湖，蓝蛇成了海龙，金龟化作龟形小岛。岛上建筑海龙寺，即为金龟驮海龙。

大渡河金口大峡谷

四川境内最壮观的大峡谷

整个峡谷地跨汉源县、甘洛县、乐山市金口河区

大渡河金口大峡谷全长约26千米。大渡河两岸山峦起伏。在峡谷上口左岸，有一个突出的崖台——苏古坪，在峡口形成一个天然的石门，使峡谷至此骤然收窄，远望峡口内的云雾与峭壁，更显得深邃莫测。在峡谷下口的大沙坝附近，大渡河的陡然转弯处，眺望峡口，高差达1000多米的悬崖与尖峭的山峰迎面耸立，似乎河谷中断、江流无路，令人森然。

更多本旅游区景点

甘洛土司衙门：位于甘洛县境内，共有三处，即阿日土司衙门、煖带密土司衙门、煖带田坝土司衙门。

小相岭：位于喜德县，属大雪山支脉，又名西山。其古冰川遗迹明显，山势险峻，岩石裸露，生态植被好，冰川湖泊星罗棋布。

博什瓦黑石刻岩画：位于昭觉县城西南部的碗厂乡团结村博什瓦黑的南坡上，与南诏腹地（云南大理）的南诏重要文物南诏德化碑、崇胜寺三塔、剑川石窟具有同等的历史地位。

龙肘山—仙人湖风景区：位于凉山州会理县益门镇，其山脉源于螺髻山，又名玉墟山。因山势蜿蜒，主峰顶如神龙昂首，两侧峰耸立似巨龙运肘而得名。

大渡河金口大峡谷

景点推荐 攀枝花旅游区

长江国际漂流基地

曾举办了万里长江第一源

攀枝花市西区格里坪金沙滩路

金沙滩国际长江漂流培训基地位于金沙江边，拥有美丽开阔的金沙滩，环境优美独特。这里曾成功举办了“万里长江第一漂”——金沙江漂流。金沙江漂流有着惊险刺激的特点，深受广大游客的喜爱。除此之外，基地还开设了其他体育休闲项目，如网球、游泳、飞镖、射箭、指弹球、射击、台球等。

玩家攻略

参加漂流前应尽量选择简单、易干的衣服，但不要太薄或色彩太淡，尤其是女士一旦掉到水里会很尴尬，另外携带一套干净的衣服，以备下船时更换，同时携带一双塑料拖鞋在船上穿。

鑫岛游乐城

以罕见的水幕电影著称

攀枝花市仁和区大河中路289号

鑫岛游乐城是攀枝花地区规模最大的具有现代化和时代特征的大型综合性娱乐中心，以罕见的水幕电影著称。这里设备齐全，环境优美，是旅游娱乐、休闲度假的好去处。

玩家 攻略

如果想好好地休闲，到鑫岛游乐城是你最佳的选择。这里有6万多平方米的钓鱼区；有1000多平方米的休闲广场，可以喝茶、打牌、下棋，也可以上吊床晒晒太阳，还有方便快捷的小吃；游乐城里面还有两个大草坪，可以散步聊天。鑫岛游乐城的餐饮独具特色，餐饮中心装修高雅，服务质量好。

格萨拉生态旅游区 AAAA

生态、文化旅游胜地

攀枝花市盐边县格萨拉乡

0812-8778127 ¥45元

7：30~17：30

格萨拉生态旅游区位于攀西大裂谷的西缘，境内植被多样、生物丰富，多峡谷、瀑布，主要自然景观为万亩杜鹃、原始森林、天然园林、大地盆景、天坑地漏、天堂石林、地下溶洞，融生态旅游、文化观光、猎奇探险、民俗大观为一体，加上彝族独特的民族文化风情，使旅游区成了独具特色的生态旅游、文化旅游胜境。资深地质学者盛赞格萨拉"可与九寨沟媲美"。

玩家 解说

彝族最为热闹的节日是农历6月24日盛大的火把节，人们往往要活动三天，烤山羊、吃坨坨肉、喝杆杆酒、赛马、荡秋千、跳锅庄舞，天黑后在田野里点燃火把飞奔，极富民族特色。

大黑山风景区

古木参天的大山

攀枝花市仁和区务本乡

大黑山风景区为省级风景名胜区，占地2200公顷，由乌拉天国、新村林海、石林、老鹰岩、溶洞和桃花园组成。大黑山气候宜人，四季常青，山上长满茂盛的森林，植物多样，是天然的"氧吧"。满山的箭竹和杜鹃

攀西大裂谷

花，给大黑山平添了几分魅力。山中龙洞一带有50多万株桃树，春天满山遍野的桃花灿若彩霞，恍若步入“桃源仙境”。

玩家 攻略

将车开到大黑山，没多久就会看到前面的丛林之中有几幢楼房和高耸的钢塔，这是攀枝花市电视差转台，如果游客想要晚上在这里过夜，不仅有舒适的客房，还能看到清晰的电视节目；如果敢大胆地爬上30米高的电视塔观景台，就可以好好观赏一下整个山峰的雄姿。在这条山脊上，还可饱览四大景观：早上观看日出；晚上看映衬着夕阳的彩霞；赶上天要下雨，可以观看一下变幻莫测的云海；到了夜晚，可看百里钢城的万家灯火。

苏铁自然保护区

目前我国唯一苏铁类植物保护区

攀枝花市西区，巴关河地区

苏铁即铁树，是著名的庭园观赏树种，具有较高的观赏价值。在攀枝花市西区巴关河西岸的丰家梁子一带，分布着一片十分珍贵的天然苏铁林，共10多万株的苏铁树，是世界迄今为止发现的纬度最高、面积最大、植株最多、分布最集中的原始苏铁林，名为“攀枝花苏铁”，与自贡恐龙、平武大熊猫一起被人们誉为“巴蜀三绝”。

苏铁

玩家 解说

苏铁保护区海拔2000米左右，苏铁也叫铁树，最早出现在距今约2.8亿年前的地球古生代二叠纪。现存的苏铁类植物，仅1科10属约110种，被誉为植物的“活化石”。

攀枝花苏铁被堪称世界一奇。因为铁树开花很不易，而攀枝花苏铁生长良好的雄株可年年开花，雌株也可两年开花一次。每年的3—6月，黄色的花蕾开放起来，单株就像是佛手捧珠，成林就像是彩色的地毯铺在了地上。

作为生长在2.7亿年前的原始裸子植物和世界性珍稀濒危残遗物种，攀枝花苏铁对研究我国横断山脉植物区系的发生和发展，研究古生物、古生态、古地质、古地理以及种子植物的起源和演化都具有十分重要的科学价值。

兰家火山

天然形成的火山

攀枝花市东区新华街一村48号

攀枝花兰家火山又名兰家火山，海拔1620米。攀枝花兰家火山楼底层是兰尖铁矿采场调度室，上层是接待室和环廊观景台。兰家火山室里面置有矿山沙盘模型、环廊是半椭圆形环绕接待室东北两方，离采矿场仅高数十米。

玩家 解说

攀枝花兰家火山形成来源是：由于矿床产于侵入震旦系统上大理岩中的海西期辉长岩体中，岩体长19米，宽5米，因为受断裂切割分为朱家包包、兰家火山、尖包包、倒马坎、公山、纳拉箐6个区段。其岩浆液体分异和结晶分异的韵律层发育，岩体层状构造清楚，露出了厚度。1984年12月，人们在这里建成了观景台。攀枝花兰家火山观景台是一楼一底的砖混结构，坐南朝北，背山临壑，东、西、北三方视野开阔，站在这里，可以远眺市区和群山。

红格风景区

以温泉和热带植物著称

攀枝花市盐边县红格镇，距攀枝花市区38千米

红格风景区以温泉闻名于国内外，红格温泉被人称为“川西名泉”。红格风景区拥有三大旅游特色：一是红格温泉疗养区，分为红格温泉疗养区、热带植物场游览区及少数民族民俗风情游览区3个景区；二是翠泉别墅疗养中心，能同时供100人疗养；三是热带植物场游览区，有杧果、荔枝、油茶、菠萝、柑橘等果树，林木苍郁，景色古朴自然。

玩家 攻略

夏季到来的时候，这里是泡温泉的好地方，在欣赏温泉的同时，还可以看看周围的美景。这里被绿树环绕着，周围的芭蕉树就像树林一样，每当紫金花盛开的时候，这里就呈现出一派南亚热带的风光，给人不一样的感受。

玩家 解说

在红格镇及附近地区，温泉泉眼多达10多个，有一处在不到100米的距离内，有一热一冷两个泉眼，热泉是优质的医疗矿泉，冷泉是通过有关部门鉴定的优质饮用矿泉，有人风趣地称它为“鸳鸯锅”。

回龙湾洞穴遗址

新旧石器时代过渡阶段的遗址

攀枝花市西区民政乡巴关河村 免费

回龙湾洞穴遗址位于攀枝花市西区民政乡，是旧石器时代晚期洞穴遗址，距今已有1.8万年的历史。遗址出土了大量细石器、砾石石器以及骨化石等，其中细石器具有北方草原文化的特征，砾石器具有典型南方旧石器晚期器物特征。回龙洞遗址出土的动物化石经鉴定有象、熊、豹、獐等20个动物种类，反映出攀枝花古今自然生态环境的变化。

二滩泄洪

二滩水电站 AAAA

国家大型重点能源建设项目

攀枝花市盐边县红果彝族乡盐择路

二滩水电站是雅砻江下游河段开发的第一个梯级电站，国家大型重点能源建设项目之一。电站水库正常水位1200米，总库容58亿立方米，属季调节水库。溢流式抛物线双曲拱坝高240米，现居亚洲第一，世界第三位。水电站年发电量170亿度。二滩水电站的建成标志着我国水电建设达到一个更高的水准。

二滩国家森林公园 AAAA

休闲养生旅游胜地

攀枝花市盐地县中环南路11号

二滩国家森林公园由亚洲第一大坝、展览中心、水库风景、欧方营地四部分组成，包括9个景区，区内森林覆盖率达50%以上。

这里环境幽静、气候宜人，湖光山色交相辉映，是休闲养生的旅游胜地。

红碧滩风景区森林茂密、四季分明、气候宜人，高达百米的红碧滩瀑布群如轻盈的薄纱悬挂高空，十分壮观。遍布山林的黑熊、猕猴、小熊猫、红腹锦鸡、黄麂、野猪等野生动物为景区增添了活力与野趣，日出、云海、落霞等天象奇观令人叹为观止。

玩家解说

二滩国家森林公园气候独特，年平均气温20℃左右，夏天时是避暑的好去处。景区内的美食有攀西茯苓、淡水虾、雅江鱼等。

颛顼龙洞景区 AAAA

不愧为大自然的鬼斧神工

攀枝花市米易县白马镇龙塘村

0812-8140888

颛顼龙洞景区集自然景观、人文历史和休闲为一体，以壮观的溶洞群为最大特色。被誉为地下宫殿的“龙洞”和“龙宫”内，随处可见钟乳石、石笋、石柱等大自然的鬼斧神工。另外，这里还有美丽的山水风光，你可以在山涧清流中恣意畅游，感受大自然的洗礼。

更多本旅游区景点

青龙洞：位于攀枝花市盐边县江西乡苍蒲村，主要景观有“莲花塘”“江中石林”“青龙戏水”“鸳鸯闹塘”。玉雕石柱也是千姿百态，有“定海神针”“龙头拐杖”等，其中“瑶池仙境”这座布满了钟乳石的宽阔大厅的景象更让人惊叹。

箐河风景区：位于攀枝花市盐边县，其两边山就像刀削一样。在悬崖峭壁之间，可以看见很多挺拔高大的古木。箐河的水清澈透明，河中时急时缓。走进峡谷，四面都是山。更有箐河瀑布从绝壁飞流直下，显得更加美妙。

二滩国家森林公园

攻略资讯

- 交通
- 住宿
- 美食
- 购物
- 娱乐

交通

飞机

●西昌青川机场

位于西昌市北郊，有民航航班往返于成都，交通便利。西昌机场距市区15千米。

●攀枝花保安营机场

位于攀枝花市区东南部，距离攀枝花市中心9.5千米。

火车

途经西昌、攀枝花境内的主要铁路线有成昆线，可到达北京、昆明、成都、攀枝花、隆昌等地。攀枝花市有攀枝花南站和攀枝花站在运营。

西昌市有西昌西站和西昌站两个火车站。

汽车

●凉山

凉山境内汽车站较为分散，部分汽车站分布在各个县城中。西昌市有两个汽车客运中心和西昌旅游集散服务中心在运营。

●攀枝花

京昆高速公路成都至攀枝花段已开通，攀枝花至武定已开通，武定至昆明高速已开通。攀枝花到昆明驾车3小时左右即可抵达。攀枝花拥有攀西地区最大的长途客运中心，有直达丽江、成都、昆明、南充、广元等大中城市的班车。

攀枝花

雅西高速

攀枝花市汽车站有：攀枝花客运中心、密地桥配载点、盐边客运站、攀枝花客运站。

住宿

凉山

凉山具有许多著名景点，旅游业相对较为发达。凉山住宿主要集中于西昌市区、火车站周边、著名旅游线路附近以及邛海、泸沽湖周边等。游客可根据自己的行程选择住宿地点以及宾馆规格。

●西昌邛海湾柏樾酒店

酒店坐邛海拥泸山，拥有阳光、沙滩、海水、湿地和清新的空气，将自然原生态与人文关怀融合在一起，提供了最为舒适、私密的居住环境，为您打造殿堂级的享受。

西昌市海滨大道南路邛海湾　0834-8888899

攀枝花

攀枝花市有各大高、中、低档酒店，游客可以根据自己的需求，选择自己所需，绝对会让您的旅途舒适无比。

●攀枝花尚品商务酒店

攀枝花尚品商务酒店毗邻市政府，附近

攀枝花风光

为中心广场、商业中心、步行街、公园、体育馆、电子市场，位置优越，交通便利，是旅游出行的不错选择。攀枝花市东区炳草岗大街文畅巷5号 0812-6601999 乘坐66路公交车至中心广场站，或乘坐63路公交车至攀枝花公园向西北步行200米

美食

凉山

砣砣肉是彝族著名的一道菜品。醉虾是西昌邛海特产，不用酒醉，味道颇像传统川菜中的怪味。彝家辣子鸡是凉山彝族传统风味菜肴，主料选用凉山本地鸡，口味辣香咸鲜。醉豆花选用优质黄豆磨制成嫩豆花，加醪糟、枸杞烹制而成，有浓郁的酒香味，是冬末初春的时令佳肴。农家坛子肉是凉山地区典型的农家风味，香味浓郁、肥而不腻。彝家腌肉采用彝家传统配方和工艺进行腌制，色泽美观，肥瘦相间，香味浓郁。

●砣砣肉

选用本地猪种，15千克左右，由于所选小猪终年散养在山上，活动自由，肌肉比较结实，其肉软糯喷香。砣砣肉不能煮软，一煮熟即起锅，拌上盐、海椒、花椒等作料食用。将木姜子拌在砣砣肉里，具有奇特的香味，既香又嫩又鲜。

●辣子汤鸡

把1千克左右重的仔鸡杀后，在冷水里

坨坨肉

浸泡一下，放入火里烧，待细毛烧尽了，拔毛去杂洗净。煮熟后用刀在鸡肉上拍打，连骨带肉剁成碎粒装入盆里，再倒入微温的开水，加盐、海椒面、花椒面、蒜泥，在盆里搅拌即成。特点是麻辣味、汤鲜、香味浓。

攀枝花

彝家辣子鸡

攀枝花美食丰富多样，有来自金沙江的火锅荤菜"黄拉丁"，有来自雅砻江的雅江鱼，还有来自安宁河畔具有人参功效的"爬沙虫"；另外，羊肉米线、鸡枞卷粉和箐河浑浆豆花更是攀枝花小吃中的名品，不可不尝。

在攀枝花品尝美味，必须去位于市区丙草岗的花城中街，当地人称为"好吃街"，这条街上不仅有攀枝花当地美味，还有全国各地的佳肴。东区天桥处的汪抄手，盐边国税局对面的羊肉米线，攀贸旁大排档的麻辣面，火车站进口处燕岗的鸳鸯炒，都是攀枝花美食的代表。

●圆根酸菜汤

酸菜用圆根或萝卜叶子煮熟后连汤盛入陶瓷坛子中发酵，数日后取出晾干后即成。在煮鸡、猪、牛、羊肉时，汤里加上酸

圆根酸菜汤

菜煮开片刻即可。特点是味道鲜美，有助消化。

●连渣菜

连渣菜是一道很有彝族特色的风味汤菜。将黄豆用石磨磨成浆，放菜叶点酸水制作而成。可吃原味，不放任何作料，也可用海椒面等作料做成蘸水，浇在连渣菜上吃。

连渣菜

●酸鱼、烤鱼干

酸鱼：将裂腹鱼剖开内脏，洗净，用湖水将盐、大蒜泥、花椒等调匀拌入鱼中，置于坛内密封数日后可食用。味极鲜，且开胃健脾。

烤鱼干：把鱼剖开，除内脏，洗净，撒上食盐及香料，挂烤房中，中间烧湿栎树柴；或放在火塘上，或放在铁锅内，微火烤干即成，味道香脆可口。

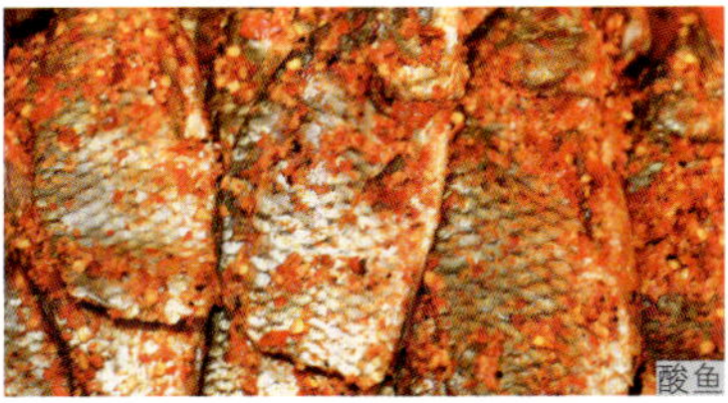
酸鱼

●苏里玛

泸沽湖人将青稞、大麦、小麦、荞麦、稗子、玉米等杂粮拌匀，用铁锅煮熟后烤干，待凉后加入谷草、黄芩等多种草药，装入竹制的发酵器"日卡"内，有酒味散发时，盛入坛内密封，10日左右启封，掺入"女水洞"流出的泉水，稍后用弯竹管吸出酒汁，盛于坛内，多日不变质，这就是"苏里玛"，其味清香，甜酸可口，似啤酒而胜于啤酒，含酒精度10度左右，含氨基酸等11种营养物质。

苏里玛

●咣当酒

泸沽湖人称咣当酒为"克日"或"安儿寄"，酒精度30度左右，清澈透明，是用制"苏里玛"的剩料加工而成的。

咣当酒

●猪膘肉

泸沽湖人把整猪骨头全部剔除，挖出内脏，填入食盐、花椒等作料，缝合后压成琵琶形，储存数年不腐烂。其肉味芳香，肥而不腻，胜于火腿。

猪膘肉

●会理饵块

饵块起源于云南，而会理人吃法已大大优于云南，有烧、煮、炒、烫多种做法，尤以鸡丝火腿余肉饵块最负盛名。此菜在会理华龙酒店可品尝。

火腿烤饵块

● **花花糖、花纹粑和呷尼**

泸沽湖人将籼米、云米、燕麦、黄豆、大米、酥麻等用铁锅炒后，分别与青稞、麦芽和玉米碎粒熬成的麦芽糖拌匀、加压，然后切成块状即成。用来下苏里玛，风味独特。

● **爬沙虫**

将爬沙虫先用沸水烫一下，使其体僵蛋白凝固，然后洗净，去头尾、直肠，剥皮，成纯净白嫩肉，或不剥皮（其皮可入药），拌豆粉、蛋浆，油炸即成，香酥可口。

● **箐河浑浆豆花**

盐边县的箐河浑浆豆花远近驰名。做法是将豆花压好后，取出剩水，然后在锅内煮时，再加上适量的原豆浆，煮开即可食用。这种豆浆，因不加石膏或盐卤，所以既无卤水味也无苦涩味，具有味醇、鲜嫩、色白且回甜的特点，配以当地特有的鲜辣调料，别有风味。

浑浆豆花

购物

凉山

到了凉山州，一定要看看漂亮的彝族漆器，其种类繁多，有各种生活家居用品，可以买来作为馈赠亲友的礼品。其他还有松茸、虫草、蕨莹、圆根酸菜、盐源苹果、建昌板鸭、彝族酒具餐具、火绘画艺术品等，都是当地的特产。

西昌旅游购物中心是西昌传统的农副土特产品交易中心，也是全州农副土特产品的集散地。购物中心作为旅游产品专卖市场，按县市划分为17个经营区，包括凉山州各县市的旅游工艺品、纪念品、旅游日用品。名优土特产品、保健药材、旅游食品在二楼，按县市为单位分区经营。另外，还可现场加工凉山民族特色的手工银器、铜器、酒具和首饰，以及具有收藏价值的工艺品、雕刻品等，游客可现场参观手工艺品制作的全过程。

● **野坝子土蜂蜜**

凉山本地土蜂（中华蜜蜂）采集凉山高原稀有的野生天然植物“野坝子”的花蜜，其花蜜单一，呈琥珀色，易结晶，质量纯净、芳香甘甜、营养丰富，具有独特的营养价值和保健价值。野坝子蜜是保健、养颜之佳品。《本草纲目》中记述该蜜是药引的首选蜜。由于酿蜜周期长、蜜源稀少，也被誉为

野坝子土蜂蜜

“蜜之珍品”。

攀枝花

攀枝花本地有很多特产，茯苓是攀枝花独特的特产，还有各种水果，是游人旅游购物的首选。

炳草岗商业街位于攀枝花市中心。商业街上有德铭阳光、东方巴黎、泰隆国际商城等各大商场，有攀枝花公司和美丽德攀枝花广场，还有许多娱乐场所和饭店宾馆。

●彝族漆器

彝族漆器品种齐全，花色多样，工艺精美，构图奇特，高贵典雅，色泽柔和，光可鉴人，既可把玩欣赏，又具有贴近生活的使用功能。作为礼品、生活用品、旅游纪念品均不可多得。

●金江锦橙

锦橙果呈椭圆形，形似鹅蛋，本地人称鹅蛋柑。攀枝花的锦橙不仅具有皮薄、质优、汁多、果肉细嫩、芳香等特点，还有独特的微酸风味。

●茯苓

攀枝花地区的茯苓是“云苓”中的上品。它生长在高大挺拔、树脂丰富的云南松根下，肉厚，组织细密，色白。

娱乐

●西昌国际彝族火把节

火把节是彝族人民一年一度最隆重、最欢乐的节日。火把节在凉山彝族地区历史悠久，因地区不同而内容各异。凉山彝族火把节的活动绚丽多彩，反映出浓郁的民族和地方特色。在节日里，人们从方圆几十里甚至上百里的地方赶来，云集在一片绿茸茸的草坪上举行斗牛、赛马、斗鸡、斗羊、赛歌、选美、摔跤、达体舞比赛等庆祝活动，晚上还会进行火把游行活动和篝火晚会。

凉山彝族自治州西昌市

农历六月二十四日

●凉山彝族新年

凉山彝族新年是彝族民间最为重要的传统节日，也是家人团聚、走亲访友的时机，一般是每年的11月中旬，具体时间由当地通晓天文历法而德高望重的德古推算决定。彝族年节一般为三天。第一天是“库什”，各家各户杀鸡、杀猪；第二天孩童们到郊外野炊，进行彝语叫“窝系拉古格”的祝平安活动，尽情游玩。第三天清晨家家户户都起来送祖灵，彝语称为“阿普格只”。然后走亲访友，直到此后五六天，彝家的年节才算过完。

凉山州

11月中旬

●攀枝花国际石榴节

攀西石榴节于每年9月举办，活动方式和目的是旅游搭台、文体联姻、经贸唱戏、促销石榴，开发旅游和招商引资项目，弘扬民族民间文化。游客可以通过观光石榴基地、参加石榴拍卖活动和观赏民族歌舞，体验水果丰收的喜悦，感受独特的民族文化风情。

攀枝花市仁和区

每年9月

彝族火把节

发现者旅行指南

甘孜

概览

亮点

新都桥

风光极好的塞外小镇，沿线10千米的路线被称为“摄影家的走廊”和“谋杀菲林的胜地”。

塔公草原

塔公草原辽阔，是距离康定城区最近的草原，也是康定最知名的草原。草原上的塔公寺，是当地藏民的朝圣地。

贡嘎山

甘孜州的胜景所在，素以冰川美色闻名于世。其中，以海螺沟最为美丽，主以“峡谷冰川”，辅以“叠海、雪山、藏情”。

丹巴藏寨

丹巴的藏寨，融碉楼和寨房为一体。远远看去，藏寨充满灵气的山谷中若隐若现。

新都桥村落

理塘寺

康巴第一大格鲁派寺院，寺院高低错落的建筑，独具风格的壁画，都极具魅力。

亚丁

亚丁，被人们称为“最后的香格里拉”。稻城被三怙主神山守护着，被冲古寺等保佑着，更被牛奶海、五色海等海子温润着。

线路

川西小环线七日游

第一天：前往汶川县游览卧龙自然保护区，夜宿卧龙镇。

第二天：从卧龙镇出发到小金县，欣赏四姑娘山景区风光，晚上住宿于小金县城。

第三天：出发前往丹巴县城，游览梭坡碉楼、甲居藏寨、丹巴美人谷。

第四天：清晨从丹巴县城出发后途经八美、塔公，终到新都桥镇。一路上可以游览赏玩八美藏寨、塔公草原和塔公寺，晚上住在新都桥。

第五天：从新都桥镇前往康定游览木格措景区，可夜宿康定城区。

康定情歌风景区

第六天：从康定城区出发前往磨西镇。上午游览海螺沟，下午可继续游览磨西古镇。

第七天：清晨从磨西镇出发前往雅安市区，然后去游览碧峰峡，游览完毕后从碧峰峡出发前往上里古镇游览。

为何去

甘孜位于四川省西部，地处中国最高一级阶梯向第二级阶梯云贵高原和四川盆地过渡地带，属横断山系北段川西高山高原区，青藏高原的一部分，也因《康定情歌》而被誉为情歌的故乡。

康定塔公寺

圣洁的雪山，广袤的草原，蜿蜒的河流，还有神秘的宗教文化和独特的民族风情，这就是甘孜州的魅力。

何时去

甘孜州位于川西北的高山高原区，冬季漫长而且寒冷，夏季多雨雾等灾害天气。因此到甘孜州旅游应当选择在春秋两季。

折多山日出

甘孜州的春天山花烂漫，风光宜人，适合朝气蓬勃、喜爱大自然的人士出行；秋天则色彩缤纷，风景迷人，适合摄影爱好者出行。

如果喜欢雪域高原美景，可以在11—12月间出行，需要多做安全保护措施；1—2月间不建议出行，因为此时甘孜州内很多地方都会因大雪而封山，出行极为不便。

稻城亚丁

区域解读

区号：0836
面积：15 300km²
人口：110.3万人
主要少数民族：藏族

地理 GEOGRAPHY

区划

甘孜州下辖1市（康定市）、17县（泸定县、丹巴县、炉霍县、九龙县、甘孜县、雅江县、新龙县、道孚县、白玉县、理塘县、德格县、乡城县、石渠县、稻城县、色达县、巴塘县、得荣县）。

地形

甘孜州地居川西高原西部，青藏高原东南缘，属横断山系北段高山高原区，是青藏高原的一部分。甘孜州西北高，东南低，中部突起，地面平均海拔3500米。有高原、山地、峡谷三种地形。山川呈南北纵列式排列，沙鲁里山、大雪山等主要山脉海拔在4000米以上，最高峰为东部的贡嘎山，海拔达7556米。

海子山姊妹湖

气候

甘孜州属高原型季风气候，气温偏低、冬季漫长、降水稀少，日照充足。由于境内高差明显，甘孜州的气候复杂多样，地域差异明显。秋季最宜旅游。

甘孜州的气候特点是干燥、缺氧、气压低。因此，应随身带一些鼻腔外用软膏和润喉片可缓解干燥带来的鼻喉部不适。

"蜀山之王"贡嘎山

雪山向来是探险家、科学家心中的圣地。贡嘎雪峰在近年来成为他们的新宠。这座横断山系的第一高峰被誉为"蜀山之王"，以其神奇莫测的姿态赢得了无数艳羡和探询的目光。在藏语中，"贡"为雪，"嘎"为白，贡嘎山即是洁白无瑕的雪峰。贡嘎雪峰也是"宝峰"，这里是我国地理、生物、冰川等科考基地。贡嘎山主峰高7556米，和川西平原有7000多米的高差，傲视群雄，遗世独立。在这儿，你能领略莽莽的原始森林，亦能看见冰川下的美丽草场；再加上温泉飞瀑和钙华海子，一切都宛如人间仙境。贡嘎山地区是现代冰川较完整的地区，由于冰川运动，造就了举世罕见的冰川奇观。

贡嘎山区内有海螺沟冰川、燕子沟冰

塔公草原

川、磨子沟冰川、贡巴冰川、巴旺冰川五条大型冰川，其中海螺沟冰川海拔仅2850米，其冰瀑布高1080米，宽1100米，堪称我国最大的冰瀑布。白雪皑皑的雪山，在阳光的照射下发出万丈光芒，或在茫茫云雾中忽隐忽现。从南坡大渡河河谷至主峰顶的巨大高差，则造就了生物、气候分布的多样性和垂直变化，形成了带谱完整、层次鲜明、世界罕有的生态景观。

历史 HISTORY

历史大事记

●先秦时期

在旧石器时代，这里的原始人类已使用打制石器和磨制石器，从事狩猎和采集活动。

陶器得以发明和推广，人们逐步从狩猎和采集天然食物进步到从事农业和畜牧业，氏族公社日益走向繁荣。

春秋战国时期，北方羌人部落迁移到这里，与在这块土地上的原始先民相互融合。

●唐宋元明清

唐代，介于中央政权和吐蕃之间的部落，有许多内附中央，因此设羁縻州。汉藏人民通过“茶马互市”友好往来，始终未断，一直延续到元明清。

元初统一了全国，在州内推行土司制，分封当地首领担任官职，受命于朝廷。

明代沿用元制，进一步促进“茶马互市”的发展。当时的打箭炉成为藏汉各族人民互市的场所。

明末，青海蒙古和硕特部首领固始汗征服州内各部，中央政权无暇过问。

清康熙三十九年（1700年），出兵打箭炉（康定），清朝势力始达雅砻江以东地区。

康熙四十年（1701年）以后，打箭炉成为边茶总集散地。川藏茶道上的炉霍、甘孜、理塘、巴塘等城镇商贾日益增加。

雍正五年（1727年），清军大败和硕特部，统治范围扩大到整个康定地区。从清初到嘉庆150年间，共分封土司122员，各土司由清廷兵部发给印信号纸（土百户只发号纸）。康北德格宣慰司、康东明正宣慰司、康南理

贡嘎山

塘宣抚司和巴塘宣抚司，几乎控制了全区，称为四大土司。

光绪三十二年（1906年）七月开始，赵尔丰强力实行“改土归流”政策，将土司概行废除，设置道、府、州、厅、县政权组织，由清王朝派遣流官直接进行统治。

●近现代

1927年，刘文辉接管西康特别行政区，自此境内属刘文辉的防区。

1935年到1936年间，中国工农红军长征途经甘孜州，建立博巴政府、格勒得沙政府、苏维埃政府和农民协会，为日后的和平解放奠定了基础。

1935年5月25日，红军夺取了泸定桥，中央红军主力随后从泸定桥上越过天险，粉碎了蒋介石歼灭红军于大渡河以南的企图。之后，红一方面军和二、四方面军胜利会师。

1939年，西康建省，省会康定。

1949年12月9日，刘文辉通电起义，宣布西康和平解放。

1950年3月24日，解放军第二十六军一八六师胜利进驻康定城。

1950年11月24日，西康省藏族自治区人民政府在康定正式成立，这是中华人民共和国成立后成立的第一个地区级民族区域自治政权，后改为州。甘孜州成为新中国最早实行民族自治的一个州。

丹巴梨花丛间的藏寨

文化 CULTURE

康巴文化

藏区有典：法域“卫藏”，马域“安多”，人域“康巴”。按方言，藏区分为卫藏、康巴、安多三块。康巴的汉子豪放粗犷、热情奔放，康巴的女子恩怨分明，妩媚之致，人域康巴，是藏区最别样的地界。

康巴文化最显著的特点就是多样性。自古以来，康巴人较早地接受了来自青海、甘肃等地的黄河文化，来自四川、重庆的巴蜀文化、长江文化和来自云南白族、彝族、纳西族、傈僳族等多民族文化中的精华部分，并将其融入了自有文化之中，形成了独特的康巴文化。由于多民族、多语言、多种宗教文化，康巴地区的文化特色也呈现丰富多彩的形态。汉、藏、彝等10多个民族在此地聚居；木雅语、道孚语、扎巴语等珍稀语种也可以在这儿找到；藏传佛教、伊斯兰教、天主教汇集一堂，再加上格鲁、萨迦、宁玛、噶举、苯波五大藏传佛教教派互通往来，你就能明白什么叫真正的求同存异，兼容并包。一山一文，一沟一寺，一坝一节，语言、服饰、宗教、民俗、民居建筑、民间文化，不同的文化内容在康巴交织，这儿绝对是文化的宝库。

氆氇羊皮，丝绸镶边，康巴人喜着裙袍。男子腰刀在身，盘结于顶；女子饰物遍身，九眼石、玛瑙、翡翠、红珊瑚制作的项链、头饰，绿松石、蜜蜡石和纯银制作的各类饰物，大多是家传之物。每逢喜庆和节日，人们围成圆圈，脚踏舞步，挥臂高歌，弹起热巴铃鼓，跳起热巴弦子，表演热巴杂技，吟唱英雄史诗，为客人献上洁白的哈达，那是多么圣洁热情的享受。

康巴地区的绘画雕刻艺术也很卓越。唐卡绘画艺术中，以昌都“嘎学噶志”画派最为著名；边坝、察雅、贡觉的泥塑艺术最具功力；芒康、江达的石刻令人叹服；江达县

康定跑马山情歌坪

波罗古泽木刻经版闻名全藏，是名副其实的“木刻之乡”。这些精美的民间艺术品，都是藏族文化艺术中的珍品，也是康巴文化特殊的表现形式。

“宇宙情歌”《康定情歌》

“跑马溜溜的山上，一朵溜溜的云哟，端端溜溜的照在，康定溜溜的城哟……”一曲康定情歌传唱南北，大部分人都是在歌声中第一次认识康定，知道甘孜。

《康定情歌》是20世纪30年代诞生于四川康定的一首民歌，经考据，《康定情歌》的作者是四川宣汉的李依若。20世纪40年代，李依若与一个同姓李的同学相爱，李依若与女友结伴到康定跑马山玩耍时，根据湘西“溜溜调”编了一首《跑马歌》，献给女友，以示求爱。虽然最后婚事未成，但《跑马歌》却留下了。

20世纪40年代中期，就读于重庆青木关国立音乐学校的福建学生吴文季在从军的康定人中收集到此歌，然后将此歌转交给他的老师伍正谦，后又经作曲系江定仙老师配乐伴奏，《康定情歌》便基本定型了。江定仙将此歌推荐给了当时走红的歌唱家喻宜萱，喻宜萱从南京唱到了大西北，从国内唱到了国外，使《康定情歌》传遍了世界。

如今，《康定情歌》已成了康定市的名片，甚至成为我国第一首飞向太空的歌曲，被人们誉为“宇宙情歌”。现在，夏季康定市的跑马山，还会举办康定情歌节，届时热闹非凡。

东方的荷马史诗《格萨尔王传》

《格萨尔王传》长达60万行，是世界最长的史诗。作为世界上唯一的活史诗，《格萨尔王传》代表着古代藏族文化的最高成就。到现在，仍有演唱艺人在说唱这部史诗。格萨尔王的丰功伟绩，依旧在世间传唱。

《格萨尔王传》讲述了天神之子推巴噶瓦发愿到藏区，做黑头发藏人的君王——格萨尔王。史诗中的格萨尔王是一个神、龙、念（藏族原始宗教里的一种厉神）三者合一的半人半神的英雄。他一生戎马，惩恶扬善，是一位旷世英雄。格萨尔王从诞生之日起，就开始为民除害。在降伏了人间妖魔之后，格萨尔王功德圆满，与母亲郭姆、王妃森姜珠牡等一同返回天界。史诗不仅包含了藏族文化的全部原始内核，也为后世提供了宝贵的原始社会的丰富资料，被誉为“东方的荷马史诗”。

历史上确有格萨尔王其人。格萨尔王生

于1038年，殁于1119年。他自幼家贫，母子泊外，相依为命。16岁赛马选王并登位，遂进驻岭国都城森周达泽宗，并娶珠姆为妻。格萨尔王一生南征北战，除暴安良，统一了大小150多个部落，岭葱国领土始归一统。格萨尔王去世后，岭葱家族将都城森周达泽宗改为家庙；其显威逸事和赫赫功绩不断昭示后人。岭葱土司翁青曲加于1790年在今阿须的熊坝协苏雅给康多修建了“格萨尔王庙”。

甘孜州德格县为格萨尔王传说最集中的地区，几乎每个地方都有格萨尔英雄典故传说。目前，甘孜州有很多以格萨尔及30员大将的各种活动而命名的纪念点，如格萨尔王纪念堂等。

甘孜藏戏

甘孜素有“歌舞之乡”的美誉，甘孜人“能说话就会唱歌，能走路就会跳舞”。

在2011年中国西部国际博览会上，一曲激昂豪迈的《康巴汉子》将华丽绝伦的藏族舞蹈，神秘缥缈的面具藏戏带给了观众，甘孜藏戏让人印象深刻。

藏戏是藏族人民以歌舞形式表现文学内容及现实生活的一种综合表演形式，它是在藏族宗教仪式和酬神醮鬼、民间歌舞、说唱表演等不同艺术土壤上形成的。目前，藏戏可以分为羌姆、阿姐拉姆、协、夏卓等。羌姆是寺庙跳神，协又叫“弦子”，夏卓即“踢踏舞”，阿姐拉姆就是甘孜藏戏。

甘孜藏戏的剧本由“顿”“雄”和“扎西”三个部分组成。“顿”是未入正戏前的开场白，是演出的序幕，内容一般都是向神佛祈祷，向观众祝福，有时还介绍一下正戏的内容。接下来是正戏“雄”，根据戏的不同而有不同内容和情节，长的场面多有唱几天的。而“扎西”则是演戏结束的祝福。有时，甘孜藏戏结束祝福后，会把舞形变成纳布嘎钦，即阴阳图形，也表示演出结束。

甘孜藏戏用甘孜口语演唱，采用广场或舞台演出方式，除序幕舞和动物舞外，甘孜藏戏的表演艺术家只装饰不戴面具。演奏时用鼓、钹、长号、唢呐等乐器伴奏，击鼓是舞蹈中最为重要的节拍指示；演员演唱，后场合声帮腔；除《顿月顿珠》《智梅耿登》《卓瓦桑姆》八大藏戏剧目外，还有《松赞干布》《格萨尔王》等独特剧目。

藏戏面具

景点推荐

丹巴旅游区

甲居藏寨 AAAA

传承了嘉绒藏族的建筑风格

丹巴县章谷镇东郊5千米的聂嘎乡甲居一村

从县城乘坐出租车可到山脚路口

50元

甲居藏寨是丹巴最具特色的旅游景区。整个山寨依着起伏的山势迤逦连绵，在相对高差近千米的山坡上，一幢幢藏式楼房散落在绿树丛中，或星罗棋布，或稠密集中，或位于高山悬崖上，炊烟袅袅，烟云缭绕，与充满灵气的山谷、清澈溪流、皑皑雪峰一起，展现出一幅田园牧歌式的画卷，俨然一部大型艺术品。

玩家 攻略

1.景区内有一些开放式的藏式寨楼，提供食宿。

2.入口处可请导游，了解真正的丹巴历史、风俗民情和独特的藏族文化。

玩家 解说

甲居藏寨的木质构架部分都是红色，而二层以上的墙体都被刷成白色。每年春节前夕，居民都会按照传统习俗，用白色染料涂满整座寨楼的墙面。

甲居藏寨的魅力，是藏寨与自然混合的缘故使然。无论春夏秋冬哪一个季节，甲居都是美丽的。春天的藏寨被融进了鲜花的海洋中，夏天又藏在层层翻滚的林海碧浪中，金秋是多色的丰收美景，到了冬天才显露大部分身形，与蓝天青山共舞。

梭坡碉楼

蒙古族的历史缩影

丹巴县东南梭坡乡

丹巴是我国古碉楼最集中、数量最多的

丹巴碉楼

地方，有着“千碉之国”的美称。遍布于境内的石碉楼是这里民族历史发展的见证，也是中国古代杰出的极为珍贵的建筑文化艺术遗存。

“梭坡”藏语意为“蒙古族”。因古时曾经有大批蒙古人在此放牧而得名。梭坡是整个丹巴，乃至全世界范围内古碉楼最集中的地方，共有84座之多，其中包括世界上唯一的五角碉楼，其价值不言而喻。

玩家 攻略

交通：可从县城租车到梭坡乡旁下车，然后步行至梭坡乡，总共需要半小时。

住宿：梭坡乡有民居提供住宿；返回丹巴县城住宿也比较方便，还可以一线游玩其他景点，县城内的住宿也比较实惠。

党岭风景区

有众多古生物化石

丹巴县边耳乡党岭村，距县城60多千米

可在丹巴县城乘坐班车先到边耳乡，再包车前往，需3小时左右

党岭景区是纯粹的原始森林景区，莽莽苍苍、层层叠叠。它集雪山、草甸、群海、丛林、温泉于一身，景区内有十多处海子，一个连着一个，以“葫芦海”和“卓雍措”最为漂亮。景区的温泉共有两处，温泉水对神经痛、胃肠病、糖尿病、关节炎等有疗效。

玩家 攻略

党岭景区内有一个小村——党岭村，这座村庄的人们还保留着走婚的习俗。

党岭景区内最易进入且最具观赏价值的一个湖泊是葫芦海，目前尚未修通公路，前往游览只能骑马或徒步。

玩家 解说

党岭景区最美的旅游时间是秋季。每年的这个时候，漫山遍野的山林呈现出如水墨画般的色彩，交融在一起让人享受万分。甚至呼吸都能感受到秋天的味道。景区内有一处陡峭的山坡，这里满是天然的红桦林。秋季的时候，满山都是红艳艳的。如果恰好有雪景，那真是一大乐事。

党岭风景区还处于开发中，要看真正与世隔绝的世外桃源，还是及早去为好。

丹巴美人谷

丹巴美女天下闻名

丹巴县巴底乡邛山村

丹巴县城有多趟小巴前往巴底乡

丹巴美人谷位于丹巴县境内墨尔多山下的邛山村。邛山村分一村、二村、三村。美人谷非常漂亮，是电视剧《西游记》中女儿国的取景地。整个山谷由无数漂亮的藏寨相连在一起，这儿的河流、山谷滋养了那些不施粉黛、不用华丽的衣饰也依旧美得动人的丹巴女子。

玩家 攻略

丹巴县的住宿点很多，位于县城西北郊外的青年旅馆，很便宜，旺季50元/床，淡季20元/床，缺点是距离县城很远；位于县城中心的丹巴公寓是一个不错的选择，平日20元/床，旺季80元/床。

玩家 解说

丹巴出美女，据说始自汉代的东女国时期。史书中曾有记载，在西夏王朝灭亡的时候，曾有大批的皇亲国戚从宁夏逃到边远地带的丹巴。也正因此，丹巴美女不仅美丽动人，而且天生带着贵族的神秘气息。

每年到了收获的季节，丹巴的各村各寨都会组织盛大的选美和祭祀活动。随着2005年《中国国家地理》主办的“中国选美”名录诞生，丹巴成为中国最美的六大村乡古镇之首，立刻引起大批游客关注。

墨尔多山

藏区四大神山之一

丹巴县巴旺乡　丹巴县城到巴旺乡有小面包车，价格合适

墨尔多神山风景素以神奇著称，主峰北面有天然形成的喜马拉雅、冈底斯、阿尼玛卿等藏区8大神山的缩影造型，以及一有动

党岭风光

静就会风起云涌的高山海湖，这在科学上仍得不到合理解释；主峰东面有数十座造型逼真的天然石碉群；西面是神奇的神仙洞和自生塔。据说山上共有108个圣景，千余处景点，适合游客寻幽探秘。

玩家 攻略

远观墨尔多神山的最好位置在中路乡。可在此选家酒店居住。

从墨尔多顶峰观赏风景，北面能看到喜马拉雅、冈底斯、阿尼玛卿等藏区8大神山的缩影造型；东面能看到数十座造型逼真的天然石碉群；西面能观赏到神奇的神仙洞和自生塔。

链接

墨尔多山传说

墨尔多山也叫格尔隆山。传说山下有一位勇敢的藏族青年，叫墨尔多。他曾经率兵远征，为吐蕃王朝打退了巴尔布的入侵。当他凯旋的时候，人们为了纪念他，就将山名改为墨尔多山，并在山脚下为他塑像设立庙宇。

从此以后，墨尔多山成了苯教的大自在神山，墨尔多将军成了嘉绒地区的守护神。农历七月初十是墨尔多将军诞辰日。藏民在这一天都会前往墨尔多庙，参拜墨尔多将军，转墨尔多神山。这一习俗沿袭到今天也就成了嘉绒地区一年一度的“墨尔多将军会”。

莫洛村

有神秘的女国文化

丹巴县东南梭坡乡莫洛村

莫洛村三面环山，西邻大渡河，是典型的高山峡谷地貌。这里古时是东女国，国王是个丹巴美女，至今这里也一直延续着古老而神秘的女国文化。村内相当完整地保留了嘉绒藏民的传统习俗和文化。

玩家 解说

古时候的东女国，国王与官吏皆女子，国内的男人不能从政，仅任征战与种田之役。因女子少而贵，且位高权重，故为多夫制，女王的侍男众多。

“顶毪衫”是当地走婚习俗，即一到晚上，几个男子相约，头顶一件毪衫(披风)遮脸，到女子聚集的碉房对歌求爱，直唱到三更半夜。女子们唱累了，倒睡在锅庄旁。这时，男子进屋找到自己心仪的女子，若是女子也心仪该男子，就会允许男子躺在自己身边谈情说爱。情到浓时，男子则可带走女子到女子屋内过夜，行夫妻之实，天亮男子必须回自己母亲家。

墨尔多山

景点推荐 贡嘎山周边景点

海螺沟 AAAAA

晶莹剔透的海洋冰川

甘孜州东南部贡嘎山东坡

成都新南门汽车站有班车直达海螺沟，票价为116元

90元，观光车往返70元，索道往返135元

0836-3268893

位于贡嘎山东坡的海螺沟，一直以沟内发育的低海拔现代冰川著称于世。周围有海拔6000米以上的卫士峰45座，峰上千年积雪不化。海螺沟内还发育着一条贡嘎山中最大的冰川，也是亚洲位置最东、海拔最低的冰川。

玩家 攻略

前往贡嘎山海螺沟景区，既可以选择住在磨西镇，也可以选择住在景区内。磨西镇上有许多宾馆和温泉疗养中心。景区内的住宿主要集中在达干烟沟口的一号宿营地、热水沟瀑布附近的二号宿营地和距离冰川观景台约2千米的三号宿营地。其中，二号宿营地周围的景点更多，多以森林和温泉为主。

贡嘎山主峰东南侧是海拔5600米以上的大雪山脉分水岭，在低海拔区域，可供登山爱好者攀登。登山最好的时间是每年5—6月的旱季和雨季交替期。但登顶难度极大，一般不适于业余人员尝试。

玩家 解说

贡嘎山上的冰川有三怪。

不冷：冰川之上气候暖和，夏秋季节，甚至可以穿着薄衫光脚踏在冰川上。

冰崩：大冰瀑布常年都会发生规模不等的冰崩。一次崩塌量可达数百万立方米，场面十分壮观。崩塌的声音可以传至一两千米之外。

构造无奇不有：冰川表面天然形成的构造实在太多，令人意想不到，如冰桌、冰椅、冰面湖、冰窟窿、冰蘑菇、冰川城门洞等。

链接

海螺沟的名称由来

海螺沟的名称由来与藏香巴噶居派的唐东杰布法王有渊源。当年法王要前往雪山支西坡修寺建塔，夜宿海螺沟一个冰川巨石岩穴下。他早晚在这里念经，面向贡嘎神山跪拜。当他吹起了随身携带的法螺，就引来了林中的禽鸟动物，围绕着他诵经讲佛。等法王离开后，石穴顶部长出棵棵树木。

后来有一天，法王给弟子托梦，说自己在海螺沟住过的岩穴巨石，已被贡嘎山神册封为“海螺灵石”。那条他跋涉过的深谷也被称作“海螺沟”。

一号营地

一号营地距磨西镇15千米，山清水秀、鸟语花香，棕榈和翠竹点缀于汉彝村寨间，一幅幅清幽淡雅的亚热带山村田园风光。过了一号营地便进入海螺沟的核心区。沿着环状山路徐徐向前，可以清楚地感受到身旁植物景观的无穷变幻，令人目不暇接。

二号营地

从一号营地前行7千米，便到了热水沟畔的二号营地温泉疗养中心。二号营地有一处温泉眼，远远望去，烟雾蒙蒙，甚为壮观，此泉就是海螺沟内名气最大的热水沟沸泉。

沐浴在海螺沟温泉里，身体宛如天上漂浮的暖云，能深切感受到来自海螺沟冰川地底的热力。

海螺沟冰川

海螺沟冰川又称一号冰川，是我国迄今发现的最高大、最壮观的冰川瀑布；冰川舌伸入原始森林达6千米，形成冰川与森林共存的奇绝景观。

海螺沟冰川活动性非常强，在冰川的运动中，形成了千姿百态的景观，尤其是大冰瀑布，由无数巨大而光芒四射的冰块组成，仿佛是从蓝天直泻而下的一道银河，终日冰崩不断。

三号营地

离开二号营地，经海螺沟内唯一的古冰碛湖——水海子便到了海拔2940米的三号营地，这里是观赏“日照金山”的理想位置。“日照金山”是海螺沟五大奇景之一，每当天气晴朗，朝霞照射于贡嘎山南侧的三连峰、金银山、无名峰等海拔6300米以上的白雪皑皑的雪峰上时，银白色的雪峰霎时披上了一层耀眼夺目的金黄。

玩家攻略

自三号营地可以前往观景台，索道可以直达大冰瀑布的顶部；也可以步行前往。走一条羊肠小道，需时1小时，沿途是典型的原始森林景观；当然，还可以乘坐四川特有的滑竿，往返80元左右。

泉华滩

观看贡嘎山的绝佳位置

贡嘎山西坡的康定市贡嘎山镇玉龙西村

泉华滩海拔约4000米，属于高山河谷草甸地貌。东南面是贡嘎山，在泉华滩观看具有“蜀山之王”之称的贡嘎山是绝佳的位置。泉华滩因一种含有大量化学物质的泉水在地表产生化学沉淀而成，依山而下形成8个泉华阶地。每个阶地上有十几个大小不同、形态各异的五色彩池，彩池里水草相依，石花点点，疑为瑶池降临人间。

贡嘎寺

徒步穿越贡嘎的背包客的必经之路

贡嘎山主峰下

贡嘎寺分老贡嘎寺和新贡嘎寺，位于四川贡嘎山主峰下的这一座，被称作老贡嘎寺。新贡嘎寺距离这里约有一天半的骑马路程。如今，老贡嘎寺已成为徒步穿越贡嘎雪山的背包客的必经之路，提供简陋的几间屋子给背包客们借宿。

贡嘎雪山日出

老贡嘎寺占地面积不大，约1300多平方米。寺庙内就像一座四合院。正殿即祖师殿，是僧人平日念经场所。正殿后面是经堂，经堂是寺庙的主殿，也是每年夏季法会扎巴们集中诵经的场所。寺庙的左面是一座简陋的观音殿，殿中央供奉着一尊高约5米的彩衣千手千眼观音菩萨，观音菩萨周围由两层转经筒围绕，朝圣的人们都要来这里磕头转经。

巴望海

秀美绮丽，蜿蜒幽静，婀娜飘逸

贡嘎山腹地

巴望海终年云遮雾罩，轻烟袅袅。四周雪峰耸立，林草润泽，杳无人烟。巴望海身姿狭长，秀美绮丽，婀娜飘逸，静无声息地斜躺在群山环绕的青葱峡谷中。朝阳被层层叠叠的云雾所笼罩，柔顺的湖水具有丰富色

贡嘎山西南坡徒步三日游

第一天：玉龙西——上子梅村

从康定或者新都桥抵达玉龙西，玉龙西到子梅垭口的路程中是从草坝到高山，植被逐渐荒芜。如果想欣赏胜景“日照金山”可扎营于垭口，观赏雪山之后应借宿于上子梅村。

第二天：上子梅村——子梅村

从上子梅村出发，过溪桥再走过“之”字形陡坡进入山的另一侧，大约1小时后可看到白塔和贡嘎寺。如果想看日出可在这里留宿，记得自备食物。不留宿可以到河谷对岸的石堆近距离欣赏贡嘎山，之后返回子梅村住宿。时间尚早的话可以去子梅垭口观赏贡嘎山日落。

第三天：上子梅村——界碑石

从上子梅村出发前往界碑石，风景秀美，可以欣赏到峡谷森林和水流湖泊。尽量走左边靠山的老路，视角更好。田湾河水坝终点即为界碑石。

彩：湛蓝、深绿、青褐、微黄、苍翠……仿佛一面色彩斑斓的巨幅油画镶嵌在天地之间。

莲花湖

贡嘎山周边最漂亮的湖泊之一

康定市西南的普沙绒乡

莲花湖因湖中长有莲花而得名，又名合海子，属高山淡水湖泊。整个景区的面积有30多万平方米。莲花湖四周是群山，苍松翠柏满眼碧绿。春夏季节是莲花湖的最佳旅游时期，那时各种花草开满山坡，山间森林也有虫草、雪莲花、贝母等名贵中草药，风中也有飞舞的经幡，共同构筑了一张和谐美丽的画卷。

磨西古镇

中西文化的交融

泸定县磨西镇海螺沟入口处

磨西古镇是川西通道上的繁华古镇，也是海螺沟冰川通往康定的必经之处。其历史悠久，镇上保留有较为完整的古街区，多为清末民初的建筑。镇上还有一座法国传教士修建的哥特式教堂，吸引了众多游客。

玩家 解说

1917年的法国神父带着《圣经》来到磨西。三年后他建造了天主教堂，东西合璧的建筑风格，能看到中国亭阁和哥特式门窗的结合痕迹。

1935年5月27日，毛泽东曾住在该教堂右侧二楼房间里召开了红军长征途中的“磨西会议”，做出了强渡大渡河、飞夺泸定桥的历史决定。现在辟有毛泽东故居，可供参观。

磨西古镇

燕子沟

海螺沟的姊妹沟

位于泸定县磨西镇海螺沟西北10余千米的地方

燕子沟内的景色原始自然，特有的红石沟和奇沟内的石头千奇百怪，大面积的彩叶林带更是秋天的宠儿。燕子沟也是一条著名的国际登山旅游路线，攀登贡嘎山的运动员大多在这里设立大本营。

玩家 攻略

燕子沟气泡酒店的设计源自法国，采用环保TPU可再生材料制成，没有污染，不会对游客造成伤害。白天住在气泡酒店中，能一边享受气泡酒店带来的浪漫与温馨，一边“足不出户”就能观赏到燕子沟最具特色的景观——冰川群与绵延40千米的红石谷；晚上和最爱的人躺在柔软的床上，能一起观赏高原上灿烂的夜空，一起数星星。

伍须海

被誉为“仙女梳妆的明镜”

九龙县汤古镇　50元

伍须海景区位于九龙县北部，既有原始森林和宽阔的草甸，也有川流不息的小溪，还有那被誉为“仙女梳妆的明境”——伍须海。

伍须海

幽静、神奇的伍须海，像曼妙的少女，浓妆淡抹总相宜。当晨雾初散、晨曦初照时，海子湛蓝清澈、光亮无瑕；中午时分，微风轻拂，海中荡起涟漪，像千万颗宝石在闪闪发光；夕阳西下，晚霞融入海中，五彩缤纷、耀眼夺目。

日鲁库大草原

传统的伍须海还包括日鲁库大草原，这是一片水草丰盛的天然牧场。这里四面

环山，像一个椭圆形木盆，一年365日繁花似锦，是地地道道的花的海洋。在牧场边缘，丛林、溪流、湿地构成一个幽静的世界，步入其间，就像走进了一个奇丽而沉寂的世外仙境。

玩家 攻略

1.过燕子沟景区大门后有5千米左右距离到伍须海，从那里徒步大概4小时翻过两个山头可到日鲁库。路线反过来走的话就可以不用买伍须海的门票了。

2.九龙的彝族传统工艺美术颇具特色，有漆绘、刺绣、银饰、雕刻、绘画等，可以在县城买些礼物带回去。

十二仙女峰

十二仙女峰峰峦秀丽，山上春、秋、冬三季均积雪，煞是壮观。北面的扎西普让大雪山则是终年积雪。南北湖畔是繁花绿野，北面的草原还弯弯曲曲流淌着从雪山消融的水源。东西湖畔至半山，垂直分布着高山苔藓、杜鹃丛、冷杉林、落叶松等植物，许多珍稀动物出没其间。

玩家 攻略

1.拍摄湖面景色时，由于水面平静如镜，可

伍须海

注重拍摄水中倒影，表现出湖面的宁静。也可在平静的水面投入一块石子，激起层层涟漪；或有一叶扁舟划动，可以增加画面的动感，形式比较活跃。

2.湖面周围有天生桥、牛鼻洞、瀑布、巨大的冰川漂砾石等诸多大自然奇观，可以停留下来多拍一些好片子。

猎塔湖

充满水怪之谜的神秘之地

✉ 康定市215省道

猎塔湖景区内繁衍着大量的野生动植物，是集原始森林、高山湖泊、高原草甸于一身的景区。

猎塔湖位于灰瓦山南面，当地人称之为“黑海子”。按照经书里的解释，瓦灰山是座神山，猎塔湖是个灵湖。

玩家 解说

猎塔湖有看点，传说里面还生长着一种不为人知的水怪，曾吸引了大量游客到此探险。奇特的情形有如下几点：

第一，春秋季，冰封的猎塔湖上居然出现多个不规则的窟窿。

第二，所有亲临湖畔的人，都能听到冰面下传来“咚咚”的撞击声，非常奇怪。

第三，岸边的冰水下，可以清晰地看到牦牛的尸骨，且不完整。

第四，看似不大的湖面上，多处产生大面积的发光现象，还会呈顺时针方向运动。

当然，猎塔湖的谜底至今未曾揭开，人们依然等着秘密被发现的那一天。

景点推荐 川藏南线旅游带

泸定桥 AAAA 文

当年红军飞夺泸定桥

泸定县泸桥镇泸定桥广场西100米

0836-3128266

15元 8: 00~18: 00

从成都、雅安、康定方向每天都有很多去往泸定的班车，另外成都方向去康定的班车都在泸定停留。泸定桥因为就在穿城而过的川藏线上，步行前往即可。若是乘车路过泸定，在经过泸定县城时连车也不用下，只需朝大渡河方向望就能看到桥

泸定桥位于中国四川省西部的大渡河上。1935年，中国工农红军在长征途中“飞夺泸定桥”，使之成为中国共产党重要的历史纪念地。泸定桥两岸的桥头古堡为木结构古建筑，为中国独有。“红军飞夺泸定桥纪念碑”及公园设计新颖，把纪念意义、地方风情、艺术博览、旅游观光融为一体。

玩家解说

300多年前，大渡河上并没有泸定桥。藏汉两族要交换物资，只能通过渡船或者溜索。两岸常因交通不便货物堆积如山，就连军队也难以快速通行。

1705年，康熙下令在河上建桥。

1706年，大桥建成。康熙亲笔手书“泸定桥”三个大字，并立御碑于桥头，泸县也因此得名。

大桥的修筑颇费周章，荥经、汉源、天全等县的能工巧匠全云集于此，探讨建桥的方法。最后他们参照索渡的原理：系粗竹索于两岸，每根竹索上穿有10多个短竹筒，再把铁链系在竹筒上，从对岸拉动原已拴好在竹筒上的绳索，巧妙地把竹筒连带铁链拉到了对岸。

跑马山

因一曲《康定情歌》而闻名天下

康定市炉城镇东南郊

注：景区正在升级改造

“跑马溜溜的山上，一朵溜溜的云哟……”这首脍炙人口、流传多年的金曲《康定情歌》中的跑马山，就位于甘孜州康定市。跑马山和山下的人有着不解之缘，处处都有浪漫美景。其中五色海在阳光的折射下，会产生五种不同颜色，乍一看还以为自已误入仙境。

玩家 攻略

1.跑马山并不是全程通公路，步行上山需2小时。

2.每年农历四月初八，跑马山都会举行盛大的转山会，纪念佛祖释迦牟尼的诞辰（浴佛）日。

3.奶油糕是康定的特色小吃，与别处的藏家做法大不一样。据说味道醇美，是康定人送礼的首选。

玩家 解说

跑马山的赛马活动，其根源可追溯至明朝。明正土司于农历五月十三日在跑马山的山腰处祭拜山神。他还邀请了远近的赛马高手举行赛马会。从清代至民国，赛马会年年在登托山坪举行。久之，康定人就叫这地方为跑马山了。

跑马山

玩家 解说

为纪念佛祖释迦牟尼的诞辰（浴佛）日，当地群众每年农历四月初八都要在这里举行隆重盛大的纪念活动，称“四月八”转山会，并进行赛马活动。

南无寺

康区著名的寺庙之一

康定市炉城镇东南郊

南无寺位于康定城南面，是著名的格鲁派寺庙。它与邻近的金刚寺一并被誉为“双寺云林”，是康定古十景之一。

寺院是一座木石结构的四合院。大殿格局为三楼一底，殿内有传统的藏式彩绘。殿阁为重檐歇山式，两侧为偏殿。每年四月八日，寺内举办转山会活动，热闹非常。该寺信徒众多，每年都有大批外国友人前来观光游览礼佛。

玩家 解说

11世纪（南宋年间），跑马山上建有一座白教寺庙——娜姆寺。相传是波季多吉受空行母指点而建，距今已有1000多年的历史。明朝末年，娜姆寺毁于战火。1646年，选址在娜姆寺的对面重修寺庙，同时按照五世达赖的指示，改噶举派为格鲁派。1677年，寺庙建成。五世达赖罗让嘉措赠送宗喀巴大师和大威金刚、吉祥天母等佛像画。乾隆皇帝御书赐匾“南无寺”。南无寺自此定名。

自南无寺建寺之日起，近300年的时间内，南无寺造就了多位著名僧人，3名堪布和14名格西。其中最有影响力的是清饶汪秋，他曾被选为西藏法王，被聘为十二世喇嘛的经师，后又被选为藏王。

金刚寺

红教庙宇

康定市炉城镇，南无寺旁边

金刚寺位于南无寺旁，属红椒寺庙，相传建于15世纪后期。

大殿是藏汉合璧式设计。殿内正上方供奉三尊大佛，东西方供奉伽蓝十八罗汉。殿内的卧佛最为珍贵，堪称稀世之佛，是一座自缅甸进口的汉白玉释迦牟尼。寺内还有一口深1200米的古井，泉水清香，鉴定为唐代古井。

金刚寺的规模略小于南无寺，但名声一直在外。每年藏历五月初十的“泽久”跳神活动，观者潮涌。该活动是为了纪念莲花生大师，有跳神者头戴骷髅，身着绘有肋骨纹路的白色上衣，跳起面具舞蹈。

安觉寺

藏式四合院建筑

康定市炉城镇，折多河畔将军桥头

安觉寺属格鲁派，是一座木质结构的四合院藏式建筑。庙顶特别，用鎏金装饰，宝光四射，因此也叫金瓦殿。

玩家 解说

安觉寺的庙址，据说是由五世达赖亲自选定，并为庙址开过光。1654年的藏历十月二十五日，庙宇落成。当时为求四方敬重寺庙，故赠名“安雀”。

1932年，庙宇遭受火劫，大殿被毁。次年，降巴格西集资重建。1937年，国民政府考试院院长戴传贤书“安觉寺”三大字，用金贴成后，竖于正殿院长鎏金屋檐下。其后，寺庙和匾额毁于“文革”时期，此后匾额被再次粉刷一新。

安觉寺的香火历来旺盛，香客们对安觉寺也是无比虔诚。农历十月二十五日的元根会，安觉寺最为热闹。整个寺庙内外、屋外墙角皆挂满元根灯，居民也手提元根灯前来瞻仰佛事。这也是安觉寺每年必办的大型佛事活动。

金刚寺

新都桥秋色

二道桥温泉
四川有名的温泉

康定市二道桥乡

市区有专线公交车前往。乘坐出租车约10~15元

二道桥温泉，位于康定北郊的雅拉河畔。这座新修的藏式庭院建筑，有琉璃瓦屋，有刻花门窗，有亭阁围廊。其中温泉含硫量较高，池水清澈见底，水温在40℃左右，部分泉水涌出如同沸水，是旅游者消除疲劳、防止皮肤病的最佳去处。

玩家 攻略

康定城区设有专线公路，可达二道桥温泉。

二道桥温泉室内小间的票价从15元、25元到35元不等，室外泳池35元。

二道桥宾馆标间240元（含温泉），套房560元（含温泉），双人间120元。

玩家 解说

二道桥温泉之水，源于周公山麓。

早先这里是天然浴池，清乾隆年间的打箭炉同知符兆熊，为了方便浴者休息，特别盖了一所简单的浴室；其后又在池旁的观音阁修了望江楼。民国初年，望江楼下又修建了一座双层排水的通天桥，雕梁彩绘，也很漂亮。因自康定北门出城，经过的第二座桥是通天桥，这才有了俗名“二道桥”。轮到民国期间，刘文辉主政西康时为二道桥兴修瓦屋，创旅店茶馆，题名“与点楼”。1950年之后，陆续扩建至今。

新都桥
摄影家的天堂

康定市新都桥镇

从康定发往西部各县的班车大都经过新都桥

新都桥是一座海拔约3300米的塞外小镇，北通甘孜、南接理塘，是从西藏通往康定的必经之路。小镇布满了漂亮的藏式民居，风光奇美，被誉为“摄影家的乐园”。

新都桥的民居很有特点，石料建造。每家都有很宽敞的白墙院子和朱漆大门，每座楼房的每面墙上都开着三四扇窗户，采光相当好。

玩家 攻略

自康定至新都桥80千米长的路段，路面大部分是碎石铺就，其间可以远眺蜀山之王贡嘎山。远眺贡嘎山的山头不高，但爬山要缓行。山坡附近农家多有狼狗或藏獒，不要轻易擅闯民居。新都桥至理塘的路况也较差。

新都桥海拔较高，气候多变，初上高原的游客可能会有程度不同的高原反应。

新都桥的秋季最美，一天中最好的光线出现在早上或者黄昏。村头的山坡能将整个河谷尽收眼底。

玩家 解说

新都桥很美，这是“光与影的世界”，沿线10余千米被称为“摄影家走廊”。自从新都桥的照片大量发布，照片上特有的金黄色，散漫的牛羊，都展现了新都桥的田园之美。无垠的草原，弯弯的小溪，起伏的山峦，给新都桥添上了一种饱和的颜色。

塔公草原

有浓郁的藏乡风情

康定市塔公乡北侧

康定到塔公每日有多班小客车来往，最好是从康定出发坐始发班车

塔公草原海拔3730米，位于康定城西北部。草原面积712.37平方千米，地势起伏和缓，草原广袤，有大量的牛羊放牧于此。

该景区主要有塔公寺、塔公寺塔林、雅拉雪山等景点。塔公寺有“小大昭寺”之称，是康巴地区藏民朝圣地之一。雅拉雪山又叫雅拉神山，是藏区四大神山之一。

玩家 解说

塔公，藏语的意思是菩萨喜欢的地方。这里每到春天都会有大量的藏族牧民聚居，常能看到大批的牛羊，闻到扑鼻的奶香，听到悠长婉转的草原歌声。

每年的塔公草原都会举办一两次赛马节。那是草原上最热闹的时候，所有的牧民都会身着盛装，赶往塔公。

据说641年文成公主进藏时途经塔公草原，看到此处风光清灵秀美，便决定在此修建一座寺庙。

塔公寺

塔公寺是藏传佛教萨迦派（花教）的著名寺庙之一，有“小大昭寺”之称。寺庙建筑宏伟壮观，结构奇特。在寺庙左面的一块空地上有一片塔林，塔林气势宏大，庄严肃穆，蔚为壮观，和寺内正殿供奉着花教创始人薛迦班智达的塑像以及寺后的经幡组成了巨大的三角形。

玩家 攻略

1.活动：每年藏历6月中下旬，寺庙都会举行盛大的佛事和跳神活动，届时四面八方的信众们都会赶来参加这一盛典，十分热闹。

2.转经：寺庙内有两处转经廊，一处是围绕塔殿一周的小转经廊，另一处是围绕整修寺庙（包括塔林在内）的大转经廊，据说沿顺时针方向转转经会带来好运。

3.距离塔公寺600多米处有一座塔公佛学院，学院内有400余人在此修行，运气好的话，可看到喇嘛诵经和藏传佛教特有的辩经会。

塔公草原

木雅金塔

木雅金塔又名木雅尊胜塔，是多吉扎西活佛为纪念十世班禅大师于此灌顶布法而修建的佛塔。这个位置被雅拉神山、夏古冬青山、文殊山、观音山等8座神山环绕，据说建造时用了100千克的黄金。

雅拉雪山

雅拉雪山是康巴地区有名的大雪山之一，同时它又是著名藏族史诗《格萨尔王传》里记载的藏区四大神山之一。雅拉雪山从草原拔地而起，巍峨壮观，终年银装披挂，群云缭绕，与广袤的绿色草原和金碧辉煌的塔公寺交相辉映，展示了一幅秀丽的高原风光。

玩家 攻略

1.赛马会：草原上每年都要举办一两次传统的赛马会，届时牧民们身着节日盛装，从四面八方汇集塔公草原，欢度传统的节日盛会。另外，游客可以骑马漫游草原，价格为每人每天100元。

2.耍坝子：每年7月中旬到8月初，在塔公草原会举办"耍坝子"活动，牧民们会在草原上扎起帐篷城，举办民间歌舞、藏戏等活动。

3.登山：每年的5月至6月初是进山的好时机，其间河水虽涨，但不太严重；7月至9月山顶气温稍高，好天气持续时间较长，是登顶的好时节。

木格措 AAAA

川西北最大的高山湖泊之一

✉ 康定市雅拉乡王母村

☎ 0836-2828218

¥ 旺季105元，淡季75元，景区观光车票90元

🚌 平时没有公交车或中巴从康定到木格措，需要包车前往。康定有不少租车处，到木格措26千米，半个多小时就能到达

木格措风景区又名康定情歌风景区，坐落于贡嘎山脉中段，附近高原湖泊、原始森林、温泉、雪峰、奇山异石及长达8千米的千瀑峡，构成了秀丽多彩的景观。木格措在汉语中叫野人海，是川西北最大的高山湖泊

之一。

玩家 攻略

12月底至翌年2月，木格措湖面结冻，期间可以欣赏湖面冰冻；夏季昼夜温差较大，午间热，要注意防寒；10月下旬后下雪，可观赏雪景，但积雪持续时间短，游客应按季节和气候特征备足必要的衣物；七色海、木格措海景点可提供游乐帐篷、游船等服务。木格措宾馆可提供食宿、娱乐、购物，还可为骑马游塔公风景区提供导游、租马和其他后勤服务。

七色海

七色海是一处湖水与温泉交融的高原湖泊，湖面呈月牙形，周围森林草甸环绕，清雅幽静，湖水清澈透明，随阳光天气变化湖水色调呈七色变化，如梦似幻。

木格措

木格措景区

杜鹃峡

杜鹃峡东连七色海，西接野人海，长8千米，是景区的一条绚丽腰带。杜鹃峡将温泉、湖泊、草坪、奇峰异石和激流飞瀑紧系在一起，峡谷内呈现出浓郁的原始自然风光。行走其间，令人心旷神怡。

药池沸泉

药池沸泉距七色海3千米，最高水温高达90℃，水质含有多种对人体有益的微量元素，不同泉眼分别对治疗眼疾、胃病、风湿等有不同疗效。

玩家解说

药池沸泉其实有四绝。

一绝，是其中的一眼泉水水温高达90℃，可以直接泡茶，被当地人称为健胃泉。

二绝，是健胃泉的水可以煮鸡蛋。只需将鸡蛋放入健胃泉中的小池，10分钟后捞起。此时蛋黄已经熟透，但是蛋清却并未凝固，呈豆花状，这就是著名的温泉豆花蛋。吃法有讲究，破一小洞，先喝蛋清，再去壳吃蛋黄。

三绝，是健胃泉旁的明目泉，据传可以治疗眼疾，特别是迎风流泪、红眼、沙眼等症状。泉水水位恒定，既不溢出泉眼，也不消于泉底，好像取之不尽、用之不竭。

四绝，是明目泉旁地下涌出的一池温泉，水温50℃。游客大多在此浴脚，能治脚气、脚臭。

野人海

野人海即木格措，是木格措景区的主角，四周被群山、森林、草原环抱，红海、黑海、白海等几十个小海子围绕着它，犹如众星捧月。木格措出海口左侧有犀牛峰，在月光下会发出银色的寒光；右侧是“卧虎观月”的景观，如一只卧虎仰望苍穹。野人海波光粼粼，湖光倒影千变万化，令人眼花缭乱。

金色沙滩

木格措左侧的金色沙滩被誉为“爱情滩”，沙滩沙质细软，呈金黄色，属自然形成。爱情滩总长110余米，宽80余米，面积达8800平方米。在阳光的照耀下，远远望去，爱情滩犹如神仙在人间撒下的一片黄金。

郭岗顶

木雅人最后的生存地

📍 雅江县西俄洛乡政府驻地对面山顶平台上

🚌 成都新南门车站每天早上有发往雅江的班车，行程约12小时

¥ 30元

郭岗顶风景区是一个以草原牧场风光为主的景区。郭岗顶海拔很低，整座山上被黄色桦木叶和绿色原始杉林包围着，每年7月中旬各色野花构筑成一道灿烂的风景。

山上还有1个高山湖泊——日月湖，以及郭岗顶古庙遗迹等景点。

玩家攻略

自雅江县城有小面包车可以到达西俄洛；或可在杰珠村下车，走13千米的乡间公路到西俄洛乡。

措普沟 AAAA

康巴第一圣湖

📍 巴塘县城北部措拉区境内

🚌 客车：可从成都或康定乘坐前往巴塘的班车，在巴塘之前的措拉镇下车；也可以到巴塘后再转搭每天早上开往措拉镇的班车。从措拉镇往措普湖及措普寺有40多千米。包车：也可以从理塘或巴塘直接包车前往，由于路况极差，价格稍高一些

¥ 100元（门票），90元（观光车）

措普沟风景区位于巴塘县。景区内有地坑温泉群，有碧绿如萤的海子山，有浩瀚的章德大草原和雄壮的扎金甲博神山，还有最美的措普湖。

□ 措普寺

措普寺系藏传佛教"宁玛派"寺院。该寺气势恢宏，庄重古朴，是典型的藏式建筑。在此可以领略到寺庙舞蹈的独特和神秘。

玩家 解说

每年11月至来年5月，这所寺院都会专程派人定点撒盐巴和食物，用以帮助原始森林中的藏马鸡与盘羊。这些动物受惠次数很多，已不怕身着红色袈裟的人，甚至有些大胆的动物敢进入寺院觅食。

措普沟沟谷的牧民，在藏区相当出名。其出名的缘故来自牧民精湛的马术技艺。每年藏历六月，一年一度的赛马节会在措普湖畔的草原上举行。除参加赛马活动外，人们还要穿戴一新，参加由措普寺主持的祭山祭湖活动。

热坑温泉群

沿着巴曲河顺流而上，从措拉进入措普沟8千米处，阵阵热气扑面而来，这就是四川省地热资源第一的措普沟热坑地热泉。热坑泉水水温高，富含矿物质，对皮肤病、风湿病等有特殊疗效，是远近闻名的“药泉”。

玩家 解说

热坑温泉中最独特、最壮观的莫过于远近闻名的三口间歇泉，其中最小的一口每隔10多分钟就喷发一次，中间的一口每隔两三个小时喷发一次。间歇泉每天只喷发一次，喷发时，水柱高达四五米，蒸气直冲云霄，在阳光的照射下，形成绚丽的彩虹，无比壮观，喷出的水温高达100℃以上，是整个青藏高原上最热的温泉。

章德草原

在扎金甲博雪山的环拥下，章德大草原像一幅碧绿的画卷；牛羊在草地上悠然自得地漫步，牧民的帐篷升起袅袅炊烟，青藏高原独有的高海拔草甸和灿烂的鲜花，映衬着湛蓝的天空；草原上一望无际，姹紫嫣红，绿色的地毯上点缀着各色娇艳的花朵，组成一片七彩的世界。

措普湖

措普湖四面环山，紧靠峭壁嶙峋、山体裸露、山形奇特无比的扎金甲博神山，周围被茂密的原始森林和翠绿草坡环抱。湖区景色秀丽妩媚，湖边的森林里有很多珍禽异兽栖息，湖里成群的鱼儿自由穿梭，犹如世外桃源。

玩家 攻略

1.喊鱼：措普湖边“喊鱼”是这里的一大奇观，当人们在湖边发出“呜呜”的叫声时，成群结队的高原裸鲤和细鳞花鱼就会蜂拥而来，游到岸边，等待人们“施舍”食物，成千上万条鱼在碧水中争食。当把手放入水中时，还会有许多鱼来“亲吻”你的手，发出啪啪的声音，景象特别壮观。

2.摄影：湖中有美丽的天鹅和黑颈鹤休憩，如果看到的话可要好好把这个景象留下来了。但拍照的时候最好不要惊动它们。

3.活动：一年一度的措拉区赛马会每年藏历六月在措普湖畔的草原上举行。节日期间，除举行全区4个乡的赛马活动外，还要进行由措普寺

措普沟

理塘长青春科尔寺（理塘寺）

主持的祭山祭湖活动，举行各乡村锅庄舞比赛，热闹非凡。

4.观景：措普湖的南面是一条巨大的古冰川遗留下来的冰积垅，站在上面可以看到措普湖的全貌。

理塘寺
活佛转世的地方

理塘县高城镇梭磨拉山麓

班车：成都、康定、巴塘、稻城等地都有到理塘的客车，到理塘后可以在县城内乘坐出租车前往理塘寺。自驾车：理塘距成都676千米，自驾车可从成都出发走川藏南线，约需两天时间到达理塘

理塘寺又名长青春科尔寺，藏语意为弥勒法轮寺，为康区第一大格鲁派寺庙。这里曾经诞生了难以计数的高僧大德。寺院依山而筑，高低错落，层次分明，寺内珍藏有各种类型的释迦牟尼镀金铜像、佛教经典、三世达赖用过的马鞍、明清时代的壁画等珍贵文物。

玩家攻略

1.传统节日：该寺每年都要举行各种独具特色的跳神、辩经、转山、展佛等法会，每年藏历六月的“六月转山会”是理塘县民间的传统节日；藏历正月十五的酥油彩塑花会被誉为“康区一绝”，如有兴趣可在此期间前来。

2.辩经课：每天上午9点寺内都会有早课辩经，很神圣、专注，值得一看。

3.赛马会：每年8月1日会在理塘召开国际赛马节，比赛项目有速度赛、耐力赛、小走赛、马术赛、5千米速度赛等。赛马会期间还有藏戏、锅庄、弦子舞等表演，届时理塘城边会搭起各色帐篷，形成草原帐篷城。

更多本旅游区景点

康宁寺：位于甘孜州巴塘县夏邛镇，寺内供奉一尊檀香木雕刻而成的释迦牟尼佛像，被尊为“觉沃松扎玛”。四外翠谷无数，萦绕佛寺，相当雅致。

白塔公园：位于甘孜州理塘县高城镇，是康南地区唯一的公园，其中的主塔建于辽代，是川东北的第一高塔。主塔和一旁的小塔一并形成塔林。

格鲁神山：位于甘孜州理塘县喇嘛垭乡，是当地人心中的神山，以海拔6204米的格鲁峰为中心。由山峰、原始森林、草原、湖泊、温泉、寺庙等景点组成。

景点推荐

稻城周边景点

稻城亚丁 AAAAA

被誉为“最后的香格里拉”

甘孜藏族自治州稻城县

0836-6966021

门票146元（旺季）；120元（淡季）

先从稻城到乡城（每天都有车），再从乡城到中甸，成都新南门汽车站每天有车前往稻城

亚丁风景区位于稻城的东南面，主体部分是三座完全隔开而相距不远呈“品”字形排列的被称为“三座神山”的雪峰，以及蒙自大峡谷、俄初山、阿西高山公园等，是摄影爱好者的天堂，被国际友人誉为“水蓝色的星球上的最后一片净土”。

玩家 行程

上午从亚丁售票处乘景区观光车到龙同坝，约37千米，沿途会经过验票站和好几个观景台。龙同坝到冲古寺有平整的马道可徒步。从冲古寺可坐电瓶车到洛绒牛场。下午从洛绒牛场骑马至牛奶海、五色海。晚上返回香格里拉镇住宿。

玩家 攻略

美食：稻城以藏式食品为主，亚丁的菜品更为简单。如口味无法适应，最好自备一些干粮。亚丁景区内没有餐饮服务，需在稻城或者日瓦买好食物和水。晚餐和早餐则可以在客栈和民宿解决，但是价格比县城高很多。

住宿：亚丁村、香格里拉市中心和稻城县城

都有很多宾馆可以选择，龙同坝附近则有不少农家乐。

链接

稻城藏族的佛教特色

1. 亚丁稻城一带的藏族，无论男女老幼，大多信奉藏传佛教，且每家每户都设有佛龛或者经堂。这些经堂大多都是统一规格，正堂整齐地摆放香炉以及净水铜碗7个，铜灯数个。

2. 稻城的藏民信奉山神。每年祭奠山神，在当地是一个重大的活动。人们会携带用五色布印制的经文、幡旗和柏枝、糌粑、稞麦，从四方撒到玛尼堆旁，悬经幡于石堆之上或牵挂在左右丛林；接下来焚烧柏枝，撒上糌粑、稞麦，再撒青稞。藏民们一边念诵经文，一边围绕玛尼堆转圈（逆时针方向），祈求山神保佑平安。

3. 稻城各家的楼顶上都竖着一道经幡和一个竖有日月图形的祭坛。这是用来祭天的器物。藏民们早晚烧柏树丫枝于坛内，并撒上糌粑、青稞和小麦，使之升起浓烟。祭祀之人提壶斟茶，口诵佛经，以示祭天。

仙乃日

仙乃日海拔6032米，是亚丁景区三大高峰之首，也是四川的第五大山峰。其周围是冰蚀峰林地貌、冰川和冰川遗迹及高山湖。

仙乃日的峰向北偏10度，西对北斗星。整个雪山是个环形冰斗下斜造型，所以无论游客从哪一个面观看，山峰始终面朝着游客。

夏诺多吉

夏诺多吉是三怙神山东峰，海拔5958米，在“三怙主雪山”中位列第三。

藏语夏诺多吉是“金刚手菩萨”。它在佛教中代表了除暴安良的神祇——他勇猛刚烈，神采奕奕，胯下围斑斓的虎皮，腰间绕着罪恶的大蟒。山中的景点有圣水门、洛绒牛场等。

俄初山

俄初山在藏语中的意思是“闪光的山”。俄初山的山形平缓，山上的拉姆格林区是稻城最大林区。站在这里可以远眺嘎日松贡布雪峰。每年秋天，俄初山上的红叶格外艳丽，甚是诱人。

央迈勇

央迈勇，三怙神山之一，在佛教教义中被排在三座雪山之首。央迈勇藏语的意思是“文殊菩萨”——智慧的化身。

蒙自大峡谷

蒙自大峡谷位于日瓦与蒙自之间，全长13千米，峡谷两岸山势险峻雄伟，谷底江河奔涌，对峙的山崖形成千奇百怪的动物造型，使人产生无穷的遐想。垂直的山岩上，有许多自然的石猴，造型各异，惟妙惟肖。

舍身崖

舍身崖立于悬崖之上，如刀割一般，十分险要，高百丈有余，十分壮观。旅客和转山人可以到舍身崖对面山坡上看一看舍身崖的绝壁地形，或烧香敬拜神灵。

牛奶海

牛奶海海拔4720米，位于达央迈勇峰山脚下，湖水碧蓝可人，传说是能治愈聋哑怪病的圣湖。牛奶海海拔较高，可能会出现较重的高山反应。牛奶海上方有大片的冰川。

五色海

五色海是藏区有名的怪湖，位于仙乃日与央迈勇之间。湖水在光的折射下会产生五

稻城亚丁三神山

稻城亚丁牛奶海

种不同的颜色。湖面海拔4600米，湖面呈圆形。据说这个海子有“返演历史，预测未来”的神奇作用。

日生湖

日生湖位于央迈勇西坡，是一个长条形的古冰斗湖，也是区内面积最大的高原湖泊。湖水翠绿，烟波浩渺，在央迈勇雪山的烘托渲染下，显得清远空灵。枯水季节能看到湖底错落有序的钙华沟，很像用藤条编织而成的艺术品。据传西藏大昭寺第一任堪布，谢巴多吉高僧在此修炼瑜伽。

圣水门

因对面悬崖上自然形成的门形状而得名，是因冰蚀而造就的冰川遗迹。传说此门只通往“香巴拉王国”之门，如修行到一定的高度，可看到门中的景象。相传，每年藏历四月十五日从圣水门中喷出乳色和圣水。

洛绒牛场

洛绒牛场是附近山民放牧的一座高山牧场，也是亚丁景区内最著名的地点之一。牛场周围是高原草场，5月时草长莺飞，风吹牦牛遍野；又因背靠三座神山仙乃日、央迈勇、夏诺多吉，是观看三座雪山的最佳地点。长途跋涉的旅人可选择在此宿营，也可自己搭帐篷住宿。

海子山自然保护区

稻城的古冰帽

稻城县金珠镇东南3千米的贡巴山北麓

海子山自然保护区位于稻城县北部的高原区，属青藏高原的一部分。海子山中最低海拔3400米，最高海拔5050米。这是以高寒湿地生态系统为主要保护对象的自然保护区，具有较高的生态、经济和社会价值。

海子山

山上共有1145个大小海子。其规模密度在我国是独一无二的，故名海子山。区内大大小小的花岗岩漂砾（砾石）及形态各异的冰蚀岩盆（湖泊）充斥了眼球。没有树木、河流，就连野草也只是偶尔丛生，“蛮荒”得像是火星表面。这些大大小小的砾石与湖泊就是青藏高原乃至世界规模最大、最典型的古冰帽遗迹——“稻城古冰帽”。

桑堆镇

稻城的小镇，风景绮丽。最出名的是金秋时节的桑堆红草滩。1144年前，一世噶玛巴·都松钦巴觉悟赞道："我走遍藏区，来到此地。这里风景秀美，牧草丰茂，六畜兴旺，佛光普照。我愿在此修建寺庙成就功德。"

兴伊措

兴伊措海拔4420米，位于桑堆乡境内。它是海子山景区最大的一个高山淡水湖泊，也是稻城河的主要源头。湖面宽广，湖水碧沉，周围牧草茂盛。要观景需包车前往。

雄登寺

雄登寺位于金珠镇的冷巴村，建于明朝初年。该寺原属噶举派，后改为格鲁派。殿宇宏大，藏有10万册经书，有数百尊大小佛像。其中九世班禅所赠檀香木释迦牟尼佛像，最为珍贵。

茹布查卡温泉

距县城4千米，海拔3747米。温泉水质清澈，无色无味。水温可达68℃以上，可直接饮用。泉水具有治疗皮肤病的功效，另能强身健体。温泉附近的住民多长寿。

扎郎寺

扎郎寺位于傍河的西北处，是稻城县规模最大的花教寺庙。该寺建于宋朝，寺内的壁画仍保留完整，古色古香。

磨坊沟

磨坊沟长43千米，是通向海子山的一条山溪小沟。常能看到旱獭、野兔、藏雪鸡等小动物在灌木丛中出没，溪内还有成群的高原黄鱼。

蚌普寺

蚌普寺海拔3943米，建于南宋淳熙五年（1178年）。该寺的创始人是噶举派（白教）大师葛玛巴·都松钦巴，他不但在此建寺讲经，且做了自身佛像以供世人供奉。此寺不设活佛转世制。

玩家解说

海子山的后山岩壁处，藏有很多古老的岩画和一些修行的山洞。其中有一幅岩画是葛玛

稻城桑堆红草滩

巴·都松钦巴亲手所写，内容是：一是他说在藏区留下最多的东西在这里，二是他的预言：下面是他第二世到第八世的情况。

海子山的白教很盛，其教义的传播主要靠“口传心授”，属于密宗的传授方式。如蚌普寺的僧侣修炼，至少都要经过3年3个月3天的时间。这段修炼期间内，僧侣不能与外人见面，就算是亲人也只能一年聚一次，而且只能隔墙交谈。

傍河色拉

美丽的高原田园风采

稻城县S216

傍河色拉指的是两个乡名——傍河乡和色拉乡。这两个乡都位于稻城亚丁公路旁边，有着极为经典的藏式高原田园风采。是典型的河谷村庄，偶尔会看见一两座白色的佛塔。因为景色太过美丽，路经稻城的游客大多会下车驻足赏景。

玩家 攻略

傍河和色拉，总能吸引众多的摄影师蹲点拍摄。他们所获得的光影和色彩感受，就算是一个新手也能表达出令人惊艳的一瞬。

傍河的风光适合一早一晚的拍摄时间。傍河的河水在余晖中总是很美，远处的村寨也会非常配合地升起缕缕炊烟。

色拉的风光，更偏草原。这里地势非常宽阔，四周都被圆润的山丘包裹着。早晨的色拉很美，要看太阳如何从山峦的背面一点一点移到宽阔的草地上。缠绕不走的薄雾，加重了色拉的神秘感。

乡城

甘孜州的南大门

甘孜州乡城县

乡城县位于硕曲河与定曲河之间，十分富饶，县内还分布着大量的温泉，居民以藏族为主。

乡城是藏传佛教盛行的地区，小小县城

中有27座寺庙、四大藏传佛教教派。县城内随处都可以见到供佛物品，到处是佛塔、转经堂、玛尼堆等。

桑披古寺

“乡城三绝”之一。位于桑披镇的巴姆山腰上，是当地最有名的佛寺。整个建筑挺拔壮观。值得一提的是，该寺庙根本没有任何建筑图纸，全凭工匠的感觉和经验修建。从外观看气势宏伟。当地人说，主殿规模如此巨大，在整个康巴地区也是绝无仅有的，乡城在寺庙文化建设上拔了头筹。

白色藏房

藏房是乡城“乡城三绝”之一。其实，乡城田园风光的淡雅、纯净，很大程度上依靠散落在高原上珍珠般的白色藏房的装点。乡城风景里有了白色的浸染，青山、树林、草地、绿水构成的自然风光画中，突然有了清爽、迷人的韵味。说白色藏房是乡城田园风景的灵魂毫不过分；换句话讲，没了白色藏房，乡城的田园便会兴味索然。

“疯装”

乡城女装是其他藏区无法找到的，它是乡城独一无二的，也是“乡城三绝”之一。这种被其他藏区人们戏称为“疯装”的乡城女装，有着鲜明的个性色彩。

“疯装”最独特的地方是在穿法上，其他藏区一般是左襟在里、右襟在外，乡城女子的连衣裙恰恰相反，“疯装”的得名也就因此而来。“疯装”的做工相当精细，一般用五颜六色的料子拼成，双袖肘处镶有一片彩色布料，占整个衣袖的1/3，袖边镶约一厘米粗的红色羊毛条，背部嵌着方形称为“公热”的垫背。

巴姆山

巴姆山是当地人心目中的神山，每年都会举行盛大的巴姆神山节。虔诚的信徒都会集聚在神山脚下转山，或到神山脚下的温泉沐浴。

乡城百藏房

乡城横断山脉

巴姆七湖

该景区的景观呈现多样性，主景点是日朗央措七海子，七个海子与瀑布相连，更显壮美。此外，还有长达9千米左右的大果落叶松长廊。因自然生态保护得好，景区内珍稀动物数量众多，并出产各种名贵山珍，如冬虫夏草、贝母、松茸等。

扫布尤主峰

扫布尤主峰山形似一头昂首飞奔的公牛，而扫布尤在藏语中就是“公牛沟”的意思。景区内既有高峰，也有低谷，形成了亚热带至高山寒漠带之完整的垂直带。景观各不相同，别有一番风味。

热曹考蛇泉

蛇泉有些独特，一半露天，一半藏于洞中，泉水居然黑白分明。据说洞穴中有蛇的巢穴，当地人相信沐浴时能遇上蛇是一件幸事。

然乌乡温泉

在然乌乡0.5平方千米的范围内分布着108眼泉眼，居乡城温泉之首。乡城人视温泉为圣水，传说文成公主途经乡城时曾在此沐浴。然乌乡还保留着男女同浴的习俗，每年播种和收割完毕之时，都有大量的乡城人在温泉四周搭上帐篷，男女同浴。

马熊沟大峡谷

该峡谷是云南香格里拉到稻城亚丁的必经之地，据说早些年沟谷内马熊成群，“马熊沟”因此而得名。该峡谷融峡谷、暗河、原始植被、峰丛绝壁为一体。峡谷山势巍峨，奇珍异石数不胜数。

玩家解说

在乡城县城内，大部分景观都由藏寨和周边的田园风光组成，相当迷人。一座座白色的藏宅就像一颗颗闪亮的珍珠镶嵌在绿色的田野上。

这里的藏宅大多是三层或者四层。底层是养猪、养牛的畜圈；中层是住房，分为厅堂、经堂和客房卧室。藏宅的墙体都是用泥土干打垒筑成，室内布满木柱。木柱越多，房子越大。经堂中供奉佛像以及各类经书，香火不断，香烟缭绕。

在宅中，常能发现木制或铝制的箱子。令人难以想象的是，这里全都是价值极高的节日盛装以及各种金银宝石装饰品。康巴人讲究穿戴是出了名的，乡城地处康巴，在服饰上却更为讲究，特别是女子服饰。

乡城女子的服饰被称为“疯装”，这种服饰融合了汉、藏、纳西三个民族的风格。裙摆有内折外折各54个，合起来是108个。衣料用的都是上等货色，一件衣服布料一般要用7米左右。胸襟处要镶嵌上10块三角形布料，中间用金丝绒，上下用红、黑、黄呢料，代表财富、福寿、牲畜、先知和土地。裙边还要用羊毛搓成的粗呢染红后镶嵌。

虽说藏族人多信神佛，但和别处的藏家信奉略有不同的是，乡城人爱猫、敬猫。他们甚至将猫刻进灶神图腾中。

灶神图腾在乡城很常见，一般都是为了祈求人兴物丰的一面图腾之壁。其塑法和种类多种多样，但在乡城，无论如何多变，猫却牢牢占据着一席之地，从来不曾在图腾中离开过。所以乡城人不杀猫，若有人杀了猫，就会以错论处。

太阳谷

被誉为“吉祥之地”的地方

得荣县古学乡下拥村，与云南德钦交界

¥ 60元

太阳谷，是一个鲜为人知的神秘幽谷。河谷阳光充足，自然生态良好，风景秀美迷人，具有雄、奇、险、秀等特点。

翁甲圣地

传说山上有开启藏区108处圣地门户的金钥匙，来此朝圣者络绎不绝。特别是每逢猪年——神山的创始年，就连远在印度、西藏的朝圣者都会涌来圣山。圣地中还有一座翁甲寺，修筑在半山腰的天然溶洞中。

金沙江第一湾

国内四十大景观之一。从太阳谷的最高处俯瞰，穿山越谷而来的金沙江，挟裹着浩荡的水势在脚下画了一个“ω”字形的大拐弯。景色气势浩大，令人荡气回肠。

龙绒寺

龙绒寺属格鲁派寺庙，当年由五世达赖喇嘛亲手创建，距今有500多年的历史。寺内供奉着格鲁派创始人的塑像，还有镶嵌着各色珠宝的五座银塔。银塔上面是一个重750千克的金顶。

玩家攻略

太阳谷景区开发不久，只是初具规模。在饮食和住宿方面，不能提供极为完备的服务，请做好准备。但景区内藏民的热情和动人的景致，足以弥补这一缺憾。

玩家解说

在当地，太阳谷有一个和普贤菩萨的坐骑白象有关的传说。

相传很久以前，白象长居在峨眉山后，思乡心切，有一天偷偷离开峨眉，一路朝南走。旅程中，白象忽然被遮挡的云雾扰乱了方向。正在此时，一道金光闪耀，它好奇地前往一看，居然看到一片阳光普照下的山谷，郁郁葱葱，叫人见而忘忧。白象受美景所惑，不知不觉进入谷中，一住千年。康巴人据此给这山谷起了名字，叫“扎西尼明龙巴”，意为吉祥的太阳谷。

太阳谷

景点推荐

川藏北线旅游带

墨石公园景区 AAAA

世界地质奇观

遂宁市射洪市金华镇子昂路

墨石公园景区，为格萨尔王发祥地、道孚八美、中国的高原石林景观之一，被誉为“中国最美景观大道第八美”。

此处的石林整体以灰色调为主。它与周边宽广的草甸和起伏的雪山一起，构成一幅特别的风光美景。景区内设有一条通往山顶、可以尽观石林全景的观景台，看群峰会聚、万塔林立、千峰竞秀。还有一条深入石林的小道，可以领略置于岩间中狭道的美景。

玩家解说

历史上，八美附近的地壳运动活跃，那条最著名的鲜水河便从八美通过。可以这样简单地解释，八美石林是地壳活动的产物，也即是说八美石林是鲜水河地震带的附属品。

这些由断裂活动形成的岩石，叫糜棱岩。它随着青藏高原的不断升起而被暴露出地表，在遭受流水冲刷、风雪铲刮、重力崩塌等作用后，就形成了八美石林。

惠远寺

第七世达赖喇嘛格桑嘉措的驻锡地

道孚县八美镇境内

惠远寺藏名为“嘎达向巴林”，雍正七年（1729年），清政府因西藏局势不稳而请七

卡萨湖

世达赖喇嘛噶桑嘉措避难于此，特拨白银若干，征地33万余平方米，修建庙宇、宫殿，寺门正中高悬清世宗钦赐“惠远寺”巨大镏金匾额。十一世达赖凯珠嘉措便降生于此地，从此惠远寺在藏区影响至深。

玩家 解说

惠远寺经过三次修建，新建庙宇为宫殿式金瓦楼顶，配以金幢宝瓶，法论异兽，各种唐卡画，活佛神像于檐檩之上；浮雕九龙九狮门枋，肥梁胖柱，铺陈富丽；庭院宽敞，布局严谨；楼堂庭廊，和谐得体。殿宇建筑豪华，具地方特色，为康巴建筑艺术精品。该寺现收藏有各种贵重文物多件，寺庙每年为种种祭祀活动念经245天，大的法会有正月的“默朗钦布”、六月的“亚却”和十一月的“安却”。每逢法会，各地的信徒都前来朝拜、诵经。

灵雀寺

道孚最大的寺庙

道孚县解放西街道孚县人民政府西北

免费

灵雀寺建于清康熙元年（1662年）。寺庙的建筑布局有些特色，以大雄宝殿为中心形成了一个阶梯式的建筑群，有山门4道，殿、堂、僧房500多幢。

大殿供奉10米高的吉子便巴大佛，大堂的经架上，还藏有上百部《甘珠尔》《丹珠尔》等大藏经，内殿中还收藏了千件（幅）以上的金、银、青铜各种佛器以及各类圣僧图、各种唐卡等。近年圆寂的崩龙活佛，也将灵塔设于灵雀寺中。

玩家 解说

灵雀寺是康区的霍尔十三寺之一，距今有300多年的历史。灵雀寺的酥油彩塑和酥油花极为有名，素有“康区一绝”之称。这些酥油彩塑和酥油花在每年的正月十五就能派上用场，用来庆祝一年一度的酥油花节。此外，灵雀寺还会在每年藏历九月二十二日举行江刻大法会，藏历十月二十一举行安却大法会。两个法会也都十分隆重热闹。

寿灵寺

“霍尔十三寺”之一

甘孜州炉霍县城新都镇内鲜水北岸的“色登龙然苏”山腰上

寿灵寺为藏传佛教格鲁派寺院，是“霍尔十三寺”之一。灵在藏语中意为“祝愿长寿平安”。寿灵寺历史悠久，寺藏文物丰富。大殿里供奉着高达3米的主佛银质释迦牟尼佛像，车内还有1995年从印度迎回的镀金铜佛。寺内保藏着的许多珍贵经卷和栩栩如生的壁画，这是精湛的藏族文化的最好见证。

卡萨湖

湖水如镜，典雅壮观

炉霍县西北角充古乡卡萨村

卡萨湖景致独具一格，湖水如镜，典雅壮观。湖中鸟鱼同欢，花草争艳，湖边柳枝相伴，人鱼相戏，妙趣横生，是游人的好去处。这里是四川鸳鸯最多的地区之一。

倒映着群山白云的卡萨湖，把湖光、山色、天景融为晶莹的一体。卡萨湖静卧于川藏线侧，南面山坡上有一建筑物，那是觉日寺旧址。1936年，刘伯承将军率红军战士到觉日寺做客，寺庙住持扎日活佛带全寺僧人迎接，并为红军北上筹措粮草，还收留了一批小红军，留下了许多动人佳话。

五明佛学院

世界最大的藏传佛学院

色达县洛若镇政府东北

色达的中心小广场上有很多小面包车，可包车前往五明佛学院

五明佛学院属宁玛派，由晋美彭措法王于1980年创办，在短短数年间从山谷深处迅速崛起，一跃成为世界上最大的藏传佛学院。学院以戒律严格、艰苦修行、树立宁玛讲修法幢而著称，是享誉中外的大圆满讲修学院。

佛学院整个建筑群分为上、中、下3个层次，这些依山而建的藏式木屋，外观大多低矮简陋，采用土木结构，房顶平铺泥土，外墙一律刷成藏红色。

玩家 攻略

住宿：学院有扶贫宾馆、居士林等，价格较低；坛城宾馆条件较好。也可去色达县城住宿，县城主干道是金马大道，直通学院。县城金马广场旁边的吉祥北街集中了不少宾馆。

就餐：学院有餐馆、饭店，可吃快餐或单独炒菜。除正宗川菜外还有藏族食品，如酥油茶、油条、酸奶、三合一、砣砣肉等。

玩家 解说

学院修习要求严格，对于藏族僧众而言，他们在第二天不仅要背出头一天的颂辞，还要完整复述出主要内容。各科修习完毕，大概需要四五年的时间。大师们相信，只有经过这段时间扎实的学习，才能使人获得信心，将来不会在修道中误入歧途。

邓曲登佛塔

纯净的佛国天堂

色达县色柯镇，距县城1.5千米

邓曲登佛塔又名降魔塔，始建于藏历铁猪年（1913年）。建成后的塔基包括外围经房100米，高52米，共9层，石木结构。主体建筑内圆外方、外圆内方、交错层叠，具有鲜明的地方特色和浓郁的宗教色彩及独特的艺术风格。

玩家 解说

据传此塔是色达年龙寺的空行母托梦于色达瓦须世袭头人嘎夺和喇嘛索郎罗吾，为镇妖祛邪、消灾解难、普度众生、太平兴旺而修建，是四川省最高的藏传佛教宝塔。

拉日马草原

神仙放马的草原

四川省甘孜藏族自治州新龙县拉日马乡境内

拉日马草原海拔3600米，山、水、林、草原、石板藏寨的绝美搭配，尽显中国西部神韵，被游客称为“东方的阿尔卑斯”。甘珠尔七彩佛塔、佛塔群堪称藏区一绝。

五明佛学院

甘孜寺

兼具建筑藏、汉风格

甘孜县甘孜镇北部

免费

甘孜寺建于清康熙元年（1662年），是甘孜州最大的格鲁派寺院。寺院坐北朝南，建筑面积达19.7万平方米，有着庞大而密集的建筑群。大殿是一底四楼的土木结构，上覆琉璃瓦、铜宝瓶、铜如意等，属藏汉结合风格。经堂内的壁画色彩艳丽，值得一看。

玩家解说

甘孜寺是霍尔十三寺中最先建立的一座寺庙，同样也是出自五世达赖的弟子——霍尔曲吉·昂翁彭措之手。甘孜寺原名旭日寺，后来改名为甘孜扎西萝卜楞寺，简称甘孜寺。

与别处的藏寺有些不同，甘孜寺内的护法神殿中还供有大量藏刀和旧式火枪，这是相当少见的情况。据说这些刀枪都是由当地藏族供奉的，表示自己决不再生发杀生的决心。

更多本旅游区景点

道孚民居：位于甘孜州道孚县的藏族民居，堪称世界民居建筑“双绝”：一绝是其与众不同的惊人特色，二绝是因为天然林保护工程的实施，如此这般的“大木屋”恐怕难以再造。道孚民居因此而弥足珍贵。

卡莎措：即卡莎湖（也称卡萨湖），位于炉霍县西北角语古乡境内，是典型的高原淡水湖泊，也是炉霍境内最大的湖泊。1999年被命名为四川省自然保护区，也是当地有名的圣湖。

洞嘎寺：位于贡嘎山东坡海螺沟内，也是色达县三大寺庙之一。大殿供奉释迦牟尼坐像，藏有多种贵重文物。

白利寺：位于甘孜州甘孜县002乡道附近，属典型的藏式古建筑。主寺为一底二楼阁楼式建筑，土墙泥顶。寺内设讲经院、弥勒殿、护法殿等。

甘孜寺风光

景点推荐 德格周边景点

阿须草原

格萨尔王故里

德格县阿须乡

阿须草原海拔4000米左右，连接竹庆、浪多等地，面积达8.5万多公顷。整个阿须草原山清水秀，远处山峦环绕，著名的雅砻江川流而过。传说这里是格萨尔王出生、成长并征战一生的主要地区，藏族人说格萨尔在这里建立了岭葱国的地点。草原上有各种有关格萨尔王的遗迹，当地牧民几乎都能唱几段《格萨尔王传》。

玩家 解说

阿须草原是岭·格萨尔王出生、成长并征战一生的主要地区，是格萨尔王的诞生地。格萨尔出生于1038年，逝于1119年，享年81岁。格萨尔自幼家贫，与母亲相依为命，以放牧为生，16岁赛马称王。他雄才大略，智勇双全，一生除暴安良，扶贫济弱，统一了大小150多个部落，建立了强大的岭葱国。

新路海—雀儿山

我国最大的冰蚀湖

德格县马尼干戈乡雀儿山下

可从马尼干戈包车前往

新路海海拔4040米，是非常典型的冰蚀湖，平均深度为10米，最深处15米，是一个水色清澈的湖泊。湖周布满云杉树、冷杉、柏树和杜鹃树，上游处的云杉树龄可达580年。一旁有大型的冰川，海拔5000米，十分

竹庆寺

壮观。

雀儿山藏语为“绒麦俄扎”，意为“山鹰飞不过的山峰”，雀儿山是川藏北线的交通要塞，是四川甘孜州境内最险的一座雄关，翻越雀儿山的整个里程约30千米。雀儿山上的天气变幻无穷，有时云雾遮天，有时雨水冰雹，有时天边又能看到蓝天白云。

玩家 解说

新路海很美，译成汉语就是“令神仙倾倒的湖泊”。传说，格萨尔王的爱妃珠牡曾来到湖边，被这里的湖光水色打动，忘记了回家。

其实新路海很高很冷，年平均气温只有5.5℃。湖面从每年9月下旬开始封冻，至翌年3月下旬解冻，冰冻期长达半年之久。但在这样寒冷的地方，居然还有一位喇嘛在湖边山上的洞中修行了几十年。这是当地非常著名的多呷喇嘛，他每隔一段时间就会赤脚在雪地上巡游。

竹庆寺

宁玛教六大传承寺院之一

德格县竹庆乡

竹庆寺建于1685年，占地1600多平方米，现有僧人500多名。当年的竹庆寺拥有康区最宏大的大殿，共有三层。

第一层是主殿，第二层供奉八座舍利塔，第三层供奉大日如来明照佛的坛城，殿顶全用金瓦和宝石封顶。

寺院所在的雪山上下，都布满了成就者的修行山洞与道场。

玩家 **解说**

竹庆寺全名“竹庆邬坚禅林”，汉语意为“大圆满寺”。

竹庆寺是宁玛教的六大传承寺院之一。在建寺后的300多年中，该寺曾出现过13位虹化大成就者以及许多修成正果的通人证士。每年，竹庆寺都会举行许多弘法利生的大法会，具有代表性的法会有：

藏历一月份，莲师大法会和普巴金刚大法会；

藏历四月底，40位金刚上师领着数千名僧众，在大殿设下40个不同的修供坛城。

德格印经院 AAAA ㊖

藏传佛教印经中心之一

✉ 德格县巴宫街13号

德格印经院始建于1729年，占地面积约5000平方米。印经院构造独特，分藏版库、纸库、晒经楼、洗版平台、裁纸齐书室及佛殿、经堂等建筑，均是典型的藏式建筑。

藏版库是主要建筑，大小共6间，书版分门别类地插满版架。到18世纪80年代末，全院有书版21.75万块，每块刻两面。

玩家 **解说**

德格印经院中所珍藏的文物，包含木刻印版、壁画和雕塑，其中以木刻印版更为重要，共积有21万余块经书刻版和376块佛教画版。

木刻印版所用木材为坚硬的红桦树。木版先用火熏，烘去湿气，再在阴凉处晾干，使之不易变形。印经院历来注重刻版质量，笔画雕深刻细，别有风格，而在刻书之前，对文字工作尤为重视。负责校对书稿和缮写的印经院秘书，都是博学之士。

根据传统分类，经书书版可分为六种，即《甘珠尔》《丹珠尔》、文集、丛书、综合、大藏经单行本。

德格印经院的壁画面积大约为950平方米，其中有95%的壁画是古壁画。这些壁画大多分布在大、小经堂内，以及大、小经堂外部墙壁上方。这些多是“噶玛噶则”画派作品，代表了康区“噶玛噶则”画派的最高艺术成就。

德格印经院

印经院以藏书丰富、门类齐全、各教派兼容并蓄著称于世。创始人丹巴泽仁虽信奉红教，但他并不排斥其他教派的经典，这使德格印经院超过其他几个印经院，形成了特色。

建筑占地面积为1632平方米，坐北朝南，集德格寺庙与居民建筑形式为一体，具有浓厚的德格风味。

建筑使用标准的藏式装饰，木门、雀替、花窗、木柱、横梁均施以彩绘，富贵华丽、色彩缤纷。

印经院构造独特，红墙高耸，绿树婆娑，幽静壮观，系典型的藏式建筑风格。

藏式建筑上特有的藏式宝顶，金羊、宝瓶、日月，相映生辉。

院内分藏版库、纸库、晒经楼、洗版平台、裁纸齐书室及佛殿、经堂等。

白玉寺

康区最著名的宁玛派寺庙

白玉县建设路102号

从县城徒步20分钟即可到大殿　免费

白玉寺规模宏大，始建于康熙初年。主要有经堂7座，佛殿3座，灵塔3座，大型转经房8座及僧舍等，占地6万余平方米。

作为康区最著名的宁玛派寺庙，白玉寺每年都会举行8次佛事活动，主要的活动要数农历正月初八至二月初八的“如来三身”修持会和七月至八月为期45天的“坐夏”，届时有青海、川西、甘南藏区群众及游客聚集。

玩家攻略

白玉寺的景色很美，背靠着灌木丛生的石山，面对着清澈的俄科河。当早晨太阳自东面升起的时候，寺庙的背影无光；当傍晚太阳西沉的时候，光线落在寺尾，形成向上收的光带。这两种情况下的寺庙背景都是黑色，反映在照片上非常美丽，令人记忆深刻。

玩家解说

白玉寺的全名，是“白玉郎吉祥秋切岭寺”，它的建筑之多，几乎占据了半座山。山上到处都是喇嘛修行的小屋。在白玉寺，虹化的、有成就的僧众层出不穷。

白玉寺

色须寺

色须寺

雪域名刹

石渠县色须镇

从县城乘坐开往玉树的班车，中途下车即可

色须寺创建于清乾隆二十五年（1760年），距今已有200多年的历史。寺中建有“极乐世界经堂”，供奉有以弥陀佛像为主体的群佛像1151尊。其中最大的3尊是西方三圣，高3米。寺内还珍藏着数以万计的佛像、佛经，以及被称为藏区第二大佛的弥勒佛雕像（高约19米）、两层楼高铜制镀金的宗喀巴舍利塔和古印度名寺佛杖等。

玩家解说

“色须”意为“戴黄帽子”的部落后裔，据说石渠这个名称是由此读音演变而来。

每年色须寺都要举办辩经大会。喇嘛们会从各地的寺庙赶来参加盛会，场面宏大热闹。

更多本旅游区景点

格萨尔王城：位于甘孜县城东南部，建在格萨尔史诗“霍岭大战”遗址上，主要由格萨尔文化区、湿地休闲区、草原体验区、史诗观光区构成。其标志性建筑为森珠达孜王宫。

察青松多白唇鹿自然保护区：位于白玉县阳麻绒乡境内。该保护区以保护白唇鹿、金钱豹、金雕等珍稀野生动物为主，是一个国际级野生动植物保护区。

攻略资讯

- 交通
- 住宿
- 美食
- 购物
- 娱乐

康定新城全景

交通

飞机

甘孜州目前通航的机场有两座，分别为康定机场和稻城亚丁机场。

康定机场：被称为是最美丽的景观机场，属高原机场（3238米）。目前，康定机场开通了飞往重庆、成都等城市的航班。

稻城亚丁机场：是目前世界上海拔最高的民用机场，目前开通了飞往重庆、成都、广州、杭州的航班。

由于两个机场都属于高原机场，所以游客要注意高原反应，建议提前一周开始服用红景天或带上速效奥默携氧片。

汽车

甘孜作为317国道和318国道的交通枢纽，交通十分便利。这里有开往康定、成都、德格、丹巴、理塘等地的班车，由于多属过路车，站内一般不提前售票，开车前到车站购票便可。班车出发的时间都很早，也由于旺季始发站已经满员而没空位，很多人不得不与人拼车前往目的地。车站前的马路上停着许多搭客的车子，司机都是藏民，车费仅比班车贵十几元甚至二十几元。事先与司机谈妥车资并说好在什么地方停车看景就行，一般司机都会满足乘客的需求。

稻城县城

住宿

甘孜州的住宿地很多，星级酒店主要集中热门景区海螺沟以及康定、丹巴、稻城县城；至于经济型的招待所，康定、泸定、丹巴、道孚、甘孜、德格、理塘、乡城、稻城等县城都很多；家庭旅社也较多，能提供必备设施，卫生条件也还不错，分布在川藏南线、北线沿途。由于近几年甘孜州旅游业发展迅速，所以在旅游高峰期出游仍需提前预订酒店，价格也会浮动。

美食

甘孜人的生活习俗深受当地人数居多的藏民影响，饮食习惯上也有极大的改变。该地区牧区的人们，还保留着游牧民族的许多特点，多食用牛羊肉、糌粑等；而农区的人们多以青稞、小麦、玉米等为食品，还食用一些野生的菌类和蔬菜、水果等。

甘孜州不同地方的特色风味也有所不同，但基本都较为偏向藏式风味。从新都桥开始口味渐渐以藏式为主，蔬菜种类及质量渐渐降低，藏式的糌粑、青稞、酥油茶、牛羊肉随处可见。甘孜州的特产有藏式月饼花馍馍、康定凉粉、丹巴香猪腿、巴塘金丝面等，风味都十分独特。

●焦窝子油糕

做法有些独特的当地名小吃。糯米蒸熟后，中间放进豆沙，捏成圆形油炸即可食用。油糕集香、甜、酥、脆于一身，光看就叫人食欲大增。此油糕是20世纪40年代初，由成都簇桥人焦春廷引进的小吃，如今在康定城区中满大街都是。

油糕

●康定锅魁

品种有混糖锅魁、油旋子、方方酥、糖锅魁等。最著名的是郑家锅魁，位于文昌庙下面。

●魔芋烧鸡

独特的烧法，有麻辣烫的味道，绵软鲜嫩。出自华阳人厨师赖吉山之手。

●康定凉粉

以黄凉粉最为有名。先要自制上好的凉粉筋丝，再切得四棱四现，厚薄均匀，要求是筷夹不断。红油、盐酱的搭配很讲究，调入凉粉一拌即可入味。蜂窝街水井子附近的“王凉粉”最为出名。

购物

甘孜州的地貌相当复杂，既有高原雪山，又有河谷平地，因而特产丰盛，从高山草药到高原水果，再到农林作物，应有尽有。较为有名的有泸定樱桃、白菌、九龙花椒。

此外，甘孜州作为藏民聚居地，独具特色的康巴服饰和工艺品，其手工之精致令人叹服。当地的特色食物如风干肉、食用菌等，值得购买品尝，体验一下独特的高原美味。

●泸定樱桃

夏天的时候，在泸定城中不尝试樱桃就是浪费这段旅程。它圆似珍珠，红如玛瑙，汁多肉厚。

●白菌

产自海拔4200米以上的区域。晒干后为白色，菌盖小，肉厚，柄短，气味清香，曾是专供清廷的贡品，营养价值非常高，富含钙、磷、铁等矿物质。

●九龙花椒

九龙花椒相当出名，曾为宫廷御厨调味必备品。花椒粒大肉厚，油润色鲜，其中“正路椒”“大红袍”“高脚黄”等更为出名。

娱乐

●转山会

藏族传统节日，又称沐佛节、敬山神，流行于甘孜、阿坝藏族地区。相传佛祖释迦牟尼于藏历四月十五日降生成道和圆寂，藏俗在此月中宗教活动极为频繁，因此在每年农历四月初八这一天，甘孜藏区远近群众身着民族服装，汇集到跑马山上和折多河畔。人们先到寺庙里燃香祈祷，焚烧纸钱，然后转山祭神，祈求神灵保佑。转山后，支起帐篷进行野餐，演藏戏，唱民间歌谣，跳锅庄舞、弦子舞，骑手们还进行跑马射箭比赛。在此期间，藏族人们还会举行物资交流和其他文化体育活动。康定市跑马山 农历四月初八

●墨尔多山庙会

墨尔多曾为吐蕃王朝率兵远征，击退巴尔布的入侵而凯旋，家乡人民十分敬仰他的忠勇，将原来的格尔隆山改名为墨尔多山，并在山下建庙宇纪念。从此，墨尔多山成了神山，墨尔多将军成了嘉绒藏区的守护神。当地群众每逢农历七月初十——墨尔多诞辰日，从各地云集墨尔多庙，参拜墨尔多将军，进香还愿，转墨尔多神山。这一天自然也就成了嘉绒藏区一年一度的“墨尔多将军会”。丹巴县墨尔多山 农历七月初十

●嘉绒藏历年

丹巴自古以来就有过嘉绒藏历年的习俗，既有别于一般的藏历年，又不同于其他省份的春节。嘉绒年是纪念当地驱魔降妖的英

转山会

雄阿尼各尔东而沿袭下来的节日，一般在农历十一月期间，具体过年时间，巴底、巴旺、革什咱等地稍有差异。巴底一带在农历十一月十二日至十六日，巴旺、革什咱等地则在十一月初一至十五日。年节期间，除各家庭或家族都要依次请喇嘛、贡巴念经祭祀阿尼各尔东外，藏家山寨的碉房均要用白灰浆粉刷一新；家家户户则面要满柜，酒要满坛，水要满缸，柴要满棚；外出者此时一般都得回家过年。丹巴县城及主要景区 农历十一月十二日

●八一国际赛马会

理塘八一国际赛马会由来已久，可以追溯到1000多年前，不过，在20世纪60年代才真正成为节日。理塘赛马会期间，僧俗群众参加为期10天的赛马会，堪称藏区第一大赛马会，大家聚集在一起祭拜山神，祈祷风调雨顺，五谷丰登，从1964年起为加强军民联系，当地政府将节日时间改在8月1日，以庆祝八一建军节，活动内容除有速度赛马、马技表演外，同时开展军体文艺活动。理塘县“八一”草原 8月1日

节庆和重大活动

节日活动	位置	举办时间
嘉绒藏族风情节	丹巴县城及主要景区	五一或者十一前后
九龙游海节	九龙的伍须海	农历六月初四
道孚安巴节	道孚县鲜水镇	藏历五月十三日
望果节	炉霍县县郊	7月23日
甘孜迎秋节	甘孜县旭日岭公园	8月10日

发现者 旅行指南

阿坝

概览

亮点

九寨沟

世界自然遗产，以绝美的水景为主，辅以“叠海、彩林、雪山、藏情”的旅游胜地，被大家赞为“梦境”和“童话世界”。

黄龙

世界自然遗产，位于岷山主峰雪宝顶下。景区内的2300多个钙华彩池，颜色变幻无穷，斑斓夺目。景区内有黄龙寺、金瀑泻银、盆景池等景点。

花湖

它是热尔大草原上的

花湖

一个高原湖泊，四周有数百亩水草地。走近湖边，湖周边的花草被漫出的湖水浸泡着，像林中出浴的少女戴着花环。

四姑娘山

由主峰、双桥沟、长坪沟、海子沟组成，以雄峻挺拔闻名，人称“中国的阿尔卑斯”，主峰终年积雪，壮美雄伟。

线路

川北高原大环线八日游

第一天，自成都出发，前往松潘古城，领略当地独有的风情。下午驱车黄龙，赏黄龙最负盛名的钙华彩池。

第二天中午，驱车前往就近的牟尼沟，看二道海和扎嘎瀑布，留下川北改编的江南风味印象。

第三天早上，驱车九寨沟，先至树正沟，赏盆景滩、芦苇海、火花海、树正瀑布、犀牛海等。再前行逛完日则沟后返回沟口。自备午餐，晚餐品尝沟口美食。

第四天，自沟口出发至则查洼沟。若逢夏季，此处便是花海与海蓝色海子的一幅油画，是“谋杀彩色菲林”的胜地。

松潘古城

第五天，自沟口出发去扎如沟游览。下午出发去若盖尔县，途经红原，看夕阳西下时的黄河九曲第一弯，夜宿若尔盖。如有时间，可以去降扎温泉。

第六天，自县城出发直奔马尔康市的四姑娘山。先走双桥沟，步行或者骑马，领略原始森林中的行走感觉，一定要背帐篷。

第七天，走长坪沟和海子沟，看四姑娘山的山景和水景。数十个海子优美迷人。

为何去

阿坝以九寨沟和黄龙而闻名。那里有美不胜收的高山和海子、峡谷与草原，更有人们淳朴的笑容和纯净的眼神，仿佛未经世俗烟火的侵袭。在纯净的山与水之间，所有水泥森林里的倦怠与疲惫都将远离。不仅如此，神秘奇特的自然风光和多元民族的古老文化在此浪漫相遇，越来越吸引游人前往探寻。

古羌城

何时去

阿坝的气候具有明显的高原气候特征，夏秋凉爽，冬春严寒；也具有明显的高山峡谷气候特征，即从峡谷随着海拔的不断升高，而气温则不断地下降。

十里红叶观赏区

最适合到阿坝州旅行的季节是每年的夏秋季节，即6—10月。特别是10月，可以看到米亚罗绚丽的红叶景观。

九寨沟树正沟

区域解读

区号：0837
面积：84 242km²
人口：82.3万人
主要少数民族：藏族、羌族

地理 GEOGRAPHY

区划

阿坝下辖1市（马尔康市）、12县（金川县、小金县、阿坝县、若尔盖县、红原县、壤塘县、汶川县、理县、茂县、松潘县、九寨沟县、黑水县）。

地形

阿坝州地处青藏高原东南缘，横断山脉北端与川西北高山峡谷的接合部，地貌以高原和高山峡谷为主。东南部为高山峡谷区，中部为山原区，西北部为高原区。

阿坝州境内江河纵横，黄河在阿坝州流经165千米，长江上游四川境内的主要支流岷江、嘉陵江、涪江均发源于阿坝州。岷江干流及最大支流大渡河纵贯阿坝全境，全州大小河流530余条，河流落差大，蕴藏着丰富的水能资源。

黄龙五彩池

气候

阿坝州复杂的地形地貌造就了多样的气候，气温垂直差异大，立体气候明显。阿坝西北部属大陆高原性气候，四季气温无明显差别，冬季严寒漫长，夏季凉寒湿润。平原地带为温凉半湿润性气候，高山寒冷潮湿，河谷温凉干燥，干湿季明显。高山峡谷地带，随着海拔高度变化，气候从亚热带到温带、寒温带、寒带，呈明显的垂直性差异。

总之，阿坝州的气候总体特征是四季差异不明显，气温常年较低，旅游时应注意备好衣物。

九寨归来不看水

这世上真的存在“梦的仙境”和“童话世界”。在九寨，那山，那水，那树，那风，一切都是对有限人生的无限抚慰。

翠海、叠瀑、彩林、雪峰、藏情，被誉为九寨沟“五绝”。九寨沟约有52%的面积被原始森林所覆盖，低矮处的油松、半山腰的桦树、高半山腰的杉树，使九寨显得繁盛至极；也有大熊猫、金丝猴、白唇鹿等诸多野生动

双桥沟

物栖息于此，好不热闹。然而那繁盛与热闹之中自然夹带着深深的静谧，飞花走石，令人沉醉。春天冰雪消融，春水泛涨，山花烂漫，春意盎然；夏日浓荫掩映，水草丰泽，银瀑恣意，柔风吹拂；秋天五彩斑斓，彩林倒映，落英缤纷，晴空碧净；冬日银装素裹，冰清玉洁，水封湖面，冰凝瀑间。九寨四时，景色各异，春之花草，夏之流瀑，秋之红叶，冬之白雪，无不令人为之叫绝。而这一切，又深居于远离尘世的高原深处，宁静之中。

九寨沟的民俗也丰富多彩，包括请山神、迎圣水、煨桑烟等多种祈福、宗教祈愿活动。每年1—2月，九寨还有国际冰瀑旅游节，更是吸引了不少人的目光。

1992年12月，九寨沟被联合国教科文组织列入“世界自然遗产名录”。

九寨沟瀑布

历史 HISTORY

历史大事记

●上古时期

早在5000年前，阿坝州就有人类生息繁衍，在茂县营盘山出土的文物与马家窑文化、三星堆文化有着密切的联系，被称为“营盘山文化”。全州各地发现多处4000年至3000年前的新石器文化遗址，表明这里是川西蜀文化的重要发源地。

古蜀蚕丛时代（夏朝初年，前21—16世纪）曾建都于蚕陵（今茂县叠溪）。春秋战国时期，这里不仅孕育了子孙遍布西南的石棺葬文化，在世界建筑史上占据重要地位的“邛笼”文化，而且还是四川汉代崖墓文化的发源地。

●秦汉至明清

前316年，秦在岷江上游东岸设置湔氐道（今松潘），管理岷江流域诸民族事务。这是阿坝州最早的建制。随着中央王朝统治势力的不断深入和加强，及先进文明的大量涌入，这一地区进一步走向繁荣。

唐宋两朝，这里曾是中原王朝同吐蕃王朝旷日持久的军事对峙地区。明朝大力推行土司制度，政治上巩固其统治，经济上让原来的生产方式维持下去，满足于征收纳贡。

同时在岷江上游构筑大量城堡，以加强对该地区的军事控制。

清乾隆十二年至四十一年（1747—1776年），清廷对四川大、小金川地方土司进行两次重要作战，即“大小金川之役”。清军获胜，遂开始实行“改土归流”“改土归屯”政策，加强了对西南地区的统治，促进了这一地区的社会进步和经济发展。

●近现代

20世纪30年代初，红军长征历经阿坝州，爬雪山过草地，在阿坝州转战停留16个月，留下了许多可歌可泣的英雄事迹和动人的故事。

1952年，阿坝州全境获得解放，年底成立四川藏族自治区，从此阿坝州人民翻身当家做主人。

1955年改为阿坝藏族自治州，1987年7月更名为阿坝藏族羌族自治州。

2008年5月12日，阿坝藏族羌族自治州汶川县境内发生里氏8.0级强烈地震，波及范围大，给当地造成了极大损失。

大小金川之战

大小金川之战是清乾隆十二年至四十一年（1747—1776年），清廷对四川大、小金川地方土司进行的两次重要作战。

金川安抚司莎罗奔图谋兼并小金川及邻近诸土司，乾隆十二年，莎罗奔起兵攻掠革布什札和明正两土司地区。清廷命四川巡抚纪山派兵镇压，反为所败，遂命云贵总督张广泗为四川总督，统兵3万分两路由川西、川南进击大金川，劳师无功。乾隆十三年春，清廷派大学士讷亲为经略，前往督师，起用岳钟琪以提督衔随行，仍无功。

汶川映秀漩口中学无落款纪念碑

九月，乾隆帝将张广泗、讷亲革职治罪，改授大学士傅恒为经略。十二月，诛良尔吉，增调邻省精兵3.5万。乾隆十四年初，傅恒采用岳钟琪建策，分兵两路：北路出党坝（今金川北）、泸河（大金川别名），水陆并进；南路自甲索攻马牙冈、乃当两沟，避坚就隙，直逼大金川官寨，连克碉卡，军声大振。岳钟琪兵至勒乌围，乘莎罗奔恐惧，亲率13骑入营劝降成功。遂赦免莎罗奔父子，仍命其为土司。第一次金川之战遂告结束。

第二次金川之战爆发于乾隆四十年（1775年）。乾隆三十六年（1771年），大金川土司索诺木与小金川土司僧格桑相勾结，诱杀革布什札土司，并进攻鄂克什与明正两土司。四川总督阿尔泰奉命进击，在打箭炉（今康定）停留半载不进，被治死罪。清廷命大学士温福为定边右副将军，由云南赴四川督师，以尚书桂林为四川总督，再度率兵征战。初战进展顺利，连夺关隘。乾隆三十七年五月，桂林失职，致3000部将全军覆没，被罢官。朝廷改派阿桂入川，连夺险隘，直抵美诺（今小金县城），平小金川。僧格桑率兵逃入大金川与索诺木合兵。

乾隆三十八年夏，清军转攻大金川，屯兵于大金川东之木果木。索诺木指使小金川头人及诸土司集兵数千，乘机攻陷清军提督董天弼的底木达营地，切断清军粮运，突袭木果木，夺占炮台，四面突入，清军溃败，温福等战死，小金川得而复失。乾隆闻败，命阿桂、明亮、丰伸额统率从各地征调的精兵数万，分三路合击小金川。阿桂督师经五昼夜激战，直抵美诺，各路也捷报频传，至十一月初，再次降服小金川。清军调整部署后，兵分三路合击大金川。乾隆四十年七月，清军连克堡寨，进围勒乌围，八月十五发动总攻，经一昼夜激战，破寨。清兵于十二月合围噶拉衣，切断其水源，日夜炮轰。乾隆四十一年二月城中食尽，索诺木率2000余人出降。第二次金川之战结束。

此战，清廷经多次筹划，历时数十年，终获胜利。战后，清廷改土归流，废除两金川土司制，设厅委官，又置重兵镇守，加强对该地区的管辖。

红色阿坝

《长征组歌》里有一句歌词："雪皑皑，野茫茫。"唱的就是阿坝州。在阿坝州，发生了很多中国革命史上具有重大意义的历史事件。

长征途中，红军在阿坝州转战停留16个月，创造了"爬雪山，过草地"等许多惊天动地、悲壮雄伟、令后人肃然起敬的人间奇迹和英雄业绩。红军共翻越了夹金山、梦笔山、亚克夏山、昌德山、达古山、虹桥山、鹧鸪山、巴郎山8座大雪山，走过红原、松潘、阿坝、若尔盖和壤塘等湿地大草原，建立了松理茂赤区、大小金川革命根据地、格勒得沙革命政府和藏、羌、回少数民族革命武装。

阿坝州是红军长征途中中央召开政治局会议最多的地区。长征途中，党中央先后在阿坝州召开了两河口、卓克基、芦花、沙窝、毛尔盖、巴西等9次政治局会议（含扩大会议、常委会会议、非正式会议），这些会议确定了红军北上抗日等关系中国革命命运的重大战略方针。

红军在阿坝境内多次与国民党军队交战，先后有土门、松潘、夏洮、绥崇丹懋和包座等战役，雁门关、岭岗、松州城、抚边、两河口、马岭山、薛城、巴郎山、猛固桥、梅花山、瓦钵梁子、石碉楼等战斗。

曾有无数红军战士在达古山失去宝贵的生命

如今的阿坝州有9个县114个乡镇被命名为革命老根据地，阿坝州是国家重点培育的12个"重点红色旅游区"之一。

文化 CULTURE

古羌文化的传承——卡斯达温

"龙来氐羌黄河头，征程漫漫几个秋。""羌"是唯一一个在甲骨文中出现的关于民族的文字，是中国人类族号最早的记载。

这个古老民族代表着所有逐水草而居的民族，有着自己热情洋溢的舞蹈，繁复绮丽的祈福方式，那就是卡斯达温舞。据考证，"卡斯达温"最初可能是古羌部落在游牧、狩猎的过程中产生的祭祀礼仪。唐代以前，由于黑水河流域战事连连，它逐渐演变为将士出征前所举行的一种征战祭祀活动，发展到现在，已成为年节、庆典、喜丧等祭祀仪式中的歌舞活动。卡斯达温舞主要流传于阿坝州黑水河流域。"卡斯达温"是黑水方言，"卡斯达"为"铠甲"之意，"温"或"贡"是"穿"的意思。"卡斯达温"是古代黑水人出征前，勇士们祈祷胜利，亲人们为他们祈求平安、祝福吉祥的一种民间祭祀性歌舞活动。武士们身穿牛皮甲衣，头戴插有牛尾和鸡毛的圆形头盔，腰间佩戴长刀、手持戈矛、火药枪等，围成圈，圈中央放置咂酒坛。在广场内绕行数圈后，以不断变换队形和婉转、高亢、互动、感人的歌舞形式来体现古代藏族武士的尚武精神。在“哈宇、哈斯宇”的呼喊声中，武士们踏歌起舞，抖铠甲、向天鸣枪、挥舞兵器，而妇女们也随队伴唱着悠扬、婉转的藏族多声部民歌，舞蹈动作在歌声的变化中变化有致，和着旋律，带有明显的马背文化遗风，同时给人以强烈的视觉和听觉冲击。

各地的卡斯达温略有差异，黑水县扎窝乡朱坝村的“卡斯达温”主要表现狩猎的内容和形态，红岩乡俄恩村的“卡斯达温”主要表现征战的内容和相关状态，维古乡的“卡斯达温”则主要表现男女道别和为逝去的勇士举行丧葬祭祀的仪式歌舞。

“卡斯达温”是在千年的狩猎和战争中形成的一种原始文化，具有历史研究价值。其独具一格的多声部祭祀礼仪歌舞形式，对远古高原峡谷地带的部族文化艺术特点也有着重要的研究价值。2006年，“卡斯达温”被列为国家级非物质文化遗产。

羌笛何须怨杨柳

“笛，涤也。荡涤邪志，纳之雅正。”羌笛是我国古老的单簧气鸣乐器，已有2000多年历史，阿坝州的羌民常用它来传达思念之情。“羌笛何须怨杨柳，春风不度玉门关。”从小，我们就对这句诗熟稔于心，羌笛那愁肠百结的柔情，在想象中陪我们度过了日日夜夜。那小小羌笛由高山上生长的油竹制成，竹节长、管身较细，双管并排用线缠绕连接在一起。有10余首古老的曲牌，乐曲内容相当广泛，主要是传达羌族人的思念向往之情。

“中军置酒饮归客，胡琴琵琶与羌笛。”羌笛的音色清脆高亢，并带有悲凉之感，自古就是边塞常见的乐器之一。羌笛在汉代就已经流传于甘肃、四川等地了。值得一提的是，羌笛并没有出现在唐代的“十部乐”中，可见，羌笛并未正式进入唐代宫廷或军队，只是少数民族或是军队中的兵士所用的一种自娱自乐的乐器。到了明代，羌笛成为宫廷的正式乐器。《明史》载，洪武元年定殿内侑食乐，羌笛即为“四夷乐舞”之一。如今羌笛多为箭竹所制，哨口首尾都会绑上金线，既为美观，也为保护哨口。现代羌笛是人们在喜庆丰收、逢年过节劳动之余常用的主要乐器，亦是小伙子向姑娘表达爱慕的一种方式。目前，羌笛文化已作为国家非物质文化遗产被保护起来。

羌笛

景点推荐

汶川旅游区

汶川特别旅游区 AAAAA

纪念性和文化主题景区

- 阿坝州汶川县
- 免费
- 全天
- 可以在成都茶店子汽车站乘坐直达水磨古镇的汽车
- 0837-6256888

阿坝州汶川特别旅游区包含震中映秀、水磨古镇、三江生态旅游区。汶川县映秀镇路口，矗立着一块写着“5·12震中映秀”几个大字的巨大石头，这块巨石是地震时山体崩裂滚下来的，如今成为震中映秀的标志性路牌。水磨古镇是汉族和少数民族的交融区，被誉为汶川大地震灾后重建第一镇。三江生态旅游区是融观光、体验、避暑度假为一体的短程旅游风景区。

映秀镇

映秀是汶川特别旅游区的三处景点之一，作为大地震时的重灾区，如今保留了震源点、漩口中学遗址等地震原景，新建的有青少年活动中心、学术交流中心、震中纪念馆等参观景点。这里三山竞秀、二水争流；植被丰富，景色秀美，交通便利，商贸发达。地震摧残不了人们坚强勇敢的心，如今的汶川已然成为大爱之乡，重生之地；不屈羌山，美丽依然。

链接

漩口中学遗址

漩口中学在“5·12”汶川特大地震中严重受损，震后，漩口中学的废墟被作为遗址完好地保留了下来，是“5·12”汶川特大地震中唯一得到较为完整保存的大型遗址，也是2009年“5·12”汶川特大地震周年祭奠仪式会场。在中学正中是5·12特大地震记事钟，是用来祭奠在地震中逝去的师生们。

在春天坪俯瞰映秀镇，漩口中学地震遗址尽收眼底；如今作为地震遗址和地震纪念体系的一部分，这地方被保存下来，成为“三基地一窗口”建设示范点，供来者瞻仰、参观。

水磨古镇

汶川县南部的岷江支流寿溪河畔

自汶川包车更为方便

作为汶川特别旅游区的一部分，水磨古镇的历史之悠久足可追溯到商代。古镇自古就是多种民族的交融区，有着多种民族元素的建筑和人文风情。

5·12汶川地震后，水磨古镇出现大量损毁。重建后的古镇加入了厚重的南粤元素，被誉为汶川大地震灾后重建第一镇。

玩家解说

自商代起，水磨古镇就有着“长寿乡”的名号。古镇中的建筑独具风情，多数都是藏、羌、汉三个民族建筑风格相结合的风格。

西羌汇：水磨古镇的标志性景观之一。其建筑平面由正方形演变而来，建筑立面则结合了羌碉的特色。该建筑东临寿溪湖，玻璃体的灯光更是给夜间的湖面添上了一轮美色。

万年台：早先的戏台，始建于明朝万历二十

汶川大地震北川地震遗址

卧龙自然保护区

五年（1597年），但毁于汶川大地震。如今的建筑是仿照原样重新修复的。万年台坐南朝北，与寻常的建筑朝向不同。占地面积86平方米，建筑平面是“凸”字形分布，歇山顶，穿斗抬梁式结构，七架九脊檩，素筒瓦屋面，灰塑脊，顶施藻井，并彩绘。

字库塔：比较奇特的建筑，这是古人专门用来焚化字纸的建筑。字库塔本起自唐宋年间，而后兴于明宋年间，但留存至今的建筑样本极少。水磨古镇的字库塔，始建于清代，也一样损毁于地震。新建后的字库塔，增加了字库广场，其照壁上书写着“大爱无疆”四字，寄托了灾区人民对广东佛山同胞鼎力相助、携手共建的感激之情。

羌碉：古镇的标志性建筑，高有10米左右，典型的碉楼建筑风格。

西羌大峡谷
一方天存的净土

汶川县雁门乡境内

成都新南门汽车站乘车到雁门乡，下国道213线后再走3千米可到

西羌大峡谷，是一条由东向西全长30余千米的狭窄山谷。谷内有着浑然天成的景观，雪山、奇峰、怪石、幽谷、森林、秀水早已融为一体。峡峭壁耸，瀑布层叠，令人见而往返。

玩家攻略

峡谷中处处是景，且能路遇当地羌人，很有民族风情。

沟口是雁门关，路上能望得见汹涌的岷江。

大峡谷尚在初步开发中，仍保持着极好的自然环境，但在旅游住宿配套方面略弱。

卧龙自然保护区
大熊猫的故乡

汶川县西南部

邓生沟20元；大熊猫苑90元

大熊猫博物馆夏季8:30~17:30，冬季9:00~17:30

卧龙自然保护区位于邛崃山脉东麓，是国家级第三大自然保护区，也是四川省面积最大、自然条件最复杂、珍稀动植物最多的

自然保护区，主要保护西南高山林区自然生态系统及大熊猫等珍稀动物。

卧龙自然保护区以“熊猫之乡”宝贵的生物基因库“天然动植物园”蜚声中外。

大熊猫博物馆

“中国卧龙大熊猫博物馆”是我国唯一的以展示单一物种——国宝大熊猫的博物馆，分六部分向人们展示大熊猫的生存环境、历史演变、自身特性、伴生动物，以及大熊猫的人工饲养、繁殖、保护和研究。

熊猫沟

熊猫沟海拔2050~2800米，是大熊猫古老的温馨家园。沟内有专业人士陪同指导，通过一系列现代化高科技设备，可以观赏到野生、半野生放归大熊猫和伴生动物，体验熊猫沟历史和景观，寻踪野生大熊猫。

大熊猫苑

大熊猫苑是世界规模最大的大熊猫圈养场，饲养有不同年龄阶段的大熊猫66只，展示圈养和半野生放养下大熊猫的生活。春暖花开时可以观看大熊猫婚配的热闹场景，金秋时节有机会目睹熊猫宝宝的降生过程。

巴郎山

巴郎山海拔5040米，沿途的高山草甸犹如一幅幅巨大的地毯覆盖山间，上面是野花缤纷的高山草甸，下面是神秘幽深的原始森林。巴郎山山高坡陡，但景色极为美丽，白云如海，远观雪山连绵，草甸起伏，风光无限。

卧龙自然保护区大熊猫

景点推荐

四姑娘山 AAAA

阿坝藏族羌族自治州小金县

0837-2791999

双桥沟80元，长坪沟70元，海子沟60元

去往四姑娘山必须先从成都坐车去日隆，日隆是到达四姑娘山的唯一地点

该景区主要由“三沟一山”组成，核心景区包括双桥沟、长坪沟、海子沟和四姑娘山。双桥沟以观光游见长，海子沟以探险游著称，长坪沟以生态游为主，四姑娘山则以登山活动为重。

玩家 行程

游览四姑娘山，一般是从三条沟中选一条沟游览一天时间。

长坪沟开发较早，也较成熟，主要由森林、峡谷及雪山组成，景色比较好。主要景点有喇嘛寺（栈道的起点）、二道坪、枯树滩、两河口（可以看见冰川）、红石滩、木骡子（群山环抱着的草甸）、唐柏古道（古老的方枝柏林）等。长坪沟全长29千米，一般选择游览10~15千米，就能把主要景致游完，但想看到四姑娘山的身姿，就必须要进到16千米处。

双桥沟，全长35千米，是四姑娘山中唯一不需要骑马就可游览的沟。主要景点有杨柳桥、阴阳谷、白杨林带、日月宝镜山、五色山、撵鱼坝、人参果坪、沙棘林、牛棚子草坪和长河滩等。撵鱼坝栈道将四姑娘山的灵秀与壮美很好地融合在了一起，很有特色。

海子沟全长19.2千米，沟内有花海子、浮海、蓝海等10多个高山湖泊，秋色宜人。海子沟是开发最不完善的，必须骑马进去，来回需要8个小时。马票同样要好好保存，下山再给马夫。

玩家 攻略

1.每年7—8月是四姑娘山的最佳旅游季节，满山鲜花盛开，绿草如茵。另外，从10月中旬到11月中旬，四姑娘山的秋色又宛如醉人的美酒，或许可以让你拍出一生最漂亮的照片。

2.日隆镇上有众多客栈，价格实惠。

3.风景区各条沟内都没有提供午餐的地方，需要自带食物。

玩家 解说

四姑娘山是邛崃山系的最高峰，由四座连绵不断的南北走向山峰组成，从大姐峰到四妹峰，依次长高。主峰海拔6250米，直插云天，以雄峻挺拔闻名，仅次于被誉为“蜀山之王”的贡嘎山。景区内有遮天蔽日的茂密森林，有绿草茵茵的高山草甸，更有垂直悬挂的冰川和流转不息的溪流，宛如一派秀美的南欧风光。

四姑娘山

东方的阿尔卑斯

四姑娘山景区内

四姑娘山由四座连绵不断的山峰组成，从大姐峰到四妹峰，依次长高，主峰海拔为

6250米。人称“东方的阿尔卑斯”。在四姑娘山周围，还有20多座被冰雪覆盖着的4~5千米高的山峰，终年白雪皑皑。景区内分布有40多种古老珍稀的特色植物，400多种野生花卉，还有金丝猴、牛羚、雪豹、小熊猫等国家一、二类保护动物30余种，是一个美丽富饶的地方。

玩家解说

四姑娘山被当地藏民敬为神山，相传当年有4位美丽善良的姑娘，为了消灭杀害父母和残害村民的恶魔墨尔多拉，与凶猛的妖魔英勇斗争，最后变成了四座挺拔秀美的山峰，即四姑娘山。

长坪沟

户外运动爱好者的天堂

四姑娘山景区内

长坪沟内的原始植物种类非常丰富，而且植被保存完好，古柏高大挺拔，青松枝繁叶茂，空气质量非常好。长坪沟也是户外运动爱好者的天堂，是登三峰、四峰的重要营地，也是攀岩攀冰的理想场所。

双桥沟

山峰的博览会、沟壑的陈列馆

四姑娘山景区内

双桥沟被誉为“山峰的博览会、沟壑的陈列馆”。进入沟内，阴阳谷山势陡峭，曲折幽深，别有洞天。日月宝镜山、五色山、盆景滩、红杉林冰川等景致如锦簇画廊，令人流连忘返。加之山水相依，草木相间，云遮雾绕，置身其中，宛若仙境。

海子沟

赞拉河的发源地

四姑娘山景区内

因有星罗棋布的10多处海子而得名。景区空旷平坦，阳面山坡有各种菌类，具有很高的药用价值，有防癌、治癌功效；阴面山坡的灌木林秋天时层林尽染、万山红遍，十分壮观。来自地球第四纪的远古鱼类被保存至今，成为人们了解这块土地的活化石。

长坪沟

景点推荐 嘉绒文化旅游区

卓克基土司官寨 文 AAAA

东方建筑的明珠

马尔康市卓克基镇西索村，距县城9千米

旺季60元，淡季30元

马尔康至成都的班车在卓克基桥头下车即可，或沿317国道车行十几分钟可到

8:30~17:30（旺季）；9:00~17:00（淡季）

0837-2829888

卓克基土司官寨始建于1718年，即清乾隆年间。建筑原为四层碉房，曾在1936年的大火中毁尽，后又重建。

现存建筑占地1400余平方米，为汉式四合院土石木结构建筑，由一座五层藏式民居和一座五层碉楼组成，主体建筑为典型的山地藏族民居式。

玩家解说

土司官寨，也被称作土司署或是土司官邸。卓克基土司官寨的建造者，便是末代土司索观瀛。他所设计的官寨，就是一座易守难攻的封闭式四合院。

在整个川北的嘉绒藏族建筑中，卓克基土司官寨的建筑艺术地位之高，恐是索观瀛在建造之时所难以想象的。可以用这样的语句来形容它，它集嘉绒藏族建筑艺术之精华，是藏汉民族建筑艺术高度融合的典范。

西索村

宁静祥和的嘉绒藏族村寨

马尔康以东7000米的卓克基镇

西索村地处海拔2700米的高原之上。整

个村寨依山而建，错落有致，宁静安详。村子内漂亮的藏族民居都是当地居民用山里的石头一块一块地砌成，石块之间缝隙均匀，并形成漂亮的曲线，窗子上画着藏族特有的美丽图案。清澈的梭磨河从村前奔流而过，河水的流淌声永远都陪伴着河边的人和屋。

松岗古碉群 文

奇迹般的古建筑艺术

马尔康市直波村和松岗乡，距市区15千米处

市区搭车至松岗乡，至桥头可见。回程可在路边搭车

免费

松岗古碉群，实含四座碉，两座在直波，两座在松岗。

松岗古碉群，属四角碉。两碉相距25米。东碉高16.4米，西碉高14.9米，在松岗土司官寨的遗址中分外显眼。

玩家 攻略

1.松岗土司官寨，1936年之前乃是一派盛况，其建筑外观酷似布达拉宫，自称是“布达拉宫第二”。可惜官寨被一把大火烧尽，如今的残垣断壁还能瞧见其建筑布局，仍有当年的气势。

2.从远处观看雕群，有极强的对比度，更有震撼之感。

3.途中民居独具特色。若是包车，建议停下细观。

玩家 解说

松岗古碉群中，属直波古碉群最为别致。其中南碉位于藏寨内，共7层，各面墙上每层均开1~2个竖长方形瞭望孔；北碉位于山腰，共六层，除其门开二、四层外，其门、瞭望孔均与南碉相近。两座碉棱角分明，墙体平整如削，与松岗官寨隔河相望。

2000多年前，秦汉时期曾有一种古老而奇特的民族建筑，盛行于川西北高原。这便是独特的

卓克基土司官寨

"邛笼"，也即是松岗直波古碉这种建筑艺术的前身。

松岗直波，盛产石块和片石。直波碉就地取材，便是以这些石块和片石为材料，用小石块砌缝，取黄色的黏土与石块错落搭起，上小下大，墙体平整如削。碉楼乃是内直外斜逐层垒砌，内中置有横梁隔成数层，起着墙筋的作用。各层用独木梯连接。

虽然各处都有碉楼，但并无一处有着直波碉的高大和雄伟。碉楼的设计考虑极为周到，将实用性与美感结合到了一处。直波村落其实地处邛莱山脉断裂带，地震总是不断。而历经多年，碉群仍旧矗立完好，被作为唯一的古碉列入国家文化保护文物，也绝对在情理之中。

大藏寺

寺内有无数珍贵圣物

马尔康市大藏乡，距县城55千米　免费

大藏寺，由嘉绒高僧阿旺札巴大师建于1414年。

寺院占地足有13余万平方米，大藏寺有弥勒殿3座、宗喀巴大师殿、大雄宝殿及护法殿等6座佛殿。此外还有祈竹楼及堪康楼各1座，为两位法台历代驻锡之所。各殿存有圣物及珍贵经书无数，弥勒殿中更供有几十米高的未来佛法像。

明清两代，大藏寺深受历代帝王推崇，规模极其盛大，为川北一带的佛法权威与中枢。

玩家攻略

1.自市区到达大藏寺不易，开车需2个多小时。一路需翻山越岭。路窄且弯，但风景相当美丽。

2.寺庙海拔高，冷风刺骨，需做保暖准备。

3.寺院周围美色十足，相当壮观。

4.寺院后山有闭关院，供寺僧禅修之用，游客不能进入。

大藏寺

玩家 解说

“大藏”藏文中的意思是“圆满的信心”。因音译的关系，也曾被喊作“答仓寺”“大泽寺”，当地亦有藏民称之为“茶谷寺”。

大藏寺的选寺极为特别：山形如象，寺院建在象的颈部；周围山势环绕，自然形成一座13尊大威德金刚坛城的排列。若是从寺院的正中心往四方远眺，东南西北方各有一座山峰，便是坛城的四方护法。

大藏寺地位极高，仅次于格鲁派祖庭甘丹寺。寺内珍藏乾隆皇帝所赠象牙印章一枚、乾隆所供织锦布料少许、御赐天衣及五佛冠等。殿中壁画亦多，甚至普通的僧舍也都绘满了壁画，记载着历代祖师的生平史传。

米亚罗风景区

我国最大的红叶风景区

理县米亚罗镇，距成都约260多千米

免费

0837-6824788

米亚罗风景区是中国面积最大、景观最佳的红叶风景区。斑斓的色彩与蓝天、白云、山川、河流构成一幅醉人的金秋画卷，境内山峦起伏，峡谷幽深。古尔沟温泉、鹧鸪山雪景、毕棚沟、龙胆沟瀑布、羌村藏寨、佛教寺庙等景观，为神秘的峡谷风光增添情趣。

红叶风景区

沿着杂谷脑河旁的公路徐行，从古尔沟到米亚罗镇，红叶观赏区长达50多千米，这就是著名的红色走廊。金秋时节，红叶由高到低层次分明地从山顶到河谷竞相争艳，万树姹紫嫣红，争奇斗艳。

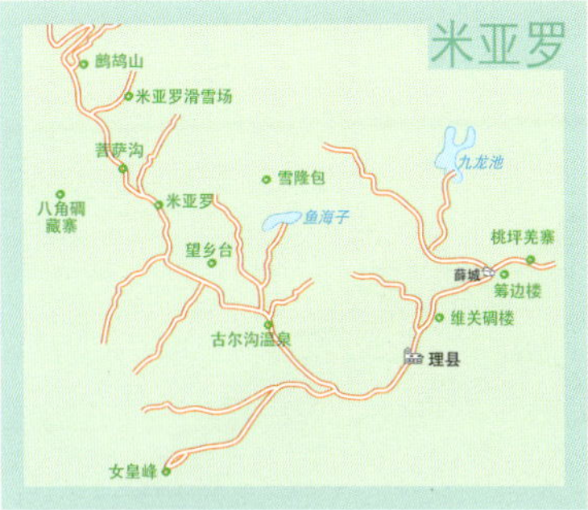

玩家 攻略

红叶景观最盛的地段在理县薛城镇至米亚罗镇之间，到达理县后可租辆车子走一段路沿途拍照。

米亚罗、理县、古尔沟一带住宿情况齐备，不同档次的旅馆、宾馆皆有。

米亚罗属于高海拔区，需注意高原反应，并备齐药物。

前往米亚罗较多山路和弯道，自驾需小心行驶。

若想体验野外生活的乐趣，可向当地藏民租用野营帐篷、行军床、鸭绒被套等保暖物品，每顶帐篷每晚租金大约60元。

每年10月中旬，是红叶景观最美的月份。理县都会举办米亚罗红叶节，当地的藏、羌族同胞载歌载舞欢迎远方的来客，拿出香甜的酥油茶、糌粑、青稞酒奉献给各地游人。届时，还将举行庙会、狩猎、民族舞蹈等一系列宗教民俗活动。

米亚罗

桃坪羌寨

古尔沟

古尔沟温泉是当前四川省唯一的融浴用、饮用、疗用为一体的天然热矿泉，对人体消化系统疾病、风湿病、皮肤病、胆结石、胆囊炎等均有较好的疗效，具有美容、护肤、减肥、延年益寿等功能。

玩家 解说

古尔沟温泉泉水含锂、锶、氟、锌、硼、硒、锗等17种有益人体的微量元素，对人体消化系统疾病、风湿病、皮肤病、胆结石、胆囊炎等均有较好的疗效。

桃坪羌寨 AAAA

神秘的“东方古堡”

理县杂谷脑河畔桃坪乡

桃坪羌寨是世界上保存最完整的羌族古寨，至今仍然保持着古朴风情，被专家学者称为神秘的“东方古堡”。桃坪羌寨完整地保存了羌族古老民族的特点，民居背山面水，坐北朝南，布局严密完整。座座古碉如宝剑直插云霄，有一种很强的视觉冲击力。

玩家 攻略

若时间宽裕，不妨住在寨内民居，费用方面需要与户主商谈。可以尝试羌族的餐饮，以酸为主。特别有名的是酸菜荞面、酸菜糍粑、酸菜搅团等，以及著名的羌乡腊肉。

玩家 解说

羌族是我国少数民族之一，其居所多依山而居，累石为室，建筑取材多用片石、泥土和木头。

在至今被发现的羌族建筑中，理县的桃坪羌寨属个中翘楚，最为典型。它以古寨为中心筑成放射状的八个出口，出口又连13条甬道构成路网。寨中熟路之人可以进退自如，外人一进入就好似迷宫。

更为独特的是寨中的地下供水系统，独一无二。自高山引来的泉水，全通过暗沟流入每户人家。水沟以青石砌成，石板盖面。人们不用出门就可取水。此类设计在战时有着避免敌人断水的功能，甚至成为寨民逃生的一条暗道。

毕棚沟 AAAA

高原多样性的景观地带

理县朴头镇梭罗沟，距县城20千米

从理县可包车前往毕棚沟内，可坐车经过景区门口并直达上海子接待站

80元

8：00～17：30

毕棚沟景区位于理县朴头梭罗沟境内，红叶、杜鹃花种类繁多，是国内非常知名的红叶观赏胜地。毕棚沟最大的一个景色就是树，秋季时，枫叶红得比米亚罗早，山川间到处都是娇艳似火的枫叶，徜徉其间，有如置身“火”的世界。此外，这里的奇峰异石、冰川滩坪、原始森林也同样吸引人。

玩家 攻略

1. 多数旅行团会给毕棚沟设定3个小时的游览时间，但这时间对于挖掘毕棚沟真正的美色仍旧是不够的。在户外运动者的眼里，毕棚沟至四姑娘山的徒步穿越是中国经典穿越线路之一，也是四川境内景色变化最多、最美的徒步穿越线路之一。

2. 毕棚沟的垂直落差达3000米，游览时需注意自身是否有高原反应。行程温差极大，注意保暖。

3. 毕棚沟的游客服务中心，标准间每晚一二百元。略好一些的住宿是姆湖处的娜姆湖酒店，按照四星级标准建造，集餐饮、娱乐、住宿、商务于一身，价格每晚400～600元。

世外梨园景区 AAAA

有“阿坝江南”的美称

金川县沙耳乡境内的神仙包是最佳观赏地

从金川县城出发，沿省道S211南行11千米、北行35千米，沿途都属于大金川梨花红叶风景区

世外梨园景区是全国闻名的雪梨产区，素有“中国雪犁之乡”的美名。这里有川西高原规模最大的梨花和红叶奇景。10万株雪梨树点缀于大金川河谷的千壑万岭中。每到阳春三月，万亩梨树竞相开放，整个大金川河谷似茫茫雪海；深秋时节，百里红叶娇艳似火，把河谷两岸点缀得五彩斑斓。这里还是嘉绒藏族的聚居地，有“阿坝江南”的美称。

玩家 攻略

美食：糌粑添加酥油白糖，香甜可口；烤羊香脆，酸奶味美，酥油茶营养；马茶提神助消化，青稞咂酒醇香甘美；和尚包子、酸菜面块别具藏族风味。

毕棚沟湖景

金川梨花

住宿：可以体验一下藏式农家乐。

观音桥风景区 AAAA
藏族群众朝拜圣地

金川县观音桥镇
免费
全天
成都茶店子车站有汽车发往金川县

观音桥景区地处青藏高原东南边缘，具有浓郁的宗教文化特色，是游客感受宗教文化和体验独特民情风俗的好去处。原始纯美的自然风光引人入胜，游客在五一假期仍可观赏到圣洁的雪山和灵动的冰湖。

观音庙

观音庙建于7世纪，有长达1000多年的历史，它具有独特的藏族建筑风格，气势雄伟，规模庞大。观音庙不仅供奉众多神像、佛像，还收藏有大藏经、唐卡、法器等众多文物，该庙以灵著称于世，是众多信徒心中的圣地。

纳勒山

纳勒山是藏传佛教信徒心中的神山，原始森林保护完好，飞禽走兽种类繁多。山岭雄峰呈现出众多奇特形状，万仞绝壁上自然形成的古梵文及惟妙惟肖的人物、动物形象。这里森林密布，云气蒸腾，山腰杜鹃花竞相开放，妖艳妩媚。

太阳河峡谷

太阳河峡谷长40余千米，两边是连绵起伏的山岭，觅食的野鸡、嬉戏的群猴常常出没在茂密的树林间。这里春天繁花似锦，夏天苍翠欲滴，秋天则成了五彩斑斓的百里彩林。距峡谷口1.8千米处的药用泉，是当地藏民治疗胃病、皮肤病等疾病的药用神泉。

情人海

情人海湖水清澈，多游鱼，两岸森林密布，杜鹃盛开，高山耸立。湖边散布着刻经文疏，美丽的传说赋予情人海永恒的爱情主题，被当地藏民视为圣湖。

昌都寺

古老的本波教寺院

金川县撒瓦脚乡

昌都寺，又称昌都罗尔布寺，由绰斯甲土司的亲兄弟郎松拉丈旦贝嘉木参始建于3世纪，距今已有1000多年的历史。该寺历史上影响较大，历史悠久，是仅次于皇庙金川广法寺的又一座古老的本教寺院。

玩家攻略

昌都寺每年有四次大的佛事活动，农历一月初五，赛唐卡（良美大师之晒佛节）；四月十三至十五日，讲经灌顶大法会；六月初，念“哑巴经”；十二月十五日，金刚大法会、跳神舞。

嘎达山风景区

原始宗教——本教圣地

金川西北部安宁地区一带

嘎达山风景区是古东女国和青藏高原上最古老的原始宗教——本教圣地。在状如圈椅的苍茫环山中，莽莽林海之上翻腾着万态云霞；流彩山冈之中，飞瀑与奇峰怪石相映相衬，刚柔济溶；凌空绝壁之间，古庙遗文光影神色杂陈其间。

进入嘎达山境内，在茫茫林海之中，千米之外便能看见缭绕的水雾若隐若现，听见汹涌咆哮的流水在山林间回荡。慢慢走近，一挂瀑布犹如一条巨龙自天而降，悬在200多米高的绿色岩壁上，飞瀑四周相依着大小近十个瀑布，每个瀑布均一瀑几叠。

在密林中的绝壁之上，修建有古庙群，海拔3200米，每当朝霞满天，或者是夕阳西下的时候，悬空古寺云雾缭绕，霞光辉映，千奇秀丽，充满神秘。古寺全都建在石菩萨周围群山中的绝壁上。据有关文献记载和民间传说，这里是本教起源地。在庙内的墙壁上，还有一些奇奇怪怪至今仍无人能解读的文字和图案，等待人们进一步发掘和研究。

夹金山风景区

红军长征时翻越的第一座雪山

雅安市宝兴县210省道西

夹金山又名“甲金山”，“夹金”二字，来自清乾隆年间的“甲金达”，即藏语“夹几”的音译，意思为“弯曲之路”。

夹金山是青衣江的发源地，湖泊明净，谷幽峡深，自然景观独特。另外，夹金山也是中国工农红军长征时徒步翻越的第一座大雪山。为追忆红军长征，弘扬红军长征精神，建有红军翻越夹金山纪念馆。

玩家攻略

上九节：是藏民纪念万物萌生、庆贺当年丰收并祈愿新年吉祥的日子。座座山寨都张灯结彩、披红挂绿。当红日自雪山上升起来，所有的

夹金山

藏胞都身着盛装，敲锣打鼓地齐聚在龙神岗山腰的喇嘛寺内，跳起欢快的锅庄舞。

菩萨节：则是藏家转山的日子。人们汇集在夹金山公园的喇嘛寺前，诵经、膜拜、受洗。有藏族小伙子抬着菩萨沿神龙岗而下，前面有喇嘛开道，后跟着戴着脸谱、舞龙耍灯的队伍。藏族同胞会跟在行列中，虔诚地诵经祈福。

达古冰川 AAAA

中国第一彩色冰川冰雪天堂

黑水县县城西北部

通票370元（门票+观光车+索道）

达古冰川距离黑水县城9千米。景区门口有大型停车场。景区很大，旺季需要乘观光车游览。淡季可以直接自驾车到索道站

达古冰川位于阿坝州的腹心地带，距四川省会——成都市、九寨沟、黄龙风景名胜区均280千米，旅游区位十分优越，交通非常便捷。

走进远古、探古溯源，“达古冰川”因此得名。第四纪冰河鼎盛时期，达古冰川是一处大型平顶冰帽冰川。目前，景区内共有现代冰川13条首尾相接，冰面积达6.04平方千米，蔚为壮观。景区内雪峰、冰川、彩林、藏情、湖泊、野生动植物资源丰富。春观山花、夏赏冰、秋品红叶、冬抚雪，是旅游的最佳目的地。

玩家攻略

1.至少需要半天的时间游览。可以乘坐景区观光车游览金猴湖、上（中、下）达古藏寨，进入高山牧场游览神牛湖、达古湖；可以徒步游览凌云瀑布；还可以乘坐全球最高海拔的观光索道鸟瞰东措日月海，到达海拔4860米的冰川腹地，游览一号冰川、一号冰舌，观赏冰川云海的雄壮气势。

2.乘坐观光索道可以拍到冰川云海的绝美风景。拍摄冰川彩林的最佳季节是10月下旬—11月上旬。奶子沟是欣赏彩林的核心区（出景区大门右转即是）。

3.黑水的酸汤面块非常特别，牛杂汤、羊杂汤也很有特色。

4.达古冰川海拔较高，最好还是带上氧气瓶（黑水县城有卖）和西洋参片。山顶食品较少，建议自带干粮。在山顶，尽量减少剧烈运动，减少氧气消耗。雪山上阳光折射很强，一定要戴上太阳镜，不然很容易得雪盲症。

卡龙沟园区

卡龙沟，素有“小九寨”之称。卡龙沟园区，是融彩林、高山石林、天然溶洞、原始森林、峡谷景观、雪山等自然风貌为一体的景观。景区有着原始独特的喀斯特地貌，即钙华景观，6000米的范围内共有上千个钙华彩池。

景区主要景观有密林峡谷、钙华彩池、仙池盆景、原始森林、高山石林、钙华飞瀑、苔藓彩池坡、神水金坡、钙华溶洞等。

玩家攻略

去卡龙沟要先经过30千米彩林，一年四季都非常漂亮。景色最美在秋季。10月至11月初的20天内，河谷两岸层林尽染，是“谋杀菲林的最佳场所”。黑水县的住宿较多，如政府宾馆、工商宾馆；卡龙镇上以卡龙山庄和卡龙沟格尕藏家为主。

达古冰川云海

景点推荐

茂县旅游区

牟托羌寨

风景秀美、民族气息浓郁

茂县南新镇西南端

全天开放

牟托寨是茂县的一个羌寨，这里风景秀美，历史文化积淀厚重。民居建筑群依山就势、错落有致，动人的羌寨山歌、欢快的萨朗舞、传统的服饰和刺绣、清醇的“咂酒”、古朴的唢呐迎宾调、美味的羌族菜肴、古老的村寨遗址、土司官葬、500年前的古树、可容纳300人的天然溶洞、浓郁的羌民族建筑风格、小桥流水穿门而过，映染出一幅牟托寨独特的画卷，浓郁的民族气息和厚重的羌族文化让人沉醉。

坪头羌寨 AAAA

民风古朴、风情浓郁

茂县G213（西羌大道北段）

7：00～22：00

茂县凤仪镇坪头村是灾后恢复重建的新羌寨，羌寨一直保留着古老而独特的传统文化，民风古朴、风情浓郁，四时田园风光美不胜收，成为茂县聚力打造的“水风羌寨”。“水风羌寨”充满传说的药沟、驴子坪、金龟包、天马山、龙池等景点围绕在四周，风光旖旎，既是风景区，又是羌城、远山近水的观赏点，更是眺望九顶山的理想之地。

叠溪-松坪沟景区 AAAA

素有“小九寨”之称

地址：阿坝藏族羌族自治州茂县叠溪镇境内

电话：0837-67079797

景区由叠溪古镇、松坪沟两个景区组成，以地震遗址、海子、森林、群山、民俗风情等主景为特色，素有“小九寨”之称。主要景点有：

松坪沟红叶：每年金秋时节，这里红叶漫山，风景如画，吸引了不少摄影爱好者来此参观。

白石海游览区：白石海是松坪沟中最大的海子，也叫公棚海、瓦尔普海，因海边有一块神秘白石得名，长1600余米，最深处80余米。海的形状如一把平放的镰刀。

墨海游览区：此处水的颜色如蓝墨水一样深邃，故名。

玩家解说

叠溪古城，历朝历代都是边防重镇。这座千年古城的城墙“贞观时筑，明洪武十一年御史大夫丁玉讨复故地，命指挥童胜复筑。高一丈，围三百几十丈，门四。成化间重修”。

1933年一个普通的下午，繁荣了千年的叠溪城和城中所有的居民遭遇了一场毁灭性的打击。就在这一天，叠溪发生了7.5级特大地震，吞没了整个叠溪城，吞噬了近万条鲜活的生命。

叠溪海子就是以这样的灾难遗迹背景出现的。这场地震之后，人们发现，叠溪突然多出了一个宽1千米、长10千米的海子，一段大（公棚海子），一段小（白蜡寨海子），很像肠子的形状。

这个遗迹美得令人惊诧。两岸都是高耸的山崖，在深灰色的山岩衬托下，海子显得格外清澈。连接两个海子的是一段波浪翻滚的急流，看似文雅的海子其实静中见动，动中有静。

九顶山

景点推荐

松潘旅游区

黄龙风景区 AAAAA

被誉为“人间瑶池”

松潘县境内

4000886969-6-2 旺季，170元；淡季，60元

黄龙风景区因佛门名刹黄龙寺而得名，以彩池、雪山、峡谷、森林“四绝”著称于世，是中国唯一的保护完好的高原湿地，这里山势如龙，又称“藏龙山”，由黄龙本部和牟尼沟两部分组成。黄龙以结构奇巧、色彩丰艳的地表钙华景观为主景。

玩家 攻略

1. 每年农历六月十五日，相传为黄龙真人修道成仙日，都要举办盛大的庙会，地点在黄龙后寺，方圆数百里的各族民众聚集在广场上，尽情歌舞，热闹非凡。

2. 黄龙景区没有餐厅，需自备干粮。但山上不易多食，以免下山后引起高原反应。

3. 黄龙景区冬季会分批进行封山保育，出游之前最好先做打听。

4. 黄龙景区极大，各个分景区之间可选择包车游览更为方便。

玩家 解说

黄龙景区海拔在3000米以上，游客来旅游时要做好预防高原反应的准备，建议在去黄龙之前7天开始服用红景天或随身携带速效奥默携氧片。黄龙由于其特殊的地理位置和天气原因，

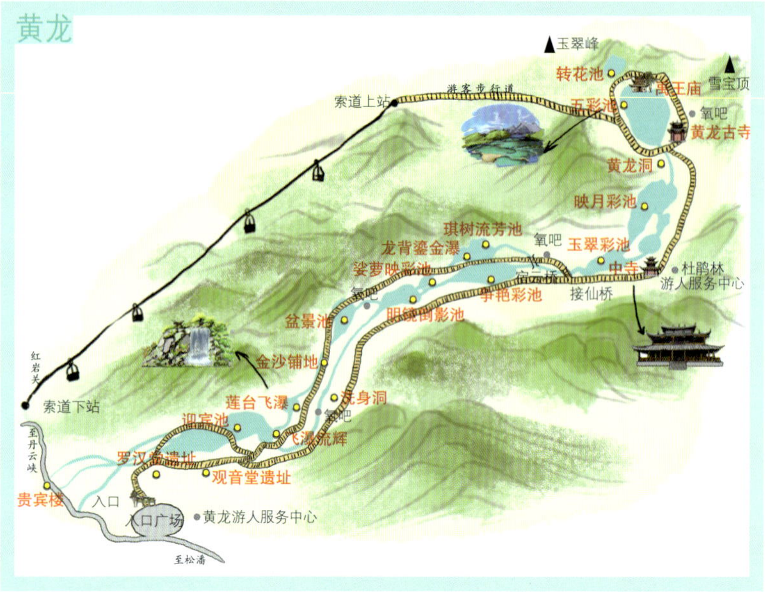

冬季一般停止开放，9—10月是最佳旅游时节。

黄龙沟

黄龙沟是一条长7.5千米、宽1.5千米的缓坡沟谷，沟内布满乳黄色岩石，远望好似蜿蜒在密林幽谷中的黄龙。

五彩池

位于黄龙最上端的钙华彩池群，被誉为“人间瑶池”。漫步池边，无数块大小不等、形状各异的彩池宛如盛满了各色颜料的水彩板，蓝绿、海蓝、浅蓝，等等，被誉为“黄龙”的眼睛。

盆景池

盆景池由近百个水池组成，池中有池，池外套池。池底呈黄、白、褐、灰多种颜色，是钙华景观中色彩最为丰富的争艳池。池四周到处是木石花草，俨然神仙创造的天然盆景，附近还有明镜倒影池、掩映于杜鹃花丛间的婆萝彩池等。

黄龙寺

黄龙寺以道家为主流，始建于明代，原有前中后三寺，前寺是现仅存遗址，中寺是佛教寺庙，有佛教信徒膜拜，现仅存观音殿及十八罗汉塑像，殿内有茶水、仪器以及旅游纪念品等供应。后寺供奉的是黄龙真人，其下的溶洞——黄龙洞有天然钙华黄龙真人坐像。

扎嘎大瀑布

它是我国最大的钙华瀑布，上游是湖泊，下游是一串阶梯式的河床。上百个层层叠叠的钙华环形瀑布倾泻而下，形成朵朵巨大白花，瀑声如雷。在大瀑布第二阶的钙华壁上，有一“水帘洞”，洞内气象万千。

红星岩景区

红星岩景区以第四纪冰川作用形成的大量奇峰异石地貌景观和冰川堰塞湖为主，它位于海拔4300米的红星海，湖面呈不对称的五角星状，周围繁花似锦。在其悬崖中部绝壁上有一眼红色岩洞，像鲜血染红一般，其成因至今未知。

四沟景区

四沟景区为一条开阔的古冰川沟谷，古色古香的深山小镇黄龙乡即在此。景区海拔2700~4200米，地形复杂多变，既有高耸入云的奇峰，又有开阔的河滩地带。原始森林和冰川、地震遗迹与美丽的田园风光相映成趣。

雪宝顶

雪宝顶终年积雪，沟壑纵横，湖泊星罗棋布。较大的海子有108个，尤为著名的是四海。雪宝顶山麓花草遍布，灌木丛生，松柏参天，生长着大量的贝母、大黄、雪莲等名贵药材，同时也是青羊、山鹿、獐子等珍贵动物栖息、繁衍的场所。

玩家 解说

“晴空森玉笋，瘦动插天根，倘毓中原秀，应居五岳尊。”

这是《松潘县志》对于雪宝顶的赞誉。对大多数游客而言，雪宝顶是一个较为适合远观的景点。其山顶终年积雪，山腰处更是沟壑纵横，多数游客即便到访略低处的海子，也能感受到极强的高原反应。

丹云峡

宛若童话世界

松潘县黄龙沟口涪源桥到施家堡乡头洞桥

丹云峡垂直高差1378米，涪江贯穿于35千米的峡谷中，峰险崖奇，林深蔽日，激流险滩，飞瀑溅玉。这里春天红杜鹃漫山遍野，秋天红叶红遍峡谷，夏天山林翠绿，冬天一片雪白。丹云峡几乎每天都有云雾从林中升起，缭绕山间，时隐时现，游人至此宛若走进了神话世界。

玩家 攻略

1. 可入住丹云峡招待所，卫生较好。

2. 丹云峡旅游季节性非常强，10月转入淡季。下雪季节，绝大多数食宿站点关闭。

3. 丹云峡的游览大多可在车中完成，若下车拍照，需注意安全。

黄龙雪宝顶

玩家解说

丹云峡景区实为茶马商道的一段，是非常典型的峡谷景观。大凡云雾、奇峰、怪石、激流、瀑布、水柱、森林等峡谷景色，在丹云峡中都能找到对应之所，且景色皆是上乘。足有35千米的上乘景色相伴，可想而知，丹云峡中的旅途该让人何等满意！

松潘古城

规模宏伟、气势非凡

松潘县城

松潘古城分内、外两城，内城平面跨崇山，依山顺势略呈三角形，东部崇山之下河谷部分为长方形，外城毗邻内城南面的河谷下坝，有城门与内城相通，平面为长方形。城墙用本地烧制的青砖砌成墙身，内土石而成，以糯米、石灰、桐油熬制的灰浆来粘连勾缝，坚固如铜墙铁壁。各城门仅以大块规则的长方条石券拱而成。松潘古城规模宏伟，气势非凡，其城墙长度、高度、厚度、浮雕石刻的精美在民族地区首屈一指。

七藏沟

静谧唯美、原始安详

松潘县川主寺镇北部

七藏沟方圆约50平方千米，其间草深木繁，高峰林立，溪水潺潺却渺无人烟。七藏沟由卡卡沟、阿翁沟、红星沟等组成。

松潘古城

七藏沟最大的魅力，在于它的原始和静谧。沿路的风景，没有一丝一毫人为开发的痕迹。行走在海拔将近4000米的山沟里，呼吸着最原始的空气，来到豁然开朗的长海子。碧波荡漾的海子，在湛蓝的天空底下尤为壮观。翻越垭口的成就感，伴随着远近的雪山迎面而来，感觉到的是前所未有的震撼。草海是典型的高原湿地，尽管面积不如若尔盖的草海，但它的纯粹和原始让你不由自主地怦然心动。红星海子更是魅力难挡：仰面可见的雪山，寂静的山林，绿色的海子，无一不令人陶醉其间。这个季节，沿途还可以找到真正的虫草和松茸。

牟尼沟

风光独特、民族风情浓郁

松潘县西南牟尼乡境内

牟尼沟占地160平方千米，最高海拔4070米，最低海拔2800米，年平均气温7℃，自然风光迷人、民族风情浓郁，汇集了原始森林之神韵。牟尼沟风景主要以原始森林、高山湖泊、温泉、巨型钙华瀑布、环形瀑布、钙华彩池为主要特色，景区由扎嘎瀑布和二道海两部分组成。山、水、林在这里巧妙地融为一体。

红军长征纪念碑园

红军烈士纪念圣地

松潘县川主寺镇元宝山，距松潘古城17千米

往返九寨沟、黄龙均可在此下车

免费

红军长征纪念碑园为纪念红军的长征历程而建。碑园占地19.27万平方米，由主碑、大型花岗石群雕、陈列室三大部分组成。

碑园奠基于1988年6月12日，并于1990年8月落成。邓小平同志亲自题写碑园名。其中“金碑夕照”“双虹挂彩”“瀑雨泛金”号称“三绝奇观”，景观独具特色。

景点推荐

九寨沟

AAAAA

人间仙境处，情迷九寨沟。九寨沟是白水沟上游白河的支沟，因沟内有9个寨子而得名，被誉为“童话世界”“人间仙境”。高峰、彩林、翠海、叠瀑和藏族风情为九寨沟的“五绝”。

九寨沟已开树正、日则、则查洼、扎如4条旅游风景线，长60余千米，景观分布在树正、诺日朗、剑岩、长海、扎如、天海六大景区。四季景色迷人。动植物资源丰富，种类繁多，原始森林遍布，栖息着大熊猫等10多种稀有和珍贵野生动物。远望高耸云天，加上藏家木楼、晾架经幡、栈桥、磨坊、传统习俗及神话传说构成的人文景观，被誉为“美丽的童话世界”。

九寨沟县境内

0837-7739753

旺季190元，观光车90元；淡季80元，观光车80元

旺季6：30～18：00；淡季6：30～17：00

成都茶店子客运站和新南门客运站都有班车前往九寨沟

玩家 攻略

景区外交通

1.飞机：乘坐飞机到成都或者重庆，转机到四川九寨黄龙机场。成都到九寨沟每天都有航班，平时机票价格较贵，虽有折扣票，但是很少

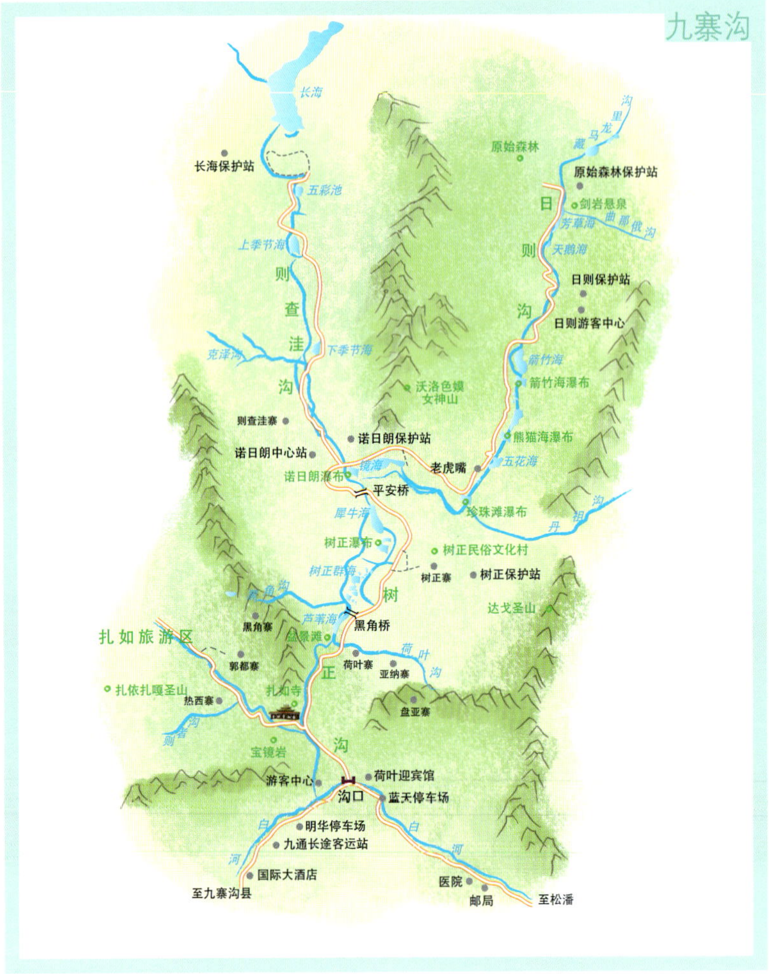

也很难抢到；重庆江北机场也有飞往九寨沟的航班，航时1小时，班次少，淡季时有4折或者更低的折扣。到达九寨黄龙机场后，可直接乘坐机场巴士到达景区，或者乘坐出租车前往。

2. 长途汽车：成都新南门汽车站和茶店子客运站每天都有多辆班车发往九寨沟，全程8~10个小时，旺季和淡季的班次不同，旺季时最好提前一天购买。九寨沟县城车站也有发往九寨沟的班车。

景区内交通

1.观光车：沟内有绿色环保观光车贯穿全沟，车票在景区售票处购买。

2.栈道徒步：除了乘坐环保观光车游览九寨沟之外，还可以走栈道徒步游九寨沟。栈道一般从11月初或中旬开始关闭，至翌年3—4月份开放，但珍珠滩、五彩池、五花海、树正群海附近的栈道仍然可以通行。

玩家 攻略

住宿：九寨沟内不允许住宿，所以只能住在沟外。景区外的旅馆多集中在沟口两侧，向两边延伸。沟口以东往九寨沟方向主要以各种档次的宾馆酒店为主，沟口以西2千米的九龙桥一带是一片更适合背包客住宿的区域，几条小巷子分隔出相对安静的空间。

高原反应：九寨沟虽然海拔不高，但是有些人来此会有高原反应。可以备些药品以作防范。同时需要注意尽量不要让自己感冒，放慢行进速度，不要做太剧烈的运动。忌暴饮暴食、忌烟酒，多吃蔬菜水果、高糖、含优质蛋白的食物。景区内都设有吸氧处，如感不适，也可以免费吸氧(吸氧免费，吸氧器具一元一套)。

风俗：要尊重当地的风俗，如果想要拍照，取景前要提前打好招呼，以免引起麻烦。步入藏民的帐篷不可踩门槛，也不可在藏民面前吐痰。藏族人绝对禁吃驴肉、马肉和狗肉，有些地区也不吃鱼肉，忌讳别人用手触摸头顶。

玩家 解说

20世纪70年代，九寨沟差点成为伐木工人的工作场所。那时有一批偶然闯入的伐木工人发现了这片土地。但他们手下留情，并未大量砍伐此处的树木，这使得九寨沟终于有机会在1982年成为国家首批重点风景名胜区，且又被列为国家自然保护区。九寨沟在1992年被联合国教科文组织纳入“世界自然遗产名录”。

关于九寨沟还有一个传说。据说主管草木万物之神的比央朵明热巴，有9个聪明勇敢的女儿，有一日，她们外出修行，见到蛇魔危害人间，在水中投毒。她们联合起来打败了蛇魔，分别嫁给了9个勇敢的藏族汉子。他们慢慢重建了被毁的家园，之后形成了9个部落，分居9个寨寮，这便是九寨沟的由来。

链接

九寨沟的形成传说

传说很久很久以前，一个叫达戈的男神，热恋着美丽的女神沃洛色嫫。一次，达戈用风月磨成一面宝镜送给女神色嫫。不料魔鬼插足，女神不慎打碎宝镜，宝镜的碎片散落人间，变成了114个晶莹的海子，像宝石一样镶嵌在山谷幽林之中。从此，人间便有了这处童话世界般的梦幻仙境——九寨沟。

树正沟景区

被誉为九寨沟的缩影

树正沟风景线，是指从沟口至波克色桥的树正沟流域地带，被誉为九寨沟的缩影。这里有神奇诡秘的海子，多姿多彩的滩流，还有原始磨坊和栈桥点缀其间的群海和群瀑以及气势雄伟的大瀑布。

树正寨是九寨沟9个藏族村寨中最大、最繁华的1个，古老的水磨房、栈道，向你倾诉着藏民昨日的历史。树正寨里还有一个民俗文化村，可以欣赏到九寨沟藏式的建筑风格，体验藏民的日常生活。

□ 树正群海

九寨沟的第一道亮丽风景线，有各种大小不一的海子40余个。这些海子，前后连绵数里，上下高差近百米，如40多面宝镜在眼前闪耀一般。最精彩的是群海下端的水晶

九寨沟犀牛海

宫——深达四五十米的海子中，藏着一条黄龙摇头摆尾，呼之欲出，形象生动至极。这黄龙实为一条乳黄色的碳酸钙堤埂，却在风逐水动时活了起来。

树正瀑布

树正寨附近，是九寨沟内第一个瀑布群。40多个海子一连串起来，落差形成了足有7千米的多层台阶。多少个海子就代表多少瀑布。其间落差可大可小，大则可达30米，小则仅有一二米。大有大的妙处，小有小的巧意。

犀牛海

树正景区最大的海子，也是景色变化最多的海子。

诺日朗瀑布

诺日朗在藏语里是雄伟壮阔的意思，瀑布落差20米，宽达300米，是九寨沟众多瀑布中最宽阔的一个。瀑布从海拔2365米的钙华堤埂飞泻而下，千万颗水珠织成一道宽银幕呈现在你眼前，犹如一条条白色的哈达。

玩家攻略

1. 诺日朗瀑布是1986版《西游记》片尾曲的取景地，就在这里，夕阳西下，师徒四人行走在瀑布之上，构成的经典画面深深地印记在几代人的脑海里。

2. 在诺日朗瀑布对面有一座观景台，站在台上瀑布全景可尽收眼底，这里也是拍摄瀑布的最佳地点。

日则沟景区

风光绝丽，变化多端

日则沟景区全长9千米，自诺日朗瀑布至九寨沟原始森林。该区段有珍珠滩瀑布、五花海、原始森林等。

珍珠滩

珍珠滩是一片巨大的扇形钙华流，清澈的水流在浅黄色的钙华滩上湍泻。水流被河床上的微小孔隙所阻，生出成千上万的水珠，在阳光的照射下晶莹夺目，像是滚动着的

九寨沟箭竹海瀑布

九寨沟长海

晶莹的珍珠。珍珠滩上布满浅黄色的苔藓，赤脚踩在上面就像踩在海绵上一样。珍珠滩自悬崖边滚落而下，形成新月形的珍珠滩瀑布，最大落差40米，水声轰鸣，颇为壮观。

五花海

“九寨精华”及“九寨一绝”美名的五花海，有大美。翠绿湖水中，有五光十色的珊瑚生出。最好在老虎石上取景，这个位置拍下的五花海就是一匹质地最上乘的织锦缎。

天鹅海

天鹅海的湖面大部分已淤积成浅滩，为半沼泽湖泊。这一带水草肥美，引得天鹅常常在这里栖息繁殖。秋天从天鹅海沿公路向下步行，路边小溪旁的红叶是九寨沟最美的红叶区之一。

熊猫海

熊猫海湖水澄澈，据说九寨沟的大熊猫最喜欢来这里游荡，才有了这个名字。冬季时，处于高海拔处的箭竹海仍然波光粼粼，但处于低海拔的熊猫海却已经结冰。熊猫海瀑布高达80米，为九寨沟落差最大的瀑布。

箭竹海

箭竹海有不少见底的浅滩，其中瑰丽的“珊瑚树”是树自然倒入湖中后，被矿物质钙华形成。奇特的是，有时枯木半露出水面，在上面还会有新生的树苗扎根，这种再生树成为箭竹海的一大特色。冬季的箭竹海，湖水一半结冰，另一半不结冰，湖面形成白色和蓝色的曲线与图案，可拍出抽象的画面。

则查洼沟景区

层峦叠嶂、山势挺拔

则查洼沟景区全长约17千米，自诺日朗宾馆至长海子。该区段有长75千米的长海和五彩池等景点。

玩家 攻略

在景点相对集中的路段，比如从火花海到犀牛海、珍珠滩到箭竹海，或者五彩池到长海，可以沿着徒步栈道进行深入一些的徒步，远离主路和环保车站，避开旅行团，潜心体会一下这片美丽的自然。原始森林附近有一长一短两条徒步栈道，建议走40分钟的大环线，特别适宜观鸟。

长海

长海是九寨沟内最大的海子，长约7.5千米，宽500米。海子中的水不溢不干，非常特别。

五彩池

五彩池是九寨沟湖泊中的精粹，同一湖泊里，有的水域蔚蓝，有的湾汊浅绿，有的水色绛黄，有的流泉粉蓝，可谓变化无穷。冬季五彩池四周冰天雪地，而这个五彩斑斓的小海子却不冻冰，令人惊叹。

扎如沟景区

一条人文游览路线

扎如景区，走的是扎如沟这条人文游览线路。主要景点是宝镜崖、扎如马道、扎如寺等。

宝镜崖

位于沟口，一块高约400米临江的巨大山崖，表面平整，远望起来就像一面硕大的宝镜。相传这面宝镜是万山之主扎依扎嘎所立，下面镇压着一个残害百姓的魔鬼，因此也称魔鬼崖。

扎如桥

横跨翡翠河的一座富有藏族风格的木结构廊桥。廊桥整体都是木柱原色，原色木柱支撑，原色木条围栏，原色木料铺垫，原色木片树皮制成的翘檐式顶盖。

扎如寺

扎如寺背靠苍山，面临宝镜崖。寺庙为土木结构，有浓郁的藏族寺庙特色，由大殿、藏经楼、乐台、茶房、迎客楼等六部分组成，另有喇嘛居室多间。大殿内供奉释迦牟尼佛像，经幡重重，极具禅味。每年这里会举行四次盛大的庙会，最盛大的一次庙会就是阴历五月十五日的麻孜会。

链接

九寨沟藏羌风情

九寨沟中的当地居民以羌族人数为最多，藏族人数也很多。景区中，藏族质朴的木板房和羌族形态独特的碉楼都已成为景区的重要组成部分。游客在征得主人的同意后，可以去当地人家做客。每逢农历十月十六日为黄龙填充庙会日，远近数百里的群众会聚在一起进行物资交流，场面欢快热烈。

九寨沟

景点推荐 川北草原旅游区

九曲黄河第一湾 AAAA

宇宙中的庄严幻境

✉ 若尔盖县唐克镇唐热路

🚌 坐若尔盖至辖曼的班车，在唐克镇下，再徒步7~8千米即可到达

¥ 65元

黄河从发源地自西向东流，到了川甘边界处又突然掉头向西流，形成了一个180°的拐弯。这个拐弯的端点就是黄河和白河的交汇点，就在法螺观景台下。河面宽且蜿蜒，曲折的河水将草原分割出了许多河洲和小岛，更有临河处的白塔古寺相伴。景致甚美，被中外科学家誉为“宇宙中的庄严幻景”。夕阳西下之时，S形的黄河在夕阳下泛着红色的磷光，满天红霞绚丽无比，是极佳的摄影胜地。

山坡向阳处，有一寺庙，围绕其间的是大片的村落，新旧建筑掺杂其中。寺庙叫索克藏寺，为一白塔古寺，帐篷炊烟相伴黄河，更显自然、悠远、博大。寺前侧有一山丘，依山建木栈道，登丘顶可远眺，可见白河逶迤直达天际。

玩家 行程

在黄河第一湾的主要游览内容是拍摄日落。

花湖

所以尽量安排在傍晚前到达。拍完日落，然后在景区住一晚，第二天可以去拍日出。想要亲近黄河，可以去河边栈道走一走，是很好的享受。

九曲黄河第一湾景区有两条栈道：一条栈道直达黄河边，环绕露营营地；另一条则直通景区的山顶，沿途设有几个观景平台，制高点上的观景塔，每到傍晚时分总有大量摄影爱好者在此齐聚，以求能记录下黄河第一湾的美妙景致。

玩家攻略

摄影：7月份黄河日落时间大约是20点整。拍摄制高点是法螺观景台，可通过西侧黄河第一湾大酒店内的观光扶梯，或东侧木栈道（约需20分钟）到观景台。索克藏寺的后山也是不错的拍摄点。

美食：离景区8千米的唐克乡沿途有许多吃饭的地方，主要以川菜、河鱼为主，还能品尝到一些藏族的特色食品。

注意事项：1.夏季的落日基本要等到8点左右，等候过程中风很大，在上山前一定要带足衣物，以防感冒。补充能量的食物也需带上。2.帐篷只能搭建在营地里（营地费40元）。尽量避免搭建在草地上，晚上气温低，草地湿气较重，易感冒。另外，景区在露营地铺设有水泥地供大家露营，但数量不多。草原坑洼不平，夜间出行需使用强光手电照明，以免摔伤扭伤。

玩家攻略

1.索克藏寺背后的山坡是观看日出、日落以及第一湾的最佳位置，骑马前往价格为50元，来回大约1小时。

2.九曲黄河第一湾边上还有一个藏族村寨，可拍摄藏族民俗风情，河岸边还竖有成片的经幡，给美丽的九曲黄河第一湾增添了几分神秘的色彩。

花湖

草原上的海子

若尔盖县郎木寺乡213国道旁，距县城40千米

成都茶店子客运中心站有班车直达若尔盖，大约需12小时

75元，观光车30元

花湖，是热尔大坝草原上的一个高原海子，每年五六月，湖中水草会开花，花湖也因此得名。四周数百亩水草地就是“高原湿地生物多样性自然保护区”，保护区以黑颈鹤为主，还有高原鱼类和其他珍稀动物。

玩家攻略

最好的旅游时节是每年的五六月。

若是之前持续降雨，去花湖的路面有被冲毁的可能性。

花湖属于青藏高原东缘部分，温度比平原低10℃左右，带足保暖衣物，要注意防寒。

郎木寺

有“东方瑞士”的美誉

若尔盖县红星乡，与甘肃省玛曲县郎木寺乡隔江相望

郎木寺是一个地域名称，它包括甘南碌曲县下辖的郎木寺镇和若尔盖县红星乡下辖的郎木寺村。

郎木寺沟里有两大寺院和两个清真寺。一是四川的达仓纳摩格尔底寺院，简称格尔底寺；另一座是甘肃的达仓郎木赛赤寺院，简

称赛赤寺。

格尔底寺

格尔底寺位于郎木寺镇的四川部分，寺内的五世格尔登活佛肉身殿是郎木寺景点中的精华，供奉着圆寂后几百年都不腐坏的活佛肉身，十分神奇。不过肉身殿并不能随时看到，大约三五天会开放一次，只有有佛缘的游客才能见到。除此之外，有着600多年历史的格尔底寺里还有很多值得参观的殿堂，每一座都有奇幻的故事。

白龙江峡谷

白龙江峡谷的入口就在格尔底寺内最深处，可以徒步或者骑马进入游览，峡谷周围怪石林立，景观奇幻秀美，从峡谷尽头上山一直到达山顶，还可以看到整个郎木寺镇美丽的全景。

甘丹赛赤寺

甘丹赛赤寺在甘肃省一侧，建筑金碧辉煌，每一尊大殿都以镀金为顶。

月亮湾 AAAA

绿草茵茵、山峦叠黛

红原县209省道

全天

可以从成都乘坐开往红原县的客车，也可以从汶川乘坐到红原县的客车；到了红原县再乘坐出租车前往景区，步行前往也可以

红原草原的美在月亮湾发挥得淋漓尽致。在一片开阔的草地上，白河呈S形蜿蜒流过，如同天上的一弯新月，故而得名“月亮湾”。日出日落之时月亮湾水天一色的美景让人沉醉，黄昏时，近处绿草茵茵，远处山峦叠黛，伫立在河边的马匹，悠闲地吃着青草，使草原更显得格外静谧。

玩家攻略

1.摄影：清晨的月亮湾景色最美，夏秋季应在6：00~6：30之前赶到拍摄地点，等待草原上的第一道晨光。

2.娱乐：不仅可以欣赏美景，月亮湾还有很多娱乐项目，可以骑马、滑溜索等。

3.购物：红原草地山林广产贝母、甘松、大黄、秦艽、羌活、木香、虫草等500余种中药材和牛黄、鹿茸、麝香等名贵动物药产品，可以给家

郎木寺

月亮湾

人或朋友带些补品药材，还可以带些藏族和羌族的特色工艺品。

链接

红原大草原

春天的红原大草原，洋溢着扑面而来的春的气息，漫山遍野的格桑花和许多难以叫出名字的美丽野花，争奇斗艳地在这个季节里绽放，展现出红原大草原的色彩。长年累月逐水草而居的牧民敞开胸怀，接纳着慕名而来的人们，他们骑着马、驮着帐篷，走亲串友、跳舞唱歌、比试骑术，欢聚一堂。

每年农历七月一日时红原都会举办赛马会，节期为一天。届时，本县及附近各地藏族群众从四面八方赶到赛马场进行多种形式的赛马活动。赛马结束后，人们还会互相交换土特产品。

人文景点：草原附近有一座麻色寺，在草原中显得格外绚丽，也给这片自然风光增添了一丝人文气息，时间充裕的话可去游览一下。

麦洼寺

庙宇巍峨、规模宏丽

红原县内

麦洼寺也叫“万象大慈法轮寺”，坐落在川西北海拔3508米的红原大草原，为川西北最大藏传佛教宁玛派寺院。寺院始建于1646年，庙宇巍峨，规模宏丽，蓝天白云下绿野托出庄严佛地。

寺内大佛殿南向，后山如俯卧大象，前河似盘曲青龙，东丘犹雄狮拜舞，西岭若展翅金鹏；大经堂为藏汉结合方形建筑，经常两侧通佛殿，殿高两层，塑佛像九尊，中为佛祖莲花生，两旁为释迦、弥勒、隆庆、观音等。

瓦切塔林和经幡群

与众不同的经幡

红原县209省道

瓦切塔林藏语意为“大帐篷”，这里有纪念第十世班禅大师诵经祈福之地瓦切塔林，塔林周围是一片连绵的经幡，甚为壮观。

塔林占地2万平方米，共有81座大小不等的林塔，塔均为石木结构窣堵波或正方形塔座，塔身由下向上逐次内倾，各层塔檐用石枢或砖叠涩向外挑出，每层高度由下向上依次递减，塔身内供有千手观音、释迦十佛、无量佛、莲花生、渡母等彩色塑像和唐卡、经文。

链接

红原瓦切经幡的不同之处

经幡是藏区普遍存在的一种图腾，它是在布、麻织品上书写经文，然后将其插在山巅、路口、河边等地，其意义为用自然之力来诵经，以保平安吉祥。经幡在藏区的插法各地也不尽相同，红原瓦切经幡围成一顶圆帐篷似的，而且瓦切经幡群面积之大也为藏区所少见。在经幡群旁边还有一片白塔和转经筒，常有藏胞在此转塔、转经。

格尔登寺

曾为工农红军领导机关所在地

阿坝县城西北角

格尔登寺具有120多年的历史，是阿坝

日斯满巴碉房

县规模最大的藏传佛教格鲁派寺院。该寺建于同治九年（1870年），其前身为洞沟寺，在工农红军长征时曾为红军领导机关所在地。现格尔登寺大经堂有120根柱子，可容纳数千僧民诵经、祈祷，是藏区屈指可数的大型经堂。

格尔登寺最大的特色就是辩经，格尔登寺的僧人都十分注重学业，钻研各种佛法，每个月都会举行一两次辩经活动，或者一对一的辩论，或者一对多的辩论，并且辩经是有夸张的动作和奇怪的咒语，不懂佛经的人是完全看不懂的，但在一旁观看的人会被他们对佛法的热诚所感染。

日斯满巴碉房

阿坝州典型的藏族传统碉房建筑

壤塘县宗科乡加斯满村石波寨

日斯满巴碉房建于加斯满山前台地边沿，坐西向东，平面布局为长方形。墙基北高南低，系以片石砌墙，木构其内的平顶建筑。碉房共分九层，外形呈阶梯状，各层间置独木梯以供上下，二层以上每层皆开一大窗及若干小窗，做通风或战时射击孔之用。

日斯满巴碉房是阿坝州现存年代最久、层数最多的典型藏族传统碉房建筑，具有较高的历史、科学研究价值。2006年，日斯满巴碉房被列为全国重点文物保护单位。

攻略资讯

- 交通
- 住宿
- 美食
- 购物
- 娱乐

交通

飞机

九寨沟黄龙机场位于阿坝州松潘县境内，处在九寨沟、黄龙、牟尼沟三大景区三角形的中心位置，可以说是国内最难飞的机场之一。该机场是阿坝州的首个机场，目前开通了去往成都、北京、西安、广州、郑州、武汉等航班。

黄龙、九寨沟以及九寨沟黄龙机场之间有民航大巴往返，车辆配有乘务员讲解服务。游客可以很方便地搭乘民航大巴。

机场到九寨沟（88千米）：单程45元，往返80元（单程需时约1.5小时）。

机场到黄龙（43千米）：单程22元，往返40元（单程需时约1小时）。

汽车

阿坝州现有公路5000多千米，已建成了乡乡通公路的良好交通网络。213国道、317国道横穿境内，散客进入阿坝州，还有两

九寨沟黄龙机场航拍

马尔康城

条通客车的路线，起点站在四川绵阳、甘肃文县。

汶川汽车站：位于阿坝藏族羌族自治州汶川县威州镇沙窝子万村组11号。

马尔康客运中心：位于阿坝藏族羌族自治州马尔康市美谷街281号。

其他方式

三江景区和牟尼沟景区的散客，可分别在九寨沟县漳扎镇、小金县白龙镇、汶川县漩口镇和松潘县安宏乡下车，不必直达县城。

到米亚罗红叶风景区和古尔沟温泉，可由成都直达；到阿坝州其他景区，先抵达县城，再租车到要去的景区，譬如去黄龙，第一天坐班车从成都抵达松潘县城或川主寺镇，第二天租车到黄龙，松潘县城至黄龙56千米。

住宿

阿坝藏族羌族自治州的住宿，要数身为

松潘牟尼沟

马尔康村落

旅游大景区的九寨沟最好，州府所在地马尔康市区的住宿也较好。除此之外松潘县城、若尔盖县城、郎木寺乡、阿坝县城、茂县县城都是住宿比较集中的地方。由于旅游业的发展，在景点附近各种档次的宾馆和青年旅舍林立，但是在旅游高峰期依旧需要提前预订，且会伴随价格浮动。

美食

阿坝州是藏族和羌族聚居地，所以阿坝美食以藏族、羌族食物为主。藏族以糌粑为主食，很少食用蔬菜，副食以牛、羊肉为主，猪肉次之。人参果饭被藏族同胞视为一种吉祥的食物，他们逢年过节首先就要进食这种食物。酸菜面块是一种特色很浓的藏族传统晚餐，到藏胞家做客，主人一般都会请你吃酸菜面块。血肠是藏族食谱中的上等食物，贵客临门，能用血肠款待，那是主人的荣耀。

羌族的美食没有藏族那么丰富，但是也有另一种风味，可口的咂酒，香甜的洋芋糍粑，都不能错过。

购物

在九寨沟—黄龙一带，如果幸运可以买到当地独有的羌族刺绣、底纹苹果、中草药及藏族手工艺品藏戒、藏刀、佛珠等，注意藏刀机场不允许托运。九寨沟的虫草、贝母等藏药材最好在大药店或国营药店购买，一些小商铺虽然便宜，但质量不一定有保证。九寨沟途中有不少养蜂人，他们生产的蜂蜜对很多种疾病均有很好的疗效，而且价格便宜，货真价实。另外，佛珠、天眼石、绿松石、玉器、水晶等饰品部分是赝品，买时要注意。

娱乐

● **羌族祭山会、羌年节**

羌族最隆重的民族节日为“祭山会”（又称转山会）和“羌年节”（又称羌历年），分别在春秋两季举行。春季祈祷风调雨顺，秋后则答谢天神赐予的五谷丰登，实际上是一种农事活动，却始终充满浓郁的宗教色彩，更折射出远古神秘文化的光辉。举行祭山会的时间各地并不统一，有正月、四月、五月之分，亦有每年举行1次或2~3次不等，祭山程序极为复杂，所献牺牲因各地传说不同，图腾不同而有差异，大致可分“神羊祭山”“神牛祭山”和“吊狗祭山”三种。大典多在神树林一块空坝上举行。一些地方祭山后还要祭路三天，禁止上山砍柴、割草、挖苗、狩猎等。

阿坝州羌族聚居区

视具体地点而定

●牧民节

牧民节是阿坝州藏族牧民的传统节日，在每年农历正月初举行，节期一般为一周。节日前，家家户户打扫卫生，在太阳快下山时，将垃圾向西边倒去，意在让太阳的火焰将一切不祥之物烧化。各家准备好青稞酒、酸奶等节日食品。节日的第一天早晨，各家父女争背吉祥水，然后用加奶的吉祥水洗脸洗手，用洗净的手烧柏香，祈求水草丰盛、牛羊兴旺。接着，全家围坐在一起欢宴。节日前三天，各村寨跳舞唱歌，比赛摔跤和进行各种娱乐活动，不出村外。三天后，人们开始走村串户，相互祝贺节日快乐。每天夜晚，人们聚集到村寨外，燃起篝火，载歌载舞。

阿坝州藏族聚居区

农历正月初

节日和重大活动

名称	地点	时间
藏历新年	阿坝藏族聚居地	藏历正月初一开始
羌历新年	阿坝羌族聚居地	每年农历十月初一开始
梨花节	金川县	每年3月
黄龙庙会	黄龙寺	农历六月十二日至六月十六日
酥油灯节	阿坝各寺庙	藏历元月十五日
白马藏族歌会	阿坝各村寨	清明节前后
羌族祭山会	茂县、汶川县、理县和北川等地	每年农历正月、四月、五月

金川梨花

景点索引

A

B

C

D

E

F

G

H

J

K

L

S

T

W

X

Y

我们的理念

做发现者，才能走得更远。发现秀美景色、探寻历史痕迹、体验文化脉络、寻找地理起源等深层次的旅行知识，是我们不停脚步的动力。我们不仅是在做一本旅行指南，能为旅途中的行者编写一部内容丰富、态度严谨、值得边走边读的行囊书，是我们永恒不变的追求。

《发现者旅行指南》编辑部

总 策 划 丁海秀
执行策划 李荣强

项目统筹 周国宝 龚道军
内容编辑 刘 挺 王叶青 方明杨
刘秀红 丁天丰 张文齐
商子微 张亚飞 苏雪莹
沈 皓 魏建飞 张灵燕
许晨晨 杨康健 张 鑫
刘晓璐 刘慧慧 王春雪
刘智勇 李荣强 刘雁琪
陈昱霖 贾 宁
美术总监 左小文
美术编辑 侯心如 王春晓
图片编辑 朱盼盼 马志鹏
插图绘制 尚祖山 李秋红
排　　版 闫 旭 田雪子
北京旅教文化传播有限公司
图片提供 微图网 汇图网 图虫创意
中国图库网 全景网
锐景创意 集成图像
站酷海洛 shutterstock
fotoe dreamstime
孙西国 马林宏 徐 行
高应胜 薛 冬
西部老马 钱多多

出炉过程

在编辑部成员的共同努力下，这套旅行指南终得以付梓。其间，我们亲历景点，翻遍资料，只为确保撰写的内容准确有效；我们实地考察，联系景区，只求绘得一幅精美的景区图；我们花尽心思，几易版式，只为呈现出前所未有的阅读体验。如今，这套精心打造的旅行指南，能放到您的行囊或书架，我们深感荣幸。我们期待与您一起走向远方，重新发现旅行的价值。

联系我们

我们的成长需要您的支持。您对本书的每一条意见我们都会珍视。同时也欢迎您与我们一起分享旅游体验，稿件一旦被采用，您将会获取相应稿酬。您可以将意见和稿件投递到我们的邮箱（975179855@qq.com）。

总 策 划　丁海秀
责任编辑　李荣强

图书在版编目（CIP）数据

四川 / 《发现者旅行指南》编辑部编. -- 3版. -- 北京 : 旅游教育出版社, 2025.1
（发现者旅行指南）
ISBN 978-7-5637-4681-1

Ⅰ. ①四… Ⅱ. ①发… Ⅲ. ①旅游指南—四川 Ⅳ. ①K928.971

中国国家版本馆CIP数据核字(2024)第029288号

四 川（第3版）

《发现者旅行指南》编辑部 / 编

出版单位　旅游教育出版社
地　　址　北京市朝阳区定福庄南里1号
邮　　编　100024
发行电话　（010）65778403　65728372　65767462（传真）
本社网址　www.tepcb.com
E-mail　tepfx@163.com
印刷单位　文畅阁印刷有限公司
经销单位　新华书店
开　　本　889毫米×1070毫米　1/32
印　　张　14.125
字　　数　456千字
版　　次　2025年1月第3版
印　　次　2025年1月第1次印刷
定　　价　79.80元

特别提醒

本书信息在出版前已经认真核实过。但由于现实发展太快，旅游信息随时可能发生变化，我们无法承诺保证本书信息的准确性和完整性，并只能在法律规定范围内承担责任。如因此给读者带来不便，我们深表遗憾。